SHIYONG SHANGWU WENSHU XIEZUO

实用商务文书写作

（第五版）

主　编◎张小乐

副主编◎张文娅　王明会　刘熠丰

首都经济贸易大学出版社
Capital University of Economics and Business Press
·北京·

图书在版编目（CIP）数据

实用商务文书写作 / 张小乐主编. -- 5版. -- 北京 : 首都经济贸易大学出版社, 2025. 5. -- ISBN 978-7-5638-3848-6

Ⅰ. F7

中国国家版本馆CIP数据核字第2025BQ1237号

实用商务文书写作(第五版)

主　编　张小乐

副主编　张文娅　王明会　刘熠丰

责任编辑　陈雪莲

封面设计　砚祥志远·激光照排 TEL: 010-65976003

出版发行　首都经济贸易大学出版社

地　　址　北京市朝阳区红庙（邮编100026）

电　　话　(010)65976483　65065761　65071505(传真)

网　　址　https://sjmcb. cueb. edu. cn

经　　销　全国新华书店

照　　排　北京砚祥志远激光照排技术有限公司

印　　刷　北京市泰锐印刷有限责任公司

成品尺寸　170毫米×240毫米　1/16

字　　数　480千字

印　　张　24. 5

版　　次　2008年10月第1版　**2025年5月第5版**

印　　次　2025年5月总第11次印刷

书　　号　ISBN 978-7-5638-3848-6

定　　价　52. 00元

第五版前言

在信息瞬息万变、竞争日趋激烈的当今社会，规范得体的商务文书，不仅是企业搏击商海的必备“利器”，而且是商务文书作者立足生存、走向成功的重要手段。本着提升写作品位，助力商务交往的目的，2008 年我们编写了这本《实用商务文书写作》，多年来，这本书得到了众多使用者、读者的肯定与好评。

随着我国经济、社会的发展，各领域的商务活动开展得也更加广泛。为适应社会的需求，今年我们对本书进行了重新修订，使其能够以更加充实的内容、更高的出版质量服务社会、服务读者。

本书的作者或为经济类高校中的教学、管理人员，或为政府人事、商务部门的管理、研究人员，有的深谙写作教学之道，有的富有行政管理、人事管理和商业实务方面的宝贵经验。本书在编写的过程中，始终立足读者实际需要，力求为读者的写作提供以下帮助：

第一，有理可依。本书不仅介绍了企业在商务往来和经营管理活动中常用的应用文的写作方法，还阐述了商务写作的基础理论和基本知识，可提升读者实用写作的理性自觉。

第二，有例可鉴。大量格式规范、内容新颖的例文，可使读者通过模仿借鉴，写作达到入格合格，进而实现提高创新。

第三，方便实用。在概念、格式写法之外，专设注意事项部分，提示详明，具有较强的可操作性。

本书是企业文秘商务写作的实用指南，也可作为高等院校相关专业授课的教材。

本书由首都经济贸易大学张小乐主编。写作分工是：第一、第二章由朱琳、张小乐撰写，第三、第九章由朱深、王明会、朱磊撰写，第四章由刘文东、张小乐、解亮品撰写，第五章由解亮品、刘熠丰、张文娅撰写，第六章由郭锦鹏、张文娅撰写，第七章由韩小青撰写，第八章由蔡建新撰写，第九章由刘熠丰撰写，第十章由宋亮撰写，第十一章由张小乐撰写。本次修订对部分章节进行了删改，更换了大部分例文，确保了例文的时新性。

在本书的写作过程中，我们参阅了不少著作和文章，并引用了一些例文（略有删改），在此，特向原作者和相关网站表示衷心的感谢！因时间及水平所限，书中难免有不尽如人意之处，恳请同行及读者批评指正。

张小乐

2025 年 2 月

第一章

商务文书写作基础

一　商务文书概说

（一）商务文书的概念和种类

1. 商务文书的概念。在人们的社会生活和日常工作中，时时需要互通信息、交流思想、处理事务、实施管理。以实用为宗旨、应用于实务的应用文，发挥着不可替代的重要作用。由于使用者、使用目的的不同，应用文可分为公务文书和私人文书两大类。而公务文书又包括通用文书和专用文书两个系列，商务文书则为专用文书中的一个分支。

商务文书是在商务工作和活动中形成和使用，具有特定的商务内容、用途和格式要求的各种应用文的总称。随着我国经济社会发展的进一步深入，社会物质产品迅速增加，流通领域空前繁荣，商务活动空前活跃。直接服务于商务活动的商务文书写作，也由此成为专业文书写作的一个重点和热点。

经济活动是人们在一定的经济关系的前提下，进行生产、交换、分配、消费以及与之有密切关联的活动。商务活动是经济活动的一部分，它是以商品流通为核心的经济活动。因此，用于商务活动的商务文书不像服务于其他经济活动的经济文书那样涵盖广泛、种类浩繁。但是商务活动本身依然内容复杂，涉及面广，不仅关涉商务双方当事人，还涉及工商、金融、税收、运输、保险、海关、商检等方面。现有文种不断发生变化并衍生出新的文种，加上文体与文体之间相互渗透、交叉，商务文书的种类也在不断增多。

2. 商务文书的种类。现有的对商务文书种类的划分是从多种角度进行的：

（1）按照文书的使用范围来划分，将通知、通报、请示、报告、决定、批复、函等归为商务通用文书，在商务专业文书下再分出商务行为规范性文书、商务活动分析性文书、商务活动解说性文书、商务宣传公关性文书等细类。

（2）按照文书是否具有法律效力或意义来划分，将诉讼文书、仲裁文书等归为法律规范系列文书，将商务谈判方案、市场调查报告等划为非法律规范系列文书。

(3)按文书的书面格式来划分,有表格式文书与文字表述式文书。

(4)按照文书承担的功能来划分,将本书所介绍的商务文书分为如下类别:①党政机关商务管理文书,②公司内部管理文书,③信息传播文书,④市场营销文书,⑤谈判契约文书,⑥公司财务文书,⑦常用法律文书,⑧公关礼仪文书,⑨投标、招标文书,⑩商务学术论文。

(二)商务文书的特点和作用

1. 商务文书的特点。商务文书作为专用文书,具有以下特点:

(1)内容专业。商务活动的开展离不开合同、函电、报表等大量的商务文书,商务活动和工作的需要是商务文书写作的出发点和归宿。作为直接服务于商务活动的实用工具,商务文书中的市场营销文书、谈判契约文书、招投标文书等,内容具有突出的商务特色。

(2)目的明确。商务文书的目的性、针对性很强,体现在两个方面:一方面是写作目的明确,无论是要了解市场、推销商品,还是协商事宜、解决争端,均需针对商务活动的具体需求,意图清楚,目标明确,就事论事,讲求实效;另一方面是受文对象明确,写作须针对商务活动的当事人各方以及相关组织或对象,切合需求,有的放矢。

(3)体式规范。商务文书突出的实用特点,表现在形式上便是显著的规范性。在文体适用范围、行文格式和行文内在结构安排上,商务文书都有“一定之规”可循。这些“规矩”有的由有关职能部门作出硬性规定,有的为写作实践中的约定俗成、自行仿照,都对写作起到规范和便利的作用。写作者首先要选择能够最有效表达意愿、办理事务的文种,不能错用、混用。比如,向政府有关主管部门请求批示时,要使用“请示”,而不能错用汇报工作、反映情况的“报告”,否则就得不到上级机关及时的批复。其次要注意遵循文种格式。如合同的主体必须写明必备条款:标的,数量和质量,价款或酬金,履行的期限、地点和方式,违约责任等。体式的规范性,降低了写作者谋篇布局的难度,使商务文书的制作更快捷,可提高行文的效率。

(4)语体科学。商务文书的语言充分体现了理性功能,追求准确、规范、简洁、得体。尽管商品广告、导游词、祝酒词等宣传公关性文书会采用描写甚至抒情等表达方式,但是,说明、议论和叙述为商务文书的基本表达方式。说明,在商务文书写作中使用频率很高,企业规章制度、各类合同、方案和说明书等均以说明为主要的甚至是单一的表达方式。而市场调查报告、市场预测报告、可行性研究报告、经济活动分析报告等研究分析性的文书以及起诉状、答辩状、上诉状、反

诉状、仲裁申请书、仲裁协议书、仲裁答辩书、仲裁裁决书、仲裁调解书等司法诉讼性文书，则需要采用叙述和议论的手法，但叙述和议论都是概括简约的，要求客观准确。语言的使用，以准确、简明、平实为要，只求达意得体。常使用格式用语，如商函中向受函方索取资料，通常会用“如蒙赐寄贵公司新产品的详细资料，深表感谢”之类的表述；还经常使用专业术语，并会使用图表来代替或补充自然语言。

2. 商务文书的作用。商务文书的作用概括起来说就是开展商务活动的工具功能和服务功能。其具体表现在四个方面：

（1）推动商务活动。商务文书对商务活动的服务和推动作用体现在调研、决策、经营和运作等商务活动的全过程中，其中每一个环节、每一个方面都需要相应的商务文书。例如，政府商务管理文书用来发布政策法规、提出意见、告知事项等，以提高人们的认识，规范市场秩序，担负着指导和推动商务活动和工作的重任；调研市场商情的文书是有关部门进行科学预测与决策的重要基础和依据；可行性研究报告、营销策划书等营销文书保证了决策的具体实施；各种统计报表及时反馈商品产、销、运、储各环节中的情况。也就是说，各种商务文书可使商务活动有序开展，促进流通程序顺畅、市场经济繁荣。

（2）协调合作关系。为有效开展贸易往来，商务当事人之间和相关的各单位部门之间需要配合、协作，合作关系中的权利和义务需要得到明确。合同和协议等契约文书力图确定某种法律关系，实现共同利益。商函专用于正在发生商业行为的业务单位，就贸易交往事宜进行专项联系、商讨。合作中难免会出现矛盾、纠纷，索赔和理赔文书用以平息商贸活动双方当事人之间的争议，保证合约的履行。仲裁书则用以解决履约纠纷、进行仲裁。公关礼仪文书为企业间沟通、合作服务。

（3）实施企业管理。开展商务活动既涉及外部交往，也涉及内部管理。“没有规矩，不成方圆”，企业章程、企业生产经营责任制、企业人事管理制度、企业质量管理制度、企业财务管理制度、企业职工奖惩规定等企业制定的各项规章制度，确立了合理的管理体制，正确地划分了管理层次，明确了部门、人员的职责范围，在企业管理中发挥着不可替代的作用。

（4）传播商务信息。当今社会是一个信息社会，商务活动的过程也是一个商务信息流通的过程。商务文书的写作，是对商务信息的处理过程。只有随时捕捉，不断摄取最新、最有价值的市场信息，商务部门才能正确决策，有效行动，在激烈的市场竞争中抢得先机，实现效益最大化。商务活动的从业者既要搜集、利用商务信息，也要发送、传播商务信息。商品广告用以宣传企业、推销产品、引导消费和服务市场。公告、说明书、启事等都以传播信息为己任。

二 商务文书写作要点

(一)重视材料:广收博取,精选妙用

“巧妇难为无米之炊”在实用性强、专业性突出的商务文书写作中表现得尤为显著。没有写作材料,写作活动就无从进行,这是所有写作的通则。但是,比起文学创作,商务文书写作对各种事例、各种数据等事实与文献材料的倚重更突出,取材方式更直接。写作者不能用想象去补充事实材料的不足,也难以长期地、随意地积累材料,而是要根据现实需要,采用定向调查、查阅等方式,在一定时间内,尽量广泛、快捷地采集真实可靠的事实材料和文献资料作为写作的基础。

缺少材料,写作者想要表达的观点、看法就失去了依托。市场调查与预测报告若缺少了及时、准确的统计资料和调查资料,对未来一定时期内市场变化趋势的预测就无处立足。对经济活动分析报告而言,材料越充分,分析的可靠程度就越高。

对商务文书的写作者来说,平时的文化储备、素养培育固然必不可少,但针对特定写作目的的材料采集尤为重要。要尽可能迅速地采集信息,以保证对信息及时有效地利用。搜集和摄取写作材料的原则是尽可能广博。掌握的材料多了,认识才可能趋于全面,避免偏颇,提炼出的主旨才可能趋于正确、深刻。同时,丰富的材料为写作者精挑细选、合理用材留有了余地。

材料的真实、可靠是商务文书现实效应、价值程度的保证。虚假信息会造成决策的失误,给管理带来危害。采集的材料是否准确,与采集的态度和手段有直接关系。写作者应当从实际出发,展开周密的调查研究,尽可能多地掌握第一手材料。

根据特定的写作目的,通过实地考察直接采集写作材料的方法——调查,是写作者获取直接材料的最为主要的途径。调查使写作者得到真实、充足、有价值的写作材料,奠定形成正确的意旨的基础。

调查首先需要实事求是的科学态度。调查者不能被先入之见左右,要尊重事实,以客观的态度采集材料。高度的责任感、强烈的工作热忱和严谨细致的工作态度,对于需要付出时间、精力和财力,可能遇到诸多困难的调查而言,不可或缺。调查前的准备工作也必不可少。调查者要明确目的,确定调查内容,选定调查对象,围绕选题和对象做充足的思想和知识准备,并拟好具体可行的调查提纲,以使调查工作有条不紊地进行。选择和使用科学、适当的调查方法,是调查成功的关键。在确定调查方法——普查还是抽查,典型调查、重点调查还是抽样调查等之后,还要选择具体的调查方式,或是实地勘察,或是发放问卷,或是组织座谈,或是个别访谈,也可以将多种方式配合使用。

由于多种因素的制约,我们不可能做到事事亲历,直接材料的获取固然重要,

但间接材料的获取也是非常必要、难以取代的。根据特定需求，进行文献调查，即定向查阅资料，是我们获得间接材料的主要方法。资料指的是书刊、文件、档案、图片、声像、光盘和因特网等一切记录和传播人类知识的载体中包含的信息，包括马列原著、法规文件、会议记录、统计报表和文物图片等原始文献资料，也包括书目、索引、文摘、动态综述、年鉴及手册等经过整理加工的文献资料。就商务信息而言，既包括记载企业经营管理活动的单据、数据和记录等原始商务信息，也包括对原始商务信息经过二次或三次加工而得到的信息，如各种商品经营统计报表、经营综述等。在信息时代，我们要根据需要原则，利用现代化的检索工具，从浩如烟海的文献资料中找到符合特定需要的资料；还要根据择优原则，确定和研读对写作目的最重要、最典型、最有价值的部分，及时记录，编排保存，以备使用。

为确保材料的准确性，对来自自己实地考察、政府机关、权威调查机构、企业、消费者以及大众媒体等不同信息源的各类材料，要对比异同，辨别真伪。要尽量使用时间、数据和细节确凿可靠的直接材料，对间接材料要经过核实查对，做到有根有据、合情合理。材料不仅应“确有其事”，还要反映出客观事物的本质和主流，区别现象与本质、本质意义与旁属意义，不能以偏概全。

使用材料时，首先要注意只选择对特定写作目的、商务文书主旨最有表现力的材料，做到观点与材料有机统一，避免出现材料与观点相脱离甚至相互矛盾的毛病。与主旨无关或关系不密切的材料，不管得来如何费工夫，应毫不吝惜地舍去。在材料的安排上，根据主旨需要处理好材料详略、主次、显隐、疏密的关系。将事实材料与观念材料、直接材料与间接材料、个别材料与综合材料、历史材料与现实材料等不同种类的材料适当地配合使用，对于表现主旨、实现写作意图具有重要的作用。例如，中国信息产业网发布的《中小城市移动通信新用户研究报告》，对中小城市移动通信用户进行抽样调查，与运营商和中间厂商进行深度访谈，获取第一手材料；又通过行业公开信息、行业资深专家公开发表的观点、政府数据与信息、企业年报以及网络信息等渠道获取第二手信息，综合分析后得出相关结论。其调查方式方法得当，多种材料配合使用，材料翔实，表达效果较好。

（二）突出主旨：务实求真，纲举目张

文章要表达的内容需要有统领的中心，即中心主旨。“文以意为主”是写作理论中公认的基本准则，也是商务文书要遵循的规律。文书的主旨不仅决定作为内容要素的材料的取舍，也直接影响作为形式要素的结构的安排。

商务文书的主旨有自己的特点，写作者应当有针对性地处理主旨问题。文学创作具有审美特性，反对“主题先行”，创作者在行文前常常只有朦胧的思绪，甚至在完成作品后也不一定能概括出明确的主题，读者在接受过程中“仁者见仁，智者

见智”也属常态。而商务文书这类的实用文体是“为用而作”的,写作者往往在动笔前已形成明确的抽象形态的主旨,再据此去搜集、组织材料,在行文过程中围绕主旨予以展开、表现,这就是所谓“意在笔先”的特点。撰写者还要明确受文对象,了解他们的需求,以确定主旨。主旨的表达方式是显露、明确、直接的。撰文者可以采用标题揭示、开宗明义、设置小标题和主旨句等关键文句以及篇末点题等手段,直截了当、明白无误地揭示、显露主旨,告诉读者全文的基本观点和中心意思,让读者一看即知,一读即懂。为便于接受者理解,提高办事效率,商务文书主旨意蕴单纯,一般一文一事,一文一意,或是传播某个信息,或是表达某种意愿。主旨呈现理性形态,功利性强,对现实生活产生效应是直接的,有时甚至是立竿见影的。着眼于应用,是写作者表现主旨时要充分考虑的。

对于篇幅较长、内容复杂、分析议论性的文书,要重视对主旨的提炼。对庞杂的材料进行分析整理,挖掘事物的本质,形成正确的主旨,是写作过程中极见功力的重要环节。比如,在市场预测报告中研究旅游业的发展规模、预期效益,要分析旅游资源、旅游者的支付能力和兴趣、旅游市场、旅游价格、旅游产品和供给、旅游诸要素的比例关系,以及影响这些要素的政治、经济、文化和社会环境,旅游活动产生的正负效应等相关因素。抓住了主要矛盾,揭示出事物的本质和个性特征,也就确立了主旨。

分析研究的能力与写作者的素质和能力有着密不可分的关系。商务文书的写作者不但要具备一般写作者的素质和能力,而且需要具有针对商务写作的特别素养和特殊技能。政府商务管理文书、企业管理文件、司法文书等,政策性、规范性强,写作者的政治素质、理论水平,对写作立意具有决定性影响。商务活动涉及范围广,涉及工业、农业、商业、服务业等多种行业,国有、集体、民营、中外合资、外资独资企业等不同性质的企业,财政、金融、内贸、外贸、保险、税收等诸多领域,相应的,商务文书的写作者要有良好的知识结构、充足的知识储备,尤其是必须了解国家经济政策,懂得经济学、法学、管理学以及写作学方面的基本知识,熟悉本行业业务。例如,拟“合同”,写作者必须掌握或熟知合同相关法律、合同所涉及的业务知识及应用文写作知识。理性思维能力是写作能力中的关键能力。应用文体的写作者要着重训练自己的逻辑思维能力,对感性材料进行冷静客观、周密严谨的分析与综合,通过科学地抽象概括,把握事物的本质及规律。

概括而言,商务文书对主旨的要求就是:科学正确,明确显豁,单纯集中,求实重用。

(三)注重结构:循规蹈矩,条理贯通

反复思考形成的立意能否得到充分的表现,千挑万选筛出的材料能否有适当

的组织安排，取决于是否有合理的结构安排。结构文章的过程就是按照主旨需要，把零散的材料组成一个有机整体的过程，目的在于使思想内容能最好地得到体现。

不同体裁有不同的结构特点。商务文书在结构上具有明显不同于文学作品的特点，我们要"循规蹈矩"，有针对性地谋篇布局。

商务文书具有相对定型的惯用格式，结构要素的排列顺序井然有序。比如，商函有特定的文面构造形式，一般包括信头、标题、行文对象、正文、附件、生效标志等几个组成部分，而正文部分一般可以分为发函缘由、发函事项、对收文对象的希望或要求三个层次。企业经营计划的正文则通常包括如下部分：计划依据、目标、措施、步骤。国家工商行政管理局发布的合同示范文本规范了条款内容，对于强化合同管理、保护当事人的合法权益具有积极的作用。中国证监会所颁布的《公开发行证券的公司信息披露内容与格式准则》，对招股说明书、股票上市公告书、年度报告等文书编制作出规定。商务文书结构模式程式化、类型化的特点，使得写作者掌握起来相对容易，许多文体差不多可以"依式填写"。撰写者在构思商务文书时，不必为结构问题殚精竭虑，也不能随心所欲。在注意这种程式化结构的有序性的同时，还要注意完整性，避免某一构成部分缺漏而造成表意不全。

商务文书讲求条理清晰、思维缜密、表达顺畅。有的文书内容简单集中，全文意思只需一个层次便说完。而当要表达的意思复杂时，层次安排就相对复杂。但在总体布局中，一般不外乎"总—分""分—总""总—分—总"的结构模式。"总"是统领全文的基本观点，笼统概括等；"分"是对"总"的深入阐述，具体说明。"分说"部分也就是主体部分，基本模式可分为：层次按时空顺序纵向展开或按逻辑顺序逐层递进的纵式，按事物的逻辑联系进行分类归纳横向展开的横式，以及将纵横式结合起来的综合式。层次的划分及其排列的次序，应根据具体内容和文种的特定需求作相应安排。在写作前列出提纲，将文章的观点、材料的组合及其层次脉络表示出来，组成文章的逻辑示意图表，有利于避免写作中出现大的失误，避免结构紊乱、层次错位、详略不当，材料与观点不合等弊病。对于撰写大型的研究报告，列提纲尤为必要。层次构造文章的大轮廓，具有一个个相对独立、完整意思而又具有紧密关联的段落，是对文章的细化处理，使文章重点突出、眉目清楚。商务文书常用序数词、小标题来表示层次、段落，而且层次或段落前常设有主旨段或主旨句，使得层次之间主从、纵横关系分明。政府商务管理文书的主体常分条列项，企业规章制度均采用章节条款，都是为了突出条理性。

写作时，还要注意层次与层次、段落与段落之间的过渡照应，必要时采用过渡词、序码词、小标题等过渡手段，以保证结构严谨，文意连贯；文章开头或说明，或概括，或简介，"开门见山"，直接入题；结尾部分以较为规范的方式收束，或提出要求，或概括结论；前后关照，首尾呼应，结构严谨，文义周全。

(四)慎用语言:求准就简,平实得体

由于表达的内容和功能的不同,文章的语言表达风格有种种差异,形成了文章不同的语体特征。商务文书属于与文学语体相对的文章语体,体现了语言的理性功能,以准确简明为要,讲实用,重科学,不像文学作品那样追求语言的形象感、生动性、音韵美及个性化色彩,不标新立异,不堆砌华丽辞藻,"辞达而已"。

准确规范,是商务文书语言的第一要务。准确,指的是语言形式能正确恰当地表达出思想内容,严格遵守语言学规则,符合逻辑规律。要选词准确,概念清楚,造句符合语法,推理合乎逻辑。要尊重和遵守约定俗成的语言习惯,不随意打破语言常规。语言是发展的,社会变化剧烈、发展迅猛的时期更是新词语产生的高峰时期。大量的新造词(包括网络语言)、外来语层出不穷,写作者既要理解语言发展的这一自然现象,也要尊重规范性原则,尤其在写作具有突出的实用和理性功能的专用性文书时,更要谨慎从事,不随便自造新词,不任意更换词素,不随意使用不符合现代汉语词汇和语法规范的语言。商务文书中使用名称、时间、数字都要规范。各种名称要用全称或规范化的简称,不滥用缩略语,以免引起歧义及其他表意不清现象。商务文书中经常会使用专门术语,要准确使用。译名要统一,凡外国国名和重要的或常见的组织名、报刊名、人名、地名,尽量与标准化、权威性译名一致。表达时间时,一般应避免用"近年""上月""不久以前"等时间代词,而用具体日期,以免造成时间错误。年份一般用全数,不得省略,例如,"2007 年"不能写成"07 年"。重视定量的商务文书会大量使用数字,在使用时须慎重。对使用阿拉伯数字与汉字数字有区别时,一定要正确选用,比如,统计表中的数字必须使用阿拉伯数字,而定型的词组中的数字则必须使用汉字。有关数字的词语应概念明确,比如,"增加了多少"还是"增加到多少"要表达清楚。表达基数、序数、分数、小数、倍数时不要出现逻辑错误。要正确使用法定计量单位。文章结构层次的序号前后要一致,避免造成结构混乱。标点符号对于表意有着不可小视的作用,要正确使用。撰写者在写作文书时,可参看作为国家标准的《出版物上数字用法的规定》和《标点符号用法》。

言简意赅,是对商务文书语言的第二个要求。为提高办事效率,文字篇幅要控制,烦言浮词须删除,"说话一句而尽者只用一句……当用片纸只用片纸"。要紧扣文书主旨,去除离题万里的泛论、不必要的情况说明、硬贴的大背景、不着边际的空话和令人生厌的套话等,实实在在地传递最有用的信息。要将重复赘余的、可有可无的字、句、段坚决删去。表述层次不要太多,叠床架屋,烦冗拖沓,容易把要表达的意思弄得模糊不清。商务文书中除了用一般语言进行表述之外,还经常会使用图、表和公式,它们可以化繁为简,化抽象为直观,起到普通文字难以达到的作

用。要根据表达目的和对象选用图或表,遵守绘图或制表的规范。

不可忽略的是,为更好地实现实用功能,商务文书的语言风格特别强调平易淳朴、明白晓畅。这种平实风格首先体现在表达方式的运用上。虽然说诉求于消费者的文艺性的商品广告、导游词、旅游指南等,会使用形象性、情感性的文学语体,但商务文书中的绝大多数文种要少用、慎用甚至忌用生动的描绘、热烈的抒情。使用叙述、说明和议论时,要注意叙述概括、平直,说明精确、客观,议论切实、冷静。在文风辞藻上,严格把握修辞手法的运用。根据不同的表达目的,对比喻、排比、夸张、反语、双关等修辞格要谨慎使用或者不用。为体现文章语体的理性功能,慎用色彩强烈、描摹性强、修辞性的词语。还须注意的是,语言要通俗易懂,遣词造句浅显明了。如无需要,不要使用难懂的专业术语、古奥冷僻的词语和非常规的句式。要力戒“有话不好好说”,偏要玩词弄句、故弄玄虚、行文晦涩难懂的不良文风。

【思考与练习】

1. 何为商务文书?
2. 商务文书的特点和作用是什么?
3. 请任选一篇(附全文)商务消息,谈谈你对商务文书的认识。
4. 谈谈你对文章语体的认识,并以“茶”为关键词,以文章语体和文学语体分别写一段文字。提示:以文章语体介绍“茶”,可参照《辞海》的写法。

第二章

党政机关商务管理文书

商务文书因商务活动而生,为商务活动服务。商务活动广泛而复杂,其中政府承担着对商务活动进行管理的重任。国家各级党政机关在对商务实施管理、行使职权的工作中,需要制作和使用具有法定效力和规范体式的公文,作为依法行政和进行公务活动的工具。这些用于商务管理的公文可以称为党政机关商务管理文书。

党政机关公文包括命令(令)、决议、决定、公报、公告、通告、议案、通知、通报、报告、请示、批复、意见、函、纪要共15种。除了适用于各级人民政府按照法律程序向同级人民代表大会或人民代表大会常务委员会提请审议事项的"议案",公文的绝大部分种类都会在党政机关商务管理工作中使用。也就是说,政府商务管理文书的种类与党政机关公文种类基本相同。当然,由于商务活动内容的特定性和商务文书的专用性,党政机关商务管理文书中的决定、通告、通知、通报、报告、请示、批复和意见等文种使用频率较高。

党政机关商务管理文书作为公文,具有法定的权威性和行政约束力,而内容的严肃性在形式上则表现为格式的规范性。

按照国家标准中关于公文格式的规定,公文由三大部分组成:眉首、主体、版记。

1. 眉首。眉首为公文首页红色反线以上的部分,占首页面积的1/3~2/5。眉首部分的构成要素有以下六项。

(1)公文份数序号。此项用以标明同一文稿印制若干份时每份公文的顺序编号,用阿拉伯数码编定,位置在版心左上角顶格第一行。

(2)秘密等级和保密期限。需要保密的公文应按照保密程度分别标示"绝密""机密""秘密"。保密期限是对公文密级时效的规定。如需要使用时,密级顶格标示在版心右上角第一行,而保密期限紧随密级之后,以"★"将二者隔开。

(3)紧急程度。该项是对公文送达时限的要求,标示有"特急"和"急件"之分。若根据实际工作需要标识时,顶格标识在版心右上角第一行。遇有密级标识时,则放在其下一行。

(4)发文机关标识。它由发文机关全称或规范化简称和“文件”二字组成，如“中华人民共和国商务部文件”。联合行文时，主办机关名称排列在前。

(5)发文字号。它是发文机关为其制发的公文所编发的文号，由发文机关代字、年份与序号组成，如“国办发〔2022〕35号”，为国务院办公厅于2022年9月28日发布的《国务院办公厅关于复制推广营商环境创新试点改革举措的通知》一文的发文字号。

(6)签发人。上行文要求注明签发人、会签人姓名，以便于上级机关联系查询。若需要标示此项，将发文字号左移，而签发人排列于发文字号右侧。

2. 主体。主体部分包括首页红色反线(不含)以下至主题词(不含)之间的各要素，即标题、主送机关、正文、附件、成文日期、公文生效标识和附注。

(1)标题。公文标题应准确简要地概括公文的主要内容并标明公文种类，多由发文机关、事由和文种三部分组成，如《商务部关于开展零售企业分等定级试点工作的通知》。有时因为文件眉首中已标明了发文机关名称，故标题可略去发文机关，如《关于继续实施“万村千乡市场工程”的通知》。命令、公告、通告等正文内容简短的周知性公文，有些可以略去事由，如《商务部、国家市场监督管理总局、国家版权局、国家知识产权局令》。标题在红色反线下空两行处标识，居中排列。除法规、章程类标题需加书名号以外，一般不必加标点符号。

(2)主送机关。主送机关是公文责任的主要承担者，即直接办理、执行或答复事项的单位。除公告、通告外，一般都要标明主送机关。由于公文下发范围不同，主送机关写法也不同，有普发性公文主送机关的写法，如“各省、自治区、直辖市、计划单列市商务主管部门：”，也有发向个别单位的单称型，如“市商务局：”。主送机关应使用全称或规范化简称。其位置在标题下空1行，左侧顶格书写，回行时仍顶格。

(3)正文。正文即公文的内容，一般由开头、主体和结尾三部分组成。撰文水平主要体现在此部分，总的要求是“情况确实，观点明确，表述准确，结构严谨，条理清楚，直述不曲，字词规范，标点正确，篇幅力求简短”。正文写在主送机关之下，左空两个字开始。

(4)附件。附件为附属于正文的文字材料，作为正文的补充、说明、印证、依据和参考，是公文主要的组成部分。有的公文正文只起批准、发布、转发的作用，而附件实际上是公文的主要内容。有的附件用于补充说明文件的某些内容，一般在正文下空1行，左空两字，标识“附件”，依次注明附件的名称和份数。

(5)成文日期。成文日期为公文生效的时间，要以负责人签发的日期为准；联合行文以最后签发机关负责人的签发日期为准；经会议通过的公文写通过的日期；法规性文件写批准日期。成文日期写成阿拉伯数字，如“2024年2月12日”。

(6)公文生效标识。公文生效标识用以证明公文的效力,包括发文机关印章或签署人姓名。会议纪要可不加盖印章。单一机关制发的公文,落款处不署发文机关名称,只标识成文日期。成文日期右空 4 个字,加盖印章距正文 2mm ~ 4mm,居中,下压成文日期。联合机关制发的公文,上报的公文由主办机关盖章,下发的公文则所有发文机关都应盖章。需要加盖两个印章时,应当将成文日期拉开,左右各空 7 个字;主办机关印章在前,两个印章均压成文日期,排列整齐,互不相交,相距不超过 3mm。需要加盖 3 个以上印章时,应当将各发文机关名称按序排在成文日期和正文之间,印章加盖其上。每排最多排 3 个印章,两端不得超出版心;最后一排如排 1 个或 2 个印章,均居中排布;最后一排印章之下右空 2 个字标识成文日期。

(7)附注。如有附注,居成文日期左下方,空 3 行,左空 2 个字加圆括号标识。如“此件发至县、团级”“此件传达到群众”“此件可自行翻印”等。

3. 版记。公文版记为主题词及其主题词以下部分,置于公文末页,包括主题词、抄送机关、印发机关和印发日期等部分。

(1)主题词。主题词是反映公文基本内容和形式的经规范处理的系列名词或名词性词组,用于公文的标引、检索、存储。标注主题词为计算机处理公文提供了方便,适应了公文处理自动化的需要。主题词应从国务院办公厅以及国务院直属部委制定的主题词表中选择,先标类别词(指公文内容性质所属类别,如“商业”“外贸”等),再标类属词(为各类别词的具体化,如“商品”“销售”“消费”“营业”等),最后标示文种。主题词居左顶格标识,后标冒号,每个词目间空 1 个字距,不加标点。一份公文最多不超过 5 个主题词。如《北京市人民政府关于表彰市商务委的通报》,主题词为:“人事 表彰 通报”。

(2)抄送机关。抄送机关是指除主送机关外公文要送达的机关,是非主要承办者,但与公文事项有关而需要告知的机关。抄送机关应使用全称或规范化的简称、统称,位于主题词下一行,左右各空 1 个字距,各抄送机关间用逗号隔开,在最后一个抄送机关后要标句号。

(3)印发机关和印发日期。印发机关是指公文的印制主管部门,一般是各机关的办公厅(室)或文秘部门。印发日期以公文付印的时间为准。这两项共占一行,位于抄送机关下一行,印发机关左空 1 个字距,印发时间右空 1 个字距,以阿拉伯数字标识。

一 决 定

概念

决定是行政机关在自己的职权范围内,对重要事项或者重大行动作出安排的

公文，也用于奖惩有关单位及人员，变更或者撤销下级机关不适当的决定事项等。

格式写法

1. 标题。决定的标题多为规范的公文标题形式，即单位名称+事由+文种。

2. 正文。正文一般由前言、决定事项、结语三部分组成。

（1）前言。前言主要是扼要交代作出本决定的背景条件、政策依据、必要性、目的性与现实意义。

（2）决定事项。决定事项是决定的核心，一般用“特作如下决定”“现决定如下”之类的文字过渡引出。若事项复杂，可用小标题或序号表明大小层次，逐项写出。每个决定事项的开头通常设有“段旨”句，使得表述的内容中心突出、条理清楚。写作时根据内容需要确定结构形式，不必勉强分条列项。

（3）结语。结语，或对决定内容加以评估；或对贯彻本决定的方法、措施、时间和步骤提出要求；或对下属单位发出号召，提出希望。

注意事项

1. 决定为下行公文，多带有一定法规性、政策性、强制性，近似“命令”，但适用范围较宽，各级机关都可以使用。要注意内容上应紧扣“重要”“重大”，尽量写得简明扼要。

2. 决定事项是经有关领导集体议定的事项，意见尚未确定或统一的不可写入决定。

3. 奖惩性决定中所涉及的事实部分，必须进行核实，以保证其真实可靠。

4. 语言表述要准确、稳妥、得体。

【例文】

国家知识产权局关于第二十四届中国专利奖授奖的决定

国知发运字〔2023〕30号

各省、自治区、直辖市和新疆生产建设兵团知识产权局，四川省知识产权服务促进中心，各地方有关中心，国务院各有关部门和单位知识产权工作管理机构，中央军委装备发展部办公厅，各有关全国性行业协会，各有关单位：

为深入贯彻落实习近平新时代中国特色社会主义思想，全面贯彻党的二十大精神，认真落实习近平总书记关于知识产权工作的重要指示论述和党中央、国务院决策部署，深入实施知识产权战略，加快建设知识产权强国，推动构建新发展格局，决定对在实施创新和推动经济社会发展等方面作出显著贡献的专利权人、发明人（设计人）以及相关组织者给予表彰。

根据《中国专利奖评奖办法》规定，经国务院有关部门知识产权工作管理机构、地方知识产权局、有关全国性行业协会，以及中国科学院院士和中国工程院院士等推荐，中国专利奖评审委员会评审，社会公示，国家知识产权局和世界知识产权组织决定授予“HIV 感染的肽衍生物融合抑制剂”等 29 项发明、实用新型专利中国专利金奖，“火星车”等 10 项外观设计专利中国外观设计金奖；国家知识产权局决定授予“填埋气体和渗滤液传输过程的监测试验系统”等 60 项发明、实用新型专利中国专利银奖，“餐饮机器人（普渡）”等 15 项外观设计专利中国外观设计银奖；国家知识产权局决定授予“药品的自动分装与计量装置”等 777 项发明、实用新型专利中国专利优秀奖，“便携式彩色超声诊断仪”等 45 项外观设计专利中国外观设计优秀奖；国家知识产权局决定授予广东省知识产权局等 7 家单位中国专利奖最佳组织奖，中国电子仪器行业协会等 20 家单位中国专利奖优秀组织奖，高文等 20 位院士中国专利奖最佳推荐奖。

对荣获中国专利奖的发明人（设计人），所在单位应将其获奖情况记入本人档案，作为考核、晋升、聘任职务的重要依据，所在单位或上级主管部门应给予相应奖励。

全国广大知识产权工作者要紧密团结在以习近平同志为核心的党中央周围，以习近平新时代中国特色社会主义思想为指导，以受表彰的专利权人和发明人（设计人）为榜样，自信自强、守正创新，踔厉奋发、勇毅前行，加快建设中国特色、世界水平的知识产权强国，为全面建设社会主义现代化国家提供有力支撑。

附件：

1. 第二十四届中国专利金奖项目名单
2. 第二十四届中国外观设计金奖项目名单
3. 第二十四届中国专利银奖项目名单
4. 第二十四届中国外观设计银奖项目名单
5. 第二十四届中国专利优秀奖项目名单
6. 第二十四届中国外观设计优秀奖项目名单
7. 第二十四届中国专利奖最佳组织奖、优秀组织奖和最佳推荐奖获奖名单

国家知识产权局

2023 年 7 月 19 日

二 通 告

‖概念‖

通告适用于公布社会各有关方面应当遵守或周知的事项。通告在一定范围内

公布涉及政策、法规、法纪等方面的事项，要求有关人员了解并遵照执行；或只公布一定范围内应周知的事项，虽不具法规性，但也有程度不等的约束力。

格式写法

1. 标题。标题的写法有两种：由政府部门发布的关于重要事项的通告，采用发文机关、事由、文种俱全的规范标题；一般机关所发的通告也可以只写发文机关和文种名称而略去事由。

2. 发文字号。通告与公告一样，发文字号一般标明年号和顺序号，不加机关代字，甚至只标明日期。

3. 正文。正文首先要写清楚发布通告的目的及法律或事实依据，将"特此通告如下""就××问题通告如下"等语句作为过渡语，转入第二部分内容即通告的具体事项。事项单一的可以不分条项，若内容复杂，则采取分条列项的方法写出。最后单列一段提出希望和要求，或说明实施期限和告知的有效范围。

4. 尾语。尾语可采用"此告""特此通告"等语。

注意事项

1. 通告与公告一样，公开对外发布，发布对象广泛，经常采取报纸、电视等大众传播方式。但要注意与公告的区别。公告是用来向国内外宣布重要事项或者法定事项的知照性公文，发文机关级别较高，告知范围广，内容重大、重要，不能与通告甚至一般启事混用。

2. 通告是具有一定约束力的文告，通常有明确的规定性，因此通告必须充分体现国家的法律法规、方针政策的要求。

3. 通告面对社会各有关方面发布，语言应表述明白、通俗易懂。

【例文】

市场监管总局关于春节期间食品安全专项抽检情况的通告

2024 年第 3 号

近期，市场监管总局组织春节节日市场食品安全专项监督抽检，采取现场抽样和网络抽样方式在全国随机抽取样品 1 500 批次，检出 14 批次样品不合格。产品抽检结果可查询 https://spcjsac. gsxt. gov. cn/。

对抽检发现的不合格食品，有关省级市场监管部门已组织开展核查处置。

现将监督抽检不合格食品具体情况通告如下：

一、微生物污染问题

(一)贵州省贵阳云岩合力商贸有限公司第六分店销售的、标称贵州成有王记善沅食品有限公司生产的梅吱吱气泡杨梅汁,其中酵母数、菌落总数不符合食品安全国家标准规定。

(二)湖南省长沙幸米食品科技有限公司销售的、标称湖南省湘潭市馋三疯食品有限公司生产的手撕风干肉(香辣味),其中大肠菌群数、菌落总数不符合食品安全国家标准规定。

(三)淘宝网关东情东北土特产(经营者为黑龙江农鲜递山货行有限公司)在淘宝网(网店)销售的、标称黑龙江省黑河市嫩江市北方食品有限公司生产的马肉干,其中菌落总数不符合食品安全国家标准规定。

(四)内蒙古自治区呼和浩特市玉泉区优品铺子商贸经营部销售的、标称内蒙古蒙都羊业食品股份有限公司生产的元气粮·牛肉片(五香),其中菌落总数不符合食品安全国家标准规定。

二、重金属污染物问题

(一)内蒙古自治区乌兰察布市维多利超市有限公司察哈尔大街店超市分公司销售的、标称内蒙古宇航人生物工程技术有限公司生产的有机沙棘果汁饮料,其中铅(以 Pb 计)检验值不符合食品安全国家标准规定。

(二)青海一家亲商业运营管理有限公司销售的、标称青海昆源农牧资源开发有限公司委托青海红杞枸杞科技有限公司生产的黑枸杞原浆,其中铅(以 Pb 计)检验值不符合食品安全国家标准规定。

三、食品添加剂超范围使用问题

拼多多新疆缘味干果店(经营者为新疆维吾尔自治区乌鲁木齐市沙依巴克区北园春市场可影干鲜果经销部)在拼多多(手机 App)销售的、标称新疆维吾尔自治区乌鲁木齐市沙依巴克区新北园春市场可影干鲜果店经营的、天津市全坤坚果食品有限公司生产的巴旦木(椒盐),其中二氧化硫残留量不符合食品安全国家标准规定。天津市全坤坚果食品有限公司对产品真实性提出异议,经天津市市场监管委核实,认可其提出的异议。确认该批次产品实际是新疆维吾尔自治区乌鲁木齐市沙依巴克区新北园春市场可影干鲜果店购进大包装后自行分装销售的。

四、质量指标不达标问题

(一)湖北省武汉市洪山区荆楚优品超市销售的、标称湖北省武汉绿林茶籽油有限公司生产的茶籽油,其中过氧化值检验值不符合食品安全国家标准规定。

(二)辽宁省沈阳润泰商业有限公司销售的、标称辽宁省沈阳市佳梦食品有限公司生产的怪味豆,其中酸价(以脂肪计)(KOH)检验值不符合食品安全国家标准规定。

(三)江西省赣州市赣县区吉埠赣味一绝便利店(南区)销售的、标称江西省上饶市彬宇食品厂生产的香辣开心豆(油炸蚕豆),其中酸价(以脂肪计)(KOH)检验

值不符合食品安全国家标准规定。

(四)宁夏回族自治区吴忠市青铜峡市新宁百货超市有限公司销售的、标称宁夏回族自治区银川市永宁县望远镇阿呱瓜子销售部供应的干炒瓜子(炒货),其中过氧化值(以脂肪计)检验值不符合食品安全国家标准规定。

(五)山西省太原市鼎尚家家利超市有限公司百花谷分公司销售的、标称山西省太原鑫旺胜食品有限公司生产的原味瓜子,其中过氧化值(以脂肪计)检验值不符合食品安全国家标准规定。

(六)甘肃省兰州惠得商贸有限公司销售的、标称甘肃凉州益民有限责任公司生产的黄豆酱油酿造酱油,其中铵盐(以占氨基酸态氮的百分比计)含量不符合相关产品执行标准要求。

五、质量指标与标签标示值不符问题

西藏百益商贸集团有限公司广场店销售的、标称西藏可心农业发展有限公司生产的青稞醋(酿造食醋),其中苯甲酸及其钠盐(以苯甲酸计)检验值、总酸(以乙酸计)含量符合食品安全国家标准规定,但不符合产品标签标示要求。

特此通告。

市场监管总局

2024年2月1日

附件下载:

附件1 部分不合格检验项目小知识.docx

附件2 饮料监督抽检不合格产品信息.xlsx

附件3 肉制品监督抽检不合格产品信息.xlsx

附件4 炒货食品及坚果制品监督抽检不合格产品信息.xlsx

附件5 食用油、油脂及其制品监督抽检不合格产品信息.xlsx

附件6 调味品监督抽检不合格产品信息.xlsx

三 通 知

概念

通知适用于批转下级机关的公文,转发上级机关和不相隶属机关的公文;传达要求下级机关办理和有关单位需要周知或者共同执行的事项;任免人员。

通知是上级机关向下级机关传达指示、布置工作与周知事项时所用的一种下行文,主要有指示部署类、发布类、转发类、批转类、告知类和任免类。由于通知承担着多种功能,在各类公文中用得最多、最普遍。

格式写法

1. 标题。除内容极简单不必概括或过于复杂难以概括者外，通知的标题均要采用标准的公文标题式样。颁布(公布、发布、印发)、批转、转发性通知，应在标题中明确标示出性质。颁布的法规、规章(条例、规定、办法等)名称加书名号，如《北京市商务局关于印发〈××××年北京市商业服务业规范公共场所英语标识工作实施方案〉的通知》；其他一般不用。如果用“通知”转发“通知”，为避免文种上的重叠，可以只标一个“通知”，如《北京市商务局转发商务部办公厅关于继续开展“中华老字号”认定等工作的通知》。

2. 正文。正文基本上由缘由依据和具体事项两部分组成。通知种类不同，在写法上也不尽相同。

转发上级、同级机关文件或批转下级呈文，若仅是中转，写上“现将××字〔20××〕××号《关于××的××》转发给你们，望认真贯彻执行”之类的语言即可。有时需要对转发，特别是批转的文件有所说明、补充、阐发，就要加以评价，点明要旨、意义，申明转发意图，提出相应要求和指导性意见。

指导布置工作的通知，具有命令性和指示性，规范性强，不仅要明确提出指示性、强制性要求，还要指出具体的实施措施和方法等。语气要坚决、肯定。

传达告知事项的通知，用来通报情况、传递信息和交代事项等，只要将事项交代清楚即可。

3. 结语。有的通知提出希望与要求作为结语，也有的以“特此通知”这样的尾语收束。

注意事项

1. 通知承担着多种功能，使用范围广泛，种类较多，功能有异，应加以区分，正确使用。注意不同类型通知在写法上的差异。

2. 通知标题的拟定要认真，发文事项概括应准确简要。发布类不同于转发类，转发类与批转类也有严格分工，均应在标题中清楚表明。

【例文】

商务部办公厅关于实施数字消费提升行动的通知

各省、自治区、直辖市及计划单列市、新疆生产建设兵团商务主管部门：

中央经济工作会议提出，培育壮大新型消费，大力发展数字消费。为深入贯彻落实党中央、国务院决策部署，充分发挥数字消费释潜力、扩内需、稳增长、促转型的重要作用。现就实施数字消费提升行动有关事项通知如下：

一、总体要求

以习近平新时代中国特色社会主义思想为指导，深入贯彻落实党的二十大精神，完整、准确、全面贯彻新发展理念，以满足人民群众日益增长的美好生活需要为根本目的，深化数字技术与电子商务融合创新，丰富数字消费供给、激发数字消费需求、优化数字消费载体、提升数字消费业态，加快促进数字消费领域形成更高水平供需动态平衡，推动数字消费规模稳步增长，全面助力消费从疫后恢复转向持续扩大。

二、丰富数字消费供给

（一）培育数字消费品牌企业。组织开展电子商务惠民惠企活动，引导电商平台、服务机构、行业组织等各类主体，集聚技术、营销、培训、信用、金融等公共服务资源，赋能中小微和初创企业数字化发展。培育一批数字消费引领企业，引导品牌企业建立数字化协作闭环。支持符合条件的品牌企业在进博会等首展首发首秀。

（二）夯实数字消费产业基础。发挥各地电子商务产业集聚优势，带动一批传统产业带数字化转型。通过"互联飞地""伙伴园区"等合作模式，加强生产协作、资源共享。培育链主型平台企业，整合金融、物流、咨询等服务资源，赋能区域纺织服装、美妆玩具、家具家居、涉农产品等特色产业，为数字产品高质量供给提供产业支撑。鼓励电商平台积极开展市场化以旧换新，联动多元主体、带动上下游产业，畅通回收体系，提升数字消费产业绿色发展水平。

三、激发数字消费潜力

（三）内外贸联动满足多元化需求。鼓励国际消费中心城市扩大国际优质数字产品和数字服务进口。支持各地发挥区位优势，联动各电商平台面向中亚、东盟、非洲等"丝路电商"伙伴国，通过上线国家馆、举办主题促销等方式推介"丝路云品"。引导电商平台发挥大数据优势，丰富悦己型、适老化、康养类数字产品和自我提升、代际教育等数字服务供给。

（四）缩小城乡数字消费鸿沟。扎实推进"数商兴农"，整合公益与社会资源，组织开展"数商兴农"进地方系列活动，持续开展优质农产品认证帮扶与推广。鼓励各地统筹利用县级电商公共服务中心和物流配送中心，加强县域商业网点数字赋能，加快贯通县乡村电子商务和快递物流配送体系。引导电商平台进行精准营销，关注不同群体需求，畅通县乡网络消费渠道。

四、优化数字消费载体

（五）创新数字服务消费场景。加速AI大模型、虚拟现实、全息互联网、数字孪生等新技术赋能生活服务，与商圈深度合作，以热门活动宣传等多种方式提升商圈活跃度。遴选一批家居、出行等领域"数实融合消费新场景"，打造新生代数字潮玩聚集地，探索同一数字消费场景内商、旅、文、体、健多业态融合，满足消费者个性化、沉浸式体验需求。

（六）构建主题网络促销矩阵。按照"消费促进年"总体安排，指导举办"全国网上年货节""双品网购节""数商兴农庆丰收""丝路云品电商节"，支持各地、各平台抢抓"开学季""开海季""丰收季""团圆季""出游季"等消费时点，举办系列网络促销，共同打造"4+N"矩阵，形成季季有主题、全年不停歇的波浪式数字消费热潮。

五、创新数字消费业态

（七）提升直播电商质效。支持直播电商平台创新虚拟主播、3D直播间等带货模式和场景。鼓励品牌企业、商家店铺、信息消费体验中心等探索发展多元化直播场景，与中华老字号、非遗、国货"潮品"、外贸优品等深度融合，开展"店播""厂播""村播""田播"等特色直播。鼓励各地加速引培优质运营、供应链、人才等直播要素，打造直播服务生态，畅通数字消费链路。

（八）深化即时电商应用。支持即时电商平台企业联动社区、商圈等实施精细化运营，建设有效满足居民多样化需求、线上线下融合的一刻钟便民生活圈，构筑数字生活服务生态。鼓励即时电商与履约一体化体系建设，创新发展基于前置仓的前店后仓、便利店前置仓、无人前置仓等多种即时零售业态。鼓励即时电商平台和即时配送企业在保障安全的前提下，探索开展无人商业配送。

六、组织保障

各地要充分认识数字消费对于助力消费转向持续扩大的重要作用，将提升数字消费纳入促消费整体工作框架，加强数字消费发展重大问题、重大政策和重大项目调度。建立数字消费重点企业联系制度，发挥产业联盟、行业协会纽带作用，在健全市场规则、完善基础设施、促进数实融合、消费者权益保护等方面先行先试、积极探索，形成地方特色鲜明的标志性成果。开展数字消费发展政策解读，编制创新实践案例，共同营造良好舆论氛围。典型案例申报和有关工作情况请分别于2024年7月、10月底前报商务部。

商务部办公厅

2024年4月9日

四 通 报

概念

通报适用于表彰先进，批评错误，传达重要精神或者情况。上级机关根据本地

区、本系统的实际需要，将重要的或具有典型教育作用的有关情况告知下级机关及有关人员，或表彰先进，或批评错误，或交流情况，用以指导和推动工作。

格式写法

1. 标题。标题一般由通报单位名称、事由、文种组成。

2. 正文。正文一般由四部分组成。

(1)概由。要求用十分精练的文字高度概括出主要事实，点出意义或影响，表明态度。

(2)基本事实。基本事实主要叙述事件的重要过程，是概由的具体化。

(3)分析评价。尊重事实，掌握政策。解剖评说所叙事实，要提纲挈领，触及本质；引发结论，指出意义、后果和影响，要精辟得当，注意避免过度发挥。

(4)决定、措施、要求和希望等。

通报的写法有直述与转述两种。前者直陈其事；后者有附件详述事实，正文本身不叙说事实，点到即可，重点放在评析上。

注意事项

1. 通报无论是介绍被表彰对象的先进事迹，还是陈述被批评对象的错误事实，都必须实事求是，有根有据，表述准确平实，切忌歪曲或夸饰。

2. 对事件或人物所作的评价必须遵守原则，体现政策，切合实际，把握分寸。

3. 制发通报要注意时效，及时起到示范引导、警示告诫或交流推动的作用。

4. 通报与通知都具有告知性，但行文目的不同，通知侧重指示，通报有突出的教育作用，因此在写法上一定要注意区分。通报具有一定的叙事性，但采用简明扼要的写法，语言上符合公文语体的要求，切勿写成通讯报道甚至文学创作。

【例文】

市场监管总局关于2023年定量包装商品净含量计量专项监督检查情况的通报

2024年第45号

2023年，市场监管总局开展了定量包装商品净含量计量专项监督检查。现将有关情况通报如下：

一、检查基本情况

此次定量包装商品净含量计量专项监督检查在全国31个省、自治区、直辖市和新疆生产建设兵团部署开展，共抽查企业8 466家，对食品类、日用品类、农资建材类以及其他种类定量包装商品抽查共计28 411批次，其中净含量标注合格27 631批次，合格率为97.25%，比上年下降0.35个百分点；净含量检验合格

27 442 批次,合格率为 96.59%,比上年提升 1.66 个百分点。

二、检查结果分析

从不同类型企业的情况看,此次抽查的 519 家大型企业的净含量标注合格率为 98.46%,净含量检验合格率为 99.05%;1 549 家中型企业的净含量标注合格率为 98.14%,净含量检验合格率为 97.33%;6 398 家小型企业的净含量标注合格率为 96.81%,净含量检验合格率为 96.06%。大、中型企业的定量包装商品净含量标注合格率和检验合格率均高于小型企业。

从商品类别看,食品类定量包装商品净含量标注合格率为 97.79%,净含量检验合格率为 96.92%;日用品类定量包装商品净含量标注合格率为 93.90%,净含量检验合格率为 95.24%;农资建材及其他类型定量包装商品净含量标注合格率为 96.17%,净含量检验合格率为 95.55%。从具体商品看,此次抽查的 26 种定量包装商品中,净含量标注合格率达到 95%以上的有 20 种,低于 90%的有 2 种;净含量检验合格率达到 95%以上的有 21 种,没有低于 90%的情况。其中,合成洗涤剂、抽纸、油漆涂料的净含量标注合格率分别为 90.62%、87.97%、85.17%,抽纸、种子的净含量检验合格率分别为 90.93%、90.30%,相对偏低。

与上年抽查情况相比,米、面粉和电线电缆的净含量检验合格率分别由 88.57%、89.01%、89.03%提升至 96.90%、97.65%、97.02%,监督检查整改成效明显。油漆涂料的净含量标注合格率与上一年基本持平,仍低于 90%;抽纸的净含量标注合格率由 93.50%下降至 87.97%,在今后的定量包装商品净含量监管工作中需要加强关注。各商品种类具体情况如表 1 至表 3 和图 1 至图 3 所示。

表 1 食品类定量包装商品

序号	商品名称	抽查批次	标注合格批次	检验合格批次	标注合格率(%)	检验合格率(%)
1	米	3 360	3 326	3 256	98.99	96.90
2	面粉	1 023	1 009	999	98.63	97.65
3	调味料	2 002	1 950	1 962	97.40	98.00
4	熟肉制品	1 489	1 478	1 453	99.26	97.58
5	冲饮类食品	883	867	859	98.19	97.28
6	食用油	1 096	1 060	1 043	96.72	95.16
7	杂粮	584	547	563	93.66	96.40
8	小食品	3 110	3 045	3 008	97.91	96.72

续表

序号	商品名称	抽查批次	标注合格批次	检验合格批次	标注合格率(%)	检验合格率(%)
9	方便食品	1 014	993	954	97.93	94.08
10	包装饮料	1 814	1 768	1 784	97.46	98.35
11	其他食品类商品	5 595	5 441	5 413	97.25	96.75

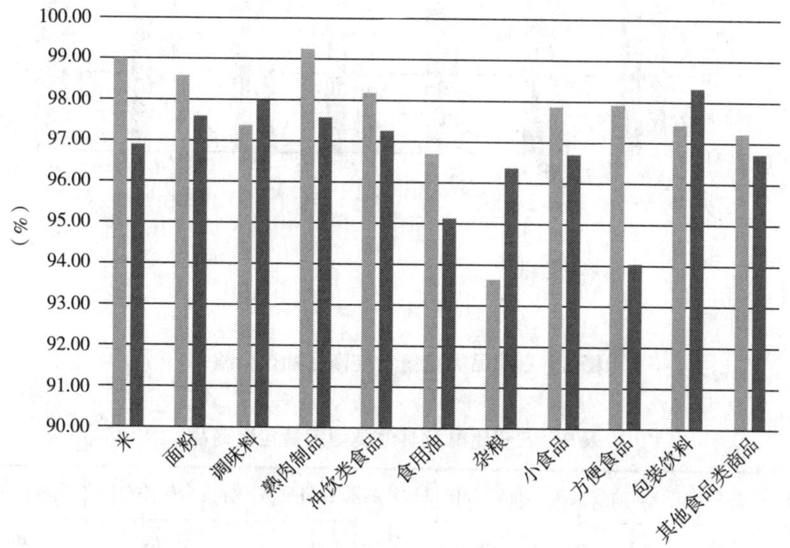

图1　食品类定量包装商品抽查合格率

表2　日用品类定量包装商品

序号	商品名称	抽查批次	标注合格批次	检验合格批次	标注合格率(%)	检验合格率(%)
1	化妆品	398	387	383	97.24	96.23
2	洗发液	278	274	270	98.56	97.12
3	沐浴露	165	160	162	96.97	98.18
4	合成洗涤剂	437	396	419	90.62	95.88
5	抽纸	474	417	431	87.97	90.93
6	垃圾袋	81	81	78	100.00	96.30
7	其他日用品类商品	249	240	240	96.39	96.39

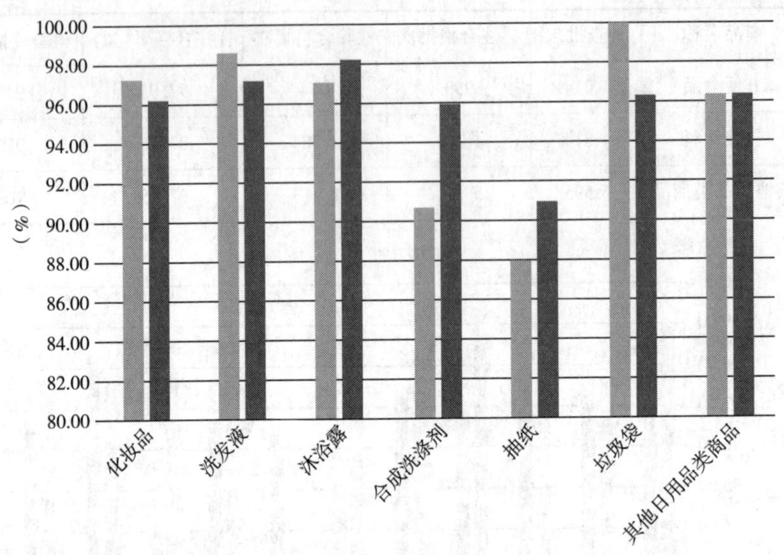

图 2　日用品类定量包装商品抽查合格率

表 3　农资建材及其他类型定量包装商品

序号	商品名称	抽查批次	标注合格批次	检验合格批次	标注合格率(%)	检验合格率(%)
1	化肥	1 209	1 193	1 168	98.68	96.61
2	农药	565	536	526	94.87	93.10
3	种子	804	771	726	95.90	90.30
4	农膜	125	120	117	96.00	93.60
5	电线电缆	302	297	293	98.34	97.02
6	油漆涂料	445	379	425	85.17	95.51
7	润滑油	134	126	134	94.03	100.00
8	其他类型商品	775	770	775	99.35	100.00

三、存在问题

一是企业计量管理有待进一步加强。部分企业对定量包装商品净含量重视不足,对相关法律法规和技术规范学习了解不及时不深入,未严格落实定量包装商品净含量有关要求。部分企业计量保障投入不足,人员培训不及时,净含量检测设备

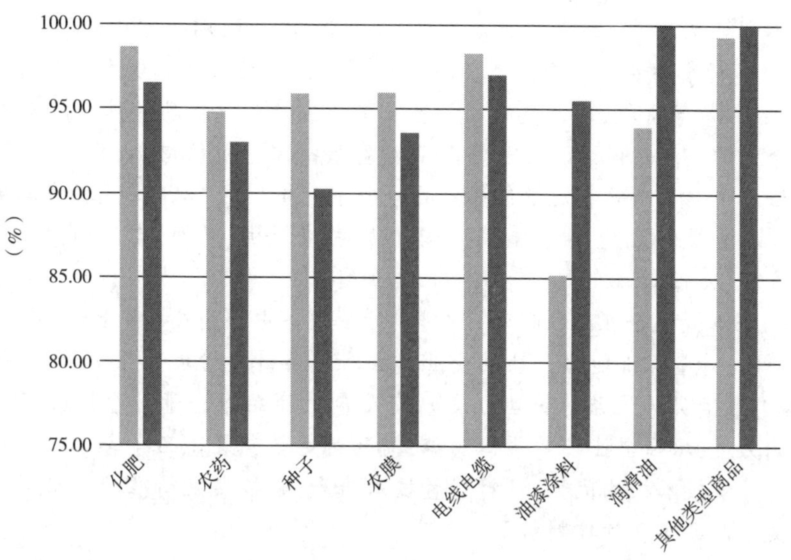

图3　农资建材及其他类型定量包装商品抽查合格率

老化失准，或者未能根据自身生产需求配备与之相适应的计量器具，导致产品净含量得不到准确控制。

二是计量监管制度有待进一步完善。在“双随机”抽查中，部分地区企业信息数据滞后，对新增、停产、转产或搬迁的企业信息更新不及时，对抽查工作造成了影响。基层市场监管部门计量监管和执法人员对计量业务不熟悉，受各项业务工作紧迫性程度不同等因素影响，对定量包装商品计量监管工作投入严重不足。

三是诚信计量体系建设有待进一步推进。推行定量包装商品净含量计量保证能力自我承诺力度不够，企业通过自我声明申请取得计量保证能力合格标志（C标志）的积极性不高，C标志在市场上的影响力有限，社会认知程度较低，尚未形成有效的市场推动机制。

四、有关要求

各地市场监管部门要持续做好定量包装商品计量监管工作，加强专项监督检查结果运用，不断健全定量包装商品净含量长效监管机制，持续提升计量监管效能。

（一）持续加大计量监管力度。切实贯彻落实《市场监管总局关于加强民生计量工作的指导意见》有关要求，强化对定量包装商品生产企业的计量监管，提升其计量保证能力。依据《定量包装商品计量监督管理办法》等规定对定量包装商品净含量不合格生产企业依法进行后处理，限期整改，并到期进行复查。

（二）不断完善专项检查机制。维护好、利用好“检查对象数据库”和“执法检查人员数据库”等资源，持续更新定量包装商品生产企业信息数据，为“双随机”抽查提供全面的信息化保障。进一步加强对基层执法人员的培训，提升计量监督管理和执法水平。不断完善定量包装商品净含量计量监督“双随机”抽查机制，结合实际优化抽查规则，完善抽查流程，合理确定抽查范围、时间、比例和频次，确保抽查工作客观、公正、有效。

（三）深入开展企业帮扶行动。结合“计量服务中小企业行”活动，帮助计量管理基础薄弱、计量保证能力欠缺的企业建立和完善计量管理体系。加大对新修订的《定量包装商品计量监督管理办法》《定量包装商品净含量计量检验规则》等的宣传培训力度，增强企业计量法律意识，提升对定量包装商品净含量的重视程度。充分发挥计量技术机构优势，针对计量技术难点，积极实施精准计量服务，协助企业不断提升产品净含量控制水平。

（四）加强诚信计量体系建设。按照《市场监管总局办公厅关于推进诚信计量体系建设的指导意见》要求，持续推进诚信计量体系建设。大力推广定量包装商品生产企业计量保证能力自我承诺，扩大C标志的市场影响力和社会认知度，提升企业申请和使用C标志的积极性，形成有效的市场推动机制。充分发挥媒体宣传和监督作用，畅通投诉举报渠道，努力营造诚实守信、放心消费的市场环境，促进计量监督管理工作取得实效。

市场监管总局

2024年5月11日

五 报 告

‖概念‖

报告适用于向上级机关汇报工作、反映情况，答复上级机关的询问，属于陈述性的上行文，是上级机关了解下情、制定方针政策、指导下级工作的重要依据，也是下级机关及时反映情况，取得上级机关对工作支持、指导的重要途径。

‖格式写法‖

1. 标题。报告的标题由报告机关、报告事由和文种名称三部分构成，如《××区商务局关于××××年教育执法情况的自查报告》。

2. 正文。正文一般包括四项内容。

（1）前言。前言概括介绍报告的基本内容或报告的主旨，统领全文。

(2)基本情况。基本情况是报告的核心,不论是汇报工作、反映情况,还是提出建议,均应实事求是地将具体情况交代清楚。综合性的报告以实践为选材范围,分述各方面工作进程情况。专题性的报告,遵守一文一事的原则。

(3)具体意见。呈报性的报告主要目的是反映情况和汇报工作,建议或意见等要略写。而呈转型的报告,是就本单位、部门主管业务范围内的事项提出建议、措施或要求,报请上级转发。

(4)今后工作设想。报告中可简述今后工作的思路。

3. 尾语。根据报告类型的不同,采用“以上报告,请审阅”,或“以上报告,如无不妥,请批转××××参照执行”等语作结。

注意事项

1. 写报告的目的是向上级汇报情况和反映想法,因而汇报性是报告的突出特点,写法上以陈述为主。撰写时要尽量简明扼要,不要做过多的政策理论分析。

2. 报告是上级机关了解情况、制定政策的客观依据,因此它所反映的情况、汇报的工作必须属实。

3. 注意报告与请示的区别,不要在报告中夹带请示事项。

【例文】

即墨区商务局20××年工作报告

区政府:

今年以来,区商务局围绕服务经济社会发展大局,以加快新旧动能转换为主线,聚力稳增长、促转型、惠民生,商务工作持续稳中向好。预计全年外贸进出口330亿元,增长9%;利用外资9.35亿美元,增长3.9%;完成社会消费品零售额总额460亿元,增长10%。

一、双招双引成果丰硕。一是创新招商体制。对30个招商事业部和重点招商产业进行调整,产业招商机制更加顺畅。建成启用北京、上海等4个国内招商引资引智联络处,与韩国、德国等4个委托招商联络处签署合作协议,搭建起高效的产业招商体系。二是拓展招商方式。成功举办“蓝洽会”即墨区暨青岛蓝谷“双招双引”集中签约活动,现场签约40个蓝高新项目,投资总额近500亿元,涉及先进制造业、海洋科技、大健康、人工智能等领域。实施“人才+项目”引进模式,引进多名高层次专家来即投资创业。香港山东周期间,现场签约鳌山湾未来城等8个重点项目,总投资额达55亿美元。三是促进一批重点项目签约。促进12英寸模拟电路产业园、中国智能骨干网等120个项目正式签约,提前完成签约100个项目的目标。

二、外经贸健康发展。一是进出口平稳增长。积极组织企业参加进口博览会、巴基斯坦展会、广交会等重点境内外展会，预计全年对“一带一路”国家（地区）出口保持两位数增长。通过加大扶持力度，促进民营企业进出口增幅比去年提升3.6个百分点。二是外贸新业态加速发展。发挥国际陆港线下综合园区、国际商贸城线下展览展示的综合优势，引进一批知名跨境电商企业落户。组织新华锦等60多家企业参加亚马逊“全球开店”、第三届全球跨境电商峰会等活动，全年完成跨境电商进出口快速增长。三是境外投资创新高。组织40余家企业参加青岛—香港企业跨境投资合作研讨会、“走进非洲”培训会等境外投资政策说明会8次，全年新批境外投资项目5个，中方协议投资额3.05亿美元，其中“一带一路”国家或地区中方协议投资额2亿美元。

三、社会消费稳步增长。一是加强政策扶持。出台政策鼓励批零餐等企业规范化、品牌化发展，积极培育服务消费、绿色消费、时常消费等新消费热点，满足市民多样化消费需求。引导利群、利客来等大型商超加速在青岛蓝谷布局发展。二是创新供应链发展模式。鼓励企业创新供应链模式，挖掘典型示范企业，青岛酷特成为青岛市首批供应链体系建设试点企业。三是不断提升服务保障水平。牵头开展餐饮领域消费秩序专项整治，为市民营造了安全放心的餐饮消费环境。加快打造“诚信兴商”品牌，组织开展“诚信兴商宣传月”“文明餐桌行动”等重点活动，推荐10家企业申报“青岛市诚信企业”。

四、电子商务发展态势良好。一是电商服务体系更加完善。建成运营区级电商综合服务平台2个，镇级服务中心10个，村级服务站257个，为电商产业发展提供了有力支撑。二是农村电商呈现新亮点。通济街道、移风店镇2个镇街被阿里研究院评为中国淘宝镇，数量占青岛市67%；11个村庄获评中国淘宝村，占青岛市61%。三是电商培训成效明显。组织300余家童装企业参加天猫商城童装青岛招商会，为童装企业入驻天猫开通了“绿色通道”。组织500余家电商企业参加双十一天猫公开课。全年共培训电商人员5 000余人次，为加快电商发展提供了重要人才保障。

今年以来，商务系统的“菜篮子”、安全生产、诚信体系建设等工作取得新进展。承办政协委员提案2件，面复率和满意率100%。

20××年，商务工作既有亮点，也有难点。主要表现在外贸稳增长压力仍然较大，利用外资质量和效益有待提升，内外贸融合发展水平需不断提高。20××年，我们将重点从四个方面精准发力：

一是推动双招双引，实现新突破。发挥智慧招商服务平台作用，抓好世界500强、国内500强、行业领军企业引进建设。拓宽引才引智渠道，抓好高层次人才引进。抓好新兴产业项目开工建设，促使新兴产业项目早日实现产业化。加大先进

制造、旅游、金融、文化、健康等新兴产业和现代服务业大项目引进力度,不断提升利用外资质量。

二是推动外贸转型取得新成效。发挥酷特集团国家电子商务示范企业带动作用,复制推广个性化定制模式,吸引一批知名跨境电商平台落户,扩大跨境电商进出口规模。积极对接海关总署、商务部等上级部门,加快推进综合保税区申报。加强与上级主管部门对接,争取青岛二手车出口试点尽快获批。发挥小微外贸综合服务中心作用,引导小微外贸企业实现聚集发展,促进小微企业做大做强。

三是推动商贸升级迈出新步伐。发挥好扶持政策的激励引导作用,鼓励壮大服务贸易发展规模,推动特色商贸业较快发展。加快推进大型商贸企业在重点区域布局,提升现代商贸业高层次发展水平。组织餐饮美食、家政服务等行业开展技能选拔、比赛等活动,激发商贸流通行业发展活力。加快推进商务领域诚信体系建设,重点在零售、餐饮、居民服务等流通领域,培育一批优质服务、规范经营的商务诚信知名企业。

四是推动电商发展实现新提升。持续完善电商公共服务体系,配齐配强镇级电商公共服务中心。对接阿里巴巴等知名电商平台,引导我区童装类、母婴类、农特产品等入驻平台,打响即墨特色电商发展品牌。加强电子商务产业园的基础设施配套建设,推进即墨童装电商产业等园区建设,打造高层次电商聚集区。

即墨区商务局

20××年××月×日

六 请 示

概念

请示适用于向上级机关请求指示、批准,是基层单位使用频率较高的文种。在下级对关涉重大方针、政策、法规的问题缺少把握,需经上级明确后方可处理时,或工作中遇到新情况又无章可循时,以及一些上级明确规定必须请示的事项出现时,下级机关都必须行文请示。当然,凡上级已有明文规定,在自己职权范围内能解决的,不必再请示。

格式写法

1. 标题。拟写请示的标题时,特别要注意事由部分要准确揭示请示的事项。

2. 正文。正文一般包括三项内容。

(1)请示缘由。请示缘由即请求事项的依据、缘由,是请示事项能否成立的前提,要写得充分、有说服力。但要防止堆砌材料,烦琐冗长,更不能用争辩、要挟的语气行文。

(2)请示事项。请示事项要写得明确具体。

(3)意见和建议。在说明请示理由和事项的基础上,请示撰写者应当陈述自己的看法,提出解决请示事项的建议,以供领导参考。看法应该客观,建议应符合政策,切合实际,稳妥可行。

3. 尾语。在请示的结尾,明确提出要求,请求上级批准、指示。最后大多由请求性尾语"以上意见妥否,请指示""妥否,请批复""以上意见如无不妥,请批转××执行"等来收束。

注意事项

1. 为了便于上级机关处理和答复问题,请示内容要单一,一事一文。

2. 注意不要"多头"请示和越级请示。如因特殊情况必须越级请示时,一定要抄送所越过的直属上级机关。

3. 若是向没有隶属关系的主管部门请求批准,应使用"函"而非"请示"。

4. 尤须注意的是,不能将请示与报告混同。二者行文目的不同,请示是请求性的,要求上级机关明确批复;报告则是汇报性的,大多数不要求上级表态和答复。它们的行文时机也不同,请示必须于事前行文,不能"先斩后奏";而报告则在事先、事中或事后行文均可。

【例文】

镇康县商务局关于请求设立县、乡两级电子商务服务机构的请示

镇政商字〔20××〕2号

镇康县机构编制委员会:

根据《关于印发临沧市20××年电子商务进农村综合示范项目实施方案的通知》(临政办发〔20××〕252号)文件精神,为全面推进我县电子商务进农村示范工作,加快全县电商产业快速发展,有效促进农业升级、农村发展、农民增收。现将设立县、乡两级电子商务服务机构的有关事项请示如下。

一、机构设置

拟设立镇康县电子商务服务中心,为县商务局下属公益一类事业单位,机构规格为正科级,县电子商务服务中心设5个内设股室,即办公室、技术部、培训部、营运部、客户部;拟设立乡(镇)电子商务服务站,为乡(镇)下属公益一类事业单位,机构规格为股所级。

二、主要职责

1. 产业研究服务。研究电子商务产业发展的重点难点、探索产业技术和发展模式,制定电子商务产业政策和发展规划、推动电子商务应用提供相关服务。

2. 产业推进服务。发掘电子商务发展创新的样板案例,实施和落实重大项目,总结和推广电子商务创新模式,促进产业链整合和其他产业转型升级。

3. 产业培训服务。举办电子商务产业培训,普及传播电子商务应用知识,辅助开展电子商务继续教育和在职培训工作,促进企业开展电子商务;制定电子商务专业人才培养标准和计划,培养商务人才。

4. 产业宣传服务。建设电子商务宣传平台,展示我县电子商务发展状况和进程,介绍发展规划、政策扶持信息,全面宣传和营造产业氛围。

5. 产业公共服务。提供电子商务企业设立注册及企业开办电子商务业务所需的各种电子商务服务业务。提供与电子商务及互联网产业相关的招商引资服务。提供电子商务企业投融资上市咨询服务、培训辅导服务,辅助支持电子商务服务企业培育工作。研究制定全县农村物流建设规划并组织实施。

三、人员编制

请求核定镇康县电子商务服务中心事业编制21名;核定各乡(镇)电子商务服务站事业编制21名(每个乡镇均3名)。

以上请示,妥否,请批示。

附件:《临沧市20××年电子商务进农村综合示范项目实施方案》(临政办发〔20××〕252号)(略)

镇康县商务局(印章)

20××年1月8日

七 批复

概念

批复适用于答复下级机关请示事项。批复与请示相对应,针对请示事项而撰写,职能单一,意见有很强的指导性和制约性,是下级机关遵照执行的依据。

格式写法

1. 标题。批复的标题除了可以写成通常的公文标题形式外,还可以写成:发文机关+批复事由+行文对象+文种;发文事由+文种;发文机关+原件标题+文种。

2. 正文。正文一般包括批复引据和批复内容。先引下级来文(请示)的发文字号,以及来文的标题或文件的事由,以"现批复如下"过渡语引出下文。下文根据实际情况和有关方针政策对来文的请示事项作出明确答复，有的还要对下级机关如何贯彻批复内容扼要提出几点希望或要求。

注意事项

1. 批复的内容必须针对下级来文（请示）的请示事项，指示或解答要与下级来文的“所请”“所问”相一致。

2. 对下级提出的请示事项，是同意还是不同意，认为可行还是不可行，均应明确表态，不能模棱两可、含糊不清。如果不同意下级请求事项，还需要简要说明政策依据或具体理由，不能只是简单粗暴地否定。

3. 对下级来文应及时批复，以免贻误工作。

【例文】

国务院关于设立中蒙二连浩特—扎门乌德经济合作区的批复

国函〔2024〕40 号

内蒙古自治区人民政府、商务部：

你们《关于设立中蒙二连浩特—扎门乌德经济合作区的请示》（商资发〔2024〕23 号）收悉。现批复如下：

一、同意设立中蒙二连浩特—扎门乌德经济合作区（以下简称“合作区”）。合作区中方区域面积 9.03 平方公里，位于内蒙古自治区二连浩特市中蒙边境公路口岸西北侧，四至范围为：东至公路口岸货运通道 70 米，南至边防部队网围栏，西至边防哨所 600 米，北至边防禁区南边界。合作区中方区域分东、西两区，按功能定位实行分区监管，并在区域间设立隔离设施。其中，东区面积 4.31 平方公里，四至范围为：东至公路口岸货运通道 70 米，南至边防部队网围栏，西至西经 1 路，北至边防禁区南边界；西区面积 4.72 平方公里，四至范围为：东至西经 1 路，南至边防部队网围栏，西至边防哨所 600 米，北至边防禁区南边界。合作区中方区域范围具体以界址点坐标控制，界址点坐标由商务部、自然资源部负责发布。

二、合作区中方区域建设要全面贯彻落实党的二十大精神，按照党中央决策部署，立足本地特色优势，重点发展国际贸易、国际物流、进出口加工、跨境旅游及相关配套服务，深入推进国际经贸合作，打造沿边地区的高水平开放平台、“一带一路”中蒙俄经济走廊的重要节点、中蒙友好合作的典范，服务构建新发展格局、推动高质量发展。

三、合作区中方区域通过物理围网和信息化监管实行封闭管理。按中蒙政府间协议约定，与蒙方合作设立双方区域间的跨境设施，实施边防、海关检查，以及相关查验、检验检疫、安检等方面监管，有序推进与蒙方区域的人员、货物便利

通行。

四、同意对合作区中方区域实施相关支持政策。支持建设国际医疗先行区，鼓励医疗新技术、新药品研发应用。支持研究规划建设合作区跨境铁路专用线。允许开展国际文化艺术品展示、拍卖、交易业务。地方通过外经贸发展专项资金等现有资金渠道，统筹支持合作区发展。支持配套金融服务，鼓励中资和外资银行机构入驻，支持民间资本进入区内金融业，支持依法合规开展跨境投融资业务和个人本外币兑换业务，扩大人民币跨境使用。允许引入境外优质教育资源，开展高水平国际教育交流合作。支持确有需求时按程序设立综合保税区。

五、内蒙古自治区人民政府要加强组织领导，切实落实主体责任，创新行政管理体制，科学设置合作区职能机构，提高行政效率和服务水平。严格遵循国土空间规划，按规定程序履行具体用地报批手续；严格执行项目建设用地控制指标和招标拍卖挂牌出让制度，节约集约利用土地资源。落实生态文明建设要求，依法依规开展规划环评工作，严格建设项目审批，加强自然生态环境和生物多样性保护，促进经济建设和资源环境协调发展。

六、商务部要会同内蒙古自治区人民政府有序推进合作区双边协调机制建设，协调推动有关部门加强指导和服务，促进合作区持续健康发展。

七、内蒙古自治区人民政府和商务部等有关部门要认真梳理和研究合作区建设中出现的新情况、新问题，重大事项及时请示报告。

国务院

2024 年 3 月 19 日

八 意 见

概念

意见适用于对重要问题提出见解和处理的办法。意见的使用灵活便利，既可以作为下行文，就有关重要问题向下级机关阐明原则，提出见解，作出部署；又可以作为平行文，提出意见供对方参考；还可以作为上行文，向上级主管机关建言献策，阐发看法和主张，提出意见和建议。

格式写法

1. 标题。标题写法同其他公文。

2. 正文。意见的正文大多是针对复杂问题阐述见解，提出具体办法，篇幅相对较长。正文主要包括三项内容。

（1）前言。申明行文的目的，有些还要简要说明背景、依据等。

（2）主体。先阐述见解，用一定的文字阐述对所涉问题的认识，说明问题的重要性、意义和作用等，表明态度。陈述处理办法，是意见的重点和主要内容。这部分相当于实施计划，包括目标任务、措施方法和步骤要求。通常的写法是采用分条列项的形式，在每部分前标出小标题或列出段旨句。

（3）结尾。下行性意见在结尾处提出要求。平行性或上行性意见，常以"以上意见是否可行，仅供参考"和"以上意见如无不妥，请予转发有关部门执行"等语句作结。

注意事项

1. 意见上行、平行、下行均可，要根据不同的行文方向，在行文方式和行文风格和语气方面有所区别。

2. 采用意见传达发文机关的看法、意图和做法，语气应婉转，措辞须平和。

3. 意见侧重于解决问题，常细化为有很明确针对性的具体措施、步骤，陈述意见力求具体明确。

【例文】

关于进一步优化政务服务提升行政效能推进"高效办成一件事"的实施意见

国市监注发〔2024〕57号

各省、自治区、直辖市和新疆生产建设兵团市场监管局（厅、委）、公安厅（局）、人力资源社会保障厅（局）、住房和城乡建设厅（委）；海关总署广东分署、各直属海关；中国人民银行上海总部，各省、自治区、直辖市及计划单列市分行；国家税务总局各省、自治区、直辖市和计划单列市税务局，国家税务总局驻各地特派员办事处；各省、自治区、直辖市消防救援总队：

为深入贯彻落实《国务院关于进一步优化政务服务提升行政效能推动"高效办成一件事"的指导意见》，推动企业信息变更、企业注销和开办餐饮店"一件事"高效办理，提升企业和群众获得感，市场监管总局、公安部、人力资源社会保障部、住房城乡建设部、海关总署、中国人民银行、税务总局、国家消防救援局等部门提出如下实施意见。

一、总体要求

以习近平新时代中国特色社会主义思想为指导，全面贯彻落实党的二十大精神，坚持以人民为中心的发展思想，把推动高效办理企业信息变更、企业注销和开办餐饮店"一件事"作为优化政务服务、提升行政效能的重要抓手，优化业务流程、

打通业务系统、强化数据共享，提升企业信息变更、企业注销和开办餐饮店的标准化、规范化、便利化水平。

——坚持改革创新。创新工作理念和制度机制，强化数据赋能，有效整合各方资源，优化再造业务流程，加强业务协同和信息共享，打破层级、地域、部门、系统之间屏障，推动政务服务提质增效。

——坚持便民高效。聚焦企业和群众涉及面广、办理量大、办理频率高的政务服务事项，优化服务方式，丰富办事渠道，大力推进政务服务"减时间、减环节、减材料、减跑动"。充分尊重企业自主选择权，不限定申请方式，推动线下线上服务融合，最大限度利企便民。

——坚持依法依规。按照"谁审批、谁监管，谁主管、谁监管"的原则，在推进"高效办成一件事"过程中，强化审管衔接，创新大数据监管和信用监管，提升监管效能。企业设立后进行变更登记、注销登记，依法需要前置审批的，严格依照相关法律法规执行。

二、主要任务和措施

（一）推行企业信息变更"一次办"

1. 推进企业信息联动变更。从企业视角出发，将企业登记信息变更后的跨部门、跨层级事项变更进行同步办理，在企业开办"一件事"基础上实现企业信息变更"一件事"。企业在市场监管部门依法办理变更登记后，市场监管部门依托"一网通办"等政务服务平台共享推送变更信息，公安、税务、人社、住建等部门接收信息后，对应完成公章刻制备案信息变更、税控设备变更发行、社会保险登记变更、住房公积金缴存登记变更等事项的信息变更。经企业授权同意后，银行接收信息提供基本账户变更预约或者变更办理服务。

2. 实现流程材料优化简化。企业可自行选择线下或线上办理模式，线下实行"一窗受理"，线上实现"一网通办"，通过推动部门间信息共享互认，形成"一套材料、单次采集、多方共用"的工作机制。企业变更登记完成后，取消向后续部门申请提交的申请表、营业执照等材料。各部门按照"能简则简""应减尽减"原则，再造自身业务流程和环节，可以通过共享方式获取的材料和信息，企业无需重复提交。对因企业变更涉及营业执照等实体证照变更的，鼓励推行线下"一个窗口"一次领取，或者通过寄递等实现"不见面"办理。

3. 提升"一网通办"服务能力。对企业信息变更"一件事"的办理场景、申请材料等进行梳理优化，根据企业变更登记内容匹配关联事项，形成可同步变更的事项目录，依托"一网通办"等政务服务平台提供智能变更服务。对共享企业变更信息即可同步变更的，各后续部门收到推送信息后直接办理，并将办理结果通过"一网通办"等平台反馈企业。对因企业登记信息变更涉及其他待办事项的，各后续部门同步完成提示提醒。鼓励拓展平台服务功能，实现企业名称变更后可在线选择公章刻制企业、了解刻制价格以及网络支付等功能，方便同步申请。

（二）推行企业注销“一网办”

1. 优化企业注销平台功能。注销服务平台（以下简称“注销平台”）应具备公告发布、注销申请、结果查询、信息采集等功能，各有关部门通过“信息共享、同步指引”，实现企业注销“一网服务”，办理结果“多端获取”。

2. 优化企业注销登记。在国家企业信用信息公示系统中增加解散公示功能，便利利害关系人了解公司现状。完善企业自主修改撤销清算组公告、债权人公告功能。市场监管部门将企业撤销公示的相关信息推送至相关部门，相关部门注销尚未完结的，同步取消办理相关注销业务。市场监管总局向各地市场监管部门提供企业分支机构、投资企业查询，推动解决因隶属企业注销其分支机构难以注销的问题。

3. 提供税务注销预检服务。在注销平台中增加税务注销预检功能，方便纳税人自助查询注销前尚未办结的涉税事宜并及时办理。加强数据共享，税务部门向市场监管部门推送清税信息，市场监管部门在注销登记前查验电子清税信息，纳税人无需提交纸质清税证明。

4. 完善“照险联办”注销机制。人力资源社会保障部门根据注销平台共享的注销登记信息，对不存在欠薪和未结清的社会保险费及医疗、伤残补助、抚恤费用，滞纳金，罚款等债权债务情形，不存在正在处理中的社会保险争议的，办理注销社会保险登记。鼓励有条件的地区在注销平台中增加社保和工资预检功能，靠前提醒企业及时清缴社会保险相关费用，支付拖欠的工资。

5. 完善“照关联办”注销机制。加强系统对接，在注销平台增加预检功能，自动检测并显示企业是否存在海关报关单位备案，及时提醒企业勾选海关报关单位备案注销申请。海关部门根据注销平台共享的注销登记信息，对已办结海关手续的报关单位，同步注销海关报关单位备案，无需企业再次申请。

6. 优化银行账户销户服务。企业申请注销登记时，可同时提交银行账户销户预约申请。银行通过注销平台获取企业银行账户销户申请信息后，引导企业办理银行结算账户注销手续。银行根据获取的信息，进一步压减银行账户销户纸质申请材料，最大限度便利企业办事。

7. 实行公章刻制备案信息同步注销。加强信息共享，企业完成注销后，市场监管部门通过注销平台将企业注销信息推送至公安部门，公安部门同步注销公章刻制备案信息，实现“一次申请、同步注销”。

（三）推行开办餐饮店“一体办”

1. 推动开办餐饮店“一件事”集成办理。依托地方政务服务平台线上开设开

办餐饮店“一件事”专区，线下设置“一件事”综合窗口和专业服务窗口，推动线上线下同步办理。统筹考虑开办餐饮店“一件事”涉及各部门所需申请材料、受理和审批程序等，优化政务服务模式，实现办事申请“一次提交”，办理结果“多端获取”。

2. 推进事项办理“减材料、减环节”。各地市场监管部门依托地方信息共享平台，对企业设立登记过程中采集的名称、主体类型、经营场所、经营范围、法定代表人（负责人）等共性信息，要及时共享至地方食品经营许可系统、工程建设项目审批管理系统、消防监督管理系统等，相关部门不再重复采集。鼓励有条件的地方，将电子营业执照作为开办餐饮店相关业务的合法有效身份证明和电子签名手段，减少身份认证环节。

3. 提供优质高效的办事服务。提供智能申报服务，按照餐饮行业习惯，申请人在自主申报过程中，登记系统自动匹配推荐具有餐饮行业经营特点的名称行业及经营范围，供申请人选择。鼓励各地按照《城市户外广告和招牌设施技术标准》要求，做好对户外招牌照明、材料、设计、施工等方面的前端技术指导。指导各地持续深化消防执法改革，不断优化消防执法服务，推动消防线上线下服务效能整体提升。

4. 统筹效率与安全。各地要在保障食品安全的前提下，严格落实《食品安全法》《行政许可法》等有关规定，不得擅自增加食品经营许可申请材料、增设审查条件，不得增加群众负担，切实把好事办好。无相关法律法规依据，不得擅自将户外招牌设施设置纳入行政审批。充分发挥监管作用，切实形成监管合力，提升监管水平，推动餐饮经营全过程管控，守牢安全底线。

三、组织保障

各省（区、市）市场监管部门要切实履行工作牵头职责，会同相关部门研究确定本地区具体时间表和路线图。各地相关参与部门要分工协作，切实抓好本部门工作任务的落实落地。鼓励各地在确保工作质量、风险可控的前提下，创新更多管用可行的地方特色。做好改革政策宣传解读工作，加强窗口人员业务培训。调整优化业务流程，修订完善办事指南。推进政务服务窗口制度化规范化建设，健全落实首问负责、一次性告知、限时办结、帮办代办、“好差评”等制度，优化规范窗口服务，提升服务效能。加强审批、监管、执法等部门工作协同，建立健全风险防范机制，充分利用信用信息共享平台，推进各部门间信用信息共享。

市场监管总局　公安部　人力资源社会保障部
住房城乡建设部　中国人民银行　海关总署
税务总局　国家消防救援局
2024 年 5 月 27 日

【思考与练习】

1. 结合实际,谈谈商务文书的作用。

2. 2022 年 1 月 1 日,区域全面经济伙伴关系协定(RCEP)正式生效,首批生效的国家包括文莱、柬埔寨、老挝、新加坡、泰国、越南等东盟 6 国和中国、日本、新西兰、澳大利亚等非东盟 4 国。2022 年 2 月 1 日起对韩国生效,2022 年 3 月 18 日起对马来西亚生效,2022 年 5 月 1 日起对缅甸生效,2023 年 1 月 2 日起对印度尼西亚生效,2023 年 6 月 2 日起对菲律宾生效。为了适应这一新形势,××市人事局拟举办××市 RCEP 高级人才培训班。培训内容:(略)。

培训教师:国内外 RCEP 研究专家。

学员:××各委、办、局及××市各大中型国有企业、××市各行业协会、××市各高校国际贸易系有关人员。

培训时间:2023 年××月××日—2023 年××月××日。

培训地点:略。

假如培训已经圆满结束,围绕培训一事应写哪些公文?请按行文顺序一一写出。

3. 为深入贯彻落实国家对技能人才工作的重要指示精神,努力提高全市商业服务业服务质量,打造“北京服务”品牌,助力北京培育建设国际消费中心城市。按照国家技能人才发展战略和北京培育建设国际消费中心城市有关要求,2024 年,北京市商务局会同相关委办局,组织开展“北京市第十四届商业服务业技能大赛”。请代北京市商务局写一份《关于组织开展 2024 年北京市商业服务业技能大赛赛项征集工作的通知》。收文单位:市商务领域社会组织、商业服务业相关企业及有关单位。附件:《北京市第十四届商业服务业技能大赛活动竞赛项目申报书》。

第三章

公司内部管理文书

一 简 报

概念

简报有两层含义:一是指企业编发的内部刊物,这种刊物又常以“工作动态”“工作简讯”“内部参考”“情况反映”“信息”等名称出现;二是指这种刊物上发表的文章,即用来沟通信息的具有简要报告和内部报道性质的应用文。

格式写法

1. 简报版面的编排格式。简报的版面由报头、正文、报尾三部分组成。

(1)报头。报头一般占首页 1/3 的上方版面,用间隔红线与文稿部分隔开。报头内容有:简报名称、期数、编发单位、印发日期、密级和编号等。

(2)文稿部分,即刊登于简报上的文章。一份简报可以围绕一个中心,刊登多篇文章,也可以只刊登一篇文章。

(3)报尾。在末页的下方,通常有两条平行横线,在两条平行横线内注明报、送单位名称和印发份数。

2. 简报文稿的格式。

(1)按语。按语即编者对简报内容的说明或评论,按语前常加“编者按”“按语”等词语。按语的内容是根据领导的意图,把简报的内容和实际工作联系起来写作的,对下级的工作有指导监督的作用。按语并非所有简报必备,只有转发式的简报或其他重要的简报有此项内容。

(2)标题。简报标题的写法与新闻标题写法相似,常见的形式有两种:①单行标题,即用一句话准确概括全文内容。②双行标题。一种是主副标题,主题在上,概括全文主要内容,副题在下,补充印证主题;另一种是由引题加正题组成,引题在上,交代背景和看法,正题概括全文基本内容。

(3)正文。正文的写法多种多样,常见的有三种:①新闻报道式。用新闻报道的写法写简报，常用于重要事件和活动的报道。全文分导语和主体两部分：导语概括主要事实或结论，引导读者阅读全文；主体紧承导语，展开具体内容。②时间顺序式。按事物发生发展的前后顺序安排结构，应注意抓重点，分阶段，避免写成流水账。③逻辑顺序式。按事物的内在联系安排结构，多用于内容复杂的简报。要注意把材料合理归类，分清主次，处理好点与面的关系。

注意事项

1. 善抓重点。选题要结合形势，选择与中心工作、重点工作密切相关的新事物、新动向。

2. 立足真实。简报中涉及的任何材料都必须准确无误，真正做到喜不夸大，忧不缩小。

3. 简明扼要。简报的写作必须简短、明快，用尽可能少的文字说清楚问题，主题要集中，一稿一事，不能贪大求全。

4. 讲究时效。简报是单位领导对一些问题作出决策的参考依据之一，也是单位推动工作的一个重要手段，因此简报的编写必须讲求及时迅速。

【例文】

河南商务简报

第 27 期

河南省商务厅办公室编　　　　20××年 5 月 15 日

第二十三届郑州国际糖酒会精彩纷呈
规模效果创历史新高

20××第二十三届中国（郑州）国际糖酒食品交易会于 4 月 26 日—28 日在郑州国际会展中心举办，本届展会历史规模最大、参会人员最多、论坛档次最高，集中展示了豫酒产品形象，取得了丰硕成果。

本届展会会期三天，展览面积 5 万平方米，国内外参展企业 1 500 多家，设有综合酒类展区、国际葡萄酒展区、食品饮料展区、包装机械展区等四大主题展区，超过 1 000 个新品在展会上精彩亮相。五粮液、西凤、金沙回沙、汾阳王、金六福、海南椰岛、中粮名庄荟、刘伶醉、关东老窖、珠江啤酒等知名酒企，以及习酒、汉酱、国台、董酒、珍酒、小糊涂仙、百年糊涂、酒中酒、怀庄、金酱等 30 多家遵义名优酱酒企业以及仰韶、宋河、杜康、宝丰、五谷春、皇沟、金星啤酒等省内主流品牌悉数亮相，吸引了大批经销商前来咨询洽谈。展会期间还先后开展了全国酒类行业协会会长（秘书长）工作会议、20××第二届中国糖酒食品名家讲坛、遵义产区名优白酒集中推

介、五谷春酒业新产品上市发布、瑞城国际葡萄酒大讲堂暨精品葡萄酒大赛、第23届郑州国际糖酒会评优表彰、中国酒业连锁发展高峰论坛暨20××河南酒业“金像奖”颁奖典礼等活动，成为行业和社会关注的亮点。

据统计，本届郑州国际糖酒会共接待来自全国各地的采购商总计12.1万人次，成交量达到37.6亿元，比去年同期增长11.5%，参展企业满意度调查显示达到了92.7%，再创新高。

（省酒业协会供稿）

报：省委常委，省人大常委会副主任，省政府副省长，省政协正副主席，商务部领导，省人大、省政府、省政协秘书长，省政府万旭副秘书长，省政府办公厅张学卫副巡视员

送：商务部办公厅，商务部驻郑州特办，省委政研室，省人大财经工委，省政府研究室，省政协经济委，各省辖市、省直管县（市）政府，郑州航空港经济综合实验区管委会

发：厅领导，机关各处室、厅属各单位，各省辖市、省直管县（市）、郑州航空港经济综合实验区商务局，国家级、省级经济开发区管委会

二　计　划

概念

计划是各行业、各部门对未来一个阶段的工作作出打算和安排的文书。通过制订计划，可以预见未来，明确工作目标，避免或减少工作的盲目性。

工作中常见的规划、纲要、工作意见、工作要点、打算、安排或方案等，都属于计划的范畴，但是它们在时间长短、内容详略、范围大小等方面有所区别。规划、纲要是时间较长、范围较广、内容概括、提出宏观目标和发展远景的计划；工作意见、工作要点是领导部门向所属部门布置工作和任务，偏重于政策性、原则性指导的计划；打算、设想是非正式的、粗线条的计划；安排是内容具体、时间较短的计划；方案是对重要工作的目的、要求、方式、方法和进程等进行安排，经过上级批准以后才能执行的计划。

格式写法

计划一般由标题、正文和落款构成。

1. 标题。计划的标题可以采用三种形式。

(1)单位+时间+事由+文种。例如:《××公司20××年营销计划》。

(2)单位+事由+文种。例如:《上海××公司筹建科技馆建设计划》。

(3)时间+事由+文种。例如:《20××—20××年青年职工培训计划》。

如果计划还需要经过讨论才能定稿,就应当在标题后面的括号里注明“征求意见稿”“初稿”“草案”“讨论稿”等。

2. 正文。计划的正文包括前言、主体和结尾三部分。

(1)前言。前言部分介绍制订计划的依据,从总体上分析本单位的主客观条件,说明完成任务的必要性和可能性等。有的还提出总的任务要求或目标。这一部分必不可少,但应简明扼要。

(2)主体。主体部分包括任务、指标、要求、步骤和措施等。这部分内容有两种写法:一种是把任务、指标、要求、步骤和措施分开写,先分列各项任务、指标、要求,接着分列步骤和措施;另一种是把任务、指标、要求、步骤和措施结合在一起写,在提出一项任务、指标之后,紧接着说明完成任务的步骤和措施。

(3)结尾。结尾部分主要用于补充说明注意事项,或提出希望、发出号召等。有些计划在主体部分写完后自然收束,不另作结。

3. 落款。落款部分要写上制订计划的单位名称和成文日期。

注意事项

1. 要有开拓精神。计划是对未来工作预测和决策的结果,必须具有符合时代、符合社会发展状况的前瞻性和开拓进取精神。

2. 要切实可行。计划是指导现实工作的,必须从实际出发,统筹兼顾。编制计划前要做好调查研究,分析工作的现状及各相关因素、条件,根据现有人力、物力、财力考虑问题。计划指标既不可过高,也不能过低;既要反对保守思想,又要避免急躁冒进、脱离实际。

3. 要具体明确。计划的目标、措施、步骤、要求和时间安排等要写得明确具体,以利于执行和检查,也便于发现问题时及时修订和补充。

【例文】

西部证券20××年度投资者关系管理工作计划

为积极贯彻执行陕西证监局《关于加强和改进投资者关系管理维护资本市场稳定的通知》(陕证监发〔20××〕104号)文件的精神,进一步加强公司投资者关系管理工作,提升投资者关系管理工作的水平,根据中国证监会《上市公司与投资者关系工作指引》《上市公司信息披露管理办法》《深圳证券交易所股票上市规则》

《深圳证券交易所中小企业板上市公司规范运作指引》及公司《投资者关系管理制度》等规定，结合公司的实际情况，特制订公司20××年度投资者关系管理工作计划。

一、认真做好信息披露工作

按时编制并披露公司定期报告和临时报告，确保公司信息披露内容的真实、准确、完整。

1. 严格按照中国证监会和深圳证券交易所的监管要求，按时编制并披露《20××年度报告》及其摘要、《20××年第一季度报告》、《20××年半年度报告》及其摘要和《20××年第三季度报告》，保证股东及潜在投资者及时、准确地了解公司的经营、内控和财务状况等重要信息。

2. 严格按照信息披露格式的要求，及时披露公司股东大会决议、董事会决议、监事会决议和其他重要信息等临时报告，确保股东或潜在投资者及时掌握公司的动态信息。

二、组织筹备股东大会

根据法律法规的要求，公司提前在指定媒体发布召开股东大会的通知，认真做好股东大会的登记、安排组织工作。公司严格按照章程的规定在公司住所地或1/3董事会确定的其他地点召开股东大会现场会议，会议地点交通便利，欢迎中小股东出席会议，需要时将邀请新闻媒体记者列席会议并进行报道，增加股东大会的透明度。公司董事、监事出席会议，其他高级管理人员列席会议。董事、监事、高级管理人员在股东大会上就股东的质询和建议作出合理解释和说明。在股东大会召开时，公司及工作人员不得向参会者披露任何未公开披露的信息。股东大会过程中如对到会的股东进行自愿性信息披露，公司应尽快以深圳证券交易所认可的方式披露该信息。

三、热情接待投资者的来访

投资者、分析师、证券服务机构人员和新闻媒体等特定对象到公司现场调研、座谈沟通实行预约制度，由公司董事会办公室统筹安排，并指派两人或两人以上陪同接待，合理、妥善地安排调研过程，原则上董事会秘书全程陪同并回答问题、记录沟通内容。在接受外界采访、调研过程中，公司将注意尚未公开信息及内部信息的保密，杜绝披露任何未公开披露的信息，避免和防止由此引发泄密及导致相关的内幕交易。投资者突然来访时，也应安排时间接待投资者，与投资者进行互动交流，对于投资者的合理建议可予以采纳。

四、及时答复投资者的询问

董事会办公室负责答复投资者的询问。在日常工作中，做好以下两项工作：

1. 确保投资者电话(029-8740××××)畅通，严格保守公司商业秘密，认真、耐心回答投资者的询问，认真记录投资者提出的意见和建议，并将建议和不能解答的问题及时上报相关领导，及时回应投资者的质疑。

2. 及时登录“深圳证券交易所上市公司投资者关系互动平台”（以下简称“互动平台”），查看投资者的所有提问，并予以认真、及时的答复。

五、持续关注媒体报道，及时澄清不实信息

总经理办公室指定专人持续关注新闻媒体及互联网上有关公司的各类信息，并及时反馈给公司董事会及管理层。对于媒体上报道的传闻或者不实信息，董事会秘书应及时进行求证、核实。对公司股票交易价格已经或可能产生较大影响或2/3影响投资者决策的信息，应及时向深圳证券交易所报告，由深圳证券交易所审核确定是否披露澄清公告。

六、关注公司股票交易，做好危机处理工作

公司股票交易价格或成交量出现异常波动时，公司将立即自查是否存在应予披露而未披露的非公开重大信息，做好相关方面的沟通协调工作。如发生危机，公司将积极应对，努力采取有效的处理措施，使危机的负面影响降至最低，减少危机事件对公司和投资者造成不必要的损失。

七、做好公司接待调研及采访等相关情况的信息披露备查登记

董事会办公室对接受或邀请特定对象的调研、沟通和采访等活动予以详细记载，记载的内容至少应包括活动时间、地点、方式（书面或口头）、双方当事人姓名、活动中谈论的有关公司的内容以及提供的有关资料等，并在定期报告中将信息披露备查登记情况以列表形式予以披露。

八、做好公司投资者关系管理有关人员的培训工作

董事会秘书对投资者关系管理部门人员就投资者关系管理进行全面和系统的培训，对公司高级管理人员及相关人员（包括部门负责人、有关工作人员）就投资者关系管理进行必要的培训和指导。

西部证券股份有限公司

20××年6月13日

三 总 结

概念

总结是用于回顾前一阶段的工作，从中分析归纳出经验教训的文书。总结是人们对自身实践活动的分析概括，是根据党和国家的方针、政策，对前一阶段工作的认真回顾和理性认识。除少数经验性总结是为了在媒体上发表外，绝大多数总

结是为自身而写，或是为了向上级机关汇报工作，以获得指导或帮助而写的，对于促进单位的工作具有重要意义。

格式写法

总结一般由标题、正文和落款三部分组成。

1. 标题。标题要根据总结的要求和具体内容拟定，一般由单位名称、时间、事由和文种组成，如《××××广告公司20××年营销工作总结》。专题性的经验总结，标题一般比较灵活，既可采用单标题概括总结的内容和特点，也可采用双标题形式，以正标题揭示主旨，以副标题限制内容的范围。

2. 正文。总结的正文通常有基本情况概述、经验教训、存在问题和今后的打算三部分内容。

(1)情况概述。这是总结的开头部分，主要交代工作的时间、地点、背景、主要经过和结果，对下文有总述、领起的作用。要概括得当，中肯贴切，实事求是。

(2)经验教训。这是总结的主要内容，无论是综合性的总结还是专题性的总结，都要紧承基本情况介绍，对工作情况进行归纳分析，挖掘出大量平凡工作中的深层次内容，把具体问题上升到理性高度，总结出规律性的内容。切忌就事论事，泛泛而谈，报流水账。

(3)存在问题和今后的打算。存在问题和今后的打算一般放在结尾。对问题的分析要全面精辟，切中要害。今后工作的打算是建立在已有成功经验和失败教训基础上的，要突出针对性和可操作性，不能说空话，喊口号，搞形式主义。

总结的内容主要由以上三部分组成，具体写作中应根据总结的类型和材料的差异，恰当安排总结的结构和确定内容的侧重点。例如，经验总结一般是先概括主要成绩或收获，再具体谈经验，其他方面的内容可省略。综合性的、复杂的工作总结，若时间跨度较长，可以按工作步骤、工作进展划分为几个部分，逐一进行总结。

3. 落款。落款部分应署总结作者的姓名和总结的写作日期，一般是放在文后，也可以写在标题之下。

注意事项

1. 广泛搜集材料。总结要靠大量的材料特别是事实材料来支撑。写好总结的关键就是围绕中心准备尽可能丰富的材料。这些材料可以是具体事例，有关统计数据、报表，以及有关的会议记录、简报等。

2. 坚持实事求是。工作总结中常常出现两种倾向：一种是好大喜功，搞浮夸，只讲成绩，不谈问题；另一种则把工作说得一无是处。这两种都不是实事求是的态度。总结需要理性回顾，如实地、一分为二地回顾评价工作，不虚美，不隐恶。对成绩，不要夸大；对问题，不要轻描淡写。

3. 使用第一人称。总结要从全局出发，围绕本单位自身的实践活动进行，它主要使用第一人称写法，以叙述、说明、议论等表达方式为主。

【例文】

××公司××部20××年度能源控制工作总结

20××年，经过大家的不懈努力，我部顺利完成了公司计控能源管理部下达的各项指标，能源控制工作取得可喜成效。现将过去一年的工作总结如下：

一、工作措施与经验

1. 加强现场管理，层层落实管理制度，发现问题及时整改。公司能源部和生产部每周不定期对生产现场进行全面检查，杜绝"跑、冒、滴、漏"现象，杜绝"长流水、长明灯、设备空运转"现象；制定能源管理考核办法，从严管理；组织各部门进行自查，对发现的问题进行现场整改与处理。

2. 加强技术改进，从根本上解决能源消耗问题。××部水处理是能耗较大的车间，为了降低能耗，安环部与污水部先后提出了××部水处理污水生化系统停止运行的技改方案，此方案可以停止运行风机30kW与喷淋泵7.5kW，停止运行时间20小时，一年可减少电耗约27万度。在此方案的基础上，××部又提出了调节池提升泵出口增加外送管线的技改方案，方案落实以后每年可减少电耗约6.75万度。

3. 全面配合能源体系认证工作，认真做好体系认证工作中各种文件的制定和归档。（略）

4. 积极参与计控能源管理部组织的"能源月"活动，并取得了良好的成绩。（略）

二、存在的主要问题与不足

1. 全员动员力度不够，部分员工对能源管理体系认证工作的认识不够深入。

2. 各部门能源考核的力度不均，考核体系需要完善。

3. 各部门能源管理工作的相关细节有待进一步完善。

三、20××年的工作重点

针对20××年工作中存在的问题和不足，20××年需要重点做好如下各项工作：

1. 加大宣传力度，强化能源管理意识，充分发挥全员参与热情，发动员工提出合理化建议，共同参与节能降耗的管理。

2. 完善能源体系认证，严格执行6S标准，使××部实现现场标准化管理。

3. 强化设备维护保养，降低设备故障率。

××公司××部

20××年××月××日

四　企业章程

概念

企业章程是公司为明确其名称、宗旨、组织形式、生产经营范围、内部经营管理以及利润分配等制定的规范性文书，是明确企业权利义务关系的规章。企业章程的制定，必须符合国家有关法律法规的规定。

格式写法

企业章程通常由标题、正文、落款三部分构成。

1. 标题。标题由企业名称和“章程”组成，企业名称要用全称或规范化简称。

2. 正文。企业章程的正文一般包括总则、分则和附则三部分。总则为第一章，附则为最后一章，中间各章统称为分则，章下分条。条的排列顺序是：从第一章的第一条开始算起，至最后一章的最后一条为止。公司章程要包括以下主要条款：公司宗旨、公司名称、公司所在地、公司所有制形式、经营范围和经营方式、注册资本及来源、组织机构及职权范围、利润分配形式、劳动报酬分配形式、法人代表的产生程序、法人代表的职权范围、章程的修改及终止和其他未尽事宜等。

3. 落款。落款要注明企业章程的制定单位名称及制定的时间。

注意事项

1. 章程必须建立在企业成员共识的基础上。章程的制定和修改必须广泛征求组织成员的意见，反复讨论，达成共识，体现全体成员的共同利益。只有这样，企业章程才能成为企业行动的纲领，才能调动员工的积极性。

2. 章程应当全面、具体地规范企业活动的全过程。从企业设立到企业变更、终止，都应有明确的规定，特别是有关经营管理机构设置、财务管理制度等内容。

【例文】

中国人民保险公司章程

第一章　总　则

第一条　中国人民保险公司是中华人民共和国的国有企业，是经营保险业务的专业公司。

第二条　中国人民保险公司设总公司于北京。根据业务需要，可在国内外各地设立分支机构或附属机构。

第三条　中国人民保险公司以及所属分、支公司经营的业务范围是：

1. 承保各种财产保险、人身保险、责任保险、信用保险以及农业保险等业务；
2. 各种再保险业务；
3. 代理外国保险公司办理对损失的鉴定和理赔等业务以及处理有关事宜；
4. 购置、租赁、交换与本公司有关的动产、不动产；
5. 受国家委托和经国家批准的其他业务；
6. 办理上述业务而进行的有关事宜。

第二章　资　本

第四条　中国人民保险公司的资本金为人民币5亿元。

第三章　组　织

第五条　中国人民保险公司设董事会。董事会由17~23名董事组成。董事由国家主管部门指定。

董事会推选7~9名董事为常务董事，并在常务董事会中提名董事长1人，副董事长1~2人，报请国务院任命。

第六条　董事会职权如下：

1. 根据国家政策、方针，审定公司的经营方针、发展规划；
2. 决定分、支公司及附设机构的设置、变更或裁撤；
3. 审定预算、决算和公司每年盈余分配方案及董事会认为重要的事项；
4. 听取公司总经理或副总经理的工作报告。

第七条　中国人民保险公司设监事会。监事会由7~9名监事组成，监事由国家主管部门指定。

监事会推选常务监事3人，并在常务监事中提名首席监事1人，报请国务院任命。

第八条　监事会职权如下：

1. 审查年度预算、决算；
2. 检查一切项目；
3. 调查重点案件。

第九条　董事会每年举行一次会议，由董事长召集，并任会议主席。当董事长因故缺席时，由副董事长召集并为临时主席。

监事会每年举行一次会议，由董事长任会议主席。

第十条　董事会议闭会期间，由董事长或副董事长或者由其委托的常务董事处理董事会的日常事务。

第十一条　中国人民保险公司设总经理1人，副总经理若干人，由董事长提名，董事会任命。中国人民保险公司总经理负责处理公司一切日常事务；副总经理

协助总经理工作。

第四章　财务审理

第十二条　中国人民保险公司以每年 1 月至 12 月为营业年度。年终编制资产负债表、营业报告、损益表、财产目录以及盈余分配方案，由总经理提交监事会审核并报经董事会审定后，报请国家主管部门备案。

第五章　附　则

第十三条　本章程未尽事宜，除遵照国家有关法律、法规办理外，由董事会修改补充。

中国人民保险公司

××××年×月×日

五　企业集团章程

概念

企业集团章程是明确集团名称、宗旨、成员情况、组织形式、内部经营管理以及利润分配等准则的规范性文书。

格式写法

企业集团章程通常由首部和正文两大部分组成。

1. 首部。首部包括标题和通过时间两部分内容。标题由集团名称和“章程”组成；通过时间通常写在标题的正下方。

2. 正文。正文一般包括总则、主体和附则三方面的内容。

(1)总则。总则用来说明成立集团的依据、集团的名称、组成成员、集团的经济性质、集团的法定地址和集团的宗旨等。

(2)主体。主体通常用来说明集团的经营范围、领导组织体制及机构组成、经营管理、利润分配、成员权利与义务等。

(3)附则。附则主要是用以说明集团章程的解释及修改权限和实施细则及其他未尽事宜。

注意事项

企业集团章程的编写要求内容完整，条理清晰，具体明确。通常要注意表述清楚以下所列事项：①企业集团名称；②母公司的名称、住所；③企业集团的宗旨；④企业集团成员之间的生产经营联合、协作方式；⑤企业集团管理机构的组织和职权；⑥企业集团管理机构负责人的产生程序、任期和职权；⑦参加、退出企业集团的条件和程序;⑧企业集团的终止;⑨章程修改程序;⑩其他需要注明的事项;⑪制定日期。

【例文】

企业集团章程

××××年×月×日

为适应社会主义市场经济的要求,发展生产力,依据《企业集团登记管理暂行规定》及有关法律、法规的规定,由__________成员共同组建集团,特制定本章程。

第一章　集团名称

第一条　集团名称:(略)

集团名称简称:(略)

第二章　母公司的名称和住所

第二条　母公司的名称:(略)

第三条　母公司住所:(略)

第三章　集团的宗旨

第四条　集团的宗旨:以质量求生存,以效益求发展,开拓市场,提高效益,集团成员协同发展,互惠互利,形成规范效益,为国家多做贡献,为企业创造积累。

第四章　集团成员之间的生产经营联合、协作方式

第五条　集团成员由母公司、母公司控股企业、母公司参股企业及其他成员组成,可分为核心企业、紧密层、半紧密层和松散型进行管理。

母公司控股企业:(略)

母公司参股企业:(略)

其他成员:(略)

第六条　集团成员具有法人资格,自主经营、自负盈亏。集团成员以资本为纽带,依靠民主、科学的管理形式运行。集团成员之间可互相投资、互相参股,在人、财、物以及科学技术、信息等方面进行合作,发挥各自所长,以集团为整体,互相协助,共同发展。

第五章　集团管理机构的组织和职权

第七条　集团成员大会由全体成员组成,是公司的权力机构,行使下列职权:

(一)选举和更换集团董事、董事长、副董事长,决定有关董事的报酬事项;

(二)审议批准董事会的报告;

(三)决定集团成员的加入和退出;

(四)决定母公司参股企业成员使用集团名称或简称;

(五)修改集团章程。

第八条　集团成员大会的首次会议由母公司董事长主持。

第九条　集团成员大会会议分为定期会议和临时会议，并应当于会议召开15日以前通知成员。定期会议应每__________（年或月）召开一次。临时会议由集团董事会提议方可召开。会议由集团成员的法定代表人参加，也可委托他人参加，行使委托书上的权利。

第十条　集团成员大会会议由董事会召集，董事长主持。董事长因特殊原因不能履行职务时，由董事长指定的其他董事主持。集团成员大会应当对所议事项的决定作出会议记录，出席会议的成员应当在会议记录上签名。

（注：1. 集团根据自身具体情况可不设集团成员大会；2. 如果设集团成员大会，集团成员的表决权可自定。）

第十一条　集团设董事会是集团的日常管理机构，成员为__________人，由集团成员大会选举。董事任期__________年，任期届满，可连选连任。董事会设董事长1人，副董事长__________人。董事长、副董事长、董事由集团成员大会选举和罢免。

董事会行使以下职权：

（一）负责召集集团成员大会，并向集团成员大会报告工作；

（二）审议集团发展战略、重大发展方针；

（三）审议集团年度生产经营计划和工作计划；

（四）审议对集团章程的修改；

（五）执行集团成员大会决议；

（六）协调集团成员之间的协作关系；

（七）审议参加和退出集团成员的决议；

（八）制定集团的基本管理制度。

第十二条　董事会由董事长召集并主持，董事长因特殊原因不能履行职务时，由董事长指定的其他董事召集和主持，并应于会议召开10日前通知全体董事。董事会对所议事项应作会议记录，出席会议的董事应当在会议记录上签名。

（注：集团根据自身具体情况可不设集团成员大会和董事会，由母公司董事会代行集团管理机构职权，也可只设集团成员大会或董事会；设集团成员大会，集团成员的表决权可自定。）

第六章　集团管理机构负责人的产生程序、任期和职权

第十三条　董事长为集团管理机构负责人，任期为3年，由集团成员大会选举和罢免，任期届满，可连选连任。

第十四条　董事长行使下列职权：

召集主持集团成员大会会议和董事会决议；检查集团成员大会会议和董事会会议的落实情况，并向董事会报告。

第十五条　董事长行使下列职权：

(一)召集主持集团成员大会会议和董事会议；

(二)检查集团成员大会会议和董事会会议的落实情况，并向董事会报告；

(三)代表集团签署有关文件。

第七章　参加集团的条件和程序

第十六条　参加集团应具有法人资格，承认集团章程，以集团和本企业章程为行业准则，严格遵守国家有关法律、法规，接受集团和母公司的管理。参加集团的成员应经集团董事会讨论并报集团全体成员通过，办理法律、法规规定的手续后即可成为集团成员。

第十七条　退出集团的应在本企业作出决议后1个月内向集团董事会提出申请，经集团董事会讨论并报集团全体成员通过，由集团董事会委派人员对其与集团有关的业务和经济事宜进行清理，清理完毕后办理法律、法规规定的手续后即可退出集团。

第八章　企业集团的终止

第十八条　企业集团有下列情形之一的，可以解散：

(一)母公司依法被注销或吊销营业执照的；

(二)因母公司章程规定的营业执照届满，母公司解散的；

(三)母公司股东会议解散；

(四)母公司合并或者分立需要解散的；

(五)母公司违反法律、行政法规被依法责令关闭的；

(六)母公司因不可抗力事件致使无法继续经营的；

(七)母公司宣告破产。

第九章　章程修改程序

第十九条　企业集团根据需要可修改集团章程，章程的修改可由董事会提出修改意见，修改后的章程经全体集团成员签署或认可，不得与法律、法规相抵触。修改后的章程应送原集团登记机关备案，涉及变更母公司登记事项的，同时应向母公司登记机关申请变更登记。

第十章　其他需要载明的事项

第二十条　集团章程的解释权属于董事会。

第二十一条　集团的登记事项以集团登记机关核定为准。

第二十二条　本章程由集团全体成员共同订立，自集团成立之日起生效。

第二十三条　本章程一式__________份，并报集团登记机关备案一份。

集团成员签字、盖章：

(引自北京市工商行政管理局网站，略有删改)

六　股份有限公司章程

概念

股份有限公司章程是股份有限公司依法订立的内部组织行为的总规则，是公司设立必备的文件。股份有限公司章程由发起人制定，经股东会议表决通过，经公证后依法登记，并在指定的媒体予以公布。

格式写法

股份有限公司章程通常由标题和正文两大部分组成。

1. 标题。标题由公司名称和“章程”组成。

2. 正文。正文一般包括总则、分则和附则三部分。总则为第一章，附则为最后一章，中间各章统称为分则，章下分条。条的排列顺序是：从第一章的第一条开始算起，至最后一章的最后一条为止。股份有限公司章程的主要内容有公司名称和住所，公司宗旨和经营范围，公司设立方式，公司股份总数、每股金额和注册资本，发起人的姓名或者名称，认购的股份数，股东的权利和义务，董事会的组成、职权、任期和议事规则，利润分配方法，公司的解散事由与清算方法，公司的通知和公告方法，股东大会认为需要规定的其他事项等。

注意事项

1. 规定明确。股份有限公司章程对公司股东、董事、监事和高级管理人员均具有约束力，对后加入的股东也具有法律效力。因此，公司的股东和发起人在制定公司章程时必须考虑周全，表述清晰准确，以免产生歧义。

2. 突出重点。股份有限公司章程制定或修改的重点应是股东大会议事规则和董事会、监事会运作规范等内容。

此外，股份有限公司章程的制定或修改涉及各方利益，是一个系统而复杂的工程，为了反映和维护各方当事人的合法权益，最好聘请熟悉公司法业务的人士作为顾问。

【例文】

××股份有限责任公司章程

第一章　总　则

第一条　为进一步提高公司劳动生产率，提高公司知名度、美誉度，积极转换公司经营机制，规范公司行为准则，按照《中华人民共和国公司法》，特制定本章程。

第二条　本公司名称是××股份有限责任公司，英文名称是×××××××，企业法人代表为×××。

第三条　本公司具体地址为××市×××路××号。

第四条　公司注册资本为人民币＿＿＿＿＿＿万元。

第五条　本公司具有独立的法人资格，自主经营，独立核算，自负盈亏，照章纳税，其行为受国家法律约束，其经济活动及合法权益受国家法律保护。公司维护和保障股东的权益，遵守国家法律、法规、有关政策及本章程，接受政府有关部门的管理、监督和检查。

第六条　根据“股权平等，同股同利，收益共享，风险共担”的原则，股东按其所持股份额享有权利，并承担义务。股东以其投入公司的资本额为限对公司承担责任，公司以其全部资产对公司的债务承担责任。

第二章　宗旨和经营范围

第七条　公司宗旨是稳步快速地发展，迅速提高公司综合竞争力和综合实力，在未来＿＿＿＿＿＿年内发展成为全球化的集团公司，为社会主义现代化建设贡献力量。

第八条　公司的经营范围：房地产业、文化产业，主营贸易。

第九条　经营方式为零售、批发、代购、供销、代理、经销、联营、生产、加工、合资、合作或其他方式。

第三章　股份与股权

第十条　本公司全部资本划分为等额股份，股份采取股票形式，股票是本公司签发的有价证券。

第十一条　本公司股票发行总额为 2 000 万股，每股面值 1 元，共计 2 000 万元。其中：

国有股本：600 万元，占总股份的 30%；

法人股本：200 万元，占总股份的 10%；

社会个人股：1 000 万元，占总股份的 50%；

内部职工股本：200 万元，占总股份的 10%。

股票发行，经国家有关部门审查批准后，委托金融证券机构代理发行。

第十二条　公司发行的股票为人民币记名式和无记名式普通股股票，经公司盖章、董事长签章后生效。股票可以转让、赠予、继承和抵押，但不得退股。经国务院证券管理部门审批同意上市后，股票可上市转让，并按规定办理登记过户手续。

公司董事和经理在任职期间不得转让本人所持有的公司股份。公司清算之日起不得转让股票。

第十三条　公司股票载明下列事项：

1. 公司的名称、住所；

2. 公司设立登记或新股发行之变更登记的文号及日期；

3. 公司注册资本、股份类别、每股金额、股票面值；

4. 本次发行的股份数；

5. 股东姓名或名称；

6. 股票号码；

7. 发行日期；

8. 公司认为应载明的其他事项。

第十四条　除本公司发起人以外的单个股东获得本公司股份总额10%以上的股份时，必须通知本公司。

第十五条　股东遗失股票应公告声明所遗失股票失效。如90天内公司未收到任何异议，遗失股票的股东，可以向公司申请补发股票（或通过公示催告程序）。

第四章　股东及其权利和义务

第十六条　本公司股票持有人为公司股东，公司股东按其持有股份的类别和份额，享有权利，承担义务。

第十七条　公司股东享有下列权利：

1. 按其股份额领取红利。

2. 按规定出席或委托代理人出席股东代表大会并行使选举权、表决权和享有被选举权。

3. 对本公司的生产、经营和财务活动等管理工作进行监督、提出建议或质询。

4. 有达到10%以上的股东联名要求，通过股东代表大会可聘请会计师事务所对本公司的经营和财务进行审计，其审计费用由联名的股东承担。

5. 有达到10%以上的股东联名要求，通过股东代表大会授权代表本公司对侵犯本公司利益及股东合法权益的董事或高级职员起诉。

6. 在本公司解散或清算时，有权按股份比例分享剩余财产。

7. 按其股份比例优先购买新股，其优先购买权可以转让或放弃。

8.《中华人民共和国公司法》规定的其他权利。

第十八条　公司股东应履行下列义务：

1. 遵守本章程；

2. 依其所认购股份缴纳股金，并依照其所持有股份承担本公司的亏损及债务，但以其所认购的股金为限；

3. 服从执行股东代表大会和董事会决议；

4. 维护本公司利益，反对和禁止有损本公司利益的行为；

5. 积极支持本公司改善经营管理，提出合理化建议，促进本公司业务发展；

6. 向本公司提交本人印鉴和签字，并如实提供本人身份和住址资料，如有变动应及时告知本公司。

第五章　股东会

第十九条　股东会为公司最高权力机构，对全体股东负责。

第二十条　股东会行使下列职权：

1. 审议、批准董事会和监事会的工作报告；

2. 批准公司年度预、决算报告，资产负债表，利润表及其他会计报表，批准利润分配或弥补亏损方案；

3. 决定公司增、减股东，扩大公司股份认购范围，以及批准公司股票交易方式的方案；

4. 决定公司发行债券；

5. 选举或罢免董事会成员或监事会成员，决定其报酬及支付方法；

6. 决定公司的分立、合并、终止和清算；

7. 修改公司章程；

8. 审议代表5%以上(含5%)股份股东的提案；

9. 对公司其他重大事项作出决议。

第二十一条　股东会每年召开一次，于会计年度终结后3个月内召开。特殊情况下，可召开临时会议。特殊情况是指：

1. 董事缺额达1/3时；

2. 公司累计未弥补亏损达实收股本总额1/3时；

3. 代表公司股份10%以上(含10%)股东请求时；

4. 董事会或监事会认为必要时；

5. 监事会提议召开时。

第二十二条　股东会由董事会召集。在召开前向有资格出席会议的股东代表发出书面通知(包括时间、地点、议题)，并发表公告。

第二十三条　股东代表的资格在符合国家有关规定的前提下，由董事会确定出席股东会的持股额，并符合第二十五条的有关规定。

股东代表出席股东会，须持有董事长签发的出席证和本人身份证明，也可书面委托代理人并行使表决权。

第二十四条　股东会在进行选举和表决时，实行累计投票制和多轮补缺投票制。股东会决议，每股有一票表决权。

第二十五条　股东会作出普通决议时，必须有代表公司股份总数的1/2以上股东出席，并经出席股东的1/2以上的表决通过方为有效。

股东会作出特别决议时，须有代表公司股份总数2/3以上的股东参加，并经出

席股东的2/3以上的表决通过方为有效。特别决议是指第二十条2,4,6,7项中规定的事宜。

出席会议代表在达不到上述规定人数时,会议应延期20日举行,并向未出席的股东再次通知。延期后召开的股东会出席股东所代表的股份,仍达不到上述规定数额时,应视为已达到规定数额。按实际出席股东所代表的股份数额计算表决权的比例达到上述规定的比例时,会议作出的决议即为有效。

第六章　董事会和总经理

第二十六条　董事会是公司常设权力机构,对股东会负责。董事会由__________人组成。

第二十七条　董事会由股东会选举产生。董事可由股东或非股东担任。董事可兼任本公司的高级职员。

第二十八条　董事会设董事长1名、副董事长__________名,由董事会选举和罢免。董事长任期3年,可连选连任。董事长为公司法定代表人。

第二十九条　董事会应遵照国家法律、法规、公司章程及股东会决议履行职责,并行使下列权力:

1. 决定召集股东代表大会并向股东汇报工作;
2. 执行股东代表大会决议;
3. 选举董事会主席、副主席;
4. 审定本公司发展规划和经营方针,批准本公司的机构设置;
5. 审议本公司的年度财务预决算报告、红利分配方案及弥补损失的方案;
6. 审议公司增减及发行有价证券的方案;
7. 审定公司资产收购、拍卖方案;
8. 制订本公司分立、合并、终止和清算的方案;
9. 任免本公司正副总经理、子公司经理、合资公司董事及其他高级职员;
10. 确定职工工资标准及职工奖励办法;
11. 审批公司的人事、行政、财务、福利等各项重要管理制度和规定;
12. 监督协调本公司的经营管理工作;
13. 聘请本公司的名誉主席及各种顾问;
14. 其他应由董事会决定的事宜。

董事会实行1人1票,少数服从多数的表决制度,当赞成与反对的票数持平时,董事长有多投一票的表决权。

第三十条　董事长的职权:

1. 主持股东会和董事会;
2. 检查董事会决议的实施情况,并向董事会汇报;

3. 签署公司股票；

4. 在发生战争、特大自然灾害紧急情况下，对公司事务行使特别裁决权和处置权，但这种裁决和处置权必须符合公司利益，并在事后向董事会和股东会报告；

5. 公司章程和董事会决议授予的其他职权。

第三十一条　公司董事会每半年召开一次，由董事会召集，并于10天前书面通知各董事。正副董事长以亲自出席为原则，其余董事因故不能出席可书面委托其他董事或代理人参加，并行使表决权。在董事长认为必要或总经理提议或1/3以上的董事联名提议时，董事会应召开临时会议。

第三十二条　董事会的决议与董事有利益冲突时，该董事无表决权。董事的言行有害于公司的整体利益和企业形象时，由董事会决定剥夺该董事的表决权，在计算出席会议的法定人数时，不含其中。

第三十三条　副董事长协助董事长工作，在董事长不能履行职权时，按委托代行董事长职权。

第三十四条　公司实行董事会领导下的总经理负责制。总经理由董事会聘任或者解聘。

第三十五条　公司设总经理1人，副总经理若干人。总经理可由董事兼任。总经理对董事会负责，副总经理协助总经理工作并对总经理负责。总经理任期3年，可以连聘连任。

第三十六条　总经理职权：

1. 组织实施股东会和董事会的决议，并将实施情况向董事会提出报告；

2. 全面负责公司的日常行政、业务、财务、管理工作；

3. 拟订公司的发展规划，年度经营计划和年度财务预、决算方案，以及税后利润分配方案和弥补亏损方案；

4. 董事会提名、推荐公司高级管理人员；

5. 任免和调配公司行政部门负责人（不含公司的高级管理人员）；

6. 决定对本公司职工（不含公司的高级管理人员）的奖惩、升降级、加减薪、聘任、招用、解聘、辞退；

7. 代表公司对外处理重大业务经营和其他事务；

8. 董事会授予的其他职权。

第七章　监事会

第三十七条　公司设监事会，对董事会及其成员和总经理等管理人员行使监督职能，向股东会负责并报告工作。

第三十八条　监事会由＿＿＿＿＿人组成，设监事会主席＿＿＿＿＿人。监

事__________名由股东会选出，__________名由职代会选出。监事任期3年，可以连选连任。监事不得兼任董事、总经理及其他高级管理职务。监事会决议必须由2/3以上监事表决同意方为有效。

第三十九条　监事会行使职权时，聘请律师、注册会计师、审计师等专业人员的费用由公司承担。

第四十条　监事会职权：

1. 监事会主席或监事代表列席董事会议；

2. 监督董事、总经理等高级管理人员有无违反法律、法规、公司章程及股东会决议的行为；

3. 检查公司业务、财务状况，查阅账簿和其他会计资料，并有权要求执行公司业务事务的董事和总经理报告公司的业务情况；

4. 核对董事会拟提交股东会的资产负债表、损益表、现金流量表、营业报表和税后利润分配方案等财务资料，发现疑问可以公司名义委托注册会计师、审计师协助复审；

5. 建议召开临时股东会；

6. 代表公司与董事、总经理交涉或对董事起诉。

第八章　财务会计、审计制度和劳动管理

第四十一条　公司按照国家有关法律、法规和政策，制定公司的财务会计制度、财务管理规定和内部审计制度。

第四十二条　公司按会计制度和统计制度的规定，定期向有关政府部门报送报表。对公司的筹资、投资、管理、信用进行核算和反映，编制的年度资产负债表、利润表、现金流量表和其他有关附表，应在股东会召开20天前送达股东代表，并公告于股东。

年度会计报告须经过注册会计师验证。

第四十三条　公司设立审计机构，实行内部会计制度，在监事会和董事会领导下，对公司的经营管理活动过程进行事前、事中、事后审计。不断完善内控制度，建制堵漏，当好领导助手，更好地为生产、经营服务。

第四十四条　公司内部实行全员劳动合同制、管理人员聘任制。在用工上，公司自主决定员工人数，面向社会公开招考，择优录用。公司有权解除劳动合同，有权辞退。

第四十五条　工资报酬。公司根据国家对股份制企业的有关政策规定，按有关部门核定的额度和办法，采取适合公司特点的分配形式，自主分配。

第四十六条　公司依照国家劳动法和有关规定对职工实行劳动保险、福利待遇和其他保险制度。

第九章　利润分配

第四十七条　公司缴纳所得税后的利润,应按下列顺序分配:

1. 弥补亏损;

2. 提取公积金;

3. 提取公益金;

4. 支付股本红利。

第四十八条　税后利润在弥补亏损和归还投资贷款后,公积金、公益金、股金的提取比例和使用范围如下:

1. 提取公积金。提取10%作为法定公积金。资本公积金含股票溢价额、资本增值净额、出售固定资产的溢价收入、合并其他企业的资产增值、接受赠予。

法定公积金使用:弥补亏损,转增资本,发行股票和公司债券的费用,国家规定的其他用途。

2. 提取任意盈余公益金。提取公益金5%用于本公司职工的集体福利和奖励。

3. 提取股利。当年盈余分配的具体比例,由公司董事会议根据经营状况和发展需要拟订,报股东会审定。

第四十九条　公司当年无盈余时不分配红利,但盈余公积金已超过注册资本50%时,为维护股票信誉,经股东会特别决议,可按不超过股票面值6%的比率用盈余公积金分配红利。

第五十条　公司分配股利一年一次,可采取现金或股票的形式分配。

第五十一条　公司股利按各股东持有股份进行分配。国家股的股利按国家规定组织收取。

第五十二条　公司按税务机关规定代扣或代缴个人股东股利收入的应纳税金。

第十章　章程修改

第五十三条　公司可根据需要修改章程。公司作下述变动,构成公司章程的修改:

1. 更改公司名称;

2. 更改、扩大或缩小公司的经营范围;

3. 增加或减少公司发行的任何类别股份的总量;

4. 更改公司全部或部分股份的名称,以及更改全部或任何部分之优先权;

5. 增设新的股份类别;

6. 改变股票面额;

7. 其他公司章程条款的变更。

第五十四条　公司减资变更章程时,须按变更章程的决议中规定的减资办法。

第五十五条　公司变更章程时，如变更名称、住所、经营范围及资本条款，应变更注册登记，并予以公告。

第五十六条　章程修改程序：

1. 对章程作重要修改应有董事会 2/3 以上董事同意作出决议，方可作为董事会向股东会提出的议案；

2. 各项内容通知股东，并召集股东会，由股东会通过修改章程的决议；

3. 依照股东会通过的修改章程决议，拟订修改公司章程的条款；

4. 公司章程变动报__________审查和原登记的工商行政管理局核准变更登记后生效，公司将修改条款通告股东。

第十一章　终止与清算

第五十七条　章程的终止

(一)公司章程规定的解散事由出现；

(二)公司设立的宗旨根本无法实现；

(三)股东会决定解散；

(四)违反国家法律、法规，危害社会公共利益被依法撤销；

(五)公司宣告破产。

第五十八条　公司依第五十七条第(一)(二)(三)(四)项终止的，董事会应将公司终止事宜通知各股东，召开股东会，确定清算组人选，发布终止公告。

第五十九条　清算组的职权如下：

1. 确定清算方案，清理公司财产，编制资产负债表和财产清单；

2. 处理公司未了结债务；

3. 收取公司债权；

4. 向股东收取已认缴而未缴纳的股金；

5. 偿还公司债务，解散公司从业人员；

6. 处分公司剩余财产；

7. 代表公司进行民事诉讼活动。

第六十条　清算组在发现公司财产不足清偿债务时，应立即停止清算，并向人民法院申请宣告破产。

公司经人民法院裁定宣告破产后，由人民法院处理财产，清算组应将清算事务向其移交。

第六十一条　公司决定清算后，任何人未经清算组批准，不得处理公司财产。

第六十二条　公司财产拨给清算费用后，清算组应按下列程序清偿：

1. 所欠公司职工工资和社会保险费用；

2. 所欠税款；

3. 银行贷款、公司债券及其他债务。

第六十三条　清算组未依前条顺序清偿,不得将公司财产分配给各股东。违反前款规定所作的财产分配无效,债权人有权要求退还,并可请求赔偿所受的损失。

第六十四条　公司清算组按第六十二条清算后,清算组应将剩余财产按股东所持股份分配给各股东。

第六十五条　清算结束后,清算组应提出清算报告,并造具清算期内收支报表和各种财产账册,必须经注册会计师验证,报__________批准,向工商行政管理机关和税务机关办理注销登记,并公告公司终止。

第十二章　公告内容和办法

第六十六条　公司下列情况应予以公告:

1. 召开董事会和股东会;
2. 经注册会计师验证的财务报告;
3. 股份分配的利率、时间、地点及办法;
4. 增资、发行股票和债券;
5. 公司分立、合并、终止和清算;
6. 股票上市交易;
7. 章程有重大修改和变更注册登记;
8. 股东会、董事会认为有必要的其他重大事项。

第十三章　附　则

第六十七条　本章程的解释权属于公司董事会,本章程的未尽事宜,由股东代表解决。

第六十八条　本章程经股东代表大会通过,报政府有关部门批准之日起生效。

(转引自《最新实用商务文书范本大全》,略有改动)

七　中外合资企业章程

概念

中外合资企业章程是依照我国的有关法律法规,规定合资企业宗旨、机构设置、组织原则及经营管理方法等事项,并取得中外合资各方一致赞同的法规性文件。

格式写法

中外合资企业章程由标题、通过时间与会议名称标注、正文和尾部四部分

组成。

1. 标题。中外合资企业章程的标题应当为完全式，要标明章程制定单位的全称和文种。

2. 通过时间与会议名称。标题下用括号标注“××××年×月×日××××会议通过”字样。

3. 正文。章程的正文一般是分章分条行文。正文内容必须按照《中外合资经营企业法实施条例》中的规定分条排列，主要有十项内容。

(1)合资企业名称及所在地；

(2)公司宗旨、经营范围和期限；

(3)合资各方名称、注册国家法定地址和法定代表人姓名、国籍、职务；

(4)公司投资总额、注册资本额、各方出资比例、股份转让规定；

(5)利润和亏损的分派比例和规定；

(6)董事会的组成、议事程序、董事任期、董事长及董事的委派；

(7)管理机构的设置和职责、办事规则、总经理及高级人员的任免；

(8)会计制度的原则；

(9)公司的终止和清算；

(10)章程修改的程序。

正文结尾可列附则，写明章程修改权限、生效日期等。

4. 尾部。其中包括合营各方授权代表签字及日期。

注意事项

1. 中外合资经营企业章程是合资经营企业得以成立的必备法律文件，要依《中外合资经营企业法实施细则》的规定制定。

2. 中外合资经营企业章程应由中外投资者各方共同规定，并分别由中外投资者的代表签字，报请政府审批机构批准，一经批准即具有法定效力。

3. 合资经营企业合同不同于合资经营企业章程。合营合同着重于中外投资者各方的权利义务关系；而合营企业章程是按照合营合同规定的原则，对合营企业的宗旨、组织机构、经营管理制度等作出的规定，着重于调整企业内部关系，合营企业的一切活动都应遵守章程的规定。

【例文】

××有限公司章程

第一章 总 则

第一条 各股东为设立中外合资经营公司，维护公司、股东的合法权益，规范公司的组织和行为，根据《中华人民共和国公司法》(以下简称《公司法》)、《中华人民共和国中外合资经营企业法》(以下简称《企业法》)和其他有关法律、行政法规的规定，制定本章程。

第二条　组建合资经营公司的股东为：

住所(或法定地址)：____________法定代表人：____________

注册地：________________________

住所(或法定地址)：____________法定代表人：____________

注册地：________________________

第三条　合资经营公司的名称：____________有限公司(以下简称“公司”)

第四条　公司的住所：________________________

第五条　公司的营业期限：自公司设立登记之日起________年。

第六条　____________董事长为公司的法定代表人。

第七条　公司为企业法人，享有独立的法人财产权。股东以其认缴的出资额为限对公司承担责任。公司以全部财产对公司的债务承担责任。

第八条　公司为中国法人，受中国法律的管辖和保护，其一切活动必须遵守中国的法律、法规和有关规定。

第九条　本章程生效之日起，即对公司、股东、董事、高级管理人员具有约束力。

第二章　宗旨、经营范围

第十条　公司宗旨是：利用政策和地理优势，采用先进技术、生产设备和科学的经营管理办法，开展经营活动，不断开拓国际市场，增加国际经济贸易合作，获得满意的经济效益。

第十一条　公司经营范围为：________________________

公司经营范围的具体表述由登记机关依法核定。其中涉及中国法律、行政法规规定需先行取得许可审批的事项，授权董事会在取得许可审批或许可审批失效、被撤销后作出申请变更登记的决定，并以公司的名义依法提出申请。

第三章　投资总额和注册资本

第十二条　公司的投资总额为________万美元。

第十三条　公司注册资本为________万美元。

股东姓名或名称	出资方式	出资额(万美元)	出资比例(%)
	货币：		
	××：		

续表

<table>
<tr><th>股东姓名或名称</th><th>出资方式</th><th>出资额(万美元)</th><th>出资比例(%)</th></tr>
<tr><td rowspan="2"></td><td>货币:</td><td></td><td></td></tr>
<tr><td>××:</td><td></td><td></td></tr>
</table>

第十四条　股东应确保用于出资的财产、权利不存在第三人请求权。

第十五条　股东缴纳出资的期限、出资额、出资方式、占认缴出资额的比例如下。

(一)首次出资:

<table>
<tr><th>股东姓名或名称</th><th>出资方式</th><th>出资额(万美元)</th><th>出资时间</th><th>出资比例(%)</th></tr>
<tr><td rowspan="2"></td><td>货币:</td><td></td><td rowspan="2">设立之日起　　内</td><td rowspan="2"></td></tr>
<tr><td>××:</td><td></td></tr>
<tr><td rowspan="2"></td><td>货币:</td><td></td><td rowspan="2">设立之日起　　内</td><td rowspan="2"></td></tr>
<tr><td>××:</td><td></td></tr>
</table>

(二)第二次出资:

<table>
<tr><th>股东姓名或名称</th><th>出资方式</th><th>出资额(万美元)</th><th>出资时间</th><th>出资比例(%)</th></tr>
<tr><td rowspan="2"></td><td>货币:</td><td></td><td rowspan="2">设立之日起　　内</td><td rowspan="2"></td></tr>
<tr><td>××:</td><td></td></tr>
<tr><td rowspan="2"></td><td>货币:</td><td></td><td rowspan="2">设立之日起　　内</td><td rowspan="2"></td></tr>
<tr><td>××:</td><td></td></tr>
</table>

第十六条　股东应当按期足额缴纳各自所认缴的出资额。

股东以货币出资的,应当将货币出资足额存入公司在银行开设的账户。股东的实际出资额涉及汇率折算的,按缴纳出资当日中国人民银行对外公布的汇率折算。因汇率原因导致的出资不足,股东应予补足,多余部分计入资本公积。

以非货币财产出资的,应当评估作价并依法办理其财产权的转移手续。

公司对股东缴纳的各期出资,应委托中国会计师事务所验资并出具证明,依法办理实收资本变更登记。

第十七条　股东缴足各期出资后30天内,公司应向股东出具出资证明书。出资证明书的内容应包括:公司名称、成立日期、股东名称或姓名、股东的出资额、出资比例、出资方式、出资日期、出资证明书的编号、核发日期、相关附件等。

第十八条　公司可以增加或减少注册资本。公司增加或减少注册资本，按照《公司法》以及其他有关法律、行政法规的规定和本章程规定的程序办理。

第十九条　公司投资总额与注册资本的差额由公司向股东举债投入（或由公司向国内、外金融机构融资）。

第四章　股东的权利和义务

第二十条　公司应置备股东名册，记载股东的姓名、名称及其住所，股东的出资额，出资证明书编号。

记载于股东名册的股东，可以依股东名册主张行使股东权利。

第二十一条　股东享有下列权利：

（一）按本章程的规定委派公司的董事或监事；

（二）有权查阅董事会记录和公司财务会计报告；

（三）在公司新增资本时，有权按原认缴出资比例优先认缴出资；

（四）在股东之间转让其全部或者部分股权，优先购买其他股东对外转让的股权；

（五）在公司弥补亏损和依法、依本章程提取公积金后，按照注册资本（即认缴出资额）的比例分配红利；

（六）按照实际缴付的出资比例要求公司清算组分配公司的剩余财产；

（七）法律、行政法规或本章程规定的其他权利。

第二十二条　股东应承担的义务：

（一）遵守法律、行政法规和公司章程，执行董事会决议，不得滥用股东权利损害公司、公司债权人或者其他股东的利益；

（二）按期足额缴纳所认缴的出资额；

（三）在公司成立后，不得抽逃出资额；

（四）国家法律、行政法规或公司章程规定的其他义务。

第二十三条　股东对外转让其股权，不论全部或部分，必须经其他股东同意。股东应就其股权转让事项书面通知其他股东，其他股东不同意转让的，不同意的股东应当购买拟转让的股权；不购买的，视为同意转让。其他股东自接到书面通知之日起30天内未答复的，视为同意转让。

经股东同意转让的股权，在同等条件下，其他股东有优先购买权。两个以上股东主张行使优先购买权的，协商确定各自的购买比例；协商不成的，按照各自认缴的出资比例行使优先购买权。

股东转让股权后，其尚未缴足的出资额，由受让人承担缴付义务。

第二十四条　公司自然人股东死亡，公司根据应适用的法律确认合法继承人，继承股东权利，依法申请变更登记。其他股东不得对抗或妨碍继承人行使股东

权利。

公司法人股东法人资格终止(含合并、解散、被依法撤销、宣告破产等情形),公司根据该股东的合并文件、清算组织出具的清算报告或法院的裁判文书确定股权的继受人,并依法申请变更登记。其他股东不得对抗或妨碍继受人行使股东权利。

继承人、继受人应对原股东未缴足的出资额承担缴付义务。

第二十五条　公司股东发生变更的,董事会应当作出决议,修改本章程。公司应当注销原股东的出资证明书,向新股东签发出资证明书,并相应修改股东名册中有关股东及其出资额的记载。

第五章　董事会、监事及经理

第二十六条　公司设董事会,董事会为公司的最高权力机构。其主要职权:

(一)决定公司的经营方针和投资计划;

(二)决定公司年度财务预算、决算、利润分配和亏损弥补;

(三)决定增加或减少公司注册资本;

(四)对发行公司债券作出决议;

(五)对公司合并、分立、解散、清算或者变更组织形式作出决议;

(六)决定修改公司章程;

(七)决定公司内部管理机构的设置;

(八)决定公司总经理的聘任、解聘及其报酬事项,并根据总经理的提名决定公司副总经理、财务负责人的聘任、解聘及其报酬事项;

(九)制定公司的基本管理制度;

(十)其他。

第二十七条　董事会由＿＿＿＿＿名董事组成,其中中方委派＿＿＿＿＿名,外方委派＿＿＿＿＿名。

董事任期3年,经委派方委派可以连任,也可由委派方在任期内撤换。

第二十八条　董事会设董事长1人,副董事长＿＿＿＿＿人。董事长由外方委派,副董事长由中方委派(或:董事长由中方委派,副董事长由外方委派)。股东在委派和更换董事人选时,须书面通知董事会。

第二十九条　董事会每年至少召开一次,经1/3以上的董事或监事提议,可以召开董事会临时会议。

对本章程第二十六条所列事项,公司董事可以书面形式或电信、电子通信方式作出决议。一致表示同意的,可以不召开董事会会议,直接作出决定,并由全体董事在决议文件上签名。

第三十条　董事会应在董事会会议召开前15天发出召集会议的书面通知,写明会议内容、时间和地点。

第三十一条　董事因故不能出席董事会会议,可以出具委托书委托代表出席,但一名代表不能同时代表两名及两名以上的董事。董事未出席也未委托他人出席董事会,则视为弃权。

第三十二条　出席董事会会议的法定人数为全体董事的2/3以上,不够2/3以上人数时,其通过的决议无效。

第三十三条　董事会会议由董事长召集并主持,董事长缺席时由副董事长召集并主持。

董事会表决事项,实行一人一票。

第三十四条　董事会每次会议,须作详细的书面记录,并由全体出席董事签字(代理人出席的,由代理人签字)。记录文字使用中文或中文、英文同时使用。会议记录及决议文件,经与会董事签字后,由公司抄送全体董事,并连同会议期间收到的委托书一并存档,由董事会指定专人保管,在合资经营期限内任何人不得涂改或销毁。

第三十五条　下列事项须经出席董事会会议的全体董事一致通过:

(一)公司章程的修改;

(二)公司的合并、分立、中止、解散;

(三)公司注册资本的增加、减少;

(四)公司的对外担保。

除前款规定以外的其他事项,须经董事会2/3以上董事通过作出决议。

第三十六条　公司不设监事会,设监事一名,由股东________委派产生。监事任期每届为3年,经委派方委派可以连任或撤换。

董事及总经理(含副总经理)、财务负责人等高级管理人员不得兼任监事。

第三十七条　公司的监事行使下列职权:

(一)检查公司财务;

(二)对董事、高级管理人员执行公司职务的行为进行监督,对违反法律、行政法规、公司章程或者董事会决议的董事、高级管理人员提出罢免的建议;

(三)当董事、高级管理人员的行为损害公司的利益时,要求董事、高级管理人员予以纠正;

(四)提议召开临时董事会会议,在董事会不履行本章程的规定召集董事会会议时召集和主持董事会会议;

(五)向董事会会议提出议案;

(六)法律、行政法规规定的其他职权。

监事可以列席董事会会议,并对董事会决议事项提出质询或者建议。

第三十八条　公司设总经理，由董事会聘任或由董事长、副董事长、董事兼任。

第三十九条　总经理向董事会负责。其职权为：

（一）执行并组织实施公司董事会决议，向董事会报告企业经营情况及其他重大事项；

（二）拟定公司经营管理机构的设置方案，报董事会审议；

（三）提名副总经理、财务负责人等公司高级管理人员的人选及薪酬标准，报董事会审议；

（四）拟订公司年度财务预算、决算、利润分配、亏损弥补方案；

（五）根据本章程和董事会决定的基本管理制度，制定公司具体管理制度；

（六）组织领导公司的日常生产和经营管理工作；

（七）董事会授予的其他职权。

总经理列席董事会会议。

第四十条　总经理、副总经理的任期为＿＿＿＿＿＿年。经董事会聘任，可以连任。

第四十一条　总经理及其他高级管理人员请求辞职的，应提前60天向董事会提交书面报告，经董事会批准，方可离任。

第四十二条　公司董事、监事及高级管理人员如有营私舞弊或失职行为的，经股东决定、董事会决议或依公司的管理制度，可随时撤换或解聘；造成公司经济损失或触犯刑法的，要追究相应的法律责任。

第六章　财务会计

第四十三条　公司应当依照法律、行政法规和国务院财政部门的规定建立公司的财务、会计制度，并应当在每一会计年度终了时编制财务会计报告，并依法经会计师事务所审计。财务会计报告应当于每一会计年度终了后的3个月内送交各股东。

第四十四条　公司的财务会计制度应遵照中国有关法律和财务会计制度的规定，结合公司的实际情况加以制定。

第四十五条　公司会计年度采用公历年制，自公历每年的1月1日起至12月31日止为一个会计年度。

第四十六条　公司的一切凭证、账簿、报表，用中文书写。

第四十七条　公司采用人民币作为记账本位币。人民币同其他货币折算，按实际发生之日中国人民银行公布的基准汇率计算。

第四十八条　公司应在中国境内银行开立人民币及外币账户。

第四十九条　公司采用国际通用的权责发生制和借贷记账法记账。

第五十条　公司财务会计账目应记载如下内容：

(一)公司所有的现金收入、支出数量;

(二)公司所有物资出售及购入情况;

(三)公司注册资本及负债情况;

(四)公司注册资本的缴纳时间、增加及转让情况。

第五十一条　公司管理部门应在每一个会计年度头3个月内编制上一个会计年度的资产负债表和损益计算书,经审计人员审核签字后提交董事会会议通过。

第五十二条　公司应当按照中国法律规定办理外汇事宜及纳税。

第七章　利润分配

第五十三条　公司按法律、行政法规的规定提取储备基金、企业发展基金和职工奖励及福利基金。以上基金在公司依法缴纳所得税后的利润中提取,提取的比例由董事会依法确定。

第五十四条　公司依法缴纳所得税和提取各项基金后的利润,按股东实际出资额进行分配。

第五十五条　公司每年分配利润一次。每个会计年度后3个月内公布利润分配方案及各方应分配的利润额。经董事会决议,公司可不作年度利润分配。未分配利润可计入资本公积,依法转增注册资本,或计入未分配利润,转作下一年度分配。

公司上一个会计年度的亏损未弥补前,不得分配利润。

第八章　职工及工会

第五十六条　公司根据生产、经营的需要,自行决定本企业的机构设置和人员编制。公司职工实行公开招聘,择优录用。

第五十七条　公司在中国境内雇用职工。公司和职工双方应遵守《中华人民共和国劳动法》以及中国的其他有关法律、法规和有关规定,并依法订立劳动合同。

第五十八条　职工的工资待遇,参照中国政府及当地劳动部门的有关规定,根据公司具体情况,由董事会确定,并在劳动合同中具体规定,但不得低于企业住所地政府确定的最低工资标准。

第五十九条　职工的福利、奖金、劳动保护和劳动保险等事宜,由董事会在各项制度中加以规定,确保职工在正常条件下从事生产和工作。

第六十条　公司职工有权按照《中华人民共和国工会法》的规定,建立基层工会组织,开展工会活动。

第六十一条　公司工会可指导、帮助职工同公司签订个人劳动合同,或代表职工同公司签订集体劳动合同,并监督劳动合同的执行。

第六十二条　公司研究决定有关职工奖惩、工资制度、生活福利、劳动保护和保险等有关职工切身利益的问题时,工会代表有权列席会议,反映职工的意见和

要求。

第九章　期限、终止、清算

第六十三条　股东一致同意延长营业期限,经董事会会议作出决议,公司应于期限届满6个月前,依法向审批机关提出书面申请,经批准后向登记机关办理变更登记。

第六十四条　股东一致认为终止合营符合各方最大利益时,可提前终止合营。公司提前终止合营,需董事会召开全体会议作出决定,依法办理相关手续。

第六十五条　公司因下列情形之一解散:

(一)合营期限届满;

(二)公司被依法宣告破产;

(三)公司发生严重亏损,或因不可抗力遭受严重损失,无力继续经营;

(四)股东不履行本章程规定的义务,致使公司无法继续经营;

(五)公司未达到其经营目的,同时又无发展前途;

(六)公司违反法律、行政法规,被依法责令关闭;

(七)公司董事会一致决议,决定提前终止合同;

(八)人民法院依据《公司法》第一百八十三条的规定予以裁判解散。

第六十六条　公司终止,应根据《公司法》或《外商投资企业清算办法》的规定,组织清算委员会,按法定程序进行清算。

清算委员会应当对公司的资产、债权、债务进行全面清算,编制资产负债表和财产目录,制订清算方案,提请董事会通过后执行。

清算期间,清算委员会代表公司起诉和应诉。

第六十七条　清算委员会对公司的债务全部清偿后,其剩余的财产按股东实际出资比例进行分配。

第六十八条　清算结束后,由清算委员会提出清算报告,提交董事会或人民法院、审批机关确认(备案)后,依法向登记机关办理注销登记手续。

第十章　附　则

第六十九条　本章程用中文书写。

第七十条　本章程如与中国的法律和行政法规抵触,以中国法律和行政法规规定为准。

第七十一条　本章程经审批机关批准后生效。

第七十二条　本章程于××××年×月×日由股东在__________签署。

股东(签章)　　　　　　　　股东(签章)

年　月　日　　　　　　　　年　月　日

(引自重庆市工商行政管理局网站)

八　企业人事管理制度

概念

企业人事管理制度是用来规范公司职工的行为、明确人事工作流程与办事方法的应用文。它不仅可用来规范员工的行为,而且是保障其合法权益的重要文件。

格式写法

公司人事管理制度一般由标题、正文和落款组成。

1. 标题。标题由公司名称和“人事管理制度”组成。

2. 正文。正文写作采用章节条款式。一般包括的内容为:总则、录用、保证、工作、待遇、休假、请假、奖励、惩罚、考核、加班、出差、培训、升迁、福利与津贴、退休、遣散、安全与卫生等。

3. 落款。注明制定单位名称及日期。

注意事项

要制定出有效的企业人事管理制度,必须统筹考虑各方面的因素,以有利于调动员工的积极性和创造性为宗旨。

【例文】

××公司人事管理制度

第一章　总　则

第一条　为使本公司人事作业规范化、制度化和统一化,使公司对员工的管理有章可循,提高工作效率和员工责任感、归属感,特制定本制度。

第二条　适用范围:

(一)本公司员工的管理,除遵照国家和地方有关法规外,都应依据本制度办理。

(二)本制度所称员工,系指本公司聘用的全体从业人员。

(三)本公司如有临时性、短期性、季节性或特定性工作,可聘用临时员工,临时员工的管理依照合同或其他相应规定,或参照本规定办理。

(四)关于试用、实习人员,新进员工的管理参照本规定办理或修订之。

第二章　录　用

第三条　本公司各部门如因工作需要必须增加人员时,应先依据人员甄选流程提出申请,经相关负责人批准后,由人事部门统一纳入聘用计划并办理甄选

事宜。

第四条　本公司员工的甄选，以学识、能力、品德、体格及适合工作所需要条件为准，采用考核和面试两种方法，依实际需要选择其中一种实施或两种并用。

第五条　新进人员经考核或面试合格和审查批准后，由人事部门办理试用手续。原则上员工试用期3个月，期满合格后，方得正式录用；但成绩优秀者，可适当缩短其试用时间。

第六条　试用人员报到时，应向人事部送交以下证件：

（一）毕业证书、学位证书原件及复印件。

（二）技术职务任职资格证书原件及复印件。

（三）身份证原件及复印件。

（四）一寸半身免冠照片两张。

（五）服务承诺书。

（六）其他必要的证件。

第七条　凡有下列情形者，不得录用：

（一）剥夺政治权利尚未恢复者。

（二）被判有期徒刑或被通缉，尚未结案者。

（三）吸食毒品或有其他严重不良嗜好者。

（四）贪污、拖欠公款，有记录在案者。

（五）患有精神病或传染病者。

（六）因品行恶劣，曾被政府行政机关惩罚者。

（七）体格检查不合格者。经总经理特许者不在此列。

（八）其他经本公司认定不适合者。

第八条　员工如系临时性、短期性、季节性或特定性工作，视情况与本公司签订“定期工作协议书”，双方共同遵守。

第九条　试用人员如品行不良，工作欠佳或无故旷职，可随时停止试用，予以辞退。

第十条　员工被录用、分派工作后，应立即赴所分配的地方工作，不得无故拖延推诿。

第三章　工作守则

第十一条　员工应遵守本公司一切规章、通告及公告。

第十二条　员工应遵守下列事项：

（一）忠于职守，服从领导，不得有敷衍塞责的行为。

（二）不得经营与本公司类似或职务上有关的业务，不得兼任其他公司的职务。

（三）全体员工必须不断提高自己的工作技能，强化品质意识，圆满完成各级领导交付的工作任务。

(四)爱护公物,未经许可不得私自将公司财物携出公司。

(五)工作时间不得中途任意离开岗位,如需离开应向主管人员请准后方可离开。

(六)员工应随时注意保持作业地点、宿舍及公司其他场所的环境卫生。

(七)员工在作业时不得怠慢拖延,不得做与本职工作无关的事情。

(八)员工应团结协作,同舟共济,不得有吵闹、斗殴、搭讪攀谈、搬弄是非或其他扰乱公共秩序的行为。

(九)不得假借职权贪污舞弊,收受贿赂,或以公司名义在外招摇撞骗。

(十)员工对外接洽业务,应坚持有理、有利、有节的原则,不得有损害本公司名誉的行为。

(十一)各级主管应加强自身修养,领导所属员工同舟共济,提高工作情绪和满意程度,加强员工安全感和归属感。

(十二)按规定时间上下班,不得无故迟到早退。

第十三条　公司实行每日 8 小时工作制　公司总部:上午:8:00—12:00;下午:2:00—6:00。以后如有调整,以新公布的工作时间为准。

第十四条　所有员工应亲自打卡计时,不得委托或代人打卡,否则双方均按旷工一日处理。

第十五条　实行弹性工作制的,采取由各部门主管记录工作人员的工作时间(含加班时间)、本人确认、部门备案的考勤方法。

第十六条　员工如有迟到、早退或旷工等情形,依下列规定处理:

(一)迟到、早退。

1. 员工均需按时上下班,工作时间开始后 15 分钟内到班者为迟到。

2. 工作时间终了前 15 分钟内下班者为早退。

3. 员工当月内迟到、早退合计每 3 次以旷职(工)半日论。

4. 超过 15 分钟后才打卡者以旷职(工)半日论,因公外出或请假经主管在卡上签字或书面说明者除外。

5. 无故提前 15 分钟以上下班者,以旷职(工)半日论。因公外出或请假者需经主管签字证明。

6. 上下班而忘打卡者,应由部门主管在卡上或有效工作时间考核表上签字。

(二)旷职(工)。

1. 未经请假或假满未经续假而擅自不到职以旷职(工)论处。

2. 委托或代人打卡或伪造出勤记录者,一经查明属实,双方均以旷职(工)论处。

3. 员工旷职(工),不发薪资及奖金。

4. 连续旷职3日或全月累计旷职6日或一年累计旷职达12日者,予以除名,不发给资遣费。

第四章 待 遇

第十七条 本公司依照兼顾企业的维持与发展和工作人员生活安定及逐步改善的原则,以贡献定报酬、凭责任定待遇,给予员工合理的报酬和待遇。

第十八条 员工的基本待遇有工资、奖金和补贴。

第十九条 月薪工资在次月15日前发放或存入员工在内部银行的账户。新进人员从报到之日起薪,离职人员自离职之日停薪,按日计算。

第五章 休 假

第二十条 按国家规定,员工除星期六、星期日休息外,还享有以下有薪假日。元旦:1天;春节:3天;清明节:1天;劳动节:1天;端午节:1天;中秋节:1天;国庆节:3天。由于业务需要,公司可临时安排员工于法定的公休日、休假日照常上班。

第二十一条 一般员工连续工龄满两年时间后,每年可获得探亲假一次,假期为6天,工龄每增加一年假期延长2天,最长15天。员工探亲假期间,原待遇不变。

第二十二条 探亲可以报销火车硬座票及长途汽车票,超支部分由本人负责。未婚员工探亲只能探父母,已婚员工探亲只限探配偶,每年限一次。

第二十三条 夫妻在同一城市工作的员工不能享受探亲的路费报销,可以享受假期。连续工龄每满4年可报销一次探望父母的路费,不另给探亲假。

第二十四条 春节休假或探亲的员工,不在15天休假以外再增加春节假,在公司工作的职工按国家规定安排休息。需安排加班或值班的按规定发给加班工资或值班补贴,如安排补休,则不计发加班工资和值班补贴。

第二十五条 对于放弃休假或探亲假的员工,公司给予适当奖励。

第六章 请 假

第二十六条 员工请假和休假可分为八种,其分类、审批及薪资规定见本制度附表。(附表略)

第七章 加 班

第二十七条 加班费的计算:一般员工加班工作时间计入员工的有效工作时间,以半小时为计算单位,加班工资按原基本工资标准的100%计算。在国家法定节假日加班,有效工作时间按实际加班工作时间的两倍计算,加班工资按原基本工资标准的200%计算。

第二十八条 责任人员平时加班工作时间,经部门经理确认有效工作时间,不计发加班工资,在考核月度奖金中加以考虑。

第二十九条　员工如在加班时间内擅离职守者，除不计有效工作时间外，就其加班时间按旷职（工）论处。

第八章　出　差

第三十条　公司根据需要安排员工出差，受派遣的员工，无特殊理由应服从安排。

第三十一条　员工出差在外，应注意人身及财物安全，遵纪守法，按公司规定的标准使用交通工具，合理降低出差费用。

第三十二条　公司对出差的员工按规定标准报销费用和交通费用，并给予一定的生活补贴，具体标准参照公司的意见确定。

第三十三条　出差人员返回公司后，应及时向主管叙职，并按规定报销或核销相关费用。

第九章　培　训

第三十四条　为提高公司员工的业务、知识技能及发挥其潜在智能，使公司人力资源能适应本公司日益迅速发展的需要，公司将举行各种教育培训活动，被指定员工不得无故缺席，确有特殊原因，应按有关请假制度执行。

第三十五条　新员工进入公司后，须接受公司概况与发展的培训以及不同层次、不同类别的岗前专业培训，培训时间应不少于20小时，合格者方可上岗。新员工培训由公司根据人员录用的情况安排，在新员工进入公司的前3个月内进行，考核不合格者不再继续留用。

第三十六条　员工调职前，必须接受将要调往岗位的岗前专业性培训，直到能满足该岗位的上岗要求。特殊情况经将调往部门的主管同意，可在适当的时间另行安排培训。

第三十七条　对于培训中成绩优秀者，除通报表彰外，可根据情况给予适当物质奖励；对未能达到要求者，可适当延长其培训期。

第三十八条　公司所有员工的培训情况均应登记在相应的《员工培训登记卡》上。《员工培训登记卡》由人事部保存在员工档案内。

第三十九条　公司对员工在业余时间（不影响本职工作和任务的完成）内，在公司外接受教育和培训予以鼓励，并视不同情况可给予全额报销学杂费、部分报销学杂费、承认其教育和培训后的学历等支持。

第十章　调　职

第四十条　公司基于业务上的需要，可随时调动员工的职务或工作地点，被调员工不得借故拖延或拒不到职。

第四十一条　各部门主管在调动员工时，应充分考虑其个性、学识、能力，务使“人尽其才，才尽其用，才职相称”。

第四十二条　员工接到调动通知书后，限在一月内办完移交手续，前往新职单位报到。

第十一章　保　密

第四十三条　员工所掌握的有关公司的信息、资料和成果，应对上级领导全部公开，但不得向其他任何组织或个人公开或透露。

第四十四条　员工不得泄露业务或职务上的机密，凡是意见涉及公司的，未经上级领导许可，不得对外发表。

第四十五条　明确职责，对于非本人工作职权范围内的机密，做到不打听、不猜测，不参与小道消息的传播。

第四十六条　非经发放部门或文件管理部门允许，员工不得私自复印和拷贝有关文件。

第四十七条　树立保密意识，涉及公司机密的书籍、资料、信息和成果，员工应妥善保管，若有遗失或被偷窃，应立即向上级主管汇报。

第四十八条　发现其他员工有泄密行为或非本公司人员有窃取机密行为和动机，应及时制止并向上级领导汇报。

第十二章　考　核

第四十九条　员工考核分为试用考核和平时考核。

（一）试用考核：员工试用期间（3个月）由试用部门主管负责考核，期满考核合格者，填具“试用人员考核表”，经总经理或主管副总裁批准后正式录用。

（二）平时考核：由各部门依照通用的考核标准和具体的工作指标考核标准进行。通用的考核标准和考核表由人事部与经理室共同拟制及修订，具体的工作指标考核标准由部门经理负责拟制及修订。部门经理及其以上人员每6个月考核一次，其他人员每3个月考核一次，特殊人员可由主管和副总经理决定其考核的时间期限。

第五十条　部门经理以下人员的考核结果由各部门保存，作为确定薪酬、培养晋升的重要依据。部门经理及其以上人员的考核结果由总经理室保存，作为确定部门业绩、对公司的评价、薪酬及奖励、调职的依据。

第五十一条　考核人员应严守秘密，不得有营私舞弊或贻误行为。

第十三章　奖　惩

第五十二条　员工的奖励分为以下三种：

（一）嘉奖：由员工的直属主管书面提出，部门经理批准，奖给不超过200元的现金或纪念品。

（二）表彰：由员工所在部门经理书面提出，总经理批准，奖给不超过1 000元的现金或纪念品，同时由总经理签署表彰证书。

（三）特别奖：由员工所在部门的经理书面提出，总经理及相关委员会评议后，总经理批准，并由人事部备案，每年公布一次，对获得特别奖的员工除奖给一定额度的奖金和发给由公司总经理签署的证书外，还可根据实际情况晋升1~3级工资。

第五十三条　有下列情形之一者给予嘉奖：

（一）品行端正，工作努力，按时完成重大或特殊事务者。

（二）培训考核，成绩优秀者。

（三）热心服务，有具体事实者。

（四）有显著的善行佳话，足为公司荣誉者。

（五）在艰苦条件下工作，足为楷模者。

（六）检举违规或损害公司利益者。

（七）发现职责外的危机予以速报或妥善处理防止损害者。

第五十四条　有下列情形之一者，予以表彰：

（一）对销售或管理制度提出改进建议，经采纳实施，卓有成效者。

（二）遇有灾难，勇于负责，处理得当者。

（三）遇有意外或灾害，奋不顾身，不避危难，因而减少损害者。

（四）维护员工安全，冒险执行任务，确有功绩者。

（五）维护公司重大利益，避免重大损失者。

（六）有其他重大功绩者。

第五十五条　有下列情形之一者，授予特别奖：

（一）兢兢业业，不断改进工作，业绩突出者。

（二）热情为用户服务，经常得到用户书面表扬，为公司赢得很高信誉，成绩突出者。

（三）开发新客户，市场销售成绩显著者。

（四）有其他特殊贡献，足为全公司表率者。

第五十六条　员工的惩罚分为五种：

（一）罚款：由主管或有关部门负责人书面提出，员工所属部门经理批准后执行。

（二）批评：由员工的主管或有关人员书面提出，报部门备案。

（三）记过：由员工所属经理书面提出，主管经理审核、批准，报人事部执行，并下达通知，受记过者同时扣发当月奖金。

（四）降级：由员工所属部门经理书面提出，主管经理审核批准后报人事部执行。

（五）除名：由员工所属部门经理书面提出，主管经理批准后执行。

第五十七条　有下列情形之一者，予以罚款或批评：

(一)工作时间,擅自在公司推销非本公司产品者。职责所需,经批准者不在此限。

(二)上班时间,躺卧休息,擅离岗位,怠慢工作者。

(三)因个人过失致发生错误,情节轻微者。

(四)妨害工作或团体秩序,情节轻微者。

(五)不服从主管人员合理指导,情节轻微者。

(六)不按规定穿着或佩戴上班者。

(七)不能适时完成重大或特殊交办任务者。

(八)对上级指示或有期限的命令,无故未能如期完成者。

(九)在工作场所喧哗、吵闹,妨碍他人工作而不听劝告者。

(十)对同事恶意辱骂或诬害,制造事端者。

(十一)工作中酗酒以致影响自己和他人工作者。

(十二)公司明文规定其他应处罚款或批评的行为。

第五十八条 有下列情形之一者,予以记过:

(一)擅离职守,致公司蒙受较大损失者。

(二)损毁公司财物,造成较大损失者。

(三)怠慢工作、擅自变更作业方法,使公司蒙受较大损失者。

(四)1个月内受到批评超过3次者。

(五)1个月内旷职(工)累计达2日者。

(六)道德行为不合社会规范,影响公司声誉者。

(七)其他重大违反规定者。

第五十九条 有下列情形之一者,予以降级:

(一)未经许可,兼营与本公司同类业务或在其他单位兼职者,或在外兼营事务,影响本公司公务者。

(二)1年中记过2次者。

(三)散播不利于公司的谣言或挑拨公司与员工的感情,实际影响较轻者。

第六十条 有下列情形之一者,予以除名:

(一)对同事暴力威胁、恐吓,影响团体秩序者。

(二)殴打同仁,或相互斗殴者。

(三)在公司内赌博者。

(四)偷窃公司或同事财物经查属实者。

(五)无故损毁公司财物,损失重大,或毁、涂改公司重要文件者。

(六)在公司服务期间,受刑事处分者。

(七)1年中已降级2次者。

(八)无故旷职3日或全月累计旷职6日或1年旷职累计达12日者。

(九)煽动怠工或罢工者。

(十)吸食毒品或有其他严重不良嗜好者。

(十一)伪造或盗用公司印章者。

(十二)故意泄露公司商业上的机密,致使公司蒙受重大损失者。

(十三)营私舞弊,挪用公款,收受贿赂者。

(十四)利用公司名义在外招摇撞骗,使公司名誉受损害者。

(十五)参加非法组织者。

(十六)有不良行为,道德败坏,严重影响公司声誉或在公司内造成严重不良影响者。

(十七)其他违反法令、规则或规定情节严重者。

第十四章　福　利

第六十一条　试用人员试用期间不享受意外医疗保险,由其自理。

第六十二条　公司为一般员工办理意外医疗保险,其费用由公司支付。

第六十三条　公司可为员工临时安排住房(外地户口或市内交通不便者),员工按成本支付租金。

第六十四条　本公司依据有关劳动法的规定,发放员工年终奖金,年终奖金的评定方法及额度由公司根据经营情况确定。

第十五章　资　遣

第六十五条　若有下列情形之一,公司可对员工予以资遣:

(一)停业或转让时。

(二)业务紧缩时。

(三)因不可抗拒力暂停工作在一个月以上时。

(四)业务性质变更,有减少员工的必要,又无适当工作可安置时。

(五)员工对所担任的工作确不能胜任,且无法在公司内部调整时。

第六十六条　员工资遣的先后顺序:

(一)历年平均考绩较低者。

(二)工作效率较低者。

(三)在公司服务时间较短,且工作能力较差者。

第六十七条　员工资遣通知日期如下:

(一)在公司工作 3 个月以内(含 3 个月)者,随时通知。

(二)在公司工作 3 个月以上未满 1 年者,于 10 日前通知。

(三)在公司工作 1 年以上未满 3 年者,于 15 日前通知。

(四)在公司工作 3 年以上者,于 25 日前通知。

第六十八条　员工自行辞职或受处罚被除名者,不按资遣处理。

第六十九条　员工资遣，按下列规定发给资遣费：

（一）在公司工作3个月以内（含3个月）者，按当月实际工作天数计发工资。

（二）在公司连续工作3个月以上未满2年者，发给其资遣当月的工资。

（三）在公司连续工作2年以上未满5年者，发给其资遣当月2倍的工资。

（四）在公司连续工作5年以上者，发给其资遣当月3倍的工资。

（五）若因公司亏损、破产或其他意外重大事故导致不能正常经营，资遣费的发放标准依临时董事会研究制定的决定执行。

第十六章　辞　职

第七十条　员工因故不能继续工作时，应填具“辞职申请”，经主管报公司批准后办理手续，并视需要开给《离职证明》。

第七十一条　一般员工辞职，需提前1个月提出申请；责任人员辞职，根据职级的不同，需提前2~3个月提出辞职申请。

第七十二条　辞职的手续和费用结算，按公司文件和有关规定办理。

第十七章　生活与娱乐

第七十三条　公司向员工提供部分生活用具，并有组织地开展一些娱乐活动，以满足员工的基本需要。

第七十四条　公司鼓励员工自己解决住房问题，并适当向新员工提供住宿，以减轻员工的实际困难。

第七十五条　员工租住公司住房时按实际价格缴纳房租、水电费、管理费及其他费用。

第七十六条　公司若提供膳食服务，将按实际价格向员工收取餐费。

第七十七条　公司反对员工生活上的腐化，禁止员工参加打麻将之类的消磨意志的活动和违反国家法律、法令、法规的活动。

第十八章　安全与卫生

第七十八条　本公司各部门应随时注意工作环境安全与卫生设施，以维护员工的身体健康。

第七十九条　员工应遵守公司有关安全及卫生各项规定，以保护公司和个人的安全。

第十九章　附　则

第八十条　有关办法的制定：有关本公司员工的考核、职位职级晋升、年终奖发放、荣誉、退休、抚恤、各种津贴给付等，其方法另行制定。

第八十一条　本制度解释权、修改权归公司总经理办公室。

第八十二条　本制度自颁布之日起生效。

（引自北屯在线网站，略有改动）

九　企业质量管理制度

概念

企业质量管理制度是企业为提高产品质量、规范生产和服务中的质量要求而制定的文件。

格式写法

企业质量管理制度由标题、正文和落款组成。

1. 标题。标题由企业名称和“质量管理制度”组成。

2. 正文。正文一般包括的内容为:质量政策、管理组织及结构、质量体系、要求与承诺、质量方针、评审、资源管理、人力资源、基础设施、产品设计与开发、生产与服务的提供、测量和分析、不合格产品的控制、客户关系管理和改进措施等。

3. 落款。应注明制定单位名称及日期;有的应注明签发人、责任人姓名和日期。

注意事项

1. 制定企业质量管理制度,应当考虑到外部环境条件、顾客及企业员工的切身利益、激励措施以及职责、义务履行等方面的因素,力求制度完善、实用并体现人性化。

2. 制定企业质量管理制度,需要经验丰富的质量管理人员同企业各部门、各位员工联络沟通,以便使制度能够得到更好的实施和完善。

【例文】

××企业质量管理制度

第一条　总经理的质量管理责任

1. 认真贯彻执行国家关于产品质量方面的法律、法规和政策。

2. 负责领导和组织企业质量管理的全面工作,确定企业质量目标,组织制定产品质量发展规划。

3. 督促检查企业质量管理工作的开展情况,确保实现目标。

4. 随时掌握企业产品质量情况,对影响产品质量的重大技术性问题,组织有关人员进行检查。

5. 负责处理重大质量事故。

6. 经常分析企业产品质量情况，负责产品质量的奖惩工作。对一贯重视产品质量的先进典型和先进个人进行表彰和奖励；对出了废品的严重质量事故，要查明原因，分清责任，严肃对待，情节恶劣的要给予经济处罚或降职处分。

7. 负责组织抓好质量管理教育，领导全公司员工开展产品质量活动，对产品质量的薄弱环节和重大质量问题，组织质量攻关。

8. 为使产品质量满足用户要求，由总经理组织征求用户意见，搞好信息反馈工作，将用户意见向全公司公布，并根据用户意见及时研究提高质量的措施，认真解决用户所反映的问题。

9. 带领全公司各基层领导和员工，高标准，严要求，统筹抓好质量管理工作。

第二条　分管生产、技术副总经理的质量管理责任

1. 在总经理的领导下对全公司的质量管理工作负主要责任。

2. 认真贯彻执行国家关于产品质量方面的法律和政策。

3. 组织制定企业标准的规划目标。

4. 针对影响产品质量的技术性难题，制订有关方案，并负责领导实施。

5. 针对产品质量薄弱环节，发动员工进行质量攻关，大搞技术革新，切实解决影响产品质量的问题，努力提高产品质量。

6. 组织全公司质量攻关活动，认真总结交流提高产品质量的经验，制定赶超国内外先进水平的规划，落实提高产品质量的措施。

7. 协助总经理处理重大责任事故，并组织有关部门分析原因，提出改进措施。

8. 经常听取质量检查的汇报，积极支持技术检查部门的工作，努力提高产品质量。

9. 负责组织基层领导定期召开质量分析会议，征求意见，采纳合理化建议，抓好质量管理工作。

10. 协调技术部门、生产部门之间的关系，确保产品质量的不断提高。

第三条　物资采购部门的质量管理责任

企业生产所需各种材料的优劣直接关系着产品质量的优劣。为了提高产品质量，满足用户要求，采购人员要积极地采购符合企业质量标准的材料，确保生产正常。

1. 备品备件。专用器材、化工原料等的采购，必须符合生产技术要求，经质检不符合技术质量标准要求的，必须办理退货手续。

2. 经化验检查不符合标准的材料，不准入库，更不准投入生产。

第四条　仓储部门的质量管理责任

1. 在办理生产所用原材料入库时，一定要查验货物是否附有质量检测部门所出具的化验分析或检测报告单。没有报告单或虽有报告单，但未经质检的货物，一

律不办理入库手续。

2. 入库货物要分类存放，要根据货物的特性，采取必要的防护措施，做到防锈、防腐、防霉烂、防变形、防损失等，以确保储存过程中不损坏、不变质、不变形。

第五条　设备部的质量管理责任

1. 在自制备品备件的过程中，一定要严格按照图纸及加工要求进行加工，并保证备品备件的加工质量，经质量检测合格后方可办理入库。

2. 在提出备品备件的技术要求时，应做到数量、规格、型号、性能、产地准确清晰，不得有误，以保证所购备品备件的技术要求。

3. 及时对所购进备品备件进行质量检查、验收，并出具检查报告。

第六条　调度室的质量管理责任

计划调度人员必须牢固树立“质量第一”的思想，要紧紧围绕产品质量、产量搞好组织协调、监督、平衡工作。

第七条　财务部的质量管理责任

认真开展质量成本的核算与分析工作，协助技术部门搞好产品质量的技术经济分析工作。

第八条　销售部的质量管理责任

1. 严格按照销售合同规定组织发货，产品质量要符合用户要求，不得有误，对造成延误而产生的损失将追究责任。

2. 定期走访用户，负责收集用户对我公司所提出的意见，进行汇总分析后，向有关领导汇报。

第九条　企营部的质量管理责任

1. 针对我公司产品生产情况，组织有关人员进行质量管理培训学习，提高技术水平和操作技能，增强生产一线员工的质量意识。

2. 积极采用现代化管理手段，提高企业的产品质量。

第十条　生产部、原料部的质量管理责任

1. 在领料时，要严格按照工艺规程对原材料质量和技术性能的要求，不得擅自改变有关技术标准。

2. 在投料时，要按工艺规程规定的原料配比进行，按照计量的要求进行精确计量。

3. 积极配合技术部对工艺规程进行修改，不断提高工艺规程的合理性、科学性。

4. 认真做好技术部在生产流程中设置的工艺质量控制点上进行半成品质量检测分析工作。

5. 随时接受技术部质检部门的质量监督和技术指导。

6. 积极协助有关部门为提高产品质量而进行的技术改造工作。

7. 积极协助有关部门汇报生产中所出现的质量问题，不得隐瞒事实真相。在合理的工艺规程指导下，必须对整个生产控制过程和产品质量负责，同时也必须对产品在用户使用时与生产相关的质量负责。

第十一条　技术部的质量管理责任

1. 负责制定工艺规程及产品质量标准，随着产品质量的不断提高，工艺规程要不断进行修改和补充。修改补充必须经过分管副总经理的审批，对与工艺规程有关的质量负责。

2. 应向采购部门提供符合工艺要求的原料质量标准，并由专人检验入厂的各种原材料。不合格的原材料经过加工仍达不到使用要求的，为确保质量应提出改进措施，报总经理或常务副总经理批准后，方可投产。

3. 负责会同有关部门制定和提出原材料、半成品及生产过程的检验项目和检查方法，并经常检查执行情况和组织统一操作。企业使用的标准试剂由技术部统一分配。对试剂和所使用的仪器的准确性负责，并应定期校正。

4. 协助副总经理组织全公司的质量活动，总结交流提高质量的经验，制定提高产品质量的措施，制订赶超国内外先进水平和提高产品质量的计划，定期组织质量分析会，并把有关情况向总经理和分管经理汇报，经常组织化验人员参加学习，提高技术管理水平。

5. 为了提高产品质量，赶超国内外先进水平，负责收集整理和交流国内外技术情报，并建立技术档案。

6. 实行专职质检人员与生产责任人自检相结合，专职检查人员要认真、负责、及时将检查结果通知有关部门，共同把好质量关，对出厂成品评定的等级负直接检查的责任，不得弄虚作假，以次充好。

7. 对所用的检测仪器的准确性负责，应定期进行校正，严格操作规程和维护保养规定，为保证产品质量创造条件。

第十二条　生产部管理人员的质量责任

1. 深入进行“质量第一”的思想教育，认真执行以“预防为主”的方针，组织好自检、互检，支持专职检验人员的工作，把好质量关。

2. 严格贯彻执行工艺和技术操作规程，有组织、有秩序地文明生产，保持环境卫生，提高产品质量。

3. 掌握本单位的质量情况，表扬重视产品质量的好人好事，对不重视产品质量的员工进行批评教育。

4. 组织车间员工参加技术学习，针对主要的质量问题提出课题，发动员工开展技术革新与合理化建议活动，对产品质量存在的问题和质量事故要分析原因，积极向有关部门提出,共同研究解决。

5. 对不合格产品进入其他部门,要负主要责任。

第十三条　生产班组长的质量管理责任

坚持"质量第一"的方针,对本班组人员进行质量管理教育,认真贯彻执行质量制度和各项技术规定。

1. 尊重专检人员的工作,并组织好自检、互检活动,严禁弄虚作假行为,开好班级质量分析会,充分发挥班组质量管理的作用。

2. 严格执行工艺和技术操作规程,建立员工的质量责任制,重点抓好影响产品质量的关键岗位的工作。

3. 组织有序的文明生产,保证质量指标的完成。

4. 组织本班组参加技术学习,针对影响质量的关键因素开展革新和合理化建议活动,积极推广新工艺、新技术,开展交流和技术协作,帮助员工练好基本功,提高技术水平和质量管理水平。

5. 组织班组员工对质量事故进行分析,找出原因,提出改进办法。

第十四条　员工的质量管理责任

1. 要牢固树立"质量第一"的思想,精益求精,做到好中求多,好中求快,好中求省。

2. 要积极参加技术学习,做到四懂:懂产品质量要求、懂工艺技术、懂设备性能、懂检验方法。

3. 严格遵守操作规程,对本单位的设备、仪器、仪表,做到合理使用、精心使用、精心维护、经常保持良好状态。

4. 认真做好自检与互检,勤检查,及时发现问题,及时通知下一个岗位,做到人人把好质量关。

5. 对产品质量要认真负责,确保表里一致,严禁弄虚作假。

签发人:×××

责任人:×××

××××年×月×日

(引自神州企业管理培训网,略有删改)

十　企业财务管理制度

概念

财务管理制度是企业为了实现预期盈利目标,对生产经营过程中所需的各种

资金的形成、分配和使用所制定的综合性管理文书。

格式写法

企业财务管理制度由标题、正文和落款组成。

1. 标题。标题由企业名称和“财务管理制度”组成,或省略企业名称。

2. 正文。综合性财务管理制度应包括的内容为:总则、财务机构及财务人员、资金的筹措、投资经营、流动资金管理、现金管理、费用管理、会计核算的原则、固定资产管理、成本与费用的预算、销售和利润的核算以及报销制度等。

3. 落款。应注明制定单位名称及日期。

注意事项

1. 必须遵循国家统一规定。《企业会计制度》《企业财务通则》和具体会计准则等是国家进行宏观财务管理的财务法规,也是企业财务活动必须遵循的原则。制定企业内部财务管理制度,必须依据并遵循这些原则规定,确保国家财务法规的有效实施。

2. 必须充分体现企业生产经营的特点及管理要求。不同企业的生产规模、经营方式、组织形式不尽相同,财务活动的方式方法也不可能完全一致。制定有效的企业内部财务管理办法,既要遵循国家统一规定,也要充分考虑生产经营特点和管理要求,使其具有较强的可操作性,特别是国家赋予的理财自主权,企业应在内部财务管理办法中具体化。

3. 必须全面规范企业的各项财务活动。企业的财务活动贯穿于生产经营的全过程,财务管理也必须是对全过程的管理。企业制定内部财务管理制度,应当体现全面性的原则;同时,对属于微观财务管理范围而在国家财务法规中未涉及的内容有所规定,以确保企业财务活动有序运行。

【例文】

××公司财务管理制度

第一章　总　则

第一条　为加强公司的财务工作,发挥财务在公司经营管理和提高经济效益中的作用,特制定本规定。

第二条　公司财务部门的职能。

(一)认真贯彻执行国家有关的财务管理制度和税收制度,执行公司统一的财务制度。

(二)建立健全财务管理的各种规章制度,编制财务计划,加强经营核算管理,反映、分析财务计划的执行情况,检查监督财务纪律的执行情况。

(三)积极为经营管理服务,通过财务监督发现问题,提出改进意见,促进公司取得较好的经济效益。

(四)厉行节约,合理使用资金。

(五)合理分配公司收入,及时上缴税收及管理费用。

(六)积极主动与有关机构及财政、税务、银行部门沟通,及时掌握相关法律法规的变化,有效规范财务工作,及时提供财务报表和有关资料。

(七)完成公司交给的其他工作。

第三条　公司财务部由财务经理、会计、出纳和审计人员组成。

第四条　公司各部门和职员办理财会事务,必须遵守本规定。

第二章　财务工作岗位职责

第五条　财务经理负责组织本公司的下列工作:

(一)编制和执行预算、财务收支计划、信贷计划,拟订资金筹措和使用方案,开辟财源,有效地使用资金。

(二)进行成本费用预测、计划、控制、核算、分析和考核,督促本公司有关部门降低消耗、节约费用,以提高经济效益。

(三)建立健全经济核算制度,利用财务会计资料进行经济活动分析,及时向总经理提出合理化建议。

(四)组织领导财务部门的工作,分配和监督其他人员的工作任务,制定考核奖惩指标。

(五)负责建立和完善公司已有的财务核算体系、生产管理控制流程、成本归集分配制度。

(六)承办公司领导交办的其他工作。

第六条　会计的主要工作职责。

(一)按照国家会计制度的规定记账、复账、报账,做到手续完备、数字准确、账目清楚、按期报账。

(二)按照经济核算原则,定期检查、分析公司财务、成本和利润的执行情况,挖掘增收节支潜力,考核资金使用效果,当好公司参谋。

(三)妥善保管会计凭证、会计账簿、会计报表和其他会计资料。

(四)完成总经理或财务经理交付的其他工作。

第七条　出纳的主要工作职责。

(一)认真执行现金管理制度。

(二)严格执行库存现金限额,超过部分必须及时送存银行,不坐支现金,不用白条抵现金。

（三）建立健全现金出纳各种账目，严格审核现金收付凭证。

（四）严格支票管理制度，编制支票使用手续。支票经总经理签字后，方可生效。

（五）积极、配合银行做好对账、报账工作。

（六）配合会计做好各种账务处理。

（七）完成总经理或财务经理交付的其他工作。

第八条　审计的主要工作职责。

（一）认真贯彻执行有关审计管理制度。

（二）监督公司财务计划的执行、决算、预算外资金收支、与财务收支有关的各项经济活动及其经济效益。

（三）详细核对公司各项与财务有关的数字、金额、期限和手续等是否准确无误。

（四）审阅公司的计划资料、合同和其他有关经济资料，以便掌握情况，发现问题，积累证据。

（五）纠正财务工作中的差错弊端，规范公司的经济行为。

（六）针对公司财务工作中出现的问题提出改进建议和措施。

（七）完成总经理或财务经理交付的其他工作。

第三章　财务工作管理

第九条　会计年度自1月1日起至12月31日止。

第十条　会计凭证、会计账簿、会计报表和其他会计资料必须真实、准确、完整，并符合会计制度的规定。

第十一条　财务工作人员办理会计事项必须填制或取得原始凭证，并根据审核的原始凭证编制记账凭证。会计、出纳员记账，必须在记账凭证上签字。

第十二条　财务工作人员应当会同总经理办公室专人定期进行财务清查，保证账簿记录与实物、款项相符。

第十三条　财务工作人员应根据账簿记录编制会计报表上报总经理，并报送有关部门。

会计报表每月由会计编制，财务经理负责审核，并上报。会计报表须经财务经理、总经理签名或盖章。

第十四条　财务工作人员对本公司的各项经济实行会计监督。

财务工作人员对不真实、不合法的原始凭证不予受理；对记载不准确、不完整的原始凭证予以退回，要求更正、补充。

第十五条　财务工作人员发现账簿记录与实物、款项不符时，应及时向总经理或主管副总经理书面报告，并请求查明原因，作出处理。财务工作人员对上述事项无权自行作出处理。

第十六条　财务工作应当建立内部稽核制度,并做好内部审计。出纳人员不得兼管稽核、会计档案保管和收入、费用、债权和债务账目的登记工作。

第十七条　财务审计每季度一次。审计人员根据审计事项实行审计,并作出审计报告,报送总经理。

第十八条　财务工作人员调动工作或者离职,必须与接管人员办清交接手续。财务工作人员办理交接手续,由行政办公室主任、主管副总经理监交。

第四章　支票管理

第十九条　支票由出纳员或财务经理指定的专人保管。支票使用时须有“请购审批单”,经财务经理、总经理批准签字,然后将支票按批准金额封头,加盖印章、填写日期和用途、登记号码,领用人在支票领用簿上签字备查。

第二十条　支票付款后凭支票存根,发票由经手人签字、会计核对(购置物品由保管员签字),财务经理、总经理审批。填写金额要无误,完成后交出纳人员。出纳员统一编制凭证号,按规定登记银行账户。原支票领用人在“支票借款单”及登记簿上注销。

第二十一条　支票借款应在签发支票之日起5个工作日内清算,对超期的,财务人员月底清账时凭“支票借款单”转应收个人款,发工资时从领用工资内扣还,当月工资扣还不足的,逐月延扣以后的工资,领用人完善报账手续后再作补发工资处理。

第二十二条　对于报销时短缺的金额,由支票领用人办理现金借款手续,并按现金借款管理规定执行。凡一周内支出款项累计超过10 000元或现金支出超过5 000元时,会计或出纳人员应用文字报告财务经理。

第二十三条　凡1 000元以上的款项进入银行账户两日内,会计或出纳人员应用文字报告财务经理。

第二十四条　公司财务人员支付(包括公私借用)每一笔款项,不论金额大小均须财务经理会同总经理联合签字。总经理外出应由财务人员设法通知,经总经理授权可委托其他负责人代签,同意后可先付款后补签。

第五章　现金管理

第二十五条　公司可以在下列范围内使用现金:

(一)职员工资、津贴、奖金。

(二)个人劳务报酬。

(三)出差人员必须携带的差旅费。

(四)结算起点以下的零星支出。

(五)总经理批准的其他开支。

前款结算起点定为1 000元。结算规定的调整，由总经理确定。

第二十六条　除本规定第二十五条外，财务人员支付个人款项，超过使用现金限额的部分，应当以支票支付；确需全额支付现金的，经财务经理审核，总经理批准后支付现金。

第二十七条　公司购置固定资产、原料辅料，车辆保管维修，代办运输费用，购买办公用品、劳保用品、福利用品及其他工作用品，必须采取转账结算方式，不得使用现金。

第二十八条　日常零星开支所需库存现金限额为5 000元。超额部分应存入银行。

第二十九条　财务人员支付现金，可以从公司库存现金限额中支付或从银行存款中提取，不得从现金收入中直接支付(即坐支)。因特殊情况确需坐支的，应事先报经财务经理批准。

第三十条　财务人员从银行提取现金，应当填写《现金借款单》，并写明用途和金额，由财务经理批准后提取。

第三十一条　公司职员因工作需要借用现金，需填写《借款单》，经会计审核，交财务经理、总经理批准签字后方可借用；并按借款审批程序第二条执行。超过还款期限即转应收款，在当月工资中扣还。

第三十二条　符合本规定第二十五条的，凭发票、工资单、差旅费单及公司认可的有效报销单或领款凭证，经手人签字，会计审核，财务经理、总经理批准后由出纳支付现金。

第三十三条　发票及报销单经总经理批准后，由会计审核、经手人签字，金额数量无误，填制记账凭证。

第三十四条　工资由财务人员依据行政办公室及各部门每月提供的核发工资资料代理编制员工资表，交主管副总经理审核，财务经理、总经理签字，财务人员按时提款，当月发放工资，填制记账凭证，进行账务处理。

第三十五条　差旅费及各种补助单(包括领款单)，由部门经理签字，会计审核时间、天数无误并报财务经理复核后，送总经理签字，填制凭证，交出纳员付款，办理会计核算手续。

第三十六条　无论何种汇款，财务人员都须审核《汇款通知单》，分别由经手人、部门经理、财务经理、总经理签字，会计审核有关凭证。

第三十七条　出纳人员应当建立健全现金、银行存款账目，逐笔记载现金、银行款项支付。账目应当日清月结，每日结算，账款相符。

第六章　会计档案管理

第三十八条　凡是本公司的会计凭证、会计账簿、会计报表、会计文件和其他有保存价值的资料,均应归档。

第三十九条　会计凭证应按月、按编号顺序每月装订成册,标明月份、季度、年,起止号数、单据张数,由会计及有关人员签名盖章(包括制单、审核、记账、主管),由财务经理指定专人归档保存,归档前应加以装订。

第四十条　会计报表应分月、季、年报按时归档,由财务经理指定专人保管,并分类填制目录。

第四十一条　会计档案不得携带外出,凡查阅、复制、摘录会计档案,须经财务经理批准。

第七章　处罚办法

第四十二条　出现下列情况之一的,对财务人员予以警告并扣发本人月薪的1~3倍:

(一)超出规定范围、限额使用现金的或超出核定的库存现金金额留存现金的。

(二)用不符合财务会计制度规定的凭证顶替银行存款或库存现金的。

(三)未经批准,擅自挪用或借用他人资金(包括现金)或支付款项的。

(四)利用账户替其他单位和个人套取现金的。

(五)未经批准坐支或未按批准的坐支范围和限额坐支现金的。

(六)保留账外款项或将公司款项以财务人员个人储蓄方式存入银行的。

(七)违反本规定条款认定应予处罚的。

第四十三条　出现下列情况之一的,财务人员应予以解聘:

(一)违反财务制度,造成财务工作严重混乱的。

(二)拒绝提供或提供虚假的会计凭证、账表、文件资料的。

(三)伪造、变造、谎报、毁灭、隐匿会计凭证、会计账簿的。

(四)利用职务便利,非法占有或虚报冒领、骗取公司财物的。

(五)弄虚作假、营私舞弊,非法谋私,泄露秘密及贪污挪用公司款项的。

(六)在工作范围内发生严重失误或者由于玩忽职守致使公司利益遭受损失的。

(七)有其他渎职行为和严重错误,应当予以辞退的。

第八章　附　则

第四十四条　相关制度:

(一)财务负责人工作责任制度。

(二)出纳作业处理准则。

(三)会计核算基础工作规范。

(四)借款及各项费用开支标准审批程序。

(五)其他有待补充完善的财务管理制度。

第四十五条　本规定由公司财务部负责解释。

第四十六条　本规定自发布之日起生效试行。

（引自商易网,略有删改）

【思考与练习】

1. 请谈谈公司内部管理文书的重要作用。
2. 公司内部管理文书的语言表达应注意什么问题?
3. 请结合自己的学习或工作情况,写一份年度总结。

第四章

信息传播文书

一　商务消息

‖概念‖

商务消息是对商务活动中有新闻价值的事实的简要报道，是新闻媒介（报刊、广播、电视、网络等）报道商务活动时所使用的主要体裁。常见的商务消息主要有动态消息、综合消息、典型消息和述评消息等。

‖格式写法‖

商务消息通常由标题、消息头（电头）、导语、主体、背景及结尾六部分组成。

1. 标题。消息的标题不仅是全文的“眉目”，还是内容的高度概括，具有提示报道内容、吸引并引导受众阅读理解以及美化版面的作用。常见的消息标题有三种形式：一是由引题、主题、副题组成的“完全式标题”，这种标题内容丰富，表义完整。二是由引题、主题或主题、副题组成的“双标题”，这种标题有实有虚，相辅相成。三是只有主题的“单标题”，这种标题简洁醒目。消息标题要求做到准确、鲜明、新颖、生动，既与报道内容相吻合，又能激发读者的阅读欲望。写作时，要使标题准确反映全文的主要内容和精神实质，要把作者的态度鲜明地贯彻其中；还要刻意求新，注意寻找并把握消息的个性特征，取新角度着笔，免入俗套。

2. 消息头。“本报讯”“××社××地×月×日电”的字样，即为消息头，它是对发出消息的媒体、地点和时间的说明。

3. 导语。导语是一则消息的先导，它紧接电头，或用精粹的文字概括消息的最基本、最新鲜的事实，引导全文；或揭示题旨、制造悬念，引起阅读兴趣。写作导语的关键：一要抓住事物特征，从复杂的经济现象中把握主要内容和精神，突出一

则消息的特点,使之具有鲜明的个性;二要简明扼要,高度凝练,不要集中太多的事实、概念;三要生动有趣,忌枯燥乏味。

4. 主体。主体承接导语,是对导语的具体阐释、充实和展开,是消息的主干。主体的写作应注意紧扣导语、层次分明、叙述为主。要抓住何时、何地、何人、何事、何果等新闻要素,以简洁精练的文字概括介绍事实,使受众在有限的时间内了解更多的商务信息。

5. 背景。背景材料是与主要事实有关的历史、环境、原因等方面的材料,主要有对比性材料、注释性材料、说明性材料三类。背景材料在消息中位置灵活,可独立成段,也可穿插于导语、主体或结尾之中。若无必要,也可不交代背景。写作背景要简明扼要,勿喧宾夺主。

6. 结尾。精彩的结尾可深化主题,往往耐人寻味。消息结尾的方式有启发式、展望式、总结式、评论式、补充式和引语式等,有的则无专门的结语,写清主要事实便自然作结。

以上六部分是就通常情况下一篇完整的商务消息的构成成分而言的,并非每篇皆备,应视内容需要灵活处理。

注意事项

1. 精心制作标题。消息标题的制作,犹如画龙点睛。在贴切表达消息内容的前提下,可选用比喻、借代、排比、拟人、反复等修辞手法及幽默、讽刺的笔法,还可恰当利用成语、诗词、谚语等,以增强其生动性和形象性。

2. 恪守真实原则。真实是新闻的生命,商务消息中的事实必须真实可靠,不允许有任何的虚构、夸张,有关的人名、地名、数据等要准确无误。同时,作者应把握事物的本质,对事实的分析、解释,应符合事物的本来面目,不应曲解、拔高或贬低。虚假的商务消息会造成极坏的社会影响。

3. 报道迅速及时。消息的内容必须是"现在进行时"或"现在完成时"。要突出"新",行动就必须快。商务消息价值的大小很大程度上取决于是否能够迅速地采写与发表。时效性还体现在报道时机要适宜,要保证社会效果,在政策许可的前提下及时报道,不能为抢消息而盲目求快。

4. 讲究短小精悍。商务消息的职能是迅速及时地把最新的经济事实告诉读者,这就决定了它不能像通讯那样详细地展开情节,只能抓住何时、何地、何人、何事、何果等新闻要素,以简洁精练的文字概括介绍事实,因而商务消息的篇幅一般都很短小,有的甚至只有几十字。这不仅体现了时效性的需要,而且能增加信息量,使受众在有限的时间内了解更多的商务信息。

【例文】

中企参与建设的科威特最大炼油厂全面投产

新华社科威特城5月29日电(记者尹炣)科威特埃米尔米沙勒29日出席阿祖尔炼油厂全面投产启动仪式,并为该项目纪念碑牌揭幕。科威特首相艾哈迈德·阿卜杜拉等高级官员出席仪式。

据科威特通讯社当天报道,科威特副首相兼石油大臣伊马德·阿提基在启动仪式上说,阿祖尔炼油厂是科威特发展计划中的重要项目,也是科威特石油公司2040年战略的主要支柱。这一项目将助力科威特"2035国家愿景"变为现实,有助于提高产品竞争力,助力开辟全球新兴市场,并强化科威特全球主要能源供应商地位。

科威特石油公司子公司科威特综合石油工业公司代理首席执行官瓦达·哈提卜在仪式上表示,阿祖尔炼油厂全面投产,日产量达61.5万桶。这座炼油厂不但符合全球环境标准,还使公司能够面向全球市场扩大石油产品出口。

去年12月,科威特综合石油工业公司宣布成功启动阿祖尔炼油厂最后一个炼油装置,标志着这座炼油厂全面启用。

阿祖尔炼油厂项目凝聚着中国企业的先进技术和科学理念,是"一带一路"倡议与科威特"2035国家愿景"对接的重点工程,该项目合同份额的一半以上由中国企业完成。中国石化第五建设有限公司(简称"中石化五建")负责其中六套炼油装置的建设,于2021年全部交工。中石化洛阳工程有限公司作为项目总承包商之一,负责其中15套核心炼油装置的建设,于2019年竣工。

科威特政府此前表示,阿祖尔炼油厂一旦投入使用,将成为全球最大的炼油厂之一,不仅将大幅提升科威特的炼油能力,还将为科威特的发电厂提供环保的低硫燃油,减少空气污染,同时也将为科威特提供大量就业机会,促进科威特经济发展。

(引自新华网,2024年5月30日)

二　商务通讯

‖概念‖

商务通讯是一种比较详细和形象地报道经济领域中具有新闻价值的人物、事件和情况的新闻体裁。它以比商务消息更为丰富的信息容量,详细、具体地报道商务领域的新人、新事、新气象,反映商务活动中的新问题,在经济建设中起着越来越重要的作用。根据报道内容和写作形式的不同,常见的商务通讯有人物通讯、事件通讯、工作通讯和概貌通讯等。

格式写法

商务通讯的写作形式多种多样，一般由标题、开头、主体、结尾四部分组成。

1. 标题。通讯的标题没有固定的格式，应在消息标题制作的基础上，追求寓意和美感，强化艺术魅力。

2. 开头。通讯的开头不同于消息的导语，它要求以灵活多样的方式引出新闻事实，引起受众的关注。例如，开篇可以是优美的故事、危急的场面、有趣的情节或精辟的议论等。

3. 主体。主体是通讯的骨干，由生动的情节、人物的言行、客观的评价等交叉组成。写作时要处理好段落、层次、疏密、过渡与照应等问题，使之严密紧凑，错落有致，波澜起伏，浑然一体。

4. 结尾。结尾是通讯主体的自然延伸。精彩的结尾可深化主题，激发联想，加深印象。常用的结尾方式有三种。

(1)总结文旨，提炼升华。应运用理性思维和富于哲理的语言，归纳全文，深化主题。

(2)承接余波，别开生面。从通讯内容引发的联想中，别出新意，拓展主体。

(3)抒发情怀，引起共鸣。以浓郁的抒情色彩，颂扬通讯中人物或事件的精神、意义，感染读者，唤起人们美好的情感，得到强烈的回应。

注意事项

无论何种商务通讯的写作都要注意以下四个问题。

1. 注意消息与通讯的区别。通讯由消息演化而来，被称为“形象化的新闻”“展开了的新闻”(这里的新闻指消息)，西方新闻界称之为“专稿”。消息与通讯都遵循事实真实、报道及时的原则，写作时应把握两者的区别。从时效性讲，消息的时效性在所有新闻体裁中是最强的，要求报道迅速。同一新闻事件，往往是消息先见报端，随后再刊发相关的通讯。不过，现在许多反映重大经济事件的通讯，往往和消息配发，或为消息的后续报道，将消息具体化、形象化。从表达方式来看，消息主要以事实说话，而通讯则运用叙述、描写、议论、抒情等多种手法，具有较强的形象感染力和精神感召力。从选材来看，消息强调新闻价值，选材广泛，内容庞杂；通讯强调典型意义，选材相对较严格。从结构看，消息的程式性强，通讯写作则灵活多样。

2. 选题要有针对性。写作商务通讯，要抓住经济领域中群众普遍关心的热点问题。这就要求作者既要有“政治头脑”，又要有“经济头脑”，从宏观微观两个方面考察经济现象。在报道主流、肯定成绩的前提下，对经济改革中的新问题、重点问题、热点问题和难点问题“刨根挖底”，取得尽可能多的第一手材料，选择最佳的角度进行报道。

3. 报道突出评论性。作者在叙述事实、描述对象的过程中,自然引申出观点,表明自己的立场。但这种评论不同于议论文的长段逻辑推理,而是针对人物、事件的特点,以蕴含感情的点睛之笔恰当表述,往往以情感人,理在情中。

4. 语言讲究形象性。撰写商务通讯,需要有很强的驾驭文字的能力。商务通讯不仅要用事实说话,还要用形象说话,要求有活灵活现的人物形象,有生动的环境和场景描写,有时还有起伏的故事情节,可以融叙述、描写、议论和抒情为一体,运用比喻、象征、拟人等修辞手法,通过典型情节和细节来展示人物和事件的内在风貌。

【例文】

一线城市接力出招稳楼市信号明确

本报记者　彭　扬

近日,广州、深圳、上海、天津等地相继优化调整房地产政策措施。截至目前,除了北京,其他一线城市均已宣布下调个人住房贷款最低首付款比例和利率下限,并对限购政策进行了优化调整。

业内专家表示,各地优化调整房地产政策措施将在一定程度上带动购房需求释放,特别是具有风向标意义的一线城市加大房地产政策实施力度,有利于提振居民购房意愿及市场预期,促进房地产市场平稳健康发展。

一、多地出台具体措施

人民银行日前连发多份房地产金融重要政策。随后,上海、广州、深圳、湖北、云南、山西、广东、陕西等多地跟进出台措施予以落实。大多数地区全面下调商业性个人住房贷款最低首付款比例;同时,取消首套、二套住房商业性个人住房贷款利率政策下限,实现房贷利率市场化。

在最低首付款比例方面,天津、重庆、湖北、海南、青海等地调整首套住房商业性个人住房贷款最低首付款比例为不低于15%;调整二套住房商业性个人住房贷款最低首付款比例为不低于25%。上海首套和二套住房首付款比例下限分别调整为20%、35%;深圳首套和二套住房最低首付款比例调整为20%、30%。

在商业性个人住房贷款利率下限方面,陕西、江西、河南、黑龙江等地纷纷取消各地市首套住房和二套住房商业性个人住房贷款利率政策下限。上海首套住房商业性个人住房贷款利率下限调整为不低于相应期限贷款市场报价利率(LPR)减45个基点,二套住房商业性个人住房贷款利率下限调整为不低于相应期限LPR减5个基点。深圳首套住房商业性个人住房贷款利率下限调整为LPR减45个基点,二套住房商业性个人住房贷款利率下限调整为LPR减5个基点。

此外，多地对限购政策进行优化调整。例如，上海将非沪籍居民购房所需缴纳社保或个税年限“五改三”；五个新城以及南北转型等重点区域的非沪籍人才购房“三改二”等。广州则明确，在越秀、海珠、荔湾、天河、白云（不含江高镇、太和镇、人和镇、钟落潭镇）、南沙等区购买住房的，非广州市户籍居民家庭能提供购房之日起前6个月在广州市连续缴纳个人所得税缴纳证明或社会保险证明的，享受户籍居民家庭购房待遇。

二、市场预期改善

业内专家表示，当前稳定房地产，关键在于稳预期提信心，更好地满足刚性和改善性住房需求。

“降低首套和二套个人住房贷款最低首付比例、取消全国性首套和二套房贷利率政策下限等措施，可以降低居民住房消费的门槛，更好地满足刚性和改善性住房需求，稳定居民信心和预期，提高居民住房消费的意愿和能力。”招联首席研究员董希淼说，这些举措可以从需求侧上对房地产市场形成支撑，促进房地产市场平稳健康发展。

中国银行深圳市分行大湾区金融研究院曾圣钧表示，商业性贷款利率下限取消、公积金贷款利率下调等政策有助于减轻购房者经济负担，从而刺激潜在购房需求释放。同时，一系列地产新政还有助于恢复投资者对房地产上市公司的信心，增强房地产企业在资本市场的融资能力。

政策出台后，重点城市购房情绪出现改善迹象。中指研究院指数研究部总经理曹晶晶观察到，在新一轮利好政策落地后，部分核心城市新房项目的到访量、成交量出现一定程度的增长。

三、其他城市跟进调整

业内专家表示，一线城市积极跟进落实房地产金融政策优化调整，加大政策力度，更有助于稳定整个房地产市场的预期。同时，也将带动其他城市更快跟进。

“利好政策叠加效应会逐渐凸显，预计北京及其他城市也将跟进。在新政效应催化下，地产市场活力有望加强，整体市场信心有望企稳。”开源证券分析师齐东说。

在易居研究院研究总监严跃进看来，“低首付+低商贷利率+低公积金利率”的购房模式将会加快形成，全面提振房地产销售市场的活跃度，推动房地产市场恢复。

广东省城规院住房政策研究中心首席研究员李宇嘉建议，继续从住房保障角度入手，推动供给侧结构性改革，引导刚需和中低收入人群需求主要转向保障性住房和二手住房，新房市场逐渐转向满足改善性需求。

（引自中国证券报，2024年5月30日）

三　商务综述

概念

商务综述是综合叙述某一时期商务领域科研情况或商务形势的文章。它可以反映某项研究或某项工作的大致情况,对于科学研究和决策具有重要意义。常见的有商务会议综述、商务问题讨论综述、商务形势综述和商务史料综述等。

格式写法

商务综述通常由标题、署名、正文、附录四部分组成。

1. 标题。标题一般由主要内容和“综述”组成,商务会议综述的标题为会议名称加“综述”。

2. 署名。通常在标题之下标注作者姓名。

3. 正文。正文通常包括前言、主体、结语三部分。

(1)前言。前言要点明编写的出发点和着眼点,即编写的原因、目的、意义和原则及读者对象,与综述对象有关的背景情况,如资料来源、参与单位和商务形势等。有的不专设前言,开篇即为主体的内容。

(2)主体。主体的主要内容有:①对综述对象既往状况的纵向回顾性叙述,即历史各阶段状况及特点、原有基础和条件等;②对综述对象目前状况作横向归纳式叙述,即取得的成就及特点、新成果产生的效果、存在的问题及争论的焦点等;③目前工作的前景及其他能够揭示发展趋势的情报资料。

(3)结语。结语为综述作者研究各种情报资料后所得出的结论。

4. 附录。此部分主要标出重要参考文献,也可根据读者阅读理解的需要将有关图表、数据、谈话记录、会议报告和考察报告等附在文后。

注意事项

商务综述主要以商务文献为研究对象,对资料的搜集整理显得尤其重要,写作时应注意以下几点:

1. 重视文献资料的搜集。一般应先搜集近期的文献资料,掌握最新情报信息,后搜集早期的文献资料,掌握选题的历史状况和来龙去脉。途径主要有二:一是平时阅读中随手记录;二是在确定综述对象或接受编写任务后,集中查找。

2. 掌握有效的整理方法。一是要根据与选题的相关程度对材料进行筛选和鉴别。二是进行分类归纳。对材料的加工方法主要有综合加工法和求同加工法。

综合加工法又包括多角度、多层次的综合加工法和同类对比择优的综合加工法。求同加工法则通过比较针对同一问题的不同时间、不同空间范围的资料，找出共同点或规律。

【例文】

商务成本国内研究综述

李志远　王定华　黎玺克

近年来，受区域经济发展和产业结构升级的驱动，商务成本出现了快速增长的变动趋势，对企业投资决策和政府招商引资产生了重要的影响。作为影响企业经济效益、投资决策、区域经济发展和城市竞争力的关键性因素，商务成本受到越来越广泛的关注和研究。目前，国内对商务成本的研究主要集中在七个方面：第一，对商务成本内涵和构成要素的界定；第二，商务成本的测量与评价；第三，商务成本的变化和发展趋势研究；第四，商务成本与产业结构关系研究；第五，商务成本对区域经济发展影响和实证比较研究；第六，商务成本与城市发展研究；第七，商务成本对策研究。本文主要通过对国内研究文献的借鉴，旨在对商务成本的这七个研究方面做一个概括和总结，以便对商务成本有个全面和系统的认识，并对商务成本的应用和应对策略做一个梳理。

一、商务成本的内涵和构成要素

(一)商务成本的内涵

对商务成本的研究始于20世纪90年代中期《财富》杂志对全球最佳商务城市的排名。此后，日本和英国的研究机构和咨询公司开展了对商务成本与投资环境的调查与研究。我国学者从2001年起在对区域经济纵向发展和横向比较的研究中，开始导入商务成本的概念，并取得了一些成就。但是到目前为止，国内学者对商务成本的内涵还没有形成一个统一而清晰的认识。

关于商务成本的界定，一些学者认为，商务成本是绝大多数企业为了维持生产而发生的最小范围的费用(傅钧文 等，2003；张卫 等，2004)；有学者认为，商务成本是经济主体在商务活动中为获得经济资源和服务或为出售产品和服务必须与他人或社会进行交易活动而发生的耗费(李峰 等，2004)；一些学者认为，商务成本是企业在开办期和持续期所产生的各种费用的总和(潘飞，2005)；一些学者把商务成本定义为典型企业在生产经营时所面临的、除与技术差异相联系的成本因素以外的综合成本(蔡玮，2007)。总之，不同的人由于视角和侧重点不同，对商务成本的界定有不同的认识和理解。

本文认为，商务成本的内涵应该从广义和狭义两个层次来考察。其中，广义商务成本是指投资者和企业在商务活动时所发生的外部交易成本总额，即企业总成

本扣减制造、开发、转卖、管理等成本之外的余额;狭义商务成本是指区域商务成本,是指投资者和企业为完成各类交易活动而支出的与所在地(行政区域)相关的成本总额,狭义商务成本的界定必须强调“主体依存、商务依赖、属地相关和边界有限”,这里主要是针对狭义商务成本的研究。

(二)商务成本的构成要素

对商务成本的内涵认识不同,对商务成本构成要素的划分众说纷纭,不同企业的商务成本的构成要素和侧重点也不同。根据狭义商务成本的内涵,本文认为,商务成本的构成要素包括要素成本、营业成本、制度成本和其他成本。其中,要素成本是企业获取各种资源(劳动力、土地、资本、企业家才能、技术、信息等)的耗费;营业成本是指企业在经营活动过程中所发生的各种费用支出,即在企业属地的谈判、交通、运输、广告、中介、渠道建立与运行、服务、外部培训与咨询、公关等方面的成本支出;制度成本包括显性制度成本与隐性制度成本,前者表现为企业税费的负担水平,后者则是指企业商务活动由于间接受到属地的政策法规、行政效率、市场准入与规范、权益保障、商业诉讼等的影响而为此承担的交易成本;其他成本是指除上述成本之外的企业属地所特有或偶然发生的费用与支出,如社会治安和文化兼容性等。

二、商务成本的测量与评价

(一)商务成本的测量

商务成本的测量是指通过建立商务成本的评价指标体系,分析和计算商务成本水平。由于商务成本各要素的衡量标准不统一,对商务成本的测量主要是在对其构成要素分别评价的基础上对商务成本的总量测量出一个绝对值,所以,对商务成本进行评价包括对总量指标和层次指标分别进行评价。国内学者对商务成本的测量分析主要采用两种方法:①社会调查方法,即通过向企业或专家进行函询或问卷调查的方式,获得地区商务成本的综合评价。这种市场导向方式能够获取第一手资料,却难以规避被调查者的主观意愿、行业背景和知识水平的差异性所导致的研究结论偏差和认识偏差。②统计分析法,即利用现有的统计数据库,得出区域商务成本的综合评判和横向比较。鉴于该种方法客观公正和资料可得性高的优点,学者将之视为一种主流研究方法。在此基础上,国内学者对我国一些城市或区域经济地带(北京、长三角、深圳等)的商务成本开展了一些实证研究。由于对其构成要素的看法不同,因此商务成本的测量指标也不相同。由于不同的行业和企业对商务成本的构成要素的需求强度和敏感性不同,因此各指标的权重也不相同。

(二)商务成本的评价

测量出商务成本的大小就要对商务成本进行评价,对商务成本的评价要结合商务成本的特点。相关研究指出,持续递增的商务成本会影响城市或区域竞争力

的持续提升，而理性科学地降低商务成本必须关注于商务成本的结构要素和特点，并注重区域商务收益的提高。商务成本的特点和评价分析如下：(略)

三、商务成本的变化和发展趋势研究

目前，对商务成本的发展变化趋势的研究逐渐增多，出现了很多对诸如长三角、北京、深圳的实证研究和各区域商务成本比较的研究。

(一)要素成本的变动和趋势分析

对要素成本的分析主要是指对劳动力、土地、房屋成本的变动与趋势的分析。近年来的调查和研究显示，各要素成本呈现逐年上升的趋势，但是各组成部分和各地区的成本变动幅度又各不相同。①劳动力成本。劳动力成本的衡量指标包括职工年平均工资、单位有效产出指数，即绝对指标和相对指标。诸多参考文献和文件都显示职工年平均工资呈逐年上升的趋势，相比之下，单位有效产出指数变动幅度较年平均工资相对小。当然还存在结构性变动的问题，如科研人员和高技术人员工资变动与基层工人的工资变动幅度和趋势不同，对企业的影响也是不同的。②土地、房屋成本。土地与房屋的成本主要通过土地使用权交易价格、房屋所有权交易价格、房屋使用权租赁价格等进行衡量，目前，各城市的土地与房屋价格逐年上升，其中房屋销售价格上涨最快，这给对土地依赖比较强的企业造成了严重的威胁。

(二)营业成本的变动和趋势分析

营业成本中比重最大的是交通成本和服务成本，而水、电、煤等的价格虽然也有上升，但是收费标准比较刚性，目前影响最大的是交通成本。一些大城市市内路况不佳、交通拥挤，停车费用高等问题突出，造成了营业成本的上升。另外，培训费用和广告费用作为营业成本的组成部分也存在上升的趋势。

(三)制造成本的变动和趋势分析

制度成本分为两类：一是以企业所承担的税费负担比例表征的显性制度成本；二是政府公共管理和服务绩效对区域内商务环境的影响而使企业间接或潜在支付的隐性制度成本。①显性制度成本。税费比重作为显性制度成本受到广泛的关注，由于各地在招商引资的过程中实施税收优惠政策，税费负担比重会相对降低。②隐性制度成本。隐性制度成本的衡量指标主要包括政府审批与管制指数、政府服务能力指数、法制健全程度指数、市场发育程度，其指标也表现出逐渐降低的趋势。

(四)其他成本的变动和趋势分析

其他成本主要是指社会治安和文化兼容性。一个地方的社会治安越好，说明政府保护私有财产和人民安全的能力越强、商务成本越低，而文化兼容性好对吸引外资非常有利。相比较而言，这两种因素都逐渐向好的方向发展，但是东部沿海地区，如长三角等地区表现出更好的发展态势。此外，东部沿海对教育和其他基础设施的投入也比中西部高。

四、商务成本的应用

（一）商务成本与产业结构关系的研究

（略）

（二）商务成本对城市和区域经济发展的影响

（略）

五、商务成本治理对策

由于商务成本是一个相对考察量，对商务成本的治理不能盲目要求降低，一味强制性地降低其绝对值不但没有作用反而有害。经济和社会的发展必然会带来商务成本的上升，关键是分析投资本身的收益与产业集聚、市场规模等所带来的增额收益是否大于商务成本的增加值。日本的研究证明，地价与工资在企业对小城市的投资上起负相关作用，但在企业对大城市的投资上起正相关作用，因为大城市强大的市民购买能力和大规模多范围的产业集群会给商家带来更多的回报。

政府对商务成本的治理，主要发挥宏观调控的作用，同时也要重视市场和企业的作用。

（一）企业应对商务成本策略

对于企业而言，应首先分析商务成本下的收益，只有当收益大于成本时企业才会选择投资或持续经营，否则根据经济人和理性人的假设，企业就会选择退出。当选择投资和持续经营时，也要在现有收益下最大限度地降低商务成本。

（二）政府应对商务成本的策略

市场在调节商务成本中的要素成本等硬性成本中发挥着主导作用。政府调节商务成本主要是对营业成本、制度成本和其他成本的调节。①对营业成本的调节。对营业成本的水、电、煤等能源的调节要结合不同的地区资源，对高能耗产业进行节制，大力推广节能减排政策。对低能耗和公共服务产业实行优惠政策。对于交通运输成本，要加强基础设施建设，合理征收各种交通税费。②对制度成本的调节。政府在制度成本中发挥着重要的作用，制度成本与政府行为直接相关，因此，政府致力于降低制度成本，真正做好服务。首先，制定合理的税费政策；其次，对于隐性成本应该简化行政审批程序，提高公务员素质，制定合理的政府绩效考核政策，增强政策执行的透明度等。③对其他成本的调节。加强教育、文化、法律建设，降低其他成本的支出，对政府来说任重道远，需要政府长期坚持不懈地努力。需要指出的是，国内有些学者还单独列出了“中国特色成本”，即国内企业的公关成本和很多不能拒绝的会议成本（刘永为，2008），因此，还要加强政府的廉政建设和亲

民亲商建设,充分发挥各种非营利性组织的作用。

参考文献:(略)

(引自《商业研究》,2012 年第 5 期,有删改)

四　股票上市公告书

概念

股票上市公告书是上市公司就其股票将在证券交易所挂牌交易,向投资公众详细说明有关情况的公告性文书。发布上市公告书,对于首次公开发行股票的上市公司的信息披露行为具有重要的规范作用。

格式写法

股票上市公告书由标题、声明与提示、正文和落款四部分组成。

1. 标题。标题为“××股份有限公司(首次发行)股票上市公告书”。

2. 声明与提示。其中包括上市公司对上市公告书真实性、准确性和完整性的承诺及相关信息的查找方式等。

3. 正文。正文内容包括:发行人、股东和实际控制人情况;股票发行情况;其他重要事项;上市保荐人及其意见。

4. 落款。其中包括发布单位名称和发布日期两部分。

注意事项

根据中国证监会《公开发行证券的公司信息披露内容与格式准则》(2007 年修订)的有关规定,股票上市公告书应注意符合以下要求:

1. 引用的数据应有充分、客观的依据,并注明资料来源。

2. 引用的数字应采用阿拉伯数字,货币金额除特别说明外,应指人民币金额,并以元、千元或万元为单位。

3. 发行人可根据有关规定或其他需求编制上市公告书外文译本,但应保证中文、外文文本的一致性,并在外文文本上注明:“本上市公告书分别以中、英(或日、法等)文编制,在对中文、外文文本的理解上发生歧义时,以中文文本为准。”

4. 上市公告书应采用质地良好的纸张印刷,幅面为 209 毫米×295 毫米(相当于标准的 A4 纸规格)。

5. 上市公告书封面应载明发行人的名称、“上市公告书”的字样、公告日期等,可载有发行人的英文名称、徽章或其他标记、图案等。

6. 上市公告书应使用事实描述性语言,保证其内容简明扼要、通俗易懂,不得有祝贺性、广告性、恭维性或诋毁性的词句。

【例文】

喜临门家具股份有限公司首次公开发行A股股票上市公告书

特别提示

本公司股票将在上海证券交易所上市。相关统计显示,2009年至2011年,日均持有市值10万元以下的中小投资者,在沪市新股上市10个交易日内买入的,亏损账户数过半,尤其是在上市首日因盘中价格涨幅过大被临时停牌的新股交易中,股价大幅拉升阶段追高买入的,亏损账户数超过90%。本公司提醒投资者,应充分了解股票市场风险及本公司披露的风险因素,在新股上市初期切忌盲目跟风“炒新”,应当审慎决策、理性投资。

第一节　重要声明与提示

喜临门家具股份有限公司(以下简称“喜临门”、“本公司”或“发行人”)及全体董事、监事、高级管理人员保证上市公告书的真实性、准确性、完整性,承诺上市公告书不存在虚假记载、误导性陈述或重大遗漏,并承担个别和连带的法律责任。

上海证券交易所、其他政府机关对本公司股票上市及有关事项的意见,均不表明对本公司的任何保证。

本公司提醒广大投资者注意,凡本上市公告书未涉及的有关内容,请投资者查阅刊载于上海证券交易所网站(http://www. sse. com. cn)本公司招股说明书全文。

本次发行前,公司股东所持股份的流通限制及股东对所持股份自愿锁定的承诺如下:

一、控股股东华易投资承诺。

自发行人股票上市之日起36个月内,不转让或者委托他人管理其已持有的发行人公开发行股票前已发行的股份,也不由发行人回购该部分股份。

二、实际控制人陈阿裕承诺。

自发行人股票上市之日起36个月内,不转让或者委托他人管理其已直接和间接持有的发行人公开发行股票前已发行的股份,也不由发行人回购其持有的该部分股份。

三、实际控制人陈阿裕及其关联人陈一铖和陈萍华对所持华易投资出资份额的承诺。

自发行人股票上市之日起36个月内,不转让或者委托他人管理其本人持有的华易投资的出资份额,也不由华易投资回购该部分出资份额。

四、其他股东承诺。(略)

五、本公司董事、监事、高级管理人员承诺。(略)

除前述锁定期外，在担任发行人董事、监事、高级管理人员期间，每年转让直接或间接持有的发行人股份不超过其所直接或间接持有的股份总数的 25%；离职后半年内不转让其所直接或间接持有的发行人的股份。

如无特别说明，本上市公告书中的简称或名词的释义与本公司首次公开发行 A 股股票招股说明书中的相同。

第二节　股票上市情况

一、本上市公告书系根据《中华人民共和国证券法》、《中华人民共和国公司法》和《上海证券交易所股票上市规则》等有关法律法规规定，按照上海证券交易所《股票上市公告书内容与格式指引》编制而成，旨在向投资者提供有关本公司首次公开发行 A 股股票上市的基本情况。

二、本公司首次公开发行 A 股股票（以下简称"本次发行"）已经中国证券监督管理委员会"证监许可〔2012〕564"号文核准。

三、本公司 A 股股票上市已经上海证券交易所"上证发字〔2012〕22"号文批准。

四、股票上市概况。

1. 上市地点：上海证券交易所。

2. 上市时间：2012 年 7 月 17 日。

3. 股票简称：喜临门。

4. 股票代码：603008。

5. 本次发行完成后总股本：21 000 万股。

6. 本次 A 股公开发行的股份数：5 250 万股。

7. 本次发行前股东所持股份的流通限制及期限，详见本上市公告书之"第一节　重要声明与提示"。

8. 本次上市股份的其他锁定安排：无。

9. 本次上市的无流通限制及锁定安排的股份：本次发行的 5 250 万股股份无流通限制和锁定安排，自 2012 年 7 月 17 日起上市交易。

10. 股票登记机构：中国证券登记结算有限责任公司上海分公司。

11. 上市保荐人：中信证券股份有限公司。

第三节　发行人、股东和实际控制人情况

一、发行人基本情况。（略）

二、控股股东及实际控制人情况。（略）

三、股东情况。（略）

第四节　股票发行情况

（略）

第五节　财务会计资料

本上市公告书已披露2012年6月30日资产负债表、2012年1—6月利润表和现金流量表,上述报表已经本公司第一届董事会第十八次会议审议通过,故不再另行披露2012年度半年度报告。其中,2012年1—6月财务数据和对比表中2011年1—6月财务数据均未经审计,对比表中2011年度财务数据已经审计。敬请投资者注意。(略)

第六节　其他重要事项

根据《上海证券交易所上市公司募集资金管理规定》,本公司将在募集资金到账后两周内与保荐人中信证券股份有限公司和存放募集资金的商业银行签订《募集资金专户存储三方监管协议》,并在该协议签订后两个交易日内报告上海证券交易所备案并履行公告义务。

本公司在招股意向书刊登日至上市公告书刊登前,没有发生可能对本公司有较大影响的重要事项,具体如下:(略)

第七节　上市保荐人及其意见

一、上市保荐人基本情况。(略)

二、上市保荐人的推荐意见。

上市保荐人中信证券股份有限公司认为,发行人申请其A股股票上市符合《中华人民共和国公司法》、《中华人民共和国证券法》及《上海证券交易所股票上市规则》等法律法规的有关规定,发行人A股股票具备在上海证券交易所上市的条件。上市保荐人同意推荐喜临门家具股份有限公司A股股票在上海证券交易所上市。

发行人:喜临门家具股份有限公司

保荐机构(主承销商):中信证券股份有限公司

日期:2012年7月12日

五　上市公司年度报告

概念

上市公司年度报告简称“年报”。它是根据《中华人民共和国公司法》《中华人民共和国证券法》等法律法规及中国证券监督管理委员会有关规定的要求,上市公司于每个会计年度结束后的60日(120日)内分别向证监会、证券交易所提交并向社会公布的说明其经营业绩和财务状况的公告性文书。

格式写法

上市公司年度报告由标题、重要提示及目录、正文、落款四部分组成。

1. 标题。标题为“××股份有限公司××××年度报告”。

2. 重要提示及目录。其中包括上市公司对年度报告内容的真实性、准确性和完整性及承担个别及连带责任的承诺。年度报告目录应标明各章、节的标题及其对应的页码。

3. 正文。正文内容包括:公司基本情况简介,会计数据和业务数据摘要,股本变动及股东情况,董事、监事、高级管理人员和员工情况,公司治理结构,股东大会情况简介,董事会报告,监事会报告,重要事项,财务报告和备查文件目录等。

4. 落款。落款包括发布单位名称和发布日期。

注意事项

“根据中国证监会《公开发行证券的公司信息披露内容与格式准则》(2007 年修订)的有关规定”,年度报告应注意符合以下要求:

1. 年度报告中引用的数字应当采用阿拉伯数字,有关货币金额除特别说明外,指人民币金额,并以元、千元或百万元为单位。

2. 公司可根据有关规定或其他需求编制年度报告外文译本,但应努力保证中文、外文文本的一致性,并在外文文本上注明:“本报告分别以中、英(或日、法等)文编制,在对中文、外文文本的理解上发生歧义时,以中文文本为准。”

3. 年度报告印刷文本应采用质地良好的纸张印刷,幅面为 209 毫米×295 毫米(相当于标准的 A4 纸规格)。年度报告封面应载明公司的名称、“年度报告”的字样、报告期年份,也可以载有公司的外文名称、徽章或其他标记、图案等。年度报告的目录应编排在显著位置。

4. 年度报告可以刊载宣传本公司的照片和图表,但不得刊登任何祝贺性、恭维性或推荐性的词句或题字,不得含有欺诈和误导的行为。

【例文】

××投资集团股份有限公司 20××年度报告

(摘要)

公告日期:20××-02-29

§1　重要提示

1.1　本公司董事会、监事会及董事、监事、高级管理人员保证本报告所载资料不存在任何虚假记载、误导性陈述或者重大遗漏,并对其内容的真实性、准确性和完整性负个别及连带责任。本年度报告摘要摘自年度报告全文,报告全文同时刊载于 www. sse. com. cn。投资者欲了解详细内容,应当仔细阅读年度报告全文。

1.2　公司全体董事出席董事会会议。

1.3　公司年度财务报告已经大信会计师事务有限公司审计并被出具了标准无保留意见的审计报告。

1.4　公司负责人×××、主管会计工作负责人×××及会计机构负责人(会计主管人员)×××声明:保证年度报告中财务报告的真实、完整。

§2　公司基本情况

(略)

§3　会计数据和财务指标摘要

(略)

§4　股东持股情况和控制框图

(略)

§5　董事会报告

5.1　报告期内公司经营情况的回顾。

5.1.1　公司总体经营情况。

20××年是公司实施“十二五”规划并实现良好开局的关键一年。在这一年里,公司各级领导团结带领广大干部职工,紧紧围绕董事会确定的任务目标,以经济效益为中心,全面贯彻落实科学发展观,强化内部管理,狠抓挖潜增效,优化产品结构,生产经营各项工作健康有序进行,主要经济指标均比上年同期有了大幅度提升,各项经营指标再创历史新高,实现了连续两年利润翻番。

报告期内,公司实现营业收入56.92亿元,同比增加32.54%;实现营业利润35 415万元,同比增长224.35%;实现归属于母公司所有者的净利润29 514万元,同比增长179.65%。

营业收入增加的主要原因是:(略)

营业利润增加的主要原因是:(略)

5.1.2　公司主营业务及其经营状况。(略)

5.1.3　报告期公司资产构成情况和财务数据变化情况。(略)

5.1.4　报告期公司现金流量构成情况。(略)

5.1.5　公司主要子公司、参股公司的经营情况及业绩分析。(略)

5.1.6　本年取得和处置子公司情况:本年没有取得和处置子公司。

5.1.7　报告期内利润构成、主营业务及其结构、主营业务盈利能力较前一报告期发生重大变化的情况。(略)

5.2. 主营业务分行业、产品情况表(请见前述5.1)。

5.3. 报告期内利润构成、主营业务及其结构、主营业务盈利能力较前一报告期发生重大变化的原因说明(请见前述5.1)。

§6　财务报告

6.1. 本报告期无会计政策、会计估计的变更。

6.2. 本报告期无前期会计差错更正。

六　半年度报告

概念

半年度报告简称“中报”。它是指上市公司每个会计年度的前6个月结束后的60日(120日)内分别向证监会、证券交易所提交并向社会公布的说明其经营业绩和财务状况的公告性文书。

格式写法

可参见年度报告,并请参阅例文。

注意事项

可参见年度报告。

【例文】

青岛海尔股份有限公司2011年半年度报告

一、重要提示

(一)本公司董事会、监事会及其董事、监事、高级管理人员保证本报告所载资料不存在任何虚假记载、误导性陈述或者重大遗漏,并对其内容的真实性、准确性和完整性承担个别及连带责任。

(二)公司全体董事出席董事会会议。

(三)公司半年度财务报告未经审计。

(四)公司负责人姓名:杨绵绵。

主管会计工作负责人姓名:梁海山。

会计机构负责人(会计主管人员)姓名:宫伟。

(五)公司负责人杨绵绵、主管会计工作负责人梁海山及会计机构负责人(会计主管人员)宫伟声明:保证本半年度报告中财务报告的真实、完整。

(六)是否存在被控股股东及其关联方非经营性占用资金情况?　　否

是否存在违反规定决策程序对外提供担保的情况?　　否

二、公司基本情况

(一)公司信息。(略)

(二)联系人和联系方式。(略)

(三)基本情况简介。(略)

(四)信息披露及备置地点。(略)

(五)公司股票简况。(略)

(六)主要会计数据和财务指标。(略)

(七)非经常性损益项目和金额。(略)

三、股本变动及股东情况

(一)股份变动情况表。(略)

(二)股东和实际控制人情况。(略)

四、董事、监事和高级管理人员情况

(一)董事、监事和高级管理人员持股变动。

报告期内公司董事、监事、高级管理人员持股未发生变化。

(二)新聘或解聘公司董事、监事、高级管理人员的情况。

本报告期内公司无新聘或解聘公司董事、监事、高级管理人员的情况。

五、董事会报告

(一)公司主营业务及其经营状况。

1. 公司整体经营情况。

报告期内公司实现收入379.95亿元,同比增长17.99%;实现净利润19.9亿元,同比增长24.76%;实现归属于母公司股东的净利润15.27亿元,同比增长19.14%;盈利能力持续提升,销售净利率同比提升0.29个百分点。(略)

2. 报告期内经营活动简述。(略)

3. 下半年工作规划。(略)

(二)公司主营业务及其经营状况。

1. 主营业务分行业、产品情况表。(略)

2. 主营业务分地区情况。(略)

3. 参股公司经营情况(适用投资收益占净利润10%以上的情况)。(略)

4. 财务数据变动情况。(略)

(三)公司投资情况。

1. 募集资金使用情况。

报告期内,公司无募集资金或前期募集资金使用到本期的情况。

2. 非募集资金项目情况。(略)

六、重要事项

(一)公司治理的情况。

报告期内,公司严格按照《公司法》《证券法》《上市公司治理准则》以及相关法

律法规的规定，不断完善公司制度建设、规范公司运作，加强与投资者的沟通，提升公司治理水平。根据相关法律法规、规范性文件的要求，公司修改完善了《青岛海尔股份有限公司章程》《青岛海尔股份有限公司股东大会议事规则》《青岛海尔股份有限公司董事会议事规则》《青岛海尔股份有限公司董事会审计委员会实施细则》，制定了《青岛海尔股份有限公司董事会秘书工作制度》等，确保公司治理的不断完善；重视与投资者的沟通，通过多种方式加强与投资者的互动交流，充分尊重和维护广大投资者的利益，努力构建企业、员工与投资者等各方和谐共赢的良好局面。

报告期内，公司继续采取有效措施解决同业竞争、减少关联交易。2011 年 1 月 7 日，××集团公司承诺为支持青岛海尔股份有限公司发展成为全球家电龙头，将在 5 年内通过资产注入、股权重组等多种方式支持青岛海尔解决同业竞争、减少关联交易，以支持上市公司做大做强。随着公司业务的持续增长，采购配送物料规模将进一步加大，代理采购公司的业务流程和经营效率进一步改善，公司对 2010 年 6 月与青岛海尔零部件公司及国际贸易公司签署的《采购配送合同》进行了修订，将原合同中确定的 1.75%代理费率降低为 1.25%，其他条款内容不变。同时，2011 年公司将进一步加大自行采购力度，继续降低关联交易。

实施完成第二期股权激励计划的授予，进一步健全了公司长期激励机制，公司、股东、员工利益一致性的基础进一步加强。（略）

（二）报告期实施的利润分配方案执行情况。（略）

（三）报告期内现金分红政策的执行情况。（略）

（四）重大诉讼仲裁事项。

本报告期公司无重大诉讼、仲裁事项。

（五）破产重整相关事项。

本报告期公司无破产重整相关事项。

（六）公司持有其他上市公司股权、参股金融企业股权情况。（略）

（七）资产交易事项。（略）

（八）公司股权激励的实施情况及其影响。（略）

（九）报告期内公司重大关联交易事项。（略）

（十）重大合同及其履行情况。（略）

（十一）承诺事项履行情况。（略）

（十二）聘任、解聘会计师事务所情况。（略）

（十三）上市公司及其董事、监事、高级管理人员、公司股东、实际控制人处罚及整改情况。

本报告期公司及其董事、监事、高级管理人员、公司股东、实际控制人均未受中国证监会的稽查、行政处罚、通报批评及证券交易所的公开谴责。

(十四)其他重大事项的说明。

本报告期公司无其他重大事项。

(十五)信息披露索引。(略)

七、财务会计报告(未经审计)

(略)

青岛海尔股份有限公司

2011年6月30日

七　招股说明书

概念

招股说明书是指上市公司在股票上市前向社会公众说明本公司基本情况和本公司股票发行情况的公告性文书。按交易场所或投资者的不同,招股说明书又可分为A股招股说明书、B股招股说明书和H股招股说明书。在中华人民共和国境内首次公开发行股票并上市的公司可简称为"发行人"。

格式写法

招股说明书一般由以下内容组成:①封面、书脊、扉页、目录、释义。②概览。③本次发行概况。④风险因素。⑤发行人基本情况。⑥业务和技术。⑦同业竞争与关联交易。⑧董事、监事、高级管理人员与核心技术人员。⑨公司治理。⑩财务会计信息。⑪管理层讨论与分析。⑫业务发展目标。⑬募集资金运用。⑭股利分配政策。⑮其他重要事项。⑯董事、监事、高级管理人员及有关中介机构声明。⑰备查文件。

注意事项

根据证监发行字〔2006〕5号《关于发布〈公开发行证券的公司信息披露内容与格式准则第1号——招股说明书〉的通知》相关规定,招股说明书应注意符合以下一般要求:

1. 发行人可根据有关规定或其他需求,编制招股说明书外文译本,但应保证中文、外文文本的一致性,并在外文文本上注明:"本招股说明书分别以中、英(或日、法等)文编制,在对中文、外文文本的理解上发生歧义时,以中文文本为准。"

在境内外同时发行股票的,应按照从严原则编制招股说明书,并保证披露内容的一致性。

2. 招股说明书全文文本应采用质地良好的纸张印刷，幅面为209毫米×295毫米（相当于标准的A4纸规格）。

3. 招股说明书应使用事实描述性语言，保证其内容简明扼要、通俗易懂，突出事件实质，不得有祝贺性、广告性、恭维性或诋毁性的词句。

【例文】

浙江××集团股份有限公司首次公开发行股票招股说明书（摘要）

发行人声明：本招股说明书摘要的目的仅为向公众提供有关本次发行的简要情况，并不包括招股说明书全文的各部分内容。招股说明书全文同时刊载于深圳证券交易所网站（www. cninfo. com. cn）。投资者在作出认购决定之前，应仔细阅读招股说明书全文，并以其作为投资决定的依据。

中国证监会、其他政府部门对本次发行所作的任何决定或意见，均不表明其对发行人股票的价值或者投资者的收益作出实质性判断或者保证。任何与之相反的声明均属虚假不实陈述。

本次发行已经中国证监会证监发行字〔2010〕×××号文核准。

释义（略）

第一节　重大事项提示

1. 公司股东王××、×××集团股份有限公司、宁波市鄞州××投资有限公司和王××承诺：自发行人股票上市之日起36个月内，不转让或者委托他人管理其已直接和间接持有的发行人股份，也不由发行人收购该部分股份。公司股东——宁波××投资有限公司、××投资有限公司承诺：其持有的因发行人于2010年8月23日送红股新增的股份，在2012年8月28日前，不转让或委托他人管理，也不由发行人收购该部分股份；其持有的其余发行人股份，在发行人股票上市之日起12个月内，不转让或委托他人管理，也不由发行人收购该部分股份。公司股东朱××、杨××和胡××承诺：其持有的因发行人于20××年8月23日送红股新增的股份，在2012年8月28日前，不转让或委托他人管理，也不由发行人收购该部分股份；其持有的其余发行人股份，在发行人股票上市之日起24个月内，不转让或委托他人管理，也不由发行人收购该部分股份。承诺期限届满后，上述股份可以上市流通和转让。

2. 根据本公司2010年第一次临时股东大会决议，本次发行前滚存的未分配利润在公司股票公开发行后由新老股东按持股比例共享。

3. 本公司特别提醒投资者注意“风险因素”中的下列特别风险：

（1）发行完成后净资产收益率摊薄的风险。

（2）实际控制人控制的风险。

（3）汇率风险。

4. 根据财政部和国家税务总局2006年出台的福利企业税收优惠政策,以及企业所得税工资支出税前扣除政策,本公司特别提醒投资者关注如下提示:(略)

第二节　本次发行概况

股票种类:人民币普通股(A股)。

每股面值:人民币1.00元。

发行股数及占发行后总股本:4 800万股,占发行后总股本的25.27%。发行价格:6.6元/股。

市盈率:

30.41倍(每股收益按照2005年经会计师事务所审计的扣除非经常性损益前后孰低的净利润除以本次发行后总股本计算);

22.76倍(每股收益按照2005年经会计师事务所审计的扣除非经常性损益前后孰低的净利润除以本次发行前总股本计算)。

发行前后每股净资产:

发行前:1.52元(以2010年6月30日经审计的净资产,发行前总股本14 194万股为基础计算);

发行后:2.72元(按公司截至2010年6月30日经审计的净资产值加预计募集资金净额除以发行后总股本计算)。

市净率:4.34倍(按2010年6月30日经审计的净资产计算)。

采用网下向配售对象询价发行和网上资金申购定价发行相结合的方法和方式:

发行对象:符合资格的询价对象和在深圳证券交易所开户的境内自然人、法人等投资者(国家法律、法规禁止购买者除外)。

公司股东王××、雅戈尔集团股份有限公司、宁波市鄞州广林投资有限公司和王××承诺:自发行人股票上市之日起36个月内,不转让或者委托他人管理其已直接和间接持有的发行人股份,也不由发行人收购该部分股份。公司股东宁波广联投资有限公司、宁波兆泰投资有限公司承诺:其持有的因发行人于2010年8月23日送红股新增的股份,在2012年8月28日前,不转让或委托他人管理,也不由发行人收购该部分股份。本次发行股份的流通限制股份,其持有的其余发行人股份,在发行人股票上市之日起12个月锁定,不转让或委托他人管理,也不由发行人收购该部分股份。公司股东朱××、杨××和胡××承诺:其持有的因发行人于2010年8月23日送红股新增的股份,在2012年8月28日前,不转让或委托他人管理,也不由发行人收购该部分股份;其持有的其余发行人股份,在发行人股票上市之日起24个月内,不转让或委托他人管理,也不由发行人收购该部分股份。承诺期限届满后,上述股份可以上市流通和转让。

承销方式:余额包销方式承销。

预计募集资金总额和净额:31 680.00 万元和 30 009.60 万元。发行费用概算:1 670.4 万元。

第三节 发行人基本情况

一、发行人基本情况

浙江××集团股份有限公司:

注册中、英文名称及缩写:Zhejiang××Group Co. ,Ltd。

法定代表人:王××。

成立日期:20××年×月×日(股份有限公司成立日期)。

住所及其邮政编码:浙江省宁波市鄞州区××街。

邮编:315153。

电话:0574-2882××××。

传真:0574-2882××××。

电子信箱:stock@ ××××。

二、发行人历史沿革及改制重组情况

1. 发行人设立方式。(略)

2. 发起人及其投入资产的内容。(略)

三、有关股本的情况

1. 发行前后的股本情况。(略)

2. 股份流通限制和锁定安排。(略)

3. 发起人、控股股东和主要股东之间的关联关系。(略)

四、公司的主营业务情况

1. 业务范围。(略)

2. 主要产品及其用途。(略)

3. 产品销售方式和渠道。(略)

4. 产品的主要原材料。(略)

5. 行业竞争情况及本公司在行业中的竞争地位。(略)

五、发行人资产的权属情况

1. 本公司目前共拥有房产 3 处,具体如下:(略)

2. 商标。(略)

3. 专利。(略)

4. 本公司拥有的土地使用权。(略)

5. 特许经营权。(略)

六、同业竞争

本公司不存在与控股股东、实际控制人及其控制的其他企业从事相同、相似业务的情况。

七、关联交易

1. 经常性关联交易。(略)

2. 偶发性关联交易。(略)

3. 关联交易的影响。(略)

4. 独立董事对关联交易的意见。(略)

八、董事、监事和高级管理人员

(略)

九、发行人控股股东及其实际控制人的基本情况

(略)

十、简要财务会计信息

1. 简要财务报表。(略)

2. 经注册会计师核验的非经常性损益明细表。(略)

3. 主要财务指标。(略)

4. 管理层对公司近3年和一期财务状况和经营成果的讨论与分析。(略)

5. 股利分配政策和历年股利分配情况。(略)

6. 发行人控股子公司的基本情况。(略)

第四节　募股资金运用

一、本次募股资金运用情况

(略)

二、投资项目基本情况和项目发展前景分析

(略)

第五节　风险因素和其他重要事项

一、风险因素

1. 市场风险。(略)

2. 经营风险。(略)

3. 管理风险。(略)

4. 应收账款风险。(略)

5. 技术风险。(略)

6. 募集资金投资项目风险。(略)

7. 税收政策风险。(略)

二、重大合同

公司正在履行的重大合同包括购销合同、借款合同、担保合同、银行承兑协议、房地产合同和其他重大合同等。

三、重大诉讼或仲裁事项

1. 目前公司没有对公司财务状况、经营成果、业务活动或未来发展等可能产生较大影响的诉讼或仲裁事项。

2. 本公司实际控制人、控股子公司、董事、监事、其他高级管理人员和核心技术人员没有作为一方当事人的任何重大诉讼或仲裁事项。

3. 本公司董事、监事、其他高级管理人员和核心技术人员没有受到刑事起诉的情况。

第六节　本次发行各方当事人和发行时间安排

一、本次发行各方当事人

（略）

二、本次发行上市的重要日期

1. 询价推介时间：（略）

2. 定价公告刊登日期：（略）

3. 申购日期和缴款日期：（略）

4. 预计股票上市日期：（略）

请投资者关注本公司与保荐人（主承销商）于相关媒体披露的公告。

第七节　备查文件

一、备查文件

1. 发行保荐书：（略）

2. 财务报表及审计报告：（略）

3. 内部控制鉴证报告：（略）

4. 经注册会计师核验的非经常性损益明细表：（略）

5. 法律意见书及律师工作报告：（略）

6. 公司章程（草案）：（略）

7. 中国证监会核准本次发行的文件：（略）

8. 其他与本次发行有关的重要文件：（略）

二、查阅地点和时间

1. 浙江××集团股份有限公司：

地址：浙江省宁波市鄞州区××街

电话：0574-2882××××　传真：0574-2882××××

联系人：胡××、周××

查询时间：（略）

2. 兴业证券股份有限公司：

法定代表人：××

地址:上海浦东陆家嘴东路××号××大厦

电话:021-6841××××　传真:021-6841××××

联系人:陈×、陈××、王××、刘××

查询时间:(略)

2010 年×月×日

八　配股说明书

概念

配股说明书是上市公司经股东大会决议,并报请证管机关批准,在向原股东配售发行股票时,向社会公众说明配股事项、权证派发和交易以及认购手续等内容的公告性文书。它是上市公司向中国证券监督管理委员会(简称“中国证监会”)申请配股申报材料的必备部分。

格式写法

配股说明书由封面、正文、附录和备查文件四部分组成。

1. 封面。封面上包括公司股票上市的证券交易所名称、“配股说明书”字样、公司的正式名称和注册地、配股主承销商、公司聘请的律师事务所、配售发行股票的类型和重要提示等内容。

2. 正文。正文包括序言、配售发行的有关机构、主要会计数据、符合配股条件的说明、法律意见、前次募集资金的运用情况说明、本次配售方案、配售股票的认购方法、获配股票的交易、风险因素与对策、配股说明书的签署日期及董事长签名等内容。

3. 附录。附录包括:股东大会关于配股的决议;刊载本公司最近的年度报告或中期报告的报刊名称、日期;刊载本公司最近的董事会公告和股东大会公告的报刊名称、日期;公司章程修改内容简述。

4. 备查文件。备查文件包括:修改后的公司章程正本;本次配股之前最近的公司股本变动报告;最近年度报告或中期报告正本;本次配股的承销协议书;资产评估报告和审计报告;前次募集资金运用情况的专项报告;配股法律意见书;主承销商律师的验证笔录;中国证监会要求的其他文件。

注意事项

根据中国证监会《公开发行证券的公司信息披露内容与格式准则》(2007 年修订)的有关规定,配股说明书应符合以下一般要求:

1. 引用的数据应有充分、客观的依据,并注明资料来源。

2. 引用的数字应采用阿拉伯数字,货币金额除特别说明外,应指人民币金额,并以元、千元或万元为单位。

【例文】

山东新华医疗器械股份有限公司配股说明书

股票简称:新华医疗

股票代码:600587

注册地址:山东省淄博高新技术产业开发区新华医疗科技园

保荐机构(主承销商):中信建投证券股份有限公司

二〇一二年四月

发行人声明

本公司全体董事、监事、高级管理人员承诺本配股说明书及其摘要不存在任何虚假、误导性陈述或重大遗漏,并保证所披露信息的真实、准确、完整。

公司负责人、主管会计工作负责人及会计机构负责人(会计主管人员)保证配股说明及其摘要中财务会计报告真实、完整。

证券监督管理机构及其他政府部门对本次发行所作的任何决定,均不表明其对发行人所发行证券的价值或者投资人的收益作出实质性判断或者保证。任何与之相反的声明均属虚假不实陈述。

根据《证券法》等相关规定,证券依法发行后,发行人经营与收益的变化,由发行人自行负责,由此变化引致的投资风险,由投资者自行负责。

重大事项提示

本公司特别提示投资者对下列重大事项给予充分关注,并仔细阅读本配股说明书中有关风险因素的章节。

一、本次配股以2011年6月30日公司总股本134 394 000股为基数,向全体股东按照10:3的比例配售人民币普通股(A股,简称“配股”),共计可配股份数量为40 318 200股。

公司控股股东淄博矿业集团有限责任公司已承诺以现金足额认购其应认配的股份。

二、公司2011年1—9月实现营业收入150 998.08万元,实现归属母公司净利润7 803.95万元,公司已披露2011年度业绩预增公告,2011年度归属母公司股东净利润同比预增50%~100%,公司2011年度报告披露日期预计为2012年4月26日。

三、公司的股利分配政策和现金分红比例。

1. 利润分配原则和形式:公司的利润分配应重视对投资者的合理投资回报。

公司支付股东股利采取现金或股票形式,而且应保证利润分配政策的连续性及稳定性。

2. 最近3年现金分红情况:2008年、2009年和2010年,公司以现金方式累计分配的利润为3 359.85万元,占最近3年实现的年均可分配利润4 383.58万元的76.65%。

3. 未分配利润的使用情况:公司目前正处于快速发展阶段,未分配利润主要用于与主营业务相关的资本性支出、向医疗健康产业延伸的股权投资支出以及营运资金支出。2008年至2011年9月,公司营运资金需求分别为35 676.59万元、40 884.49万元、42 136.06万元和40 424.29万元。

4. 本次发行前滚存利润分配政策:截至2011年9月30日,公司未分配利润为26 230.58万元。根据公司2011年第三次临时股东大会决议,公司本次配股前滚存的未分配利润由配股完成后的股东依其持股比例享有。

5. 公司未来提高利润分配政策透明度的工作规划:公司近期将结合公司所处行业、发展阶段、投资者和股东要求、外部融资环境就公司未来股利分配政策的规划和持续稳定性进行研究,尽快对分红政策按照法定程序予以修改完善并及时公告,以让投资者对公司未来分红有明确的预期。

随着我国人均收入水平的提高和社会的发展进步,我国医疗器械行业面临着广阔的发展前景,行业持续向好,不断吸引国内外大量新的企业进入,越来越多的跨国公司通过合资、独资等方式进入中国市场,业内原有企业也纷纷新增投资,扩大产能,行业竞争已逐渐转向技术、产品、营销、服务等综合实力的竞争。发行人目前主要产品技术在国内处于优势地位,产品市场占有率居国内前列,是国内医疗器械行业中综合实力强、产品种类齐全的企业之一,但行业的发展也将进一步加剧市场竞争态势,可能对公司经营业绩带来不利影响。

配股说明书签署日期:

2012年4月

目 录(略)

第一节 释 义

一、普通术语。(略)

二、专业术语。(略)

第二节 本次发行概况

一、本次发行的基本情况。

(一)发行人基本情况。(略)

(二)本次发行的基本情况。

1. 本次发行的核准文件:本次发行已获中国证监会证监许可〔2012〕433号文核准。

2. 证券类型:人民币普通股(A股)。

3. 配股基数、比例和数量:本次配股拟以2011年6月30日公司总股本134 394 000股为基数,向全体股东按照10∶3的比例配售股份,共计可配股份数量为40 318 200股。配售股份不足1股的,按上海证券交易所的有关规定处理。

配股实施前,若因公司送股、转增及其他原因引起总股本变动,配股数量按照总股本变动的比例相应调整。

公司控股股东淄博矿业集团有限责任公司承诺以现金全额认购其可配股份。

4. 配售对象:在中国证监会核准后,公司将确定本次配股股权登记日,配售对象为配售股权登记日当日收市时在中国证券登记结算有限责任公司上海分公司登记在册的全体股东。

5. 股票面值:人民币1.00元。

6. 发行价格:15.66元。

7. 定价方式:以刊登配股说明书前20个交易日公司股票均价为基数,采用市价折扣法确定,具体配股价格提请股东大会授权公司董事会在发行前根据市场情况与主承销商协商确定。

8. 预计募集资金:本次发行预计募集资金额不超过6.45亿元人民币(含发行费用),募集资金净额不超过63 110万元。

9. 募集资金专项存储的账户:公司拟根据本次发行需要及时开设募集资金专项存储账户。

(三)承销方式及承销期。

1. 承销方式:由主承销商以代销方式承销。

2. 承销期限:2012年4月13日至2012年4月23日。

(四)发行费用。(略)

(五)主要日程。(略)

(六)本次发行证券的上市流通。

本次发行结束后,发行人将尽快办理本次发行股份上市的有关手续。具体上市时间将另行公告。

二、本次发行的相关机构。

(一)发行人。(略)

(二)保荐机构(主承销商)。(略)

(三)发行人律师。(略)

(四)发行人审计机构。(略)

(五)申请上市证券交易所。(略)

(六)股票登记机构。(略)

(七)主承销商收款银行。(略)

第三节　风险因素

投资者在评价公司本次发行或作出投资决策时,应特别关注本章所示风险因素。尽管公司为应对各种可能出现的风险采取了相应的措施,但仍然存在未预期的风险或对风险程度估计不足等情况,敬请投资者关注。下述风险因素归类描述,并根据重要性原则或可能影响投资决策的程度大小排序,但该排序并不表示风险因素会依次发生。公司所面临的主要风险如下:

一、市场风险。(略)

二、政策风险。(略)

三、财务风险。(略)

四、技术风险。(略)

五、管理风险。(略)

六、募集资金投向风险。(略)

产品的市场开拓能否顺利进行等因素都存在一定的不确定性,这些因素都将影响到项目的实际盈利水平,从而影响公司整体经营业绩。

第四节　发行人基本情况

一、发行人股本结构。(略)

二、发行人前10名股东持股情况。(略)

三、发行人组织结构及主要对外投资情况。(略)

四、控股股东及实际控制人基本情况。(略)

五、发行人的主营业务及变化情况。(略)

六、发行人所处行业的基本情况。(略)

七、发行人面临的竞争情况。(略)

八、公司主要业务的具体情况。(略)

九、发行人主要固定资产及无形资产的情况。(略)

十、发行人自上市以来历次筹资、派现及净资产额变化情况。(略)

十一、发行人及其控股股东、实际控制人所作出的重要承诺及承诺的履行情况。(略)

十二、发行人的股利分配政策。(略)

十三、发行人现任董事、监事、高级管理人员的基本情况。(略)

第五节　同业竞争与关联交易

一、同业竞争。(略)

二、关联交易。(略)

第六节　财务与会计信息

一、最近3年及一期财务报表。(略)

二、最近3年及一期财务指标及非经常性损益明细表。(略)

三、关于报告期内合并财务报表合并范围变化的说明。(略)

四、2011年第三季度财务会计信息简要说明。(略)

第七节　管理层讨论与分析

一、财务状况分析。(略)

二、盈利能力分析。(略)

三、现金流量分析。(略)

四、资本性支出分析。(略)

五、重大事项说明。(略)

六、公司财务优势和不足。(略)

七、盈利能力未来趋势分析。(略)

八、本次配股融资规模的合理性分析。(略)

第八节　本次募集资金运用

一、本次募投项目相关许可资质情况。(略)

二、数字一体化手术室工程及设备。(略)

三、低温灭菌设备及耗材项目。(略)

四、口腔设备及耗材项目。(略)

五、新华医疗研发中心创新项目。(略)

六、补充流动资金。(略)

第九节　历次募集资金运用

一、最近5年内募集资金运用的基本情况。(略)

二、前次募集资金实际使用情况。(略)

第十节　董事及有关中介机构声明

(略)

备查文件(略)

山东新华医疗器械股份有限公司

2012年4月

九　公司股份变动报告

概念

公司股份变动报告是上市公司因发行新股、派发股份股利、可转换公司债券转股、股份限售期满等事项致使股份总额、股份结构(指各类股份的数量和比例)和股票面值发生变化,上市公司按照有关法律、法规、规章和规则需编制并披露股份变动报告,或在定期报告中披露股份变动情况,以向投资公众详细说明有关情况的公告性文书。

格式写法

公司股份变动报告由标题、公司名称、正文、落款和报告日期五部分组成。股份变动报告的正文应包括以下内容:

1. 股份变动的原因。
2. 股份变动的批准情况(如适用)。
3. 股份总额、股份结构变动情况。
4. 股份变动的过户情况。
5. 股份变动后股东持股情况或报告期末股东持股情况。
6. 股份变动对最近一年和最近一期每股收益、每股净资产等财务指标的影响(如有)。
7. 公司认为必要或证券监管机构要求披露的其他内容。
8. 备查文件。

注意事项

如果国家对会计法规进行调整,或证监会对上市公司信息披露规则进行修订,公司股份变动报告的具体内容应按照新的会计准则和信息披露规则进行规范。

【例文】

云南××××股份有限公司股份变动报告书

保荐机构暨独立财务顾问:

本公司及董事会全体成员保证公告内容的真实、准确和完整,没有虚假记载、误导性陈述或者重大遗漏。

根据《中华人民共和国公司法》《中华人民共和国证券法》《上海证券交易所股票上市规则》等相关法律、法规和规章的规定,现将本公司发行股份后的股份变动

情况及上市的有关事宜公告如下。

一、历史沿革及股份变动情况

（略）

二、本次股份变动的原因

本公司本次发行新股收购云南冶金集团持有的昭通铅锌矿100%权益事宜已经中国证券监督管理委员会证监公司字〔2010〕×××号文核准。根据收购方案，本公司将新增股份作为收购价款支付方式。本次新增股份对象为云南冶金集团，发行价格为19.17元/股，数量为3 500万股，云南冶金集团以昭通铅锌矿100%权益认购新增的股份，认购资产评估价格为8.02亿元。为支持上市公司发展，云南冶金集团承诺，对本公司新增股份不足以支付收购价款的缺口部分计13 088.82万元不再要求本公司支付。有关本次发行股份购买资产的文件请查阅2010年×月×日在《中国证券报》《上海证券报》公告的《云南××××股份有限公司重大资产收购暨定向发行股份关联交易报告书》，上述收购报告书及《光大证券关于云南××××股份有限公司重大资产收购暨定向发行股份关联交易之独立财务顾问报告》《法律意见书》《新增股份收购资产协议》等相关文件参见上海证券交易所网站（www.sse.com.cn）。

中国证券监督管理委员会已下发证监公司字〔2010〕×××号《关于同意豁免云南冶金集团总公司要约收购义务的批复》文件，豁免云南冶金集团因取得公司发行的3 500万股新股，使持股数量达到100 079 108股（占公司总股本的51.32%）而应履行的要约收购义务。

三、本次股份变动情况

本次新增股份已于2010年×月×日在中国证券登记结算有限责任公司上海分公司完成登记托管，托管完成后本公司的股本结构变化如下：（略）

四、有限售条件股份情况

截至本报告日，有限售条件股东持股数量及限售条件如下：（略）

五、公司股东数量和持股情况

截至2010年12月12日，公司前10大股东数量和持股情况如下：（略）

本公司第一大股东云南冶金集团总公司与前10位股东中的其他股东及与前10名无限售条件股东之间无关联关系，也不属于《上市公司股东持股变动信息披露管理办法》规定的一致行动人。本公司未知其他股东之间是否存在关联关系或属于《上市公司股东持股变动信息披露管理办法》中规定的一致行动人。

六、新增股份的上市与流通时间

本次新增股份的性质为流通A股。云南冶金集团总公司承诺本次新增的3 500万股股份自股权登记完成之日起36个月内不转让，即自2010年12月12日起至

2013年12月12日不转让。

七、保荐意见

保荐机构暨独立财务顾问光大证券股份有限公司发表如下保荐意见：

光大证券股份有限公司认为，云南××××股份有限公司具备了《公司法》《证券法》《上海证券交易所股票上市规则》等法律、法规所规定的新增股份并上市的条件。

光大证券股份有限公司保证××××股份有限公司的董事了解法律、法规、上海证券交易所上市规则及股票上市协议规定的董事的义务与责任，并协助其健全了法人治理结构，制定了严格的信息披露制度与保密制度。

光大证券股份有限公司已对股份变动相关文件所载的资料进行了核实，保证××××股份有限公司的股份变动报告书没有虚假记载、误导性陈述或重大遗漏，并保证对其承担相应的法律责任。

八、备查文件

（略）

特此公告。

云南××××股份有限公司董事会

2010年12月14日

十　上市公司收购、出售资产及债务重组公告

概念

上市公司收购、出售资产及债务重组公告是指因收购、出售资产及债务重组等原因上市公司发生信息变化，为了做好信息披露工作，协助公司董事、监事及董事会秘书履行信息披露义务，为投资者提供及时、准确和完整的信息报告，向投资公众详细说明有关情况的公告性文书。

格式写法

上市公司收购、出售资产及债务重组公告包括封面、扉页、正文、落款四个部分。

1. 封面。其中包括证券代码、证券简称和公告编号等。

2. 扉页。其中包括重要内容提示和交易内容等。

3. 正文。其中包括交易概述，交易各方当事人情况介绍，交易标的基本情况，交易合同的主要内容及定价情况，涉及收购、出售资产的其他安排，收购、出售资产的目的和对公司的影响，中介机构对本次出售、收购资产交易的意见简介和备查文

件目录等内容。

4. 落款。其中包括上市公司名称及报告日期。

注意事项

参见上证上字〔2002〕28号《关于发布〈上市公司临时报告系列格式指引〉的通知》。

【例文】

××控股股份有限公司收购资产及资产重组公告(正文)

公司及董事会全体成员保证公告内容真实、准确和完整,并对公告中的任何虚假记载、误导性陈述或者重大遗漏承担责任。

一、交易概述

1. ××控股股份有限公司(以下简称"本公司")已于2010年9月4日与邯郸××集团有限责任公司、邯郸××瓷业有限责任公司签订了《债权转让协议》和《债务承担协议》。

截至2010年6月30日,本公司将所持有邯郸××集团63 174 124.45元的债权转让给邯郸××瓷业有限责任公司;邯郸××瓷业有限责任公司将其截至2010年6月30日拥有的固定资产(包括房屋建筑物、机器设备、电子设备、运输设备等)合计63 174 124.45元作为对价转让给本公司。本次交易不构成关联交易。

2. 本次收购资产、债务重组事项已经第4届董事会第12次会议审议通过。公司独立董事认为,此次对陶瓷产业的债权债务整合,有利于公司的结构调整,有利于陶瓷产业向专业化、品牌化发展。

二、交易各方当事人情况介绍

1. 邯郸××瓷业有限责任公司。

企业性质:有限责任公司。

注册地:邯郸峰峰矿区××路×号。

法定代表人:赵××。

注册资本:12 598万元。

税务登记证号码:国税冀字××……××号、冀邯地税独字××……××号。

主营业务:日用陶瓷产品生产、销售、研制开发和煤气生产销售。

主要股东:××控股股份有限公司占90%股份,邯郸××集团有限公司占10%股份。

2. 主要业务近3年发展正常。

3. 与上市公司及上市公司前10名股东在产权、业务、资产、债权债务和人员等方面无关系。

4. 最近一年财务状况:资产总计为 361 105 573. 34 元,总负债为 284 725 505. 31 元,净资产为 76 380 068. 03 元,主营业务收入为 134 926 679. 32 元,净利润为 -42 610 539. 04 元。

5. 最近 5 年之内没有受过行政处罚、刑事处罚,没有涉及与经济纠纷有关的重大民事诉讼或者仲裁。

三、交易标的基本情况

1. 本公司收购的资产为邯郸××瓷业有限责任公司截至 2010 年 6 月 30 日拥有的部分固定资产,账面原值为 141 597 497. 62 元,已计提的折旧或准备为 78 423 373. 17 元,账面净值为 63 174 124. 45 元。该资产位于邯郸市,是公司成立时获得的,没有设定担保、抵押、质押及其他任何限制转让的情况,也没有涉及该项资产的诉讼、仲裁或司法强制执行及其他重大争议事项。目前,该项固定资产运营正常,本公司收购后将不改变其使用用途。

2. 本公司转让的债权为邯郸××集团有限责任公司欠本公司的债务,共计 63 174 124. 45 元。该债权的产生是因为本公司原任大股东邯郸××集团有限责任公司改制上市以后,在资产、人员、财务等方面没有有效分离,导致对本公司巨额资金占用。邯郸××集团有限责任公司、邯郸××瓷业有限责任公司对此次债务转移均无异议。

3. 本次收购资产及债务重组不对公司本期损益和未来经营产生影响。

四、交易合同的主要内容及定价情况

1. 本次收购资产交易金额为 63 174 124. 45 元,支付方式为对价转让,协议签字盖章即生效,生效时间为 2010 年 9 月 4 日。

2. 本次债权转让的交易金额为 63 174 124. 45 元,自协议签订之日起,邯郸××瓷业有限责任公司承担邯郸××集团有限责任公司对本公司的上述债务,本公司原对邯郸××集团有限责任公司享有的各项权利全部向邯郸××瓷业有限责任公司主张。

3. 定价情况。将账面净值作为成交价格。

4. 交易不涉及对方或他方向上市公司支付款项。

五、涉及收购、出售资产的其他安排

(略)

六、收购、出售资产的目的和对公司的影响

本次收购资产及债务重组是为了公司结构的调整,有利于公司的陶瓷产业向专业化、品牌化发展,对本公司当期损益不产生影响。

七、收购、出售资产的目的和对公司的影响

(略)

八、中介机构对本次出售、收购资产交易的意见简介

（略）

九、备查文件目录

1. 第4届董事会第12次会议决议。

2.《债务承担协议》。

3.《债权转让协议》。

4. 邯郸××瓷业有限责任公司2009年度、2010年6月份财务报表。

5. 独立董事意见。

××控股股份有限公司董事会

2010年9月5日

十一　上市公司股东大会决议公告

概念

股东大会决议公告是上市公司召开股东大会后，针对大会的各项决议向投资公众详细说明有关情况的公告性文书。

格式写法

股东大会决议公告由标题、公告信息、正文、结语、落款和公告日期组成。股东大会决议公告正文的内容主要有如下各项：

1. 重要内容提示。
2. 会议召开和出席情况（以表格方式列示有关统计数据也可）。
3. 提案审议情况。
4. 公证或者律师见证情况。
5. 备查文件目录。

注意事项

参见上海证券交易所第五号《上市公司股东大会决议公告格式指引》。

【例文】

鲁银投资集团股份有限公司2011年度股东大会决议公告

本公司董事会及全体董事保证本公告内容不存在任何虚假记载、误导性陈述或者重大遗漏，并对其内容的真实性、准确性和完整性承担个别及连带责任。

重要内容提示：

- 本次会议无否决或修改议案的情况。
- 本次会议无新议案提交表决。

一、会议召开和出席情况

鲁银投资集团股份有限公司关于召开2011年度股东大会的通知于2012年2月29日发出(详见《中国证券报》《上海证券报》《证券时报》及上海证券交易所网站http://www.sse.com.cn),2012年3月23日上午9:00,公司2011年度股东大会在济南市经十路××楼29楼第三会议室召开。出席会议的股东及股东授权委托人7人,代表股份43 520 244股,占公司有表决权股份总数248 306 873股的17.53%,会议的召开符合《公司法》《公司章程》及公司《股东大会议事规则》的规定。会议由公司董事长刘相学先生主持,公司部分董事、监事出席会议,部分高级管理人员列席会议。

二、议案审议和表决情况

会议经审议和记名投票,通过以下议案:

1.《2011年度董事会工作报告》。

表决情况:同意43 520 244股,反对0股,弃权0股,同意数占出席会议有表决权股份总数的100%。

2.《2011年度监事会工作报告》。(略)

3.《2011年度独立董事述职报告》。(略)

4.《关于公司2011年度财务决算的议案》。(略)

5.《关于公司2011年度利润分配预案的议案》。(略)

6.《关于公司2011年度报告及摘要的议案》。(略)

7.《关于公司2012年度财务预算的议案》。(略)

8.《关于公司2011年度日常关联交易协议执行情况和2012年度日常关联交易预计情况的议案》。(略)

9.《关于续聘大信会计师事务有限公司为公司审计中介机构的议案》。(略)

10.《关于公司董事、监事年度薪酬的议案》。(略)

11.《关于公司与山东钢铁集团财务有限公司签署金融服务协议的议案》。(略)

12.《关于公司和山东中润资源投资股份有限公司相互提供担保的议案》。(略)

三、律师见证情况

山东齐鲁律师事务所律师×××先生、××先生出席本次会议并对会议进行法律见证。其所出具的法律意见书认为,公司本次股东大会的召集、召开和表决程序等有关事项均符合法律法规和公司章程的规定,股东大会决议合法有效。

四、备查文件

1. 鲁银投资2011年度股东大会决议。

2. 山东齐鲁律师事务所《关于鲁银投资集团股份有限公司2011年度股东大会法律意见书》。

特此公告。

鲁银投资集团股份有限公司董事会

2012年3月23日

十二　商品广告文案

概念

商品广告文案是商品广告中的语言文字部分，是广告全部信息的核心。广告信息的传播，主要是通过语言文字来实现的。一则广告可以没有画面和声音，但不能没有语言文字。广告文案承担着提高企业和产品声誉、促进交流与竞争、刺激需求与指导消费的重任。一则成功的广告离不开好的广告文案。

格式写法

广告文案写作，是对广告语言文字部分的创意和组织安排。广告文案涉及的内容范围广，写作的风格与模式既不同于一般的应用文，也与文学作品有明显差异，需要根据不同的广告内容和广告目的灵活处理。

商品广告文案没有固定的结构模式，在实践中往往围绕几个基本要素写作。

1. 标题。标题是广告的“眼睛”，从形式来看，广告标题有直接标题、间接标题和复合标题三种。

(1)直接标题。这种标题直截了当地点明主题，大多用企业名称、品牌名称或商品名称命题。如“众里寻他千百度，博雅西苑我的家”。此类标题直白易懂，一目了然。

(2)间接标题。这种标题不直接介绍广告内容，而是委婉暗示或诱导受众。如“打开一扇窗，让世界了解你”(诺贝信息传播网的广告标题)。此类标题迂回婉转、耐人寻味。

(3)复合标题。这种标题由以上两种标题结合而成。如“悠悠寸草心，报得三春晖——三九胃泰的承诺”。

广告标题：一要简洁凝练；二要突出题旨；三要通俗易懂；四要新颖有趣。

2. 正文。正文是广告文案的主体，是广告标题的发挥和延展，对广告内容作具体介绍、说明。在追求广告创意的今天，借助于作者独特的创意和新颖的构思，正文部分的写作日趋灵活，风格日趋多样，常见的体式如下：

(1)陈述体。这种体式以平直的语言介绍商品的特点,适用于介绍新产品。

(2)证明体。这种体式借助权威部门对产品的鉴定评价,宣传产品的优点,使消费者产生"信得过"的心理。

(3)问答体。这种体式以设问的形式形成悬念,通过对话或自问自答,引起消费者的好奇心。

(4)幽默体。这种体式以诗歌、相声、故事或小品等形式风趣幽默地介绍商品信息,生动活泼,引人入胜。

(5)目录体。这种体式以罗列目录的形式进行宣传,条理清晰,适宜期刊征订宣传。

(6)描绘式。这种体式以描写为主要表达方式,介绍产品的性能特点,或浓墨重彩,或白描传神,使受众在强烈的审美感受中产生购买欲望。

3. 广告标语。广告标语是表现企业相对稳定的广告主题的简洁有力的宣传口号。一方面,它是企业文化的重要组成部分,可以动员员工齐心协力实现企业的奋斗目标;另一方面,它又向消费者灌输一种简明易懂、长久不变的观念,使其产生对某个企业的商品的固定、良好的印象,最终形成持续性购买。广告标语的写作:一是要有好的创意;二是内容要有冲击力;三是语音和谐,便于传颂。

4. 随文(又称附文)。随文是用来传递与企业相关的信息,为与客户的业务往来服务的,一般包括企业名称、地址、联系人、开户银行、银行账号、电话、电传和网址等。

注意事项

1. 真实合法。广告文稿必须客观真实地反映商品的真实情况,否则会损害消费者和竞争者的利益,造成不良的社会后果。广告文稿的艺术化必须以真实为基础,不能凭空捏造,也不能让消费者产生误解。广告文案的撰写,还必须遵守国家有关法律法规所规定的事项和程序。

2. 准确定位。确定广告主题时,不仅要考察个性特征,突出商品优势,还要了解消费者心态,适应受众需求。

3. 语言精练生动。表达简洁准确,追求"触目惊心"的效果,这是广告语言的上乘境界。

商品广告文案写作的随意性较大,不像一般应用文结构稳定、有板有眼,因此,广告虽然文字不多,但创作难度大,需要综合语言文字、市场营销、受众心理、音乐绘画等各方面的知识,运用多种思维方式。只有这样,才能创作出既动人心魄、又极具宣传效果的作品。

【例文】

（广告标语）
不久前我们还认为它挺合适
（正文）
成长中的孩子一天一个样，
现在看起来合身的衣裳，
过不了多久就变了样，
富士通 C800i 系列双 CPU 设计，扩展性强，
给迅速发展的您度身定造，
为日后发展留有余地，
当企业规模扩大时，
只需购置一块 CPU，
而不是一台服务器，
便可获得足够的网络处理能力。
富士通 C800i 系列，
一台预期公司越来越大的服务器。

十三　招生广告

概念

招生广告是各类学校为招收新生所发布的具有宣传告知作用的应用文。它一般采用张贴、刊登于报刊，或通过广播、电视等形式进行宣传。

格式写法

招生广告一般分为标题、正文和落款三部分。

1. 标题。标题一般有三种写法：①只标明文体名称，如《招生广告》；②标明学校与文种，如《广安友谊中学招生广告》；③标明学校、招生对象和文种，如《四川联合大学招收博士研究生广告》。

2. 正文。正文要求写明招生宗旨、招收专业和人数、招生对象、报名和考试时间、考试科目、录取办法、学习时间、收费标准和分配办法等。这部分要根据实际情况，逐款逐条写清楚。

3. 落款。落款要标明学校名称和日期，并加盖公章。

注意事项

1. 招生广告对学员关注的具体问题诸如专业、学费标准、毕业后的就业保障等,要具体详细列出。

2. 招生广告内容要实事求是,不得夸大其词。

3. 招生学校必须是经国家有关机关批准的合法学校或艺术团体。

【例文】

湖南曙光科教集团招生广告

一、学校介绍

湖南曙光科教集团隶属于我国知名国有大型企业——曙光电子集团。学校开设成人高等教育、高技能教育及职业培训教育,拥有产、学、研一体化的科技创新创业实践基地及相关的科技产业公司,是湖南省内规模较大和颇具影响力的集全日制学历教育、职业技术教育和科技开发产业于一体的科教集团。学校职业教育近30年来为曙光电子集团、LG曙光电子集团、信息产业集团等多家知名大型企业及社会培养近6万人次各类专业对口人才,为职业教育作出了重大贡献,多次受到国家、省市相关部门的表彰,获得社会各界的认同和赞誉。

二、招生专业介绍

(一)新媒体平面设计师

培养目标:本专业适应信息时代的需求,为网络公司、设计公司、新闻单位及影像制作等单位,培养从事设计、网页制作、影视后期编辑和音频视频编辑等平面媒体设计与制作的应用型人才。

专业特色:本专业是21世纪的朝阳产业,也是信息产业中的支柱专业。它是集科技化、人才化和知识化为一体的高新技术专业。

主干课程:设计素描、设计色彩、设计思维、图案设计、装饰画技法、字体设计、网页设计基础、网页图片处理、网络编辑、动漫概论、人机界面设计、数字平面设计和DTP等,熟练使用Photoshop,Illustrator,Indesign,CorelDRAW。

就业前景:中国的媒体行业目前处于早期发展阶段,蕴含着无限生机,短期内已成为我国发展最为快速的行业之一。随着各种新型媒体的出现,国内的媒体行业无论是产业规模、经营总量、项目数量,还是从业人员数量都将有很大的发展。

(二)电子信息技术应用工程师

(略)

(三)酒店管理师

(略)

三、培养流程

(略)

四、培养特色

(一)技能+学历

双型教学、学校与企业联合培养。结合企业实际用人需求开展职业技能教育,传授学生"所学及所用"的实用技能,且将大学专科课程融入培训学习,使学生在学习高端技能的同时提高综合素质,修完全部课程且成绩合格的学生还可以获得国家承认学历的专科毕业证书,提高学生的就业竞争力。

(二)授课与实习穿插进行

完成每一阶段课程后,安排学生进行实习,接触实际工作。其目的在于提高学生的就业意识,使学生了解作为一个合格的职业技术人才应具备的条件和素质,有利于学生在学习中强化自己的职业能力。

(三)分专业学习

公共基础课为所有学生必修课程,根据学生公共基础课的成绩以及个人的兴趣爱好,我校专业老师将指导学生选择适合自己的专业进行专业课程的学习。

(四)就业保障

学生入学时签订《就业推荐意向协议》,所有顺利完成全部学业,取得相关学历证书和职业技能证书的学生都可以获得学校的就业推荐服务,保证100%就业,优秀的毕业生可优先推荐到知名企业工作。同时,学校将依据每位学生的专业方向、能力及性格特征,给予专业的职业引导及建议,让学生自身发展得到有效保障。

五、报名条件

报名条件:初中及初中以上文化水平。

六、收费标准及学员待遇

1. 收费标准:学费、教材费、实习费共计××××元。

2. 学生由学校统一安排住宿,实施全日制的学生管理模式。

3. 学生入学时同时报考全国成人高考并参加大专学历教育学习,考试通过后可获得电子注册、国家认可的成人教育专科文凭,学制2.5年。

4. 学生入校后即可申请享受1 500元/年的国家助学金,我校实行奖学金、助学金制度,对特困学生制定了相应的学费减免制度。

七、报名须知

1. 报名起止日期:20××年×月×日起,至20××年×月×日止。

2. 报名应提交的资料。

(1)身份证复印件1份。

(2)无身份证者交户口本复印件1份。

(3)毕业证书复印件。

(4)一英寸免冠照片4张。

来校报名时以上证件需携带原件。

3. 报名方式。

(1)来校报名。

学校地址:长沙市芙蓉区人民中路(曙光集团内)。

乘车路线:乘坐9、101、107、122、130、131、142、301、406、702、805、912、138路公交车在曙光路口下车即到。

(2)在读学校报名:我校在省内各州市委托部分中学开设了报名点,学生可直接到在读学校报名。

八、联系方式

1. 联系电话:×××××××。

2. 联系人:×××。

3. QQ号:×××××××。

4. 学校网址:×××××××。

湖南曙光科教集团(盖章)

20××年×月×日

十四　楼宇招租广告

概念

楼宇招租广告是指为出租写字楼、店铺等楼宇设施,向社会公开发布招租信息的一种实用文体。它一般采用张贴、登报及杂志等形式,或通过广播、电视等媒体进行宣传。

格式写法

楼宇招租广告一般分为标题、正文和落款三部分。

1. 标题。标题一般有两种写法:①只标明文种名称,如《楼宇招租广告》;②标明楼宇名称与文种,如《××写字楼招租广告》。

2. 正文。正文要写明楼宇的名称、地址、面积、基础设施情况、价格、联系人和联系方式等。这部分要根据实际情况,逐款逐条写清楚。

3. 落款。此部分要写明出租楼宇的单位和写作日期。

注意事项

楼宇招租广告和招商启事容易混淆，它们的不同之处在于：楼宇招租广告目的明确，只限于场所、器物的出租，不搞合资、招资、开发等项目，写作者应把握好两者的异同，准确表达自己的意图。

【例文】

楼宇招租广告

今有一处商业楼，位于深南大道与南新路交汇处，地段繁华，交通便利；楼内水、电、消防、电梯等设施齐全，楼外周边为多家超市及购物中心，适合餐饮等服务行业；楼房共三层，总面积为 1 000 平方米，均价 50 元/平方米，整楼出租优惠。欢迎洽谈。

联系人：王先生

电话：138××××××××

十五　开业启事

概念

开业启事是新企业或服务、娱乐等行业新项目或新网点建成后，在开始营业前，向社会各界告知开张的消息所使用的一种应用文体。

格式写法

开业启事一般由标题和正文两部分组成。

1. 标题。开业启事的标题形式比较多，有的直接写《开业启事》；有的则由开业单位、事由和文种组成，如《××市××区××建材批发市场开业启事》。

2. 正文。正文一般包括三项内容：一是开业企业名称、批准单位、开业时间、业务经营范围和规模等；二是对客户、顾客的希望要求；三是有关联系事宜，包括开业企业的地址、电话、银行账号、企业负责人和业务联系人等。

有的开业启事有落款部分，写明发出启事的单位名称及时间；有的开业启事还附有祝贺单位的名单，以显示热烈、隆重。

发布开业启事的目的是吸引客户，招徕生意，所以正文的写作要突出自己的实力和业务、经营特点及有利条件等。

注意事项

1. 开业启事如用于张贴,要写在大红纸上,标题要突出醒目,文字优美大方。
2. 开业启事各项内容要具体明白,同时要文笔精练,篇幅不宜过长。
3. 开业启事习惯采用带有喜庆色彩的语言,如“开业志禧”“开业大吉”等。

【例文】

××资产评估公司开业启事

××资产评估公司是经××省财政厅、××省国有资产管理局审查批准,××省工商行政管理局注册登记的具有法人资格的专业机构。

公司汇集资产评估、财务会计、审计、建筑安装工程、机械工程、计算机软硬件、专业数学等方面的专家、学者以及工程技术人才,竭诚为省内外社会各界提供资产评估、验证资本、企业清算、财务公证和培训会计人员等项服务。

本公司执行中华人民共和国各项法规,遵循国际会计惯例,独立公正,信守合同,实事求是,严格保密,为各单位提供优质和快速的服务。

公司将于20××年6月8日正式开业,欢迎各界人士前来洽谈业务。

公司地址:××市××路×号

邮编:(略)

电话:(略)

公司总经理:王××

××资产评估公司
20××年×月×日

十六　招商启事

概念

招商启事是介绍本地区或企业集团基础设施状况,以优惠政策吸引资金或开发商的一种应用文体。

格式写法

招商启事通常由标题、正文、落款三部分组成。

1. 标题。招商启事的标题有多种,常用的有三种。

(1)由文种名单独组成,如《招商启事》《招商纳贤》。

(2)由文种和招商地区或单位名称共同构成,如《×××集团招商启事》。

(3)其他。有的招商启事直接用“寻求合作”、“诚寻合作”或“急寻合作伙伴”等作为标题。

2. 正文。招商启事的正文由三方面内容组成。

(1)招商地区或单位的基本情况。该部分要重点介绍招商方的地理位置、经营面积和基本设施等情况。

(2)招商的对象和范围。该部分要将招商的具体要求,如地理位置、技术、资金等写清楚,对未来合作的内容也要一并写出。

(3)具体的招商方式,以及可给予的优惠条件等。

3. 落款。落款要具体列出招商单位的名称、详细地址和邮政编码、电话、传真、邮箱及联系人等。

注意事项

1. 招商启事的内容要符合有关法律法规,不可信口开河、违背相关规定。

2. 招商时的优惠条件和具体措施要认真研究,一经公布,必须兑现,否则会失去信誉,得不偿失。

3. 语言要诚恳,实事求是,不夸大其词。

【例文】

北京××商城招商

由国家技术监督局中国技术监督情报协会与北京×××工贸公司联办的北京××商城,位于北京繁华的商业黄金地段——西四东大街××号。

北京××商城是经国家工商行政管理部门批准以“××商城”注册命名并在整个经营管理过程中贯穿“保真进货、保真销售、保真服务”三位一体的新型商业企业。首批招商将遴选30余家生产金银珠宝、化妆品、真皮制品、羊绒制品、羊毛制品、真丝制品以及烟酒食品、家用电器的企业,欢迎联系。

地址之一:北京市××街××号　邮编:(略)

联系电话:(略)

联系人:×××　×××

地址之二:北京××区××路×号　邮编:(略)

联系电话:(略)

联系人:×××　×××

(引自《华军软件园》,http://txt.newhua.com/txt/10202.htm)

十七　迁址启事

概念

迁址启事是机关、企事业单位、社团组织等在搬迁新址时，向社会及有关方面告知的一种启事。这种启事除在报刊上刊登，在电视、电台播放，还可以张贴在原址大门或醒目的地方，以便于有关人员办理事项和保持业务联系。

格式写法

迁址启事由标题、正文和结尾三部分组成。

1. 标题。迁址启事的标题常见的有两种形式：一种是直接写上《迁址启事》；另一种是由迁址单位的名称、事由、文种构成，如《××公司迁址启事》。

2. 正文。正文即告知的内容，要写明迁址的时间、迁移的新址（××街，××号）、电话号码等；还可以标明乘车路线或附上简单的路线图。

3. 结尾。结尾部分写上迁址单位名称和日期，必要时还要加盖公章。

注意事项

1. 迁址启事要突出新址的地理位置。

2. 迁址启事内容中也可有公司产品介绍，但要简明扼要，不可喧宾夺主。

3. 规模小的单位，迁址启事多张贴在原址门口；规模大、联系较广的单位，需要在媒体上发布，以便让更多人知道；网站迁址，则要在以前的网址处留言，并设置自动接入新网址的功能。

【例文】

中国交通进出口总公司迁址启事

我公司自 2012 年 8 月 8 日起迁往新址办公，现将新址敬告如下：

地址：中国北京市朝阳区德胜门外华严北里 2 号院，中国交通进出口总公司

邮编：100029

办公室电话：(010)8820××××

人事部电话：(010)8820××××

传真：(010)8820××××

交通：可乘××路、××路汽车，××站下车。

中国交通进出口总公司办公室

2012 年 6 月 5 日

十八 招聘启事

概念

招聘启事是近年来随着我国用人制度改革应运而生的一种新文种。招聘启事主要用于招聘专业人才,如科技人员、管理人员等,它是企事业单位、各类专业公司和社会团体公开向社会招聘有关人员所使用的一种文体。招聘启事可以在报刊登载,也可以在电视台、广播电台播放。

格式写法

招聘启事由标题、正文和结尾三部分组成。

1. 标题。标题的形式有多种,常用的主要有四种:①直接写《招聘启事》《用人启事》《招贤启事》等;②招聘人员类别和文种组成,如《招聘公关人员启事》《招聘××饭店经理启事》;③招聘单位名称、招聘人员类别和文种构成,如《××饭店招聘公关部经理启事》;④只写启事的事由,如《招聘》。

2. 正文。正文主要包括用人的单位、部门、业务、目的、招聘对象、招聘条件、待遇、联系办法和联系时间等内容。

3. 结尾。尾部包括署名和日期,以及联系人、电话、邮编等内容,于正文右下方依次写明。

写作招聘启事要有实事求是的态度,特别是介绍本单位情况和应聘待遇等事项,不要言过其实。

注意事项

1. 招聘启事各项内容可标项分条列出,使之清晰、醒目,也可用不同的字体列出,以求区别。

2. 招聘启事要遵循实事求是的原则,招聘的各项内容均要如实列出,既不夸大也不缩小。

3. 语言要简练得体,既要庄重严肃,又要礼貌热情。

【例文】

××投资公司招聘启事

××投资公司是一家注册资金为30亿元人民币的大规模、多元化发展的集团公司。公司致力于上市公司股权投资、影视传媒业投资、房地产业投资等主要业务,现控股和参股国内外多家公司。公司现有员工3 000多人,因业务需要,现招聘总裁助理一名。

一、岗位职责

1. 协助总裁日常工作,负责跟进各项经营发展计划的落实,实现企业经营管理目标。

2. 负责为公司各部门建立健全良好的沟通渠道,协助建设高效的组织团队。

3. 分管直接所属部门的工作。

二、招聘条件

1. 形象气质佳,谈吐举止端庄。

2. 具备较强的沟通能力,英语口语流利。

3. 拥有丰富的社团活动经验或社会工作经验,有较强的组织协调能力。

4. 专业不限。

三、待遇

月薪××元人民币,公司按照国家政策要求为员工缴纳各项社会保险。

四、应聘办法

有意应聘者请于20××年4月22日之前与我公司人力资源部联系。

地址:北京市××区××街××号

联系人:王××　李××

电话:(010)5249××××

Email:××××××××

五、招聘程序

本公司将于20××年5月4日通知符合条件的应聘人员参加初试、复试,具体时间、地点另行通知。

××投资公司

20××年4月18日

十九　征集启事

概念

征集启事是企事业单位、机关、团体等就某一重大活动、会议、项目等公开向社会征集资料或征选图案、商标、广告、会标、会歌或会徽设计时所使用的应用文体。

格式写法

征集启事由标题、正文和结尾三部分组成。

1. 标题。征集启事的标题常见的形式是征集单位名称+事由+文种,如《××集团公司产品广告征集启事》。

2. 正文。正文包括以下三项内容：

(1)征集的缘由,包括概括介绍重大活动的名称、时间、意义。

(2)征集的项目、要求。根据项目的特点,提出具体要求。如果征集的是资料,要交代清楚哪类、哪个年代、什么范围的资料。

(3)征集的方法和有关事项,包括对评奖、选用、付酬和是否退还未入选作品等具体问题的说明。

3. 结尾。结尾写上发布单位名称及时间。

注意事项

1. 征集启事要具体明确地写出所要征集的有关事项,语言要精练,用语要恳切。

2. 要将征集部门的具体地址和联系方式写清楚。

【例文】

山东能源集团“企业之歌”征集启事

山东能源集团有限公司(以下简称“山东能源集团”)于2011年3月21日在济南挂牌成立,公司是经山东省委、省政府批准,由新汶矿业集团有限责任公司、枣庄矿业(集团)有限责任公司、淄博矿业集团有限责任公司、肥城矿业集团有限责任公司、临沂矿业集团有限责任公司、龙口矿业集团有限公司6家企业重组而成,为山东省属国有独资公司,总部设在山东省济南市。公司注册资本为人民币100亿元,现有员工23万人,资产总额为1 600亿元,位列2011年中国企业500强第75位。

集团百年以上的老矿区有两个:枣矿集团始建于1878年,是中国历史上第一家以煤炭为主导产业,集铁路、航运、机械、建材于一身的民族股份制企业;淄矿集团的前身是1904年由德国人创办的德华矿务公司,以当时的淄川煤矿投产为标志,开始了淄博矿区煤炭工业化开采的历史。其余4家权属企业都建成于20世纪五六十年代,伴随着共和国的建设走过了半个世纪的发展之路。

“十二五”期间,山东能源集团将围绕建设国际化、现代化大型能源集团的目标,坚持能源定位,以煤为基,适度多元,规模增长与价值增长并重,产业运营与资本运营并举,传统能源与新型能源并行,构建起传统产业新型化、新型产业规模化的发展格局,打造卓越能源企业。

“企业之歌”是企业文化体系中的重要组成部分,是企业的精神旗帜和形象标志。为进一步加强企业文化建设,弘扬山东能源集团的企业精神,激励全体员工与时俱进、开拓创新，推进企业跨越式发展，现特向社会各界征集“企业之歌”。现将有关事项通知如下：

一、征集范围

欢迎社会各界具备音乐专业的个人或机构踊跃投稿。

二、征集时间

2011 年 11 月 28 日至 2011 年 12 月 13 日。

三、作品要求

1. 作品必须突出山东能源集团的特色，体现山东能源集团奋发向上、自强不息的企业精神。

2. 作品必须寓意深刻，通俗易懂，具有较强的感染力与号召力（投稿时可对歌词作简要说明，如引用典籍需注明出处）。

3. 作品必须简洁大气，富有时代气息，易记易学，适合传唱，尤其适合齐唱、重唱与合唱。

4. 作品的演唱时间原则上不超过 3 分钟，歌词宜在 200 字以内。

5. 作品必须为原创，为未公开发表的作品，严禁剽取或改编他人作品。如涉及抄袭、侵权行为，一切责任均由作者本人承担。

四、投稿方式

1. 投稿同时以电子文档（word 格式）和纸质文档（A4 纸，三号宋体）形式提交；有条件的作者可同时提供作品音乐小样（电子音频或 CD）。

2. 投稿须注明真实姓名、身份证号、单位、详细地址、手机、邮箱、个人简介（包括获奖情况）和作品创作理念的描述，并请注明“企业之歌征集”字样。

3. 集团公司各二级党委负总责，宣传部门作为牵头部门负责本单位作品的征收。同时，汇总整理后将所有作品列出目录，以电子文档和纸质文档统一报送集团公司党委宣传部。

邮箱：××××@126.com。

联系电话：0533-585××××。

联系人：×××。

五、奖励办法

山东能源集团将组织相关专业文化机构与专家评选出优秀作品，作品分为一、二、三等及优秀奖：一等奖一名，奖金××××元；二等奖两名，奖金××××元；三等奖三名，奖金××××元；优秀奖五名，奖金××××元。

六、版权说明

1. 应征作品不得含有任何违背国家法律、法规及宗教信仰的内容；应征者对其提交的应征作品及其他所有相关文字的真实性负责。

2. 被评审确定的获奖作品,除作品署名权归创作者所有外,其他知识产权归山东能源集团所有,未经允许,任何组织和个人不得擅自使用。

3. 山东能源集团有权决定获奖作品的使用场合、使用方式和使用时间,届时,除获奖奖励外,不再支付给创作者任何费用。参与投稿即视为同意此项约定。

4. 在指定的时间内向山东能源集团递交应征作品及其相关文字资料的行为均视为其接受本征集通知的所有条款。

5. 投稿一律不退,请作者自留底稿。

6. 本次"企业之歌"征集工作最终解释权归属于山东能源集团。

山东能源集团

2011 年 11 月 28 日

二十 订货会启事

概念

订货会启事是为召开订货会而向人们告知、声明有关事项的一种启事。

格式写法

订货会启事由标题、正文和结尾三部分组成。

1. 标题。标题的常见形式有两种:一是由召开订货会的单位名称、事由、文种构成,也可省略单位名称;另一种是使用双标题的形式。

2. 正文。正文即告知的内容,要写明订货会召开的时间、地点,订货会的主要内容,以及订货会上所展示的产品的简要介绍等。

3. 结尾。结尾部分写明召开订货会的单位名称和日期。

注意事项

1. 条理要清晰。在介绍订货会召开的时间、地点、订货会的主要内容以及订货会上所展示的产品等内容时,要分条列项,逐一详释。

2. 介绍要全面。订货会启事一般还应有公司介绍,以便客商了解主办单位的情况,达到广泛吸引客商的目的。

【例文】

小虎憨尼童装 2012 年秋冬新品订货会

小虎憨尼服饰有限公司定于 2012 年 4 月 20 日在广州市荔湾区桥中中路金半

岛酒店举行小虎憨尼童装2012年秋冬新品订货会。

本次订货会将展示“时尚蜕变、雅皮校园、假日私语”三个主题系列的童装，产品包括T恤、夹克、裤装、裙衫、牛仔装和运动服等。各款童装在突出体现童年乐趣的同时兼顾时尚潮流。订货会期间，公司将为各位合作伙伴深度解读2012年小虎憨尼品牌战略发展规划，欢迎各位新老客户光临。

东莞市小虎憨尼服饰有限公司于1995年9月创办于中国时尚之都——广东东莞虎门镇，是一家专注于童装研发、生产的大型民营企业。公司旗下著名品牌——“小虎憨尼”，以“环保、健康、时尚、个性”为基本风格，目标消费群体定位于3~15岁儿童，市场营销重点目标为国内一线城市。

订货会时间：2012年4月20日至4月22日

订货会地址：广州市荔湾区桥中中路金半岛酒店

联系人：马先生

电话：(020)2337××××

乘车路线：从白云机场、高铁广州南站、火车站均可乘坐地铁5号线到坦尾站，G出口

小虎憨尼服饰有限公司

2012年3月28日

【思考与练习】

1. 请比较商务消息与商务通讯的异同。
2. 请结合产品说明书的内容，为你喜欢的一款电子产品写一则广告。

第五章

市场营销文书

一　市场调查问卷

概念

市场调查问卷是针对市场特定人群所设计的问卷调查表。使用市场调查问卷方便、经济、调查面广，是市场调查最常用的手段。

格式写法

问卷设计是一项十分细致的工作。一份问卷通常由标题、前言、主体和结束语四部分组成。

1. 标题。标题一般由调查单位、调查内容、“调查问卷”组成，也可省略单位名称。

2. 前言。前言主要是对调查目的、意义及填表要求等的说明，包括问卷标题、调查说明、填表要求及致被调查者的谢词。文字要简明易懂，能激发被调查者的兴趣。

3. 主体。主体由一个个问题及相应的选择项目组成。通过主体部分问题的设计和被调查者的答复，市场调查者可以充分了解被调查者的基本情况及其对特定事物的态度、意见、倾向等。调查问卷问题的设置有表格式和问答式两种，前者简单明了，多用于内容单一的调查；后者形式多样，适宜于较复杂的调查。

4. 结束语。结束语要表示对被调查者合作的感谢，要有调查人员的姓名、调查时间、调查地点等，也可以省略此项内容。

注意事项

问卷中的问题设计合理、排列科学可以提高问卷回收率和信息的质量。在设计过程中必须注意以下几个要点：

1. 明确调查目的。这是问卷设计的前提和基础,在进行问卷设计时必须对调查目的有一个清楚的认识,并且在调查计划书中予以细化,以作为问卷设计的指导。

2. 语言措辞得当。问卷题目设计要讲究针对性,必须在充分考虑受调人群的文化水平、年龄层次和协调合作可能性的基础上,确定题目的难度和语言表达的风格,以保证调查的顺利进行。

3. 易于分析操作。问卷在设计时要充分考虑后续的数据统计和分析工作,题目的设计必须容易录入,方便进行具体的数据分析,以使各个调查环节更好衔接。

4. 勿忘隐私保护。如果问卷中涉及个人资料,应该有隐私保护说明。只有尊重受调人群,才有可能调动他们配合的积极性。

由于调查的目的和调查内容不同,针对的群体也不尽相同,加上受到受调人群配合程度的影响,市场调查问卷在操作上往往会比较困难。因此,在问卷的设计上应该尽量规范,力争以准确的数据和分析为相关决策提供有价值的参考。

【例文】

2011年中国汽车消费市场调查问卷

1. 当您选择购买汽车时,在相同价格和配置的情况下,您会选择?

A. 国外品牌　　B. 合资品牌　　C. 自主品牌

2. 若您将要买车,与2010年相比,您计划购买汽车的车型是否发生变化?

A. 没有变化,按照原计划购买

B. 由于降价的影响,考虑购买更高级别的车型

C. 由于需求的变化,考虑购买更高级别的车型

D. 由于需求的变化,考虑购买更低级别的车型

3. 影响您购买汽车车型发生变化的原因是什么?

A. 一线城市限购以及使用成本提升的影响

B. 汽车实际用途发生变化,由日常代步向周末出行转变

C. 家庭实际收入增长,需要购买更好品牌的汽车

D. 适应节能环保的趋势,购买小排量或节能和新能源汽车

4. 您对自主品牌和合资品牌汽车的看法是否发生了变化?

A. 自主品牌汽车质量明显提升,在性价比方面突出,是购车的首选

B. 注重合资及外资品牌的品牌力和质量保证,是购车的首选

C. 自主品牌和合资品牌没有太大差别,主要看性价比

D. 非常注重品牌的影响力,品牌形象越好,质量越好

5. 从家庭购车的角度出发,您会选择哪种车型作为家用车型?

A. 经济型轿车(例如飞度类)及微型车(例如 QQ 类)的经济和实用性都是家用车型的首选

B. 紧凑级车型(例如速腾类)一直是家庭用车的首选

C. 中高级车型(例如雅阁类)是家庭用车的首选,尤其是中高级车型的不断降价,使原购买计划变成购买中高级车型

D. 不太考虑排量和价格的因素,只要喜欢就可以

6. 就您对自主品牌的了解,您觉得自主品牌应如何提升形象?

A. 背靠合资公司,提升品牌形象

B. 拥有成熟的技术平台

C. 自主品牌产品的质量有保证

D. 优质的服务管理体系

7. 如果选择一款自主品牌的 B 级车,您会选择?

A. 低端型 B 级　　B. 中端型 B 级车　　C. 高端型 B 级车

8. 您觉得自主品牌 B 级车更适合在哪类市场?

A. 对品牌、质量、服务要求较高的一级城市

B. 追求性价比、经济性较高的二三级城市

C. 不知道、不清楚、说不好

9. 您认为自主品牌 B 级车是否会成为未来的主流市场?

A. 会,随着自主品牌技术的成熟,制造工艺的稳固

B. 不会,自主品牌造型内饰粗糙,制造工艺差

C. 不知道、不清楚、说不好

10. 您最常使用何种方式来了解汽车相关信息?

A. 电视新闻媒体　　B. 平面杂志广告

C. 网络信息搜索　　D. 手机移动网络

11. 请问您目前所拥有的经常使用的汽车是?

A. 国外品牌　　B. 合资品牌

C. 自主品牌　　D. 目前没有汽车

12. 请问您对该品牌汽车的售后服务总体印象是?

A. 不满意　　B. 满意

C. 非常满意　　D. 目前没有汽车

13. 请问您对该品牌汽车的售后服务最不满意的环节是?

A. 预约接待环节　　B. 费用结算环节

14. 请问您对售后服务的收费价格是否认可?
A. 认可,维修养护服务质量到位,价格合理
B. 可以接受,维修养护服务质量一般,价格可以接受
C. 不认可,维修养护服务质量差,价格太高
D. 目前没有汽车
15. 请问您对经销商网上预约维修养护服务是否了解?
A. 了解,并且使用过　　B. 了解,但没有使用过
C. 不了解,没有此服务　　D. 目前没有汽车
16. 请问您对经销商网上解答车辆故障服务是否了解?
A. 了解,并且使用过　　B. 了解,但没有使用过
C. 不了解,没有此服务　　D. 目前没有汽车
17. 请问您对经销商网络服务应用在售后服务方面怎么看?(单选)
A. 前景很好,能在网络上解决问题,省去了去4S店的时间,既方便又节省成本
B. 感觉一般,网上只能解决一些简单方便的问题,现在很多问题还是要到4S店检查才能解决
C. 没必要,虽花费人力、精力、物力,但还是直接去4S店解决问题来得方便
D. 目前没有汽车

(引自搜狐调查)

二　市场调查与预测报告

概念

市场调查是以市场为对象的调查研究活动,即运用科学的方法,有计划、有目的地搜集、整理、分析和研究有关市场营销的情报,为决策提供依据。市场预测是经济预测的一种,它以一定的经济理论为指导,根据及时准确的统计资料和市场调查资料,运用一定的科学预测方法,对市场未来发展趋势作出预测。市场调查与预测报告是反映市场调查与预测过程和结果的报告。

格式写法

市场调查与预测报告所涉及的内容很多,范围很广。由于业务性质不同、经营范围与规模不同、经营过程中要解决的问题不同等,调查预测的内容各有侧重,其写作方法也多种多样。一篇完整的市场调查与预测报告通常由标题、正文(前言、主体、结尾)和署名组成。市场调查与预测报告一般是按照作者对市场营销问题的

调查、认识过程来安排结构的。其突出表现是,主体部分一般由情况写到预测,再从预测写到建议。至于前言和结尾的有无,则视具体情况而定。

1. 标题。市场调查与预测报告的标题应简明扼要、生动醒目。常见的有单标题和双标题两种形式。单标题一般由预测时限、预测范围、预测对象组成;双标题虚实相间,表意完整。

2. 正文。正文包括前言、主体和结尾三部分。

(1)前言。前言一般有两种写法:一是交代调查目的、时间、地点、对象、范围并说明调查方法和结果,通过"过渡句"导入主体;二是开门见山,直接介绍全文的主要内容和主要观点。

(2)主体。主体是全文的核心部分,一般由情况、预测和建议三部分组成。情况要真实、详尽,重点突出,为分析预测打下坚实的基础;预测部分主要运用议论的方式,用较多结论性的语言,尽量少写或不写分析过程;建议要切合实际,讲究针对性。三部分之间存在着十分紧密的逻辑关系,写作时要注意整体的有机统一。当然,也可根据具体情况适当调整其先后顺序。

(3)结尾。结尾或总结全文,重申主要观点;或展望未来,引起关注;或在预测部分自然收束,不另作结。

3. 署名。市场调查与预测报告,应署作者姓名或集体、单位名称,以示负责。

注意事项

1. 强调真实。真实性是市场调查与预测报告的基本要求。只有真实典型的材料才能反映市场营销的规律,只有经过核实的、准确的数字才能作为推论的依据,因此,必须在认真深入调查的基础上,通过大量可靠数据和其他资料,真实客观地反映市场情况。在市场信息错综复杂、不断变化的情况下,还要对大量的新信息进行对比分析,反复核实,力争确凿无误。另外,对事实的分析和结论的推断,都应坚持客观性原则,反对虚假片面、主观臆断。

2. 注重时效。市场行情瞬息万变,决定了市场调查与预测报告具有很强的时效性。只有迅速及时地搜集国内外最新的有价值的经济技术情报和市场信息,及时研究分析,才能为经济管理部门的决策和企业调整生产经营战略、避免盲目生产提供依据;否则,再有价值的信息,如果时过境迁,也会变得一文不值。

3. 讲究科学。市场调查与预测报告通过对未来市场前景的推测,直接引导、影响人们的消费。科学的预测能带来巨大的经济效益;反之,极有可能造成难以估量的损失。科学性要体现在调查与预测的全过程中,从选材、分析到结论,都要实事求是,利用科学的理论和辩证的方法进行论证与推测。

【例文】

网络生鲜市场分析与前景预测

——以福州为例

林贤福

为深入了解分析福州网上生鲜市场的前景,“福州蓝天量贩超市有限公司网上生鲜超市项目”课题组特别设计了“福州网络生鲜超市研究”的调查问卷,并在2010年5月到6月期间完成了问卷的收集和整理。本文是在对问卷调查结果进行统计分析的基础上形成的,受限于本次调查的规模,文中的相关结论仅为调查人员基于福州市民对网上生鲜超市了解度所作出的判断。

1. 调查基本情况分析

1.1　调查问卷回收情况

本次问卷调查基本覆盖了福州市区内大型连锁超市,如沃尔玛、家乐福,以及福州本土超市连锁集团,如永辉集团、蓝天超市、家百福超市等。问卷结果在一定程度上反映了在日常生鲜购买中,女性购买主体的数量以及对生鲜超市的关注程度要高于男性。

1.2　被调查者的基本情况

据统计,本次问卷调查中年龄段分为20岁以下、20~30岁、30~40岁、40岁以上。统计结果表明,对于网络生鲜超市重点关注群体为20~30岁的年轻人群,这一群体的共同特征是知识层次水平较高,接受新生事物的能力较强。

被调查群体的职业类型相当广泛,覆盖了福州市乃至五区八县内的诸多行业,如零售业、交通运输业,包括学生、教师、店员、经理、公务员、事业单位人员、自由职业者、家庭主妇和网店经营者等。

通过对问卷被调查者的个人基本资料的数据分析,我们可以发现福州网络生鲜超市消费者群体具有以下几大特点:(略)。

2. 被调查者对网络生鲜超市了解度的分析

网络生鲜超市问卷调查除了设置消费者个人基本资料6个题目以外,还根据市场分析和预测需要设置了关于网络生鲜超市了解度分析的15个题目,涉及网络购物习惯、购买商品种类、购买意愿、购买态度以及对于网络购买生鲜制品的意见和建议等。

问卷中第八题是关于福州消费者对于网上购物习惯的调查,有98人选择经常网络购物,占36.6%;很少、几乎没有网络购物的回答者143人,占53%……。本选题的数据说明,福州市场消费者对于网络购物认同的比例仍低于其他沿海城市,如上海、广州等一线发达城市。所以,如何培养消费者的网络购物习惯、加强网络购

物宣传，将是福州网络市场开拓者的首要任务。

在第九题关于是否经常购买生鲜食品的回答中，回答经常购买的有54人，占20.1%；偶然性购买的有130人，占48.6%；……。此项数据说明，有过消费、有过市场购买生鲜制品行为的群体高达68.7%，但48.6%的群体只是偶尔性地购买生鲜制品，这应当与目前工薪阶层的工作节奏和时间紧张有着密切关系。

在第十题关于购买生鲜商品的主要场所的回答中，有51人选择小超市，占19.02%；选择水产品市场的73人，占27.23%；选择小摊贩的有28人，占10.44%；选择大型超市的有131人，占48.99%。可以说，大部分消费者在购买生鲜商品时都首先选择信誉好、规模大的大型百货超市，其比例接近被调查人数的一半；其次选择水产品市场。相对于大型超市而言，水产品市场具备生鲜制品尤其是海鲜类商品数量大、新鲜度较高、生鲜厂家较多的特点。由此我们可以推断，开拓福州网络生鲜制品必须走品牌之路、集约化之路，增强企业连锁效应，逐步做强做大生鲜销售的品牌，建设大品牌的网络生鲜销售集团，将会得到消费者群体的更多的心理认同，形成从众效应。

在第十一题关于浏览生鲜网站网页的频率的回答中，……回答很少看到有关生鲜超市网站网页的有80人，占29.8%；没有注意过的消费者有112人，占41.8%。数据表明，网民对于生鲜网站关注还相当少，很少看到有关网页和从来没注意过的两个群体相加高达71.6%。可以说，福州网上生鲜超市还处于艰难的起步阶段。

在关于是否通过网络订购过生鲜制品的回答中，……187人表示从来没有通过网络订购生鲜制品，比例高达69.7%。其中，约有56人表示通过网络购买过其他商品，但没有购买过生鲜制品……这一数据说明，在福州消费者群体中，网络购买生鲜制品仍是少数人的行为，约70%的消费者没有网购过生鲜制品，福州网络生鲜超市的市场“蛋糕”巨大，就看如何争取最大的份额。

在关于消费者对于福州本土有哪些超市可以网络订购生鲜商品的回答中，……不知道、没买过的有174人，占64.9%；另外有57人表示不了解，没有关注过；还有15人表示关注过福州超市网络订购其他类商品，但没有关注过网络订购生鲜制品。本项数据表明，福州网络生鲜超市在市民消费者中的影响力和知名度还微乎其微，绝大部分消费者仍是选择传统渠道购买生鲜商品。

在对超市已经提供网络生鲜订购服务时消费者购买意愿的调查中，……有32人表示没时间上网，不乐意参加网络订购生鲜，占11.9%；另外有74人表示，无所谓网上购买或者实体门店购买，占27.6%；还有96人表示没想过这个问题，占35.8%。此项数据表明，网络生鲜订购服务仍然没有得到广大消费者的真正认可。

在对市民购买生鲜商品时所关注的首要因素的调查中,有 16 人选择便捷性,占 0.05%;有 28 人选择省钱,占 10.44%;有 46 人选择生鲜质量,占 17.16%;另外有 26 人选择新鲜度,占 0.09%。本项数据表明,在购买生鲜商品时,消费者关注的首要因素排名依次为:生鲜质量、省钱、新鲜度、便捷。

另外,在调查消费者对网络购买生鲜制品有哪些好处的问题中,有 67 人认为可以节省时间,占 25%;有 26 人选择网络订购可以避免与小摊小贩的讨价还价,占 0.09%;有 81 人认为网络订购可以送货上门,改变过去必须去门店购买的距离限制,占 30.22%;有 50 人选择网络订购最大的好处是服务快捷,占 18.6%;有 86 人认为以上选项所列举的网络订购的优势都存在,占 32%。本项数据表明,消费者个人对于网络订购生鲜所带来的便利有着较为清晰的判断,服务快捷,节省时间,送货上门,都是消费者最想满足的服务需要。

在对与传统购买方式比较,您觉得利用网络购买生鲜商品有什么不足之处的问题调查中,有 118 人认为利用网络订购生鲜很难保证生鲜制品的新鲜度,占 44.02%……有 122 人选择没有通过网络购买过生鲜制品,无法对比传统购买方式与网络订购的差异和不足。本项数据显示,网络生鲜的新鲜度在市民消费者心目中居于重要地位,而价格和品种的丰富性的影响则相对较小。

在对网络生鲜超市的推广是不是"民心工程"的调查中,有 43 人选择"是",而选择"一般的"有 107 人,其他人表示"不了解"和"没有关注过"。这说明,网络生鲜超市推广的重要意义在消费者心目中还相对比较弱,政府相关部门以及网络生鲜企业必须通力合作,加大宣传力度,培养消费者心理适应习惯,把网络生鲜超市的推广与政府的"民心工程"结合起来,为市民消费者提供更好的服务环境。

3. 福州网上生鲜超市前景分析

网上生鲜超市的未来发展,仍要依托福州本土市场中的福州本地居民。若以所调研数据推算,福州近 600 万人口按照人均日消耗生鲜制品保守估计 3~10 元计算,每天福州五区八县就有 1 800 万~6 000 万元的市场规模,而福州城区人口近两百万,那么城区生鲜消费每日就将有 600 万~2 000 万元的规模;两百万城区人口中,网络消费者,尤其是年轻群体的网络消费者数量保守估计应在百万人左右,那么仅就网络消费者的生鲜消费在福州城区每日就有 300 万~1 000 万元消费规模,每年城区人口网络消费者的生鲜消费就将达 36 亿元之多。可以说,生鲜消费的网络市场是非常庞大的,而现有的网上生鲜超市的营业额还远远不及这个数字的零头。按照这一保守数字推算,网络生鲜超市必须比现在的规模扩大上百倍,才能基本满足消费者的需要。网络生鲜超市的功能定位与传统的门店零售和目前网购其他商品有所不同,生鲜属于市民每天必备的基本材料,市场潜力巨大,而一旦形成

网购习惯,在网络购买的商品的质量和价格以及配货速度及时性得以保证的情况下,消费者具有网络购买的稳定性。

同时,根据问卷其他选项的调查,在被调查者中,拥有电脑上网设备的群体比例高达78.3%,而完全没有上网习惯的群体只占0.04%。这一数据显示,福州市场的消费者群体已经基本具备网络购物的硬件条件(电脑及有关上网设备),也就有了网络购买生鲜制品的技术可能性和可操作性,那么网络生鲜超市商家在挖掘生鲜超市市场潜力时就要培育消费者群体的购买习惯,消除网络购买生鲜制品在消费者心目中的疑虑,如生鲜制品的保鲜度、商品的运输速度、运输的安全性、支付的安全性、商品投诉渠道和投诉方式的创新等。通过完善网络购物的相关制度化机制,打造符合网络购买生鲜制品的网上购物流程,在保证消费者利益的基础上不断扩大市场份额,实现企业经营与消费者之间的"双赢"。

参考文献:(略)

(引自《中国商贸》,2011年第20期,有删改)

三 外贸商情调研报告

概念

外贸商情调研报告是指运用科学的分析方法,对世界经济、贸易的形势、现状、变化趋势以及世界各地区的市场行情、销售环境、流通渠道和竞争结构进行广泛、深入的调查研究之后所写的书面报告。

格式写法

外贸商情调研报告一般分为标题、前言、正文和结尾四部分。

1. 标题。标题是根据调研的内容拟定的,有三种形式。

(1)概括调查研究的内容。在标题中一般写出被调查研究的国别、地区、市场、内容和范围,如"科威特鞋类产品的消费情况""北欧纺织品市场调研"。

(2)揭示观点或提出问题。这类标题特点是把观点集中、醒目地用标题表现出来,如"东欧市场纺织品价格有回升的可能""外商对我抽纱质量的反映";提出问题的标题常常用发问式,使问题醒目,发人深省,如"中国货为什么在法国打不开销路?"

(3)双重标题。这种标题形式是用正、副标题把调查研究的主要内容和调研的主要观点及问题概括起来进行表述,如"明春汇价继续下跌,但不会失控"(正标题)、"造成美元疲软原因有四"(副标题)。

标题的写作应力求准确、精练、简洁、新颖、醒目。

2. 前言。外贸商情调研的开头,主要对调研的目的、时间、地点、对象、范围、主旨和调查方法等进行概括介绍。

内容简短单一的调研不写前言,而是开门见山地进行情况介绍、陈述调研内容。

3. 正文。正文是根据调研所得资料的性质及其内在联系,按照调研内容、要求、目的安排层次,包括以下两项内容:

(1)情况部分。这部分内容是对调查得来的情况、结果加以解释、说明。一般情况可以用简洁的语言加以介绍,重点内容要具体、详尽地说明,可以利用数字和图表。

(2)预测和建议部分。这部分内容主要通过对资料的分析、研究,预测市场今后的发展变化趋势。预测应具有科学性,因为预测是否正确关系到决策部门作出的决策、采取的措施是否恰当,因此,写作时必须严肃、慎重。

对调查的情况作出正确判断后,应提出采取的对策和措施,这是外贸商情调研报告的目的。提出的建议应当有科学的依据,要讲究经济效益、切实可行,表达要明确、具体和条理化。

4. 结尾。结尾部分是归纳总结、呼应全文,或重申文章观点,或提出问题加深阅读者对报告的关注。结尾部分可以对调研的情况作一归纳性说明,并对其发展远景进行设想。如果在正文中已详述了这些内容,或仅仅是简短单一的商情调研报告,则可以自然收尾,或省略结尾。

注意事项

1. 迅速及时。国际市场千变万化,反映商情信息必须注意时效性。及时提供最新的商情调研报告,可以为决策机关及时作出决策、采取措施提供依据;否则,起不到指导和预测的作用,商情调研报告就失去了意义。

2. 材料真实。商情调研报告运用大量搜集来的材料进行研究,从而阐明自己的观点。这些材料必须真实准确,不能虚构、想象、渲染和夸大。如实反映情况,正确分析判断,预测才能有基础,结论才能可靠、科学。

3. 叙议结合。商情调研报告介绍调查所得的数据和材料离不开叙述,而要阐明材料的分析过程和结论则要靠议论。缺少叙述,观点会显得空泛,缺乏依据;缺少议论,则流于现象,堆砌材料。因此,一方面,必须借助叙述,用事实说话,才可使结论令人信服,使结论更加鲜明突出;另一方面,材料要与观点一致,所举事例、数据一定要典型,要能充分说明问题,要防止犯主观性、片面性的错误。

【例文】

美国连锁商业考察报告

发展连锁经济是我国改革流通体制和实现流通现代化的一项重要举措。2011年8—9月,我们赴美进行了一个月的连锁商业培训和考察。美国作为发达国家,其连锁经营的发展现状、迅速发展的主要原因、未来趋势以及在美国经济中的重要作用等,对我国推动连锁经营的发展具有参考价值。

一、美国连锁经营发展的概况

(一)美国连锁商业的迅速发展及其原因

连锁经营方式首创于美国,到现在已有130多年的历史。从1859年在纽约出现世界上第一家连锁店到第二次世界大战前,连锁商业处于萌芽与成长阶段,这是传统连锁时代。其主要特征是统一商店、商标名称,但在管理制度上统一性较小。这一时期美国的连锁商业发展并不快,1918年全美连锁公司仅有645家,营业额10亿美元,占全社会销售额的比重不足4%。20世纪50年代以后,伴随着美国经济的繁荣发展,连锁商业也进入了调整发展阶段。到20世纪80年代,美国连锁商业从内容到形式日益完善,进入现代连锁商业时代。连锁作为一种非常成熟的经营方式被广泛应用于商业零售、餐饮、旅店等许多服务行业。据美国商务部统计,全美19个较大的行业都已连锁化。1995年,美国零售业销售额达23 000亿美元,占GDP的32%,零售业销售额的50%是连锁商业创造的。

连锁商业在美国迅速发展的主要原因是:①第二次世界大战后美国经济繁荣,市场供应与需求扩大,对连锁商业的发展提出客观要求。战后,美国人口大量增加,城市规模迅速扩大,居民收入和消费水平大幅度提高,国内制造业提供的商品更加丰富,这一切都有力地刺激了连锁商业的发展壮大。②交通运输业特别是高速公路网的迅速发展,为货畅其流创造了便利条件。美国的高速公路贯通全国,使商品在全国范围内的配送非常及时便捷。③现代科技的发展和计算机的普及,为连锁经营提供了现代化的管理手段。20世纪70年代后,新技术革命的成果在流通业广泛应用,美国90%的连锁商店已基本实现了计算机网络化管理,普遍采用商品条形码、电子扫描、电子出纳设备等先进技术,通信设施、商品检查及配送中心等都达到世界一流水平。这就为连锁经营的高效管理提供了有力的技术支持。④连锁企业的规模优势和组织化程度提高,增强了企业抗风险的能力。据统计,美国5年内开业的商业企业倒闭率为50%,而连锁企业的倒闭率只有5%。⑤一大批高素质的管理人才的成长,以及现代经营管理科学的发展运用,为连锁企业更好地参与市场竞争提供了智力支持。

(二)美国连锁商业的主要经营形态

连锁经营的基本含义是:经营同类商品、使用统一商号的若干企业,在同一总部的管理下,按统一经营方针进行共同的经营活动,以共享规模效益。一般来说,连锁企业至少要由10个以上分店组成,必须做到统一采购、配送商品,统一经营,采购同销售相分离。

第一,从组织管理角度分类,美国连锁商业有三种连锁形式。

1. 正规连锁(又称直营连锁、公司连锁)。正规连锁有两个特点:一是所有权统一,全部成员归属同一所有者;二是管理总部掌握着全公司的经营管理权和人事权,统一负责采购、计划、配送和广告等,所属各分店实行标准化管理。在美国,正规连锁所占比重很大,零售业主要采取这种连锁方式,如著名的沃尔玛公司和科斯科仓储式商店。

2. 特许连锁(又称合同连锁、契约连锁、加盟连锁)。特许连锁有两个特点:一是以特许权的转让为核心,特许权批发商把注册商标和经营模式卖给特许权经营商。总部为转让方,加盟店为受让方。二是所有权分散在加盟店,经营权集中在总部。总部提供技术专利和商品信息,加盟店按总部统一指令经营。美国目前有40%的零售企业采取特许连锁的形式,餐饮业、旅店业等也广泛采用,如麦当劳、肯德基快餐店和柯达胶卷总印店即为典型的特许连锁。

3. 自由连锁(又称自愿连锁、共同连锁)。自由连锁有两个特点:一是所有权、经营权、财务核算都是独立的;二是在协商自愿条件下共同合作,统一进货,分散销售,成员店的灵活性强,自主性大。通常由一家较大的批发商作为龙头企业,诸多的零售商参与,形成一个半松散的连锁集团。我们在洛杉矶考察的金证国际超市集团公司就属于这类形式。

第二,从便于统计的角度分类,美国零售业连锁主要有五种经营形态。

1. 超级市场。超级市场主要经营杂货和食品两大类商品,以品种齐全、价格低廉及自我服务为特色。每个店平均面积为3 252~3 716平方米(3.5万~4万平方英尺)。超级市场已全部实行连锁经营。

2. 折扣商店。折扣商店主要经营食品以外的一般性商品,有的店也经营少量食品。商品大众化,大多削价出售,适合工薪阶层购买。每个店平均面积为8 361平方米(9万平方英尺),比超级市场大一两倍,最大的是沃尔玛公司,其次是凯马特公司。折扣店销售额占零售业销售额的比重逐步上升。

3. 仓储式商店(又称平价俱乐部):这种形式是连锁商业的后起之秀,经营范围包括食品和非食品类商品。这种商店的特色是实行会员制,设施简单,以库为店,内部不装修;实行少品种、大批量销售;商品价格低,同样商品的价格比普通商店要低20%~50%。平价俱乐部的目标顾客是小企业主,但由于其商品售价比超级市场

和折扣商品更低，因此也吸引了不少个人会员。美国人日常消费最多的大宗商品中，相当大的比重来自平价商店，比较著名的店有科斯科公司，其次是山姆公司。

4. 超级购物中心。超级购物中心是20世纪80年代后期在美国零售商业中出现的最新的连锁类型，其特点是许多连锁店集中在一个商城内，规模大，品种全。一般每个购物中心的面积达13 936~15 794平方米（15万~17万平方英尺），商品品种达十几万个。有的购物中心面向高收入者。

5. 便利店。便利店经营日常用品和食品，每个店9~19平方米（100~200平方英尺）。20世纪80年代遭到冷落，90年代东山再起。预计今后便利店销售额的实际增长幅度将超过一般的超级市场。

此外，还有专卖店、无店铺售货（如通过互联网进行销售）等经营形态，其中网络销售发展势头看好。

（三）连锁店基本运作方式及其管理

（略）

（四）连锁企业的发展趋势

（略）

二、连锁经营的优势和在美国经济中的积极作用

（略）

三、几点启示和建议

（略）

（引自中国管理整合网 www.69169.cn，有删改）

四　可行性研究报告

概念

可行性研究报告是对拟建项目技术的先进性、经济的合理性、建设的可能性及可供选择的方案的优劣进行综合分析论证后，按照特定的格式和内容要求，将分析论证的成果予以表述的书面报告。可行性研究报告为项目的决策和实施提供科学依据，是向有关部门报批投资项目必须提交的基本文件。

格式写法

可行性研究报告是单独成册上报的，一般包括封面（报告名称、承办单位、报告时间等）、摘要、目录、图表目录、术语表、正文、参考文献及附件等。其中，摘要、目录、图表目录、术语表、参考文献及附件可根据具体情况进行选择。下面介绍报告名称、正文的写法及附件的标注方式。

1. 标题(报告名称)。标题一般有三种方式:事由加文种、项目名称加文种、建设单位加项目名称和文种。

2. 正文。正文一般由总论(前言)、论证、结论和建议三部分组成。

(1)总论。总论包括项目提出的背景、目的、范围、投资的必要性和经济意义、可行性研究的概况等。

(2)论证。这部分一般包括营销研究、技术研究、财务研究、管理研究、环境研究和社会经济效益研究等。要求以经济效益为中心,运用系统分析的方法,围绕影响项目的各项因素,通过大量数据资料,论证拟建项目的可行性。

(3)结论和建议。结论是在分析论证的基础上,对拟建项目的可行性作出的评价和判断。在此基础上,可以就有关问题提出建议,供有关方面参考。

正文部分的写作,可根据具体情况采用不同的编写格式。常见的编写格式有以下三种:

第一种:条目式。按照正文内容的性质设置若干大标题,大标题下分若干小标题,小标题下再细分具体的条目、分条目或子条目,逐条加以阐述。这种形式层次清晰,简洁醒目,适用于内容不太复杂的可行性研究项目。

第二种:提要式。将正文中结论性的意见逐条摘要,将具体分析按内容的性质编成若干附件。正文部分扼要明确,便于领导部门审议决策;各附件的分析部分系统深入,便于专家分析论证。这种形式适用于内容复杂、技术性强以及需要展开分析的可行性研究项目。

第三种:论文或专著式。这种格式常分为篇、章、节、目等,结构庞大,分析兼具广度和深度,论证充分,逻辑严密,系统性强。它适用于决策难度高的重要可行性研究项目。

3. 附录。在正文后以附件、附图和附表等形式列出有关文件、调查研究的资料等,以备查考。

以上是可行性研究报告的一般写法,应根据项目的不同要求确定各部分的内容和重点,但编写的格式一定要规范。

注意事项

1. 尊重客观事实。可行性研究报告是投资决策的重要依据,为避免决策不当造成的损失,执笔者一定要坚持客观公正、实事求是的原则,确保报告中的结论是深入调查研究、科学论证的结果。

2. 论证严密有力。编制可行性研究报告的目的是说服决策者,写作时需要在论证方面下足功夫。首先,论点要明确,态度要鲜明,不可含糊其词;其次,论据要确凿充分,以可靠的数据和事实为论证的基础,切忌泛泛而谈。

【例文】

××县柳蜡工艺品出口基地建设项目可行性研究报告

(××县工艺美术公司)

20××年×月

(以上为首页——摘者注)

项目名称:柳蜡工艺品出口基地建设
项目主办单位:××县工艺美术公司
项目负责人:×××
技术负责人:×××
经济负责人:×××
承担可行性研究单位:
××省工艺品进出口公司编制品分公司
××县二轻工业局
××县工艺美术公司
参加编写人员:
×××:××省工艺品进出口公司副经理、编制品分公司经理
×××:(以下略)

目　录

××县柳蜡工艺品出口基地建设项目
可行性研究报告

一、总论

(一)项目提出的背景、必要性及目的和意义

柳蜡工艺品生产是××县的传统项目。目前,全县年生产能力达××××万元,花色品种达5 000多个,远销欧、美、东南亚、日本和中国香港等30多个国家和地区。

××县工艺美术公司是一个以出口柳蜡工艺品为主的企业,现有职工××××人,专业技术人员占职工总人数的29.3%,其中,具有高级职称的有××人,中级职称的有××人,初级职称的有××人。厂区面积××××平方米,建筑面积××××平方米,固定资产原值××××万元。该公司有6个独立核算分厂,年出口柳蜡制品××××万元,年创汇×××万美元,出口创汇占全县出口创汇的40%以上,是省外贸工艺重点联营企业。该企业的柳制品在全省质量评比中获第一名;蜡杆家具在全国独树一帜,××××年获得首届中国国际博览会银奖。

××县柳蜡工艺品虽已占领了较大的国际市场,但是当前还存在一些问题。

1. 生产工艺落后。车杆、弯曲定型、磨光等关键工序均为手工操作,生产效率低,劳动强度大,也影响产品质量的提高。

2. 厂房狭窄。目前柳蜡制品生产已形成年产××××万元的生产能力,而成品仓库却仅有百余平方米,有时大批产品露天存放。

3. 原料缺口较大。目前虽有××××公顷柳蜡原料基地,但仍不能满足生产需要,原料缺口较大。

这些问题严重阻碍了××县工艺品生产的发展。为此,特提出拟建柳蜡工艺品出口基地项目,在××县工艺美术公司现有基础上扩大厂房,增添部分先进专用设备,以提高生产效率和产品质量,增强生产和出口创汇能力。

(二)研究依据及范围

本项目可行性研究报告主要依据调查、咨询和收集的与项目有关的基本资料,从市场需求、生产能力、基本条件、经济效益和社会效益等方面进行分析论证。

二、柳蜡工艺品市场预测

××县柳蜡工艺品集艺术性、实用性于一体,国内外市场十分广阔。据《工艺品信息》透露,仅美国、加拿大、日本等几个国家每年就需要进口××亿元的柳蜡工艺品,而我国每年的出口能力只有0.6亿元,远远不能满足国际市场的需要。××县柳蜡工艺品从产品质量、花色品种到生产出口能力均占全国首位。(略)

国际市场对××县柳蜡工艺品的市场容量表(略)

三、建设规模

(一)引进设备

引进设备15台(套)(产自日本、意大利),国内配套设备21台(套)。

(二)扩建厂房

扩建厂房5 200平方米,其中,生产车间3 000平方米;产品仓库2 200平方米;柳制品自然干燥货场3 200平方米。

(三)扩建原料基地

扩建柳条原料基地×××××公顷,年产柳条×××万吨;扩建蜡杆原料基地×××公顷,年产蜡杆××××万条,以满足柳蜡制品年产值××××万元的需要。

四、建设条件

××县建设工艺品生产出口基地具有多方面的优势。

(一)充足的劳动力资源

××县总人口43万人,其中农业人口40万人,拥有劳动力18万人,农林牧副渔业仅用13.2万人;生产柳蜡工艺品,男女老少甚至残疾人员都能做。

(二)雄厚的技术资源

目前,全县掌握各种工艺品生产技术的达8万余人。近几年来,我们又举办了各类培训班2 000多期,大大提高了生产人员的技术水平。

(三)理想的编制材料

柳条的质量受气候等影响较大。东北地区气温低,柳条生产期长,条质硬度大,易折断;南方气温高,柳条生长期短,条质粗糙,芯大易劈裂;××县一带,由于气温适宜,生产的柳条表面光滑,质地柔软,是编制工艺品最理想的材料。

(四)成熟的种植经验

在长期的种植实践中,××县一带的农民积累了成熟的种植柳树的经验,许多地区每公顷年产柳条达××××吨。

(五)丰富的管理经验

近10年来,我们坚持"龙头"在县厂,"龙尾"在乡村,形成了一套完整的工艺品生产管理体系。××××年,省委已在全省推广了我们的"一条龙"经验。

(六)具备燃料、电力、水等条件

项目所需的煤、电、水均保证供应(见××县燃料公司、电业局、水资源管理委员会的证明)。

(七)交通运输便利

××县工艺美术公司位于县城东郊,厂区紧靠××公路和××铁路,原料、燃料的输入及产品的输出非常便利。

五、设计方案

(一)项目构成范围

本项目是在××县工艺美术公司现有基础上进行扩建和改造的,主要引进、配备部分先进设备,改进蜡杆家具生产工艺,彻底改变手工生产的落后状态,从原材料处理到成品组装,实现机械化或半机械化。

(二)引进设备及国别

计划增添36台(套)专用设备,其中从日本、意大利等国家引进专用设备15台(套),在国内购置生产设备21台(套)。

国内配套设备情况一览表。(略)

引进设备一览表。(略)

(三)设备用途及重点解决的工艺技术问题一览表

(略)

(四)主要生产工艺流程

(略)

六、环境保护

在蒸汽锅炉房安装消烟除尘器,做到达标排放,不会造成环境污染。在生产车间安装吸尘器,扬尘点达到卫生要求。本项目的建设不会造成环境污染(见××县生态环境局证明)。

七、生产组织

(略)

八、项目进度

(略)

九、投资概算及资金筹措

本项目共投资××××万元(含××万美元额度)。申请国家扶持资金××××万元,地方配套××万元,所需××万美元额度,由省工艺品进出口公司给予解决。

十、效益分析

(一)经济效益分析

项目建成投产后,每年新增产值(即销售额)××××万元(其中,柳制品×××万元,蜡杆家具××××万元);年新增利润×××万元(其中,柳制品××万元,蜡杆家具×××万元)

1. 项目建成前后生产规模对照表。(略)

2. 商品销售成本计算表。(略)

3. 开发试验项目投资现金流量表。(略)

4. 投资回收期。通过计算可知,从投资年份算起,柳制品约4年可收回投资,

蜡杆家具约 3.59 年可收回投资。

5. 盈亏平衡分析。如果项目设计能力销售额大于盈亏平衡点,企业就盈利;小于盈亏平衡点,企业就亏损。所谓盈亏平衡点,就是不盈不亏时的销售额。通过计算可知,柳制品盈亏平衡点为×××万元,该项目设计能力销售额××××万元,大于×××万元,企业年盈利××万元;蜡杆家具盈亏平衡点为×××万元,项目设计能力销售额为××××万元,大于×××万元,企业年盈利×××万元。

通过对柳蜡制品盈亏平衡分析可知,该项目建成后,年盈利总额可达×××万元,效益显著,方案可行。

6. 净现值动态分析。所谓净现值是指将项目寿命期内逐年发生的净收益用基准收益率折算成项目建设开始时的价值。净现值大于零,说明项目在整个寿命期内收入大于支出,投资效果好;如果净现值小于零,说明投资效果很差,这里我们仅对 5 年收益进行分析。

通过计算可知,蜡杆家具按 17%的收益率折算,3.59 年后可偿还全部投资,并盈利×××万元;柳制品按 15%的收益率折算,4 年后偿还全部投资,并盈利×××万元。由此可见,该项目在财务上是可行的。

(二)社会效益分析

项目建成投产后,可为 6 500 名农民提供就业岗位,每年使农民增加收益×××万元。此外,引黄济青渠道废弃地可得到利用(种植柳蜡),不仅可扩大原料基地,而且可为附近农民解决因引黄济青渠道占地而造成的生活困难。

本项目建成投产后,国家、企业、农民皆受益,具有明显的经济效益和社会效益。

十一、结论

通过多方面的分析论证,我们认为,××县工艺美术公司建设柳蜡工艺品生产出口基地项目,建设条件与生产条件均已具备,技术上先进,经济效益和社会效益显著,是切实可行的。

五　经济活动分析报告

概念

经济活动分析是指以科学的经济理论和现行的经济方针政策为指导,根据计划指标、会计核算资料、统计资料和调查研究所掌握的情况,运用科学的方法,对某一部门或单位的经济活动状况所作的分析研究。经济活动分析报告就是反映经济活动分析研究过程和结果的报告。

格式写法

经济活动分析报告由标题、正文、落款三部分组成。

1. 标题。从形式上看,标题有单行标题和双行标题两种。单行标题简洁醒目,由分析单位、时间、分析对象和文种四部分组成,其中,单位名称和时间可省略;还可用报告中的观点作标题。双行标题虚实相间,相辅相成。

2. 正文。正文由前言、主体、结尾三部分组成。

(1)前言。前言写法多种多样,主要围绕分析的内容、范围、对象、目的和背景等作概括介绍,提纲挈领,引人注目。

(2)主体。主体是经济活动分析报告的重点内容,集中反映经济活动分析的过程和结果,一般包括基本情况、分析评价和建议措施三方面的内容。

第一,基本情况。以文字和数据相结合的方式反映经济指标的完成、变化情况及其存在的问题,是分析的基础。

第二,分析评价。运用恰当的方法对影响经济活动的各种因素及其影响的程度进行具体细致的分析说明,并对经济效益作出客观的评价。

第三,建议措施。要针对经济活动分析的结果,有针对性地提出切实可行的建议和措施。有的分析报告不单列这一部分,而是把它与对经济活动的分析评价糅合在一起进行写作。

(3)结尾。大多数经济活动分析报告在建议措施之后自然收束,不专门作结,但有些篇幅较长的经济活动分析报告,在结尾处进行归纳总结,或照应开头,深化主题;或预测前景,展望未来。

3. 落款。呈报上级的经济活动分析报告,一般在正文的右下方写明单位与日期;公开发表的经济活动分析报告,通常在标题之下注明单位名称与作者姓名。

注意事项

1. 重数据更要重分析。任何经济活动分析报告都是围绕特定的目的,为解决经济工作中的问题而写作的。借助计划指标、会计核算资料和统计资料等把经济活动过程综合成指标体系,为经济活动分析提供了比较全面的数据。但仅靠数据资料还不能使管理者对经济活动的认识上升到理性高度,因此,必须对数据进行深入分析,以便从本质上揭示经济发展的规律。分析是报告的根本,报告是分析的结晶。没有科学的分析,就写不出有说服力的报告。

2. 突出总结指导作用。经济活动分析报告的内容是经济活动过程及其结果,必须从现有的经济事实出发,通过必要的回顾和剖析,对经济工作的成绩与问题、经验与教训作出评价。同时,总结对未来的经济活动具有重要的指导意义,可以使企业提高工作的自觉性,避免决策的盲目性。

【例文】

2011年药品流通行业运行统计分析报告

一、药品流通行业发展概况

（一）发展概述

2011年全球医药市场继续保持增长态势。在国家“十二五”开局之年，中国宏观经济环境总体平稳，中国医药经济在医改的带动下发展势头良好，为药品流通行业改革与发展奠定了坚实的基础。

2011年，商务部印发了《全国药品流通行业发展规划纲要（2011—2015年）》（以下简称《规划纲要》）。在《规划纲要》引导下，药品流通行业积极推进经济结构调整和发展方式转型升级，企业兼并重组提速，市场集中度、流通效率和管理现代化水平进一步提升，药品批发企业主动由传统的药品批发商向医药健康产业服务提供商转型，药品零售企业着力进行战略调整，积极应对困难和挑战，加快发展连锁经营，有效促进了市场竞争力的增强和经济效益的改善。全行业总体态势为转型发展期，并且在保增长、调结构、促改革、惠民生方面作出了不懈的努力，进一步提升了对宏观经济增长的贡献率。

（二）运行分析

1. 整体规模。2011年药品流通市场需求活跃，行业购销稳步增长。全年药品流通行业销售总值达到9 426亿元，扣除不可比因素，同比增长23%。其中，药品零售市场销售规模达1 885亿元，增幅稳定在20%左右。2011年全国药品流通直报企业主营业务收入为6 568亿元，同比增长23%；实现利润总额152亿元，同比增长17%；平均毛利率为7.2%，同比下降0.4个百分点；平均利润率为2.2%，与上年持平（平均净利润率为1.6%，同比下降0.3个百分点）；平均费用率5.3%，同比下降0.2个百分点。（略）

2. 销售结构。药品类销售占主导地位。在七大类医药商品销售中，药品类占销售总额的76.2%；其次为中成药类，占15.2%；中药材类占2.9%；医疗器械类占2.7%；化学试剂类占0.5%；玻璃仪器类占0.1%；其他类占2.4%。

按销售对象分类。2011年对批发企业销售额为4 147亿元，占销售总额的44.0%，与上年基本持平；纯销（包含对医疗终端、零售终端和居民的销售）5 279亿元，占销售总额的56.0%，与上年基本持平。

国家基本药物销售额增长较快。2011年参与国家基本药物配送的药品批发直报企业国家基本药物配送总额为583亿元，比上年增长24%，增速比上年提高4个百分点。

农村市场稳步增长。2011年全国七大类医药商品销售中对农村销售额为

1 461 亿元，扣除不可比因素，比上年同期增长 27%，增幅提高了约 4 个百分点，农村用药需求进一步增加。

3. 区域销售比重结构。2011 年区域销售比重分别为：华东 42.0%，华北 19.3%，中南 19.1%，西南 11.6%，东北 5.0%，西北 3.0%。其中，华东、华北、中南三大区域占到市场总额的 80.4%。

2011 年销售额居前 10 位的省市依次为上海、北京、安徽、浙江、江苏、山东、广东、重庆、天津、湖北。10 省市销售额占全国销售总额的 67.0%。

4. 所有制结构。规模以上药品流通企业中，国有及国有控股企业主营业务收入为 3 909.1 亿元，占药品流通直报企业主营业务总收入的 59.5%，实现利润 82.4 亿元，占直报企业利润总额的 54.2%；股份制企业主营业务收入为 1 499 亿元，占直报企业主营业务总收入的 22.8%，实现利润 40.8 亿元，占直报企业利润总额的 26.8%。国有及国有控股企业、股份制企业占行业发展的主导地位。（略）

5. 配送结构。2011 年，药品批发直报企业商品配送货值为 4 725 亿元，其中，自有配送中心配送金额占 86.1%，非自有配送中心配送金额占 13.9%，自有配送中心配送金额同比增加 6.5 个百分点；药品批发直报企业物流费用为 47 亿元，其中，自主配送物流费用占 81.8%，委托配送物流费用占 18.2%，自主配送物流费用同比降低 5.2 个百分点。物流费用占三项费用（营业费用、管理费用、财务费用）总额的 17.3%，占营业费用的 29.3%，与上年费用占比基本持平。

药品流通企业在物流建设和信息化建设中的投入提升，自有配送中心数量增长幅度为 11.7%，信息系统建设投入较上年增长 34.8%，跨省集团公司收购重组活跃，信息系统整合投入加大，是企业信息化建设投入快速增长的主要原因。（略）

6. 对 GDP、税收和就业的贡献。2011 年，全国社会消费品零售总额为 183 919 亿元，第三产业增加值为 203 260 亿元。药品流通行业销售总额占社会消费品零售总额的 5.1%，占第三产业增加值的 4.6%，同比均增长 0.5 个百分点。（略）

二、药品流通行业发展的主要特点

（一）国家医改为行业较快发展提供了市场机遇

经过近 3 年的努力，我国医药卫生体制改革取得了重大阶段性成效。全民医保基本建立，全国城乡参保人数超过 13 亿人，覆盖率达到 95% 以上。基本医疗保障水平大幅提升，城镇居民医保和新农合政府补助标准从 2008 年每人每年 80 元提高到 2011 年的 200 元。基本药物制度在基层实现全覆盖，基层医疗卫生服务体系显著加强，基层医疗卫生机构就诊人次明显增加。国家医改释放了医疗需求，带动了药品需求的增长。

（二）市场集中度呈进一步上升趋势

2011 年，前 100 位药品批发企业主营业务收入占同期全国市场总规模的

73%,比上年提高3个百分点。前3位集团企业主营业务收入占百强的42.0%。其中,中国医药集团主营业务收入已率先突破千亿元大关,上海医药集团、华润医药控股规模双双超过400亿元。(略)

(三)现代医药物流和延伸服务加速发展

在现代医药物流建设方面,全国性物流配送网络已经进入密集建设期。大中型药品流通企业在加快省级物流中心布局的同时,将重要节点放在了具有战略地位的地级市上,快捷、可及、安全供给的现代医药物流服务保障体系正在形成。(略)

(四)外资进入药品流通领域步伐加快

目前国外领先企业本土市场占有率已接近饱和,纷纷看好中国这个庞大的市场,希望从中找到新的增长机会。近年来,外资医药巨头在华投资也不再局限于制药工业,而是逐渐向产业链的其他环节渗透,从药品制造延伸到药品分销和零售终端等环节,如美国知名医疗保健服务商康德乐集团收购永裕医药(中国)公司,英国博姿集团也扩大在中国的投资。

(五)药品零售连锁经营有所发展,但仍面临较大困难

2011年,大型药品零售连锁企业通过收购、控股等方式在零售药店终端扩张规模,但零售连锁企业总体发展仍较为缓慢,年销售额均未突破40亿元。阻碍发展的主要原因:一是来源于医疗机构的处方少和医保定点药店少的局面仍未改善;二是医保覆盖面扩大、报销比例提高,更多的人到医院就诊开药,零售药店客流减少;三是一些地方相继下达“限售令”“禁售令”,限制医保定点药店开展多元化经营。此外,零售药店还面临房租、人力、物流等经营成本快速上涨的压力。(略)

(六)医疗机构拖欠药品批发企业货款问题突出

2011年,药品批发直报企业资产负债率高达74.1%。中国医药商业协会对25个省市44家药品批发企业2011年应收账款情况开展典型调查发现,药品批发企业对公立医疗机构的平均应收账款周转天数为131天,应收账款总额为434.7亿元,占对公立医疗机构营业收入的36.3%。(略)

三、药品流通行业发展趋势预测

未来5年,全球药品市场将保持增长态势,市场规模预计年均增长8%左右,全球药品流通行业集中度和流通效率将继续提高。“十二五”时期是我国药品流通体制改革、结构调整、行业升级和转变流通方式的攻坚时期。在宏观经济平稳增长的环境中,随着国家医改的推进和行业管理各项政策及标准的出台,药品流通行业将加快转型发展。

(一)药品流通市场规模将继续扩大

2012年是我国医药卫生体制改革继续向纵深发展的一年。随着全民医保体系的进一步建立以及基本药物制度、基层运行机制建设和公立医院改革的推进,

药品市场需求将出现结构性扩大。同时,按照医改"十二五"规划的要求,药品流通行业改革发展政策将陆续出台,行业主管部门也正在酝酿出台行业管理的相关政策和标准。政策和标准的制定与实施将有利于进一步规范和促进行业发展。

(二)行业结构调整步伐将进一步提速

按照《规划纲要》提出的目标,做强做大是药品流通行业发展的主题。行业内的重组将继续促进结构调整和集中度提高。各业态(批发、物流配送、零售连锁)要素资源的整合将加速推进。以上市公司为主体的大型企业集团间的竞争将更加激烈,从而进一步加快流通网络布局建设,促进区域市场经营品种结构的调整。中小药品流通企业或主动并入大型企业,共享大型企业的品牌资源;或采用联购分销、共同配送等方式结成合作联盟,以应对激烈的市场竞争。连锁药店的渠道控制力会得到增强,直营门店数量会相应增加,单体药店数量会相应减少,药店联盟将逐渐向规范化连锁药店方向发展,零售药店连锁率将进一步提升。

(三)行业服务模式与服务功能将不断创新升级

目前,行业内诸多企业还是以进销差价为主要利润来源,这一模式会受到国家基本药物制度、招标政策以及药品降价的挑战,行业毛利率会进一步压缩。因此,药品分销企业必须有效控制费用,提高综合服务水平,不但要努力发展已有的增值服务业务(第三方物流、IT创新等),进一步提高服务品质,扩大服务半径,还要探究国际经验,挖掘上游供应商和下游客户的潜在需求,创新全方位的商业服务模式,向服务要效益,以应对行业整合、价格调控所带来的一系列冲击。

互联网药品电子商务呈快速发展态势。2010年获得批准开展互联网药品交易服务的企业有18家,2011年达到54家,服务范围包括向个人消费者提供药品(B2C)、与其他企业进行药品交易(B2B)和第三方交易服务平台。预计今后一段时间,医药电子商务将是行业发展的热门话题。(略)

附录:

表1　2011年区域总销售统计表(略)

(引自商务部网站,2012-06-21,有删改)

六　广告策划书

概念

企业在推出商品或服务广告之前,通常要对广告活动进行精心策划和周密安排。广告策划书就是反映广告活动策略和具体实施方案的应用文。写作广告策划

书是企业营销过程中的一个重要环节。

格式写法

由于写作目的、阅读对象、策划项目内容的不同，广告策划书的写作也没有固定的模式，但其一般有标题、正文和落款三部分基本内容。

1. 标题。标题一般采用单标题的形式，由项目所属单位（或产品名称）、策划内容、文种构成，也可以采用主题加副题或引题加主题的双标题形式，虚实相间，相辅相成。

2. 正文。正文包括前言、主体两部分。

（1）前言（又称为引言、缘起、概述、背景）。前言是广告策划的开头部分，要简要介绍策划的缘起、目的、背景材料、问题与机会点和创意的关键等。有的策划书不专列这一部分，而是把有关内容融入主体之中。前言的写作不宜过长，力求简明扼要。

（2）主体。主体是广告策划书的核心部分，包括四项内容。

第一，市场分析。这一部分是在市场调查的基础上，对与策划项目有关的宏观与微观因素进行分析和论述，为下面的广告策略部分提供有说服力的依据。市场分析一般涉及的内容有营销环境分析、消费者分析、产品分析、企业营销战略、企业和竞争对手的竞争状况分析、企业和竞争对手的广告分析。

第二，广告策略。依据第一部分的分析，提出广告的目标与策略，主要包括广告的目标、目标市场策略、广告定位策略、广告诉求策略、广告表现策略和广告媒介策略等。

第三，广告实施计划。它是广告的具体行动计划，包括广告活动的目标、广告活动的时间、广告的目标市场、广告的诉求对象、广告的诉求重点、广告活动的表现（设计草图、电视广告故事板、广告文案讨论稿）、广告媒介计划、其他活动计划和广告费用预算等。

第四，广告活动的效果预测和监控。

3. 落款。落款处要标注策划人的姓名和策划日期。

如有附件，应在策划书后面予以标注。

注意事项

1. 重视调查，立足分析。一个成功的广告策划，首先要从市场调查开始，进行广告的市场定位。通过分析产品特征、竞争对手的状况、市场供求等情况，确定目标市场，制定广告策略，确定广告计划和实施方案。

2. 明确目标，突出重点。明确广告目标就是确立一个与营销策略相配合的广告目标，是鼓励原有消费者，还是吸引潜在顾客，是巩固自己的市场定位，还是从竞

争者手中夺取市场,目标必须清晰明确。目标一旦明确,就要贯彻于广告策划的每一个环节。写作广告策划书,要注意突出重点,抓住企业营销中所要解决的核心问题,深入分析,提出可行性的对策与具体行动计划,突出针对性,利于实际操作实施。不具操作性的方案,创意再好也无任何价值。另外,还应有意识地把产品的营销广告策划与树立企业形象联系起来,使企业与社会公众之间保持顺畅与持久的沟通,从而助力企业的长远发展。

3. 创意新颖,美观醒目。广告策划书要结合策划目标,在广告创意方面下足功夫,力求"点子"新、内容新、表现手法新,以"全新"吸引公众,以"全新"折服决策者。因此,在广告策划创意中,一要突破常规,用崭新的方式传达意念。二是要优化"组合"。策划者在把握商品、市场、受众多方情况的基础上,通过创造性的劳动,使策划项目的潜在优势升华为受众能够感知的具体的新形象。大型的广告策划书一般还要有设计精美的封面,对封面的包装要力求简单清晰,可以附以设计精美的徽标,使之图文并茂。

【例文】

移动梦网开拓西安高校市场广告策划书

一、背景资料

伴随着中国信息产业市场多元化进程的加快,电信市场的竞争日趋激烈。中国移动通信公司除了与中国电信、联通、网通等国内企业竞争外,还必须面对跨国公司的疯狂扩张。迫于目前严峻的形势,中国移动通信公司必须寻求新的经济增长点,在激烈的竞争中取胜。移动梦网——传统的语音业务向数字业务领域扩展的技术平台,正是在这一形势之下推出的。它是中国移动通信集团公司推出的移动数据业务商业计划,基于移动梦网的技术平台所具备的声讯、WEB、WAP、SMS和STK接入方式,为客户提供以移动信息为服务内容的信息查询、点播、个性化定制和电子交易业务。本策划书首先着眼于开拓西安高校市场,向广大大学生进行移动梦网的广告宣传,然后辐射全社会,提升移动梦网在广大互联网用户中的形象。

二、业务简介

目前新推出的数字业务主要有主叫显示、WAP业务、国际自动漫游、移动QQ、信息点播、英汉字典和"神州行"储值卡等。(略)

三、市场前景分析

"移动梦网"是中国移动通信公司对外传递信息的窗口和数字新业务的技术平台,依托中国移动通信集团公司的雄厚实力,从真正意义上实现移动互联,引领时代的潮流。据初步统计,西安高校在校大学生手机普及率在6%~18%,上网人数占比超过93%,手机持有者基本全部上网。但在所有上网学生中知道移动梦网的学生不足20%,登录过或了解其数字业务的则更少。由此可见,中国移动通信公司对移动梦网及其新业务在大学生中的宣传力度还不足。

从长远战略看,大学生在未来都会成为手机用户,这是一个巨大的潜在消费市场,并且大学生毕业后分散到各行各业,通过他们能够带动和影响部分社会消费者,从而将市场拓展到全社会。(略)

……所以,在高校进行宣传,对移动通信的发展及新业务的开展都有举足轻重的作用。综上分析,高校市场潜力巨大、前景广阔,因而在大学生中做好移动新业务的宣传是非常重要的。

四、市场细分及市场定位

1. 目标市场。以目前在校大学生为目标消费者,对移动梦网业务进行宣传,既可以争取现有的市场份额,又可极大地开拓未来广阔的潜在市场。以高校宣传为首要切入点,是一个很明智的选择。

根据移动梦网的业务特点,将目标人群分为两部分:目前没有手机,但即将拥有手机;目前拥有手机,将来需要移动新业务。

2. 消费者分析。目标消费者定位于文化程度较高、经济状况较好、经常上网、拥有手机的人群层次。对于目前拥有手机的人群,应让他们了解并应用新业务,并尽力争取这份市场;对于目前没有手机,将来会拥有的人群,应首先发展为中国移动的用户,然后让他们了解并应用新业务。

3. 市场竞争态势。从目前的移动通信市场来看,有联通、网通、铁通等多家通信运营商,我国加入世界贸易组织后,有更多、更强的外国电信公司参与竞争,移动通信市场的竞争将变得更加激烈、残酷。从互联网的角度看,网民首选的是比较著名的专业门户网站,而很少选择其他网站(如我国网民一般选择新浪、搜狐、网易等)。只有将二者结合起来,才能增强移动梦网的竞争实力。

4. 市场优势机会。移动梦网将移动通信与互联网很好地结合在一起,实现了移动互联的统一,这在目前看来属于首家,比单纯的移动通信或互联网存在很大优势,尚未存在很大的竞争威胁,需尽早抢占商机,并利用移动梦网做好互联网上的移动新业务宣传。

5. 业务定位。如果说以前很多人是通过电子邮件来了解互联网的,那么现在则是通过QQ来了解的,而高校中上网的学生每人至少拥有一个QQ,所以在高校中将主要的宣传业务定位于移动QQ,让他们通过对QQ的了解及应用了解中国移动的其他业务,从而全面拓展移动的数字业务。

五、行销组合策略

1. 户外广告。为了增强消费者的注意力,形成印象积累效果,在大学校园内设立户外广告牌、灯箱、霓虹灯等，使人们以欣赏艺术的轻松心情，自然地接受广告信息。具体地点可以选择人流集中的地方，如食堂、阅报栏、校园主干道、草地和球场等。

广告应着眼于宣传移动梦网清新亮丽的形象及其新业务，要避免过于商业化，结合大学的校园文化，着重体现企业形象及企业文化，使学生们易于接受。广告应形式多样，全方位体现出移动梦网及随之推出的数字新业务的特点。

广告语言应着重体现出移动互联的业务特点及移动企业的形象，应选择生动活泼、表意丰富的广告语言，如："移动梦网，把移动的梦变成现实"，"沟通无极限"等。让移动梦网的广告牌既体现移动的企业文化与人文精神，又成为西安高校中的一道亮丽的风景线，融移动的企业文化于高校的校园文化中。

2. 领导讲座。利用大学生对成功的渴望及对成功人士的创业经验的渴求，请移动的领导做一些讲座，引导大学生更多地了解移动企业是很有必要的。讲座内容可以结合各高校不同的人文环境和科学环境，以展望大学生的美好前景为出发点，定位于移动倡导的移动互联。其中，穿插移动的企业文化，使学生无形中对移动通信公司产生好的印象；运用生动有趣的语言，深化刺激，使学生们对移动梦网产生一定的探索欲望，进而产生购买欲望，达到营销的目的。

讲座时间应选在学期开始至中间的某一周末，以避免与学期末的考试复习相冲突。讲座主题可以选取诸如"移动互联，未来生活新时尚""移动通信的发展前景""中国移动的人才战略""陕西移动领导谈成功经历"等大学生感兴趣的题目。

讲座中注意适量穿插移动企业及业务介绍，避免过于商业化，更多地体现出人情味，表现出移动通信公司对人才的重视和渴求，并愿意为人才的发展提供更多的机遇和更好的环境，使学生们对移动公司产生亲切感。

讲座的同时向听众散发企业的业务及形象宣传材料，也可分发小纪念品。

3. 移动杯足球赛。结合足球赛事所营造的浓厚的足球氛围及大学生对足球的热爱，立足于各高校，移动通信公司可牵头举办足球赛，每校选拔一支队伍参加，借鉴甲A联赛的经验，按地域将高校分为4组，实行主客场制，小组赛选出八强角逐冠军。

移动通信公司可提前在比赛学校设立宣传点，进行全方位宣传，并可以和学报、广播站、足协等组织联手，制造浓厚的氛围。在球场边制作氢气球条幅广告，悬挂横幅，并设立移动宣传资料发放点。（略）

比赛时向球迷免费赠送小喇叭，上面系一张制作精美的移动梦网及移动企业宣传资料的书签等，使学生每天一翻书就能看到移动梦网及移动的形象，增强学生们对移动梦网及移动公司的亲切感，将宣传活动提升到高潮阶段。

在整个活动中可邀请社会媒体进行跟踪报道，增强宣传力度，提升移动形象，提高社会影响力。

4. 文艺巡回演出。文艺演出可丰富校园文化生活，深受学生的喜爱。移动通信公司可结合元旦或国庆之际学生自己组织的文艺演出，统一策划，并承担一部分文艺节目，在各校轮流巡回演出。另外，移动通信公司负责演员全部的服饰及部分设备，以移动通信公司的节目为基础，将各高校的节目穿插于移动通信公司的节目中。(略)

5. 设立奖学金。就目前陕西移动通信公司在西安邮电学院设立的移动奖学金而言，效果不甚理想。对获得奖学金的学生的调查显示，他们将获得移动奖学金看作一项荣誉，而对移动企业及其业务没有任何更深的了解。由于目前各个院校都有不同的公司设立奖学金，奖金数额也不尽相同，以致产生获奖同学更关心奖金数额，而对是什么公司不是很关心，设立奖学金的公司也就收不到预期的效果。

由于获奖同学都是学校的精英，他们都获得过较多的奖项，对多一份移动的奖励不会产生更多的好感。但如果在发放资金的同时附一份移动通信公司领导给获奖同学的贺信，并给他们寄一份宣传移动企业形象及新型业务的材料，表示将来欢迎他们到移动工作，让他们了解移动通信公司对人才的重视，使获奖学生对移动通信公司产生很强的亲切感和自豪感，这样效果会更加理想。和部分同学交谈发现，贺信会比奖金的心理作用更大，而且如果能将他们中的大部分吸收到移动通信公司来，对移动的发展很有益处。

颁发奖金时可举行由移动领导出席的隆重的颁奖仪式，并发表热情洋溢的讲话，扩大移动通信公司的影响力。

6. 移动—环保。针对当前全社会关注的热点问题——环保，提高大学生的环保意识，体现移动通信公司的社会责任感。由移动组织，从各校环保协会选出精英组成“移动环保考察小组”，对陕西9条河流的污染情况进行分站考察，同时对经过之处进行环保宣传，散发由移动制作的环保宣传资料，并邀请媒体全方位跟踪报道。之后，举办考察结果摄影展览，同时举行报告会，并在各校举行“移动环保有奖征文”活动。

7. 宣传材料。对以上各活动中使用的宣传材料，在其制作上应力求精美，务实地宣传移动通信公司的新业务。形式可以是招贴、挂历、图卡、广告小装饰品或公司纪念品等，结合不同的目标消费层次，有的放矢地对新业务进行宣传。如在高校大学生中重点宣传移动 QQ、手机短信息等，对社会成功人士重点宣传主叫显示、WAP 业务等。

8. 消费者信息反馈。召开消费者意见采纳会，广开言路，并成立“移动消费者信息处理中心”,设立消费者意见热线电话、意见信箱,定期做市场问卷调查,动态掌握消费热点及消费心理,并根据反馈信息及时调整战略。

六、效果评估

从广告的经济效果看,通过以上长期及短期的广告宣传,移动公司自然会吸引一部分学生消费群体,获取一定的市场份额,给企业带来利润;更重要的是稳定了大部分未来的、潜在的消费者,从而达到广告的最基本、最重要的效果——经济效果。

从广告的社会效果看,定位于高校,赞助高校各项活动,就是对社会文化教育的贡献,对社会主义精神文明和物质文明的促进,从而产生深远的意义和影响。

从广告的心理效果看,通过对各种活动的赞助,移动公司拉近了消费者与企业和产品的距离,培养了消费者对产品的信任度和好感度,树立了良好的品牌形象和企业形象。

(引自求知网,有删改)

七　导游词

概念

导游词是导游服务人员引导旅游者游览过程中的讲解词。导游词不仅是导游口头解说的范本,而且是各景区的名片,具有宣传旅游景点特色、推销旅游产品的作用。根据解说内容,导游词可分为文物古迹、民俗风情、爱国史迹和山水风光等类型;根据区域的大小,又有地域导游词、景区导游词和景点导游词等。

格式写法

导游词非常讲究结构的完整性,一般由标题、前言、正文(总述、分述)和结尾四部分构成。

1. 标题。标题是导游词的“眉目”,一般都以自然景观或人文景观的名称为标题,简洁明了。当然,在解说时就不用专门提及标题了。

2. 前言。前言部分又称欢迎词或开场白,大致包括导游在参观、游览前表示问候、欢迎及自我介绍等方面的内容。开场白没有固定模式,应以简单、平易和明确为原则,让不同类型的游客都能够愉快地接受。

3. 正文。正文是对景区或景点内容的具体介绍,一般包括总述和分述两部分。

(1)总述。总述主要向旅游者陈述景观的概况和旅游价值,对所要游览的内

容作一总括介绍。一篇合格的导游词要有层次感，即在介绍景点的地理位置、历史背景时要思路清楚，层次分明，使读者心中有一条清晰的游览线路。

(2)分述。分述是对旅游者游览的景观分别进行具体介绍。这一部分的语言要丰富多变、幽默诙谐，要把景观内涵挖掘透彻，引人入胜。

4. 结尾。这一部分是在游览结束后，对游览的内容作一小结，如有未到之处可作简要说明，要尽量使游客产生意犹未尽之感。最后还要对旅游者表示感谢与祝福。

注意事项

现代旅游已逐步转向以文化与精神享受为目标的新的文化旅游，这无疑对导游词创作提出了更高的要求。所以，导游词的写作应注意以下四个方面：

1. 注入知识内涵，立足特色，旁征博引，融会贯通，讲究品位。

2. 力求生动形象，激发游客兴趣。可以通过叙述、说明、描写和抒情等多种表达方式，运用比喻、夸张、象征等修辞手法，赋予无生命的景物以生命的灵动，化静态为动态，达到生动形象、栩栩如生的效果；可以穿插趣味盎然的民间故事；也可以一问一答、画龙点睛、巧设悬念或引而不发等。

3. 融有关知识为一体。导游词的内容很宽泛，涉及文学、历史、哲学、美学、音乐及绘画等人文知识和社会科学、自然科学方面的内容，应针对旅游资源的不同特点，结合景区实际，写出锦上添花的导游词。

4. 体现口语色彩，切忌写成抒情诗或散文，更不能像演讲稿。

【例文】

灵隐寺(节选)

耿乙匀

走在恬静的小路上，幽幽的秀峰，潺潺的溪流，你是否有一种消除尘俗之感？现在我们已来到仙灵所隐之地——灵隐寺前了。灵隐寺为我国禅宗名刹，佛教信徒素有“朝普陀必先经灵隐”的说法。历史上灵隐寺规模最大要数五代吴越时，因国王钱弘宠信佛教而重建殿宇。当时灵隐寺有9楼、18阁、72殿，僧徒3 000人，舍1 300间。南宋时，灵隐寺香火旺盛，成为禅宗五山之一，号称东南第一山。历经千年，灵隐寺已几经沧桑，现在的大殿保持着清末重修的面貌。新中国成立后，政府于1953年、1975年两次拨款进行大修。灵隐寺的真正古迹，要数天王殿前的这两座经幢和大雄宝殿前的两座经塔。经幢是按照古代经幡形式建于北宋开宝二年即969年，又于北宋景祐二年即1035年从吴越国王钱氏家庙迁来灵隐寺。而经塔建于北宋建隆元年即960年，它外观八面九层，门两旁雕刻菩萨像或佛经故事，上端

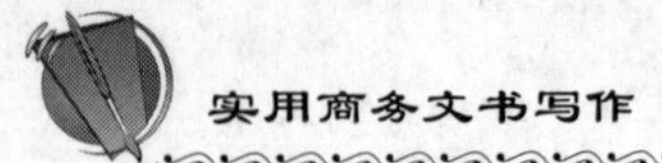

为线条流畅的火焰状,为五代造型风格。

…………

现在,就请随我进入灵隐寺天王殿看看。天王殿左右分列着四大天王,俗称四大金刚,他们手持的法器通过谐音和联想分别象征着“风调雨顺”。手持青锋宝剑的是守护南方的增长天王。“锋”和“风”同音,增长的意思是能令众僧增长善根,持剑是保护佛法不受侵犯。手弹琵琶而没有弦,需要调音,表示“调”的是东方的持国天王。他用音乐感化众生,皈依佛门。守护北方的多闻天王,手擎雨伞表示“雨”,伞用以制服魔众,保护众生财产。而手缠龙的西方广目天王能用净天眼随时观察世界,护持众生,他是群龙领袖,使群龙顺从于他。合起来的意思为“风调雨顺,国泰民安”。每年的春节过后,苏杭一带的村民由“香头”带领,数十成群,身挂香袋,手携香篮,腰系红带,头裹毛巾,结伴而行,来灵隐寺烧香,企求四大天王保护来年有个好年头,五谷丰登,保护每家的蚕茧养得好,能“风调雨顺”。现在,人们的生活富裕了,江浙一带的年轻人也都愿意在春光明媚的季节里“借佛游春”,到杭州游览一番。富裕的乡村,每年还发给老年村民一笔津贴,供进香花费。所以,春季那成群结队的烧香队伍又成为杭州城的一大民俗风景线。请大家看,正中那尊“皆大欢喜”的大肚弥勒佛正以“迎客僧”的身份恭候大家呢!背靠弥勒佛,手执降魔杵的是护法神将韦驮菩萨。古印度神话说他是南方增长天王的八神之一,居32将之首,起“威震三洲”的作用。按佛教寺院规矩,韦驮面朝大雄宝殿的释迦牟尼,意为执法护法、驱除邪魔。这尊韦驮像高2.5米,是南宋初期用整段香樟木雕刻而成的,佛身可以一块一块卸下来,不用钉子再镶嵌装配。它是现存灵隐寺中最古老的一尊佛像,从中也可以看出中国古代人民精湛的雕刻工艺。

现在我们看到的大雄宝殿是座单层重檐的歇山顶建筑,高32.6米,仅比天安门城楼低0.1米,其规模之巨,在国内佛教寺院中并不多见。近代最后一次重建大雄宝殿是在清宣统二年即1910年。当时慈禧太后为建造颐和园,从美国进口一批红松,由于木材过大,便南运到杭州拱宸桥码头,转拨给灵隐寺。但是,1949年,一根28米高的主梁被白蚁蛀空,下塌压毁了佛像,1953年重修大雄宝殿,改为永久性的水泥建筑,而殿内的24根梁柱经过防潮、防蚁和混凝土加固后,依然矗立在那里。

各位抬头看,大殿上方悬挂的“妙庄严域”是著名书法家张宗祥所写,“大雄宝殿”是中国书法泰斗西泠印社社长沙孟海于1987年第二次重书的。

各位请随我入殿游览。现在大家看到的这尊佛像就是释迦牟尼。相传他是古印度北部迦毗罗卫国,现为尼泊尔境内的净饭王的儿子,原名叫乔达摩·悉达多。他29岁时痛感人世生老病死的各种痛苦,舍弃王族生活,出家修道。经过6年茹

苦修行,他在35岁时在菩提迦耶树下“成道”,之后成立了据说能使众生脱离苦海的佛教,被佛门弟子尊称为释迦牟尼,意思为“释迦族的圣人”。这尊佛像是1953年重修灵隐寺时由中央美术学院华东分部邓白教授以唐代禅宗著名雕塑为蓝本构思设计的,华东分院雕塑系教师和民间艺人合作创制,用24块香樟木雕成的,是我国目前最大的木雕坐像。佛像金碧辉煌,妙相庄严,气韵生动。你们看,整座佛像头部微微向前倾,双目微启,好像跟你说话一样,特别亲切。但佛手、佛头和背后象征光明的七花佛图案是用脱胎漆塑成的,佛像上面则宝盖高悬。整个高度达21.8米,木莲花座到背光顶为19.6米,佛身净高为9.1米,佛的耳朵长度有1.3米,佛像的全身为贴金,两次贴金共花去黄金86两之多……

请问各位,观音是男还是女?观音作为女身出现始于南北朝。那时,佛教开始兴盛,女信徒剧增,而在极乐世界中居然没有一位完全女性形象的大菩萨,未免太令女性们失望了。在这之后,观音的33种化身就逐渐变为女性像。本来观音菩萨作为阿弥陀佛的第一助手,其主要职责是协助主尊接引众生度往净土极乐世界的彼岸,但人世间的众生最迫切需要解决的并非遥远的来世,而是眼前生存温饱、消灾避难、化险为夷等具体问题。所以,信徒们将形形色色的琐事,燃眉之急的难事都求助这位大慈大悲又能接受告急信息,又最肯助人为乐的菩萨。而她众多的化身正因迎合了中国佛教信徒焚香许愿的心理而大受欢迎……

现在我们参观第三殿——药师殿。它是1993年10月正式开光的,原殿毁于1937年日本侵华战争时期。殿的横匾是佛教协会主席赵朴初先生的手笔。殿内供奉的是东方净琉璃世界的药师佛,左右分别是手托太阳象征光明的日光菩萨和手托月亮象征清凉的月光菩萨,合称为“东方三圣”。药师佛与菩萨世界的释迦牟尼、西方极乐世界的阿弥陀佛同存于不同的空间,代表东、中、西三方空间世界,故称“横三世佛”。药师佛曾发过12大愿,“要让在世的人们除去一切病痛,身心安乐”,所以人们也称他为消灾延寿药师琉璃光佛。左右两边是药师佛的12弟子“药童”。按中国的习俗,给他配了12生肖的图案。你属什么就直接找他,让他给你开张延年益寿的“药方”吧。

各位朋友,游完整个灵隐寺后,你会发现,灵隐寺的造园艺术可以归结为一个“隐”字。一般的寺院,前面往往比较开阔,以炫耀法门的气派,而灵隐寺则处在群峰环抱的峡谷中,雄伟的北高峰作为大寺的靠山,而前面嶙峋的飞来峰则是秀美的前屏,一泓清泉流贯寺前,使得“灵山、灵峰、灵水、灵鹫、灵隐”浑然天成,使人恍如置身于灵仙所隐之地。难怪平生酷爱山水的宋朝诗人苏东坡游灵隐之后,吟咏出“最爱灵隐飞来孤”之句。

各位朋友,你觉得如何呢?

八 旅游指南

概念

旅游指南是介绍旅游线路、景观、设施等情况以及游客注意事项的应用文。它不仅是宣传、促销旅游产品的重要手段,也是指导游客游览活动的良师益友。

格式写法

旅游指南的内容多种多样,有的针对一个国家、一个地区或一个景点;有的综合性地介绍游、食、住、行、购、娱等各方面的情况,或专门介绍其中某一方面的情况;有的成册,有的单页。但不论哪种形式的旅游指南,一般都包括标题、正文两部分。

1. 标题。旅游指南的标题不拘一格,常见的有两种形式:一是由地名或地名和文种组成;二是在地名前加上能突出旅游地特征的修饰语,如"人间天堂杭州"。

2. 正文。正文部分应以服务游客为目的,紧扣旅游项目的特色来展开。其主要内容包括自然资源、人文景观、风俗民情、名优特产以及交通、餐饮、服务等。写作时,如果巧妙融入掌故传说、趣闻轶事和公众评价,则能更好地激发旅游者的兴趣。

这一部分的结构形式通常有条目式和短文式两种:条目式是分条列项,分别介绍概况、景观、食宿、交通、特产和娱乐等方面的内容,条目清晰,便于查索,有的旅游指南还配有游览图和景点照片。短文式一般多结合图片使用,文字部分主要是对游览地的概要介绍和对旅游资源的重点说明。

注意事项

1. 突出实用性。要紧扣景区特点,为游客提供游、行、住、食、购、娱等方面的实用信息;还要适应社会发展和人们审美情趣的变化,精心设计,满足游客的需要。

2. 讲究真实性。旅游指南是游客活动的重要依据,要坚持实事求是的原则,史料、数据、人名、引文及景观介绍要准确无误,不可张冠李戴、移花接木及任意夸大。

3. 追求艺术性。旅游指南的语言应准确简洁,把优美的文字同动人的景观融为一体,以提升游客的审美体验。

【例文】

泰山旅游指南

泰山，位于山东省中部，泰安市之北，为我国五岳之东岳。古以东方为万物交替、初春发生之地，故泰山有“五岳之长”“五岳独尊”之誉。

早在夏、商时代就有72个君王来泰山会诸侯、定大位，刻石记号。秦始皇统一中国封禅泰山以后，汉代武帝、光武帝，唐代高宗、玄宗，宋代真宗，清代康熙、乾隆等也都相继仿效来泰山举行封禅大典，所到之处，建庙塑像，刻石题字，为泰山留下了大量的文物古迹。历代著名的文人学士也都慕名相继来此，赞颂泰山的诗词、歌赋多达1 000余首。杜甫的《望岳》诗“会当凌绝顶，一览众山小”已成为流传千古的名诗。泰山同时又是佛、道两教之地，因而庙宇、名胜遍布全山。因此，泰山不仅有雄奇壮丽的山势，而且有诸多的文物古迹，也是一座道教名山。山顶更有四大奇观：旭日东升、晚霞夕照、黄河金带、云海玉盘，实乃一处名冠世界的文物宝库和游览胜地。1987年底，世界保护自然与文化资源委员会将泰山列入《世界遗产名录》。

游泰山，一般先游岱庙。岱庙位于泰安城内，南起泰安门、通天街，北抵泰山盘道、南天门的中轴线，为历代封建帝王到泰山封禅时举行大典的场所。从秦、汉时起，岱庙历经修建，留有很多珍稀文物。岱庙主殿天贶殿为我国三大宫殿建筑之一，始建于北宋。殿内正中奉祀“东岳泰山神”像，殿壁绘“东岳泰山神出巡”大型壁画。东为出巡，西为返回，画面以仪仗人物为主，场景阵势浩大，人物生动逼真。壁画长62米，高3.3米。殿东汉柏院内有五株汉柏，传为汉武帝手植。岱庙碑刻林立，由秦至清共160余块，多藏于汉柏院内。大殿前还有秦始皇的无字碑。院北东御座是帝王来泰山封禅时休息的地方，北厅陈列泰山部分文物。院内有秦李斯小篆《泰山刻石》。岱庙实为历史文物、诗文、绘画、书法、雕刻艺术之综合博物馆，而碑刻艺术之书法，可谓集我国书法艺术之大成。

登泰山有东西两路，一般从东路上山至极顶，再回到中天门，循西路的公路下山。东路从岱宗坊开始，至极顶共有9 000米，上山蹬道计6 293级石阶。中天门是游人小憩或食宿之处，这里还有索道可直上岱顶月观峰。泰山风景名胜以泰山主峰为中心，呈放射状分布，由自然景观与人文景观融合而成。泰山山体高大，形象雄伟，尤其是南坡，山势陡峻，主峰突兀，山峦叠起，气势非凡，蕴藏着奇、险、秀、幽、奥、旷等自然景观特点。人文景观，其布局重点从泰城西南祭地的社首山、蒿里山至告天的玉皇顶，形成“地府”“人间”“天堂”三重空间。岱庙是山下泰城中轴线上的主体建筑，前连通天街，后接盘道，形成山城一体。由此步步登高，渐入佳境，而由“人间”进入“天庭仙界”。泰山风景区内有山峰156座，崖岭138座，名洞72

处,奇石72块,溪谷130条,瀑潭64处,名泉72眼,古树名木万余株,寺庙58座,古遗址128处,碑碣1 239块,摩崖刻石1 277处。主要分布在岱阳、岱顶、岱阴及灵岩。

作为世界自然遗产的泰山,无论从科研保护还是从审美价值看,都具有突出的特点,因而它不但受到众多科学家的高度重视,也获得了无数游览者的喜爱。泰山景观雄伟壮丽,主峰傲然拔起,环绕主峰的知名山峰有112座,崖岭98座,溪谷102条,构成了群峰拱岱,气势磅礴的泰山山系。俯瞰泰山,山南麓自东向西有东溪、中溪、西溪三条大谷,北麓自东而西有天津河、天烛峰、桃花峪三条大谷,六条大谷溪分别向六个方向辐射,将泰山山系自然地化分成六个不规则区域。六个区域,景观各异,形成了泰山著名的幽、旷、奥、秀、妙、丽的六大旅游区。古代帝王登封泰山,多从中路缘石级而上,因此中路被称为"登天景区",又由于此路深幽,故亦称"幽区"。泰山岱顶海拔1 500余米,有日观峰、月观峰、丈人峰、象鼻峰簇拥着,亦有碧霞祠、玉皇庙、瞻鲁台、仙人桥衬托着,站在此处放眼远望,群山、河流、原野、城市尽收眼底,且时常可见"旭日东升"、"晚霞夕照"、"黄河金带"和"云海玉盘"四大奇观,是为泰山"妙区"。而泰山之阳的山麓部分,由于古人活动甚多,人文景观极为丰富,亦是游览的好去处,人称"丽区"。"幽、旷、奥、秀、妙、丽"便是泰山神秀精髓,它既是天成,又有数千年无数劳动者的构筑。泰山首先以其雄伟恢宏、端庄肃穆、浑厚质朴、清秀娟丽的自然形体,成为人们审美实践中的一个重要源泉;同时,人们又将自身的审美理想赋予了泰山,将自己的审美意识物化于泰山的各个自然与人文景观之中,使之成为中华民族审美创造的结晶。

在中国的名山崇岳中,似乎没有哪一座山像泰山一样同人的关系是那样密切、又那样悠远。在漫长的岁月里,泰山不仅给了华夏先民以生存的庇护,而且还给他们带来了广阔的精神驰骋的领域,从原始的东方崇拜……中华民族从这里由蒙昧走向文明。泰山是一座神山,早在远古时期,泰山就被视作"天"的象征。传说无怀氏、神农氏、炎帝、黄帝、尧、舜……都曾到泰山封禅,以表达对天神佑护的谢意。

泰山是一座圣山,在帝王封禅的同时,泰山也正以它博大的胸怀陶冶着人们真正的人文精神。如春秋时期,以孔孟为代表的思想家、政治家就曾直接受到过泰山的巨大影响。孔子"登泰山而小天下"的名言,便充分反映了两千年前中国圣贤们"以天下为己任",站在泰山般高度上观察社会与人生,以实现自己理想的崇高精神追求。伟人的思想闪现着泰山的灵光,泰山又折射出优秀民族文化精神的璀璨光芒,这也是中国其他山岳无法与之相提并论的。

泰山更是中华民族的精神之山。自古以来泰山便以其高大、厚重、尊严、进取、不屈、向上的形象展现着自身的价值。古人在泰山的活动,为泰山留下了诸多的历史遗迹,如周天子巡狩泰山会盟诸侯的周明堂,汉武帝亲手栽植的汉柏,我国最大

的宫廷式古建筑群岱庙，以及历朝历代建起的宫阁亭坊和数之不清的碑刻与摩崖石刻。泰山的自然景致有独到之处，它的一峰一岭、一草一木都被古代人审视过、命名过、加工过。因此，泰山的自然景观就具有更多的文化内涵，以致经多见广的联合国世界遗产专家卢卡斯先生考察了泰山后说，泰山把自然与文化独特地结合在一起了，它使国际自然协会的委员们大开眼界。泰山使我们认识到必须重新评介自然与人的关系。

这就是泰山，它伴随着华夏民族从远古走来，它所记录下的我们民族的文化与历史，就像一座丰碑，一部巨著，在无言地彪炳着我们这个东方古国所走过的不寻常的历程。

泰山，是中国古代文化重要的发源地之一，是融自然文化遗产为一体的世界名山。

（摘自新华网）

九　商品说明书

概念

商品说明书是向消费者介绍商品的有关知识及使用方法、保养及维修事项的文书。商品说明书是架设在商品和顾客之间的一座桥梁，它不仅是消费者使用产品的指南，而且随着产品走入千家万户，对生产企业也起到了广告宣传的作用。

格式写法

商品说明书一般由标题、正文和结尾三部分组成。

1. 标题。标题由商品名称和文种构成。

2. 正文。正文部分是说明书的主体，因物而异。常见的内容有商品的性能（性质、状态、功能）及特点、商品的原料及构成、商品的规格型号、商品的使用方法及用量（必要时配以图表）、商品的保养与维修、注意事项、厂家或商家的承诺等。写作时可根据不同类型商品的不同特征，具体细致地介绍说明。其写法主要有三种。

（1）条款式。条款式采用分条列举、逐项说明的方式进行介绍，层次清晰，简洁醒目。

（2）概述式。概述式对商品的有关知识作概要式介绍，篇幅短小，内容连贯，能突出商品个性，给消费者留下深刻印象，常用于影视剧、书刊等的介绍。

（3）综合式。综合式兼条款式和概述式两者之长，既有概括介绍，又有分项具体说明。这种概述与条款相结合的说明书,一方面可以突出产品的独特之处;另一方面又使常规项目的介绍一目了然,便于消费者理解与使用。

3. 结尾。结尾部分应注明生产厂家的名称、地址、电话号码、网址等,以示负责,同时便于消费者联系查询。

注意事项

写作商品说明书,要考虑普通读者的理解接受能力,了解消费者的心理需求。要写出真正能让消费者易看易懂的说明材料,应达到三点要求。

1. 直截了当。针对大众最为关心或最为重要的信息,直截了当地加以介绍。若"拐弯抹角""含糊其词",则说明书形同虚设,毫无意义。另外,说明书不仅要写出产品的独到之处、操作方法,还应将产品的不足或因操作不当可能产生的问题或引发的后果告诉消费者。

2. 通俗浅显。说明书要力求通俗浅显,少用或不用专业术语和生僻词语。

3. 直观具体。说明书对产品的构造、装配方法、操作技术、注意事项等项目的说明,要配以图样、表格作具体形象的解说,使用户把握要领,牢记在心。

【例文】

鹿王羊绒衫系列制品消费说明书

鹿王羊绒衫系列产品是中国名牌产品之一,曾获"中国市场抽验优质产品""1994 年中国国际名牌产品博览会金奖""1995 年首届中国国际纺织面料及辅料博览会金奖",获评 1995—1997 年免检产品企业,在 1995 年全国纺织产品展示会上荣获四金。内蒙古鹿王羊绒有限公司获评"中国企业最佳形象 AAA 级",入选"全国信誉度百佳企业"。1995 年被西班牙政府特授予"优秀服务和优良品质国际金奖",以确认其企业形象和声誉。董事长高丰被评为 1995 年中国纺织会发展中国服装事业特殊贡献功臣,1996 年被国家企业家协会和企业管理协会授予"金球奖"。

本系列制品采用素以"纤维宝石""软黄金"著称的产于中国内蒙古的世界最优质的山羊绒,并采用国际先进工艺、设备精制而成,具有柔、轻、滑糯、保暖等特性,因而羊绒制品穿着、洗涤和保养对于每一位羊绒衫拥有者来说都是非常重要的。

(一)穿着羊绒制品注意事项

1. 由于羊绒衫纤维的物理特性,羊绒衫易起球,起静电。请穿着时注意,西装内袋勿装有硬物,勿插笔类等,以免局部摩擦起球。

2. 羊绒衫穿着时注意间歇期,以防羊绒制品的疲劳和静电。

3. 穿着时注意防腐蚀性物质和油污。

（二）羊绒制品的洗涤

1. 一般情况下应干洗，精编羊绒衫则必须干洗。

2. 对粗纺羊绒衫来说，洗涤之前，要仔细检查衣服是否有油污，若有，请用软的棉布蘸上乙醚在油污处轻擦。

3. 将去完油污的羊绒衫放到温度不超过30℃，并加有适量毛织物专有洗涤剂的水中，用手轻洗，脱水后放在下铺毛巾的平台上，用手整理至原形，阴干，用蒸汽熨斗熨平即可。切忌悬挂暴晒。

（三）羊绒制品的保养

1. 羊绒衫在不穿着时切忌悬挂。

2. 避强光，装袋后保存，不与其他衣类混装一袋。

3. 羊绒大衣和羊绒毯则宜干洗。不使用时不要与其他类衣服混放，装袋保存。这样就会使羊绒制品风格依旧。

“鹿王”献给人类的情和爱！

十　招商说明书

概念

招商说明书是指通过为社会提供一定范围的经营业务或经营场所来吸引社会投资，以获得丰富的资金来源而制作的商务文书。

格式写法

招商说明书一般包括标题、正文和落款三部分。

1. 标题。标题一般有两种写法：一种是招商单位+事由+文种；另一种是事由+文种。

2. 正文。正文以说明为主，要做到文字简洁、流畅、内容突出。

3. 落款。应写明发起人姓名，制作的年、月、日，联系方式及其他事项。

注意事项

1. 项目齐全。招商说明书应将项目的情况、所需条件、联系方式等写清楚。

2. 态度诚恳。语言既不可过分谦卑，也不可盛气凌人。

【例文】

××国际电器电子城招商

一、××国际电器电子城是经××市人民政府批准，××市发改委备案，在××市工商行政管理局直接领导下,由××国际电器电子城有限公司投资××万元人民币兴建的华中地区规模最大的电器电子专业市场。

二、本城位于××市中心——××大道××号,东邻××××,西接××××,南对黄金水道——长江,北接最繁华的商业一条街——××路,交通便捷,人流如潮,是投资经营的理想场所。

三、招商对象:国内外电器电子厂家、代理商、批发商、经销商、私营企业主及个体工商户。

四、经营方式及商品范围:批零兼营,主营家用电器、影音器材、音像产品、空调制冷设备、电脑、办公设备、通信产品、电子元器件、摄影器材、相关电子产品及配件。

五、本城设施一应俱全,给商户提供完善、舒适的经营环境,并提供热情周到的服务。前100名客商将享受摊位八折优惠,同时所有客户享受其他专业市场的优惠政策。

联系地址:××市××路××号××酒店××室

联系电话:××××××××

手机:×××××××××××

联系人:×××先生

××市××装饰设计工程有限公司

××广告公司承制

20××年××月××日

(引自中国办公网 www. 365u. com. cn)

十一 希望建立贸易关系函

‖概念‖

希望建立贸易关系函是指为了表达与对方建立贸易关系的愿望而写作的信函。

‖格式写法‖

希望建立贸易关系函一般包括标题、称谓、正文和落款四部分。

1. 标题。标题可直接写为“希望建立贸易关系函”。

2. 称谓。顶格写明收函人(公司)名称。

3. 正文。正文要写明以下四方面的内容:

(1)获悉对方信息的途径。

(2)表示己方有意与对方建立贸易关系,希望得到对方的合作。

(3)向对方作自我介绍,包括企业性质、基本业务状况、经营的范围、有哪些分支机构等。

(4)以祝颂语结尾。

4. 落款。落款应写明发函人(公司),并标明年、月、日。

注意事项

1. 态度要诚恳,用词表达要准确。

2. 要注意用礼节性语言。

3. 交代清楚联系方式和联系人。

【例文】

希望建立贸易关系函

××公司:

我们从本国驻巴基斯坦使馆商务参赞处得悉贵公司的名称和地址,现借此机会与贵方通信,旨在与贵方建立友好业务关系。

我们是一家中国国有企业,专门经营台布出口业务。我们可以接受顾客的来样订货,来样中可提出具体需要产品的花样图案、规格及包装要求。

为使贵方对我公司产品有大致的了解,我们另航寄最新的产品目录供参考。如果贵方对我公司产品有兴趣,烦请告知我公司。

盼早日赐复。

中国××公司(印章)

20××年5月16日

十二　希望建立贸易关系答复函

概念

希望建立贸易关系答复函是指收到希望建立贸易关系函后给予答复的商业信函。

格式写法

希望建立贸易关系答复函一般包括标题、称谓、正文和落款四部分。

1. 标题。应写明"希望建立贸易关系答复函"。

2. 称谓。顶格写明收函人(公司)名称。

3. 正文。首先说明收到来函的日期，然后说明自己的态度、意愿及交代汇寄有关材料的情形。如果不能满足对方的要求，要及时委婉地叙述原因，以便为以后可能的交易留有余地。最后说出本方的明确打算。

4. 落款。写明发函公司名称，并标明年、月、日。

注意事项

希望建立贸易关系答复函必须有针对性，不能答非所问；同时，复信要及时。

【例文】

建立贸易关系答复函

尊敬的××先生：

非常高兴收到贵公司本月16日有关建立贸易关系的来函。

谨遵要求另函奉上本公司最新的出口商品目录及报价单。如欲订货，请寄发电子邮件或传真为盼。款项须请以不可撤销保兑信用证支付。

××公司出口部

××主任谨上

20××年5月22日

十三　询价函

概念

询价函是买方向卖方询问某项商品交易条件时所写的信函。

格式写法

询价函一般包括标题、称谓、正文和落款四部分。

1. 标题。标题写明“询价函”即可。

2. 称谓。顶格写上收函人(公司)名称。

3. 正文。写明向卖方索要主要商品目录本、价格单、商品样品或样本等，也可以用询价单或发订单的方式询问某项商品的具体情况。

4. 落款。写明发函公司名称，并标明日期。

注意事项

询价目的是请对方报价。询价对交易双方均没有法律上的约束力。

【例文】

询价函

××公司：

根据杭州市××水库除险加固工程电站重建需要，拟采购主变压器和厂用变压器，特向贵单位发询价函，望贵单位给予复函。

一、规格型号、技术要求及数量

主变压器型号：SCB10-1600/10，数量：2 台；厂用变压器型号：SC10-125/10，数量：1 台。主变压器及厂用变压器技术参数和性能要求见附件。

二、报价时间

请贵单位就以上设备在20××年×月×日下午4:00之前向我处传真报价。

三、供应商复函须知

1. 报价函请加盖贵单位公章。复函报价内容为：辅助设计、技术协调会、变压器制造、备品备件、运输、协助安装和调试、检验、技术培训及售后服务、税金等费用。

2. 供应商在报价函中应就以下条款给予说明：

(1)供货时间。

(2)提供设备的规格表(包括设备、备品备件等的规格性能、产地、技术参数和主要功能说明等内容)。

(3)供货设备质量满足设计和国家及相关行业标准。

(4)提供设备的明细报价及汇总报价。

(5)确定交货期及相关售后质量及服务承诺。

3. 对本变压器提出合理化建议或意见。

4. 采购合同由成交单位与我处签订。询价函、报价函及其澄清文件均为采购合同的组成部分。

5. 对上述条款应作出响应，非响应性报价均作无用报价处理。

四、结算方式

签订合同出具履约保函后支付合同价的30%作为预付款，设备到货后支付合同总价的50%作为进度款，安装调试完毕、验收合格后支付合同总价的15%，剩余5%作为质量保证金，质保期为一年。

五、联系方式

地址：杭州市××街道××水库管理处

邮编：(略)

本项目联系人：(略)

电话：(略)

传真:(略)
邮箱:(略)

杭州市××管理处(印章)
20××年×月×日

十四　报价函

概念

报价函是卖方向买方提供商品的有关交易条件所回复的信函。

格式写法

报价函一般包括标题、称谓、正文和落款四部分。

1. 标题。写明“报价函”即可。

2. 称谓。顶格写上收函人(公司)名称。

3. 正文。首先应说明询价函已收到;然后说明产品概况,包括产品的价格、结算方式、发货期、产品规格、可供数量、产品包装和运输方式等内容;最后为结尾语,如“恭候佳音”等。

4. 落款。写明发函公司名称,并标明日期。

注意事项

1. 正文开头需注明对方询价函的日期。

2. 报价的内容多采用条文式的结构,让人一目了然。

3. 报价函中的报价不同于国际贸易中的报盘。报价函起通知买方价格的作用,对卖方没有约束力,可以更改。

【例文】

报价函

××县污水处理厂:

贵厂×月×日询价函收悉。谨遵贵厂要求,将本公司产品报价详述如下:

项目	内　容			
产品标的	产品规格	产品单价	跨距要求标准挠度为 1/200	备注
玻璃钢格栅	50 毫米×50 毫米×50 毫米	340 元/平方米	标准挠度为 1/200 时跨距为 1.0~1.6 米,挠度增大需加支撑	凹槽

续表

项目	内　　容
蒙皮费用	110 元/平方米
安装费用	20 元/平方米
产品数量	以切割前的实际尺寸为准
交货时间	合同签订后 30 个工作日后(可分批交货)
交货地点	购方仓库
报价有效期	至 20××年 12 月 15 日

说明:1. 上述报价包含了按贵公司选定尺寸的切割费用。
2. 上述报价不包含增值税。
3. 上述报价不包含选定尺寸的切割损耗费用和运输费用。
4. 上述报价仅对本项目玻璃钢盖板应用数量有效。
5. 本公司具有玻璃钢行业唯一专业上门安装团队,可依客户要求提供有偿服务。

如果贵公司认为报价符合贵公司的要求,请早日联系我公司。

恭候佳音!

杭州××复合材料有限公司(印章)

20××年×月×日

十五　还价函

概念

还价函是指接受报价的一方,认为对方的报价中某些条款不能接受,向报价方提出修改意见的信函。

格式写法

还价函一般包括标题、称谓、正文和落款四部分。

1. 标题。标题可直接写为“买方降低原价还价函”。

2. 称谓。顶格写上收函人(公司)名称。

3. 正文。还价函的正文可包括产品的价格、结算方式、交货日期、产品包装和运输方式等内容。

4. 落款。写明发函公司名称,并标明日期。

注意事项

还价函可以是买方就卖方的报价还价，也可以是卖方就买方的还价而再还价。

【例文】

还价函

××有限公司：

贵公司20××年5月22日还价函收悉。贵公司未能接受我方报价，非常遗憾。

我中心生产的××牌节能灯管品质优良，使用寿命长，价格合理。贵公司的还价我方难以接受，我方最多只能将原报价降低1%。本报价请贵公司考虑。

盼复。

××购物中心商品采购部(印章)

20××年5月28日

十六　接受报价函

概念

接受报价函是指买方或卖方接受对方提出的交易条件时所发出的信函、传真、电传或电报等。

格式写法

接受报价函一般包括标题、称谓、正文和落款四部分。

1. 标题。标题写“接受报价函”即可。

2. 称谓。顶格写上收函人(公司)名称。

3. 正文。接受报价函的正文应写明接受对方的具体报价条件，包括商品的名称、规格、单价，以及结算方式、交货日期、地点等项内容。

4. 落款。写明发函公司名称，并标明日期。

注意事项

1. 交易双方表示接受的信函、传真、电传或电报等均可作为成交的承诺，具有法律约束力。

2. 如果是买方同意卖方的报价或还价的接受函，一般都要随函说明所需订购货物的有关事项，在此情况下，买方的接受函实际上也是买方的订购函。

【例文】

接受报价函

××有限公司：

贵公司20××年5月28日报价函收悉。我公司愿意接受贵公司报价，并愿意按照贵公司报价函中的条件订货。

商品：××节能灯管

规格：一级

单价：每支××元

包装：标准硬纸箱，每箱25支

结算方式：商业汇票

交货方式：送货上门

送货日期：收到订单3日内

请办理为盼。

××发展有限公司（印章）

20××年6月5日

十七 订购函

概念

订购函是买卖双方经过反复磋商，在达成一致意见的情况下，买方按双方谈妥的条件向卖方订购货物时发出的信函。

格式写法

订购函一般包括标题、称谓、正文和落款四部分。

1. 标题。标题可直接写为“订购函”。

2. 称谓。顶格写上收函人（公司）名称。

3. 正文。订购函一般应包含商品名称、牌号、规格、数量、价格、结算方式、包装、交货日期、交货地点、运输方式和运输保险等内容。

4. 落款。写明发函公司名称，并标明日期。

注意事项

订购函有两种形式：一种是在接受函里说明所需订购的货物；另一种是下订单，即把订购函制成订单式，以表格形式列明各项交易条件，可根据具体情况加以选择。

【例文】

订购函

××公司：

贵公司×月×日的报价单收悉，谢谢！

贵公司报价较合理，我公司特订购下列货物：

ESCL 冰箱 5 台，单价 1 200 元，总计 6 000 元。

ESDL 冰箱 5 台，单价 1 100 元，总计 5 500 元。

ESEL 冰箱 5 台，单价 1 000 元，总计 5 000 元。

ECCL 冰箱 5 台，单价 800 元，总计 4 000 元。

交货日期：××××年×月×日之前

交货地点：××市××港口

结算方式：转账支票

请及时运送货物，我公司接到贵公司装运函后，即开具转账支票。请即予办理为盼。

××发展有限公司(印章)

20××年×月×日

十八　确认订购函

概念

确认订购函是卖方在收到客户的订单后，予以回函确认，同时告知客户货物办理程度和货款支付等事宜，并询问客户其他要求的商务信函。

格式写法

确认订购函一般包括标题、称谓、正文和落款四部分。

1. 标题。标题可写成“确认订购函”。

2. 称谓。顶格写上收函人(公司)名称。

3. 正文。首先，写明收到对方订购函的日期，告知对方货物即将发出，希望对方查收；其次，告知对方货款如何支付；最后，简明扼要地询问客户是否还有其他要求，并写上结尾语。

4. 落款。写明发函公司名称，并标明日期。

注意事项

写作时要详细说明货物办理情况和货款支付情况，以便对方及时收货和付款；结尾一般要向对方致谢，并表达继续合作的意愿。

【例文】

确认订购函

××发展有限公司：

很高兴收到贵方×月×日第2号20台冰箱的订购单，我公司即速予办理，货物将按照贵方要求准时运抵××港口。

根据商业汇票的规定，我公司通过××银行开具面额为×××元以贵方为付款人的银行承兑汇票，承兑期限为3个月。我们相信此汇票必得承兑。

贵方对此批货物还有何要求，请即函告。

感谢贵方的惠顾，希望我们能保持经常的贸易联系。

××公司(印章)
20××年×月×日

十九　交易磋商函

概念

交易磋商函是指交易双方就某项商品买卖的各种具体交易条件反复磋商，最后达成交易的商业往来信函。

格式写法

交易磋商函一般包括标题、称谓、正文和落款四部分。

1. 标题。标题可直接写为“交易磋商函”。

2. 称谓。顶格写上收函人(公司)名称。

3. 正文。交易磋商函包括商品的品质、规格、包装、数量、付款、保险、意外事故、索赔和仲裁等方面的内容。

4. 落款。写明发函公司名称，并标明日期。

注意事项

写作时应体现协商一致、互利互惠的原则，态度要诚恳，各项内容应明确具体。

【例文】

交易条款与价格磋商函

××进出口公司：

贵公司×月×日来信收悉。对贵公司要求与我公司建立业务关系的愿望，我们表示欢迎。从来信中获悉贵公司对中国真丝绢花很感兴趣，并希望了解该商品的有关情况及我方的贸易做法。现将我公司销售绢花的一般交易条款介绍如下：

1. 品质规格：真丝绢花以绫、绸、绢、缎等高级丝绸为原料，品种有月季、寒冬菊、杜鹃、凤尾兰等千余种，式样有瓶插花、盆景、花篮等。真丝绢花质地轻盈，不褪色，耐温耐压。具体规格请参阅全套彩色样本。

2. 包装：纸箱装。大花每箱装20盒，每盒装1打；小花每箱装30、40或80打不等，根据货号决定。纸箱内衬托蜡纸，外捆塑料打包带。每箱体积长×厘米，宽×厘米，高×厘米。每箱毛重×千克，净重×千克。

3. 数量：为便于装运，卖方有权多交或少交5%的货物，多交或少交部分按合同价格结算。

4. 支付货款：买方应通过卖方所接受的银行开具全部货款的、不可撤销的、准许转船、准许分期装运的即期信用证，信用证必须于装运月份前15天送达卖方。其中，装船货物的数量和金额允许增减5%，信用证有效期应规定在最后装运日期后15天在中国到期。

5. 保险条款：如按CIF价格条件成交，卖方概按发票金额的110%投保综合险，以中国人民保险公司有关海洋运输货物的保险条款为准。

6. 不可抗力因素：如因战争、地震、严重的风灾、雪灾、水灾以及其他人力不可抗拒事故而致延期交货或无法交货时，卖方不负任何责任。

7. 索赔：凡有对装运货物质量提出索赔者，必须在货物到达目的港后30天内提出。货物质地、重量、尺寸、花型和颜色均允许有合理差异，对在合理差异范围内提出的索赔，卖方概不受理。

8. 仲裁：凡因执行合同所发生的或与合同有关的一切事宜，双方应通过友好协商解决。如协商不能解决，应提交中国国际贸易促进委员会对外贸易仲裁委员会根据该会仲裁程序暂行规则进行仲裁，仲裁裁决是终局的，对双方都有约束力。

以上一般交易条款已为×国其他进口商所接受，相信这些条款也将为贵公司所接受。如有任何疑问，请向我们提出。

如贵公司有意购买，请即询价。我们相信，在双方良好的配合下，首笔交易必将能很快达成。等候佳音。

××××公司(印章)
20××年×月×日

二十　催款函

概念

催款函是指卖方在买方收到货物后逾期未结算付款的情况下,用来提醒买方及时结算付款的信函。

格式写法

催款函一般包括标题、称谓、正文和落款四部分。

1. 标题。标题写明“催款函”即可。

2. 称谓。顶格写上收函人(公司)名称。

3. 正文。催款函一般应写明以下三项内容:

(1)催款单位和欠款单位的全称和银行账号,必要时写上催款单位的地址、联系电话、经办人姓名等。

(2)双方交易往来的原因、日期、发票号码、欠款金额及拖欠货款等情况。

(3)处理意见。

4. 落款。写明发函公司名称,并标明日期。

注意事项

1. 催款函应主题明确,要求具体,绝不能含糊其词,以免引起歧义。

2. 处理意见要切中要害、切实可行,既要有催促作用,又要符合国家有关经济法律、法规,做到合情、合理、合法。

3. 文中涉及的数字、证据、日期、银行账号等要准确无误,以免引起新的争端。语言力求简洁,不必客套,措辞适当。

【例文】

催款函

××公司:

感谢贵公司选择我公司的产品,与我公司建立友好合作关系。

根据贵公司与我公司签订的《××××合同》,我公司在交付产品后3日内,贵公司应付清全部货款。现付款期已过,请贵公司本着友好、诚信和互惠互利的原则尽

快付款。我公司账户情况如下:

开户行:中国银行

户名:××玩具公司

账号:××××××××

顺祝商祺!

××玩具公司(印章)

20××年6月20日

二十一　装运通知函

概念

装运通知函是说明货物装运日期、装运车号、所附单据等以便买方办理提货手续的商业信函。

格式写法

装运通知函一般包括标题、称谓、正文、落款四部分内容。

1. 标题。写明“装运通知函”即可。

2. 称谓。顶格写上收函人(公司)名称。

3. 正文。一般要写明以下四项内容:

(1)对方订货号、货物品种及数量。

(2)包装情况。

(3)货物装运时间及估计到达时间。

(4)货物装运单据名称和份数。

4. 落款。写明发函公司名称,并标明日期。

注意事项

1. 在国内贸易中,货物的提取若以发货形式,卖方应负责装运。为避免意外,卖方还要为货物投保。

2. 装运条件包括装运方式和运费、保险金的支付等。采取何种装运方式以及装运费用、保险金的支付方式,主要根据交易双方的协商而定。

3. 如果买方要求卖方将货物发送到指定地点,则买卖成交后,卖方就应履约,按规定期限将货物装运,并立即用电报、信函等形式通知买方,说明装运日期、装运车号,并将提单、发票、检验单、保险单等单据副本寄至买方,以便买方办理提货手续。

【例文】

装运通知函

××公司：

贵公司于20××年3月6日第25号订购函所订购的50台电冰箱，我公司已于20××年3月15日交付托运，预计3天后运抵交货地点。

50台电冰箱分50箱包装，每箱上均有▲标记。

兹随函附寄装运单据，以便贵公司在商品抵达时顺利提货。各份单据如下：

1. 我方第××号发票1份。
2. 第××号货运提单1份。
3. 第××号装箱单1份。
4. 第××号保险单1份。
5. 第××号检验单1份。

感谢贵公司对我公司的支持，希望继续来函询价、订购商品。

××电子产品公司(印章)

20××年3月16日

二十二　包装磋商函

概念

包装磋商函是为磋商产品运输包装及销售包装而发出的商业函件。

格式写法

包装磋商函一般包括标题、称谓、正文、落款四部分内容。

1. 标题。标题写明“包装磋商函”即可。
2. 称谓。顶格写上收函人(公司)名称。
3. 正文。如果买方发出包装磋商函，一般要写明以下三项内容：

(1)买方对产品的满意程度。

(2)对产品包装方面的要求。

(3)结语。如“愿我们合作愉快”等。

如果包装磋商函系卖方发出，则根据具体情况说明相关事项。

4. 落款。写明发函公司名称，并标明日期。

注意事项

写作时语气要谦和得体,以体现合作的诚意和良好的意愿。

【例文】

包装磋商函

××先生:

贵方1月20日关于100千克金华火腿的报价函收到。我方对产品质量、价格、支付条件和交货日期等均感满意,只是对包装有如下特别要求:

我们希望将聚乙烯袋销售包装改成硬纸盒包装,运输包装则改用瓦楞板纸箱,以便于顾客携带和长途运输。

顺颂商祺!

北京市××连锁超市(印章)
20××年1月30日

二十三　索赔函

概念

索赔函是指合同争议或纠纷发生后,蒙受损失的一方向违约的一方提出赔偿要求时所写的信函。

格式写法

索赔函一般包括标题、称谓、正文和落款四部分。

1. 标题。采用事由+文种方式,或者直接写明“索赔函”。

2. 称谓。顶格写上收函人(公司)名称。

3. 正文。索赔条款主要包括索赔的依据、期限、赔偿损失的办法和金额等内容。索赔函一般包括如下内容:

(1)简述事由。

(2)陈述违约事实。

(3)说明索赔理由。

(4)陈述对方违约给自己带来的损失。

(5)提出具体的索赔要求。

4. 落款。写明发函公司名称,并标明日期。

注意事项

1. 在写作索赔函之前,要认真研读有关材料,如合同中有关规定的细则、双方交易过程中的有关往来函电,以分清是非责任。

2. 要提出证据,如货物受损时可留有损坏的货物作为凭据或由商检局及其他公证机关检验或公证,并出具证明文件作为依据。

3. 提出索赔要求应合情合理,不能漫天要价。

4. 应根据引起索赔的原因和不同的索赔情形选择相应的措辞和语气。

5. 注意索赔的有效时限。

6. 如有附件,写在信函的左下角。

【例文】

索赔函

××公司:

随函寄去上海市商检局的检验报告〔(20××)××号〕。报告证明,贵公司售出的苹果汁每桶重量比贵方提供的样品少 5 千克,重量总计比合同约定少 3 000 千克。鉴于此种情况,我公司不得不向贵公司提出 850 元人民币的索赔,另加检验费用 100 元,总计 950 元。

特此函达,盼复。

××百货公司(印章)
20××年 5 月 5 日

二十四 理赔函

概念

理赔函是指合同争议或纠纷发生后,违约一方受理遭受损失一方的赔偿要求的信函。

格式写法

理赔函一般包括标题、称谓、正文和落款四部分。

1. 标题。采用事由+文种方式,或者直接写明“理赔函”。

2. 称谓。顶格写上收函人(公司)名称。

3. 正文。写作理赔函一般要写明以下三项内容:

(1)引述来函要点。

(2)表明态度。

(3)提出处理意见。

4. 落款。写明发函公司名称,并标明日期。

注意事项

1. 写作理赔函,应认真研读索赔函,判断对方的索赔理由是否成立,函中提供的证据是否有效,索赔金额是否合理,索赔期限是否逾期,然后据此确定不同的理赔策略。

2. 要正确估算赔偿的损失数字。

【例文】

理赔函

××百货公司:

贵公司5月5日来函收悉。来函中提到我公司向贵公司售出的苹果汁重量不足一事,我公司立即进行了调查,发现是由于相关人员在装货时误装了不同型号的产品。对于此次工作的疏忽,我公司深表歉意。我公司愿意承担由此给贵公司造成的一切经济损失(总计950元人民币)。

我公司保证以后不再出现类似失误。

特此函复。

××公司(印章)

20××年5月7日

二十五　投诉处理函

概念

投诉处理函是指回复客户的投诉,并提出处理意见的信函。

格式写法

投诉处理函一般包括标题、称谓、正文、落款四部分。

1. 标题。写明“回复投诉函”或“投诉处理函”即可。

2. 称谓。顶格写上收函人(公司)名称。

3. 正文。投诉处理函的内容包括以下三项:

(1)引述投诉函要点。

(2)表明己方态度。

(3)提出处理意见。

4. 落款。写明发函公司名称,并标明日期。

注意事项

回复客户投诉,态度必须认真坦诚。信尾应有单位领导的签名。语言要礼貌得体,用词冷静平和。

【例文】

投诉回复函

×××先生:

×月×日来函收悉,感谢您对我公司工作的批评和建议。

您在来函中提到家中部分新购的××家具出现脱胶、接缝不牢等现象。针对这一情况,我公司已经责成公司驻贵市办事处的工作人员去您家中做实际检查,并尽快作出处理意见。我公司将严格遵守《中华人民共和国产品质量法》和我公司的销售承诺,妥善解决好您的问题,请您放心。

特此函复。

河北省××家具制造有限公司(印章)

20××年×月×日

【思考与练习】

1. 举例说明市场营销文书的特点和作用。

2. 请调查 2024 年高校毕业生就业情况,运用科学的方法,预测 2025 年的毕业生就业形势,写一份市场调查与预测报告。

第六章

谈判契约文书

一　商务谈判方案

概念

商务谈判方案又称谈判计划，是正式谈判之前，根据谈判目的和要求拟定的反映具体谈判内容和步骤的文书。

格式写法

商务谈判方案一般由标题、主体和落款三部分组成。

1. 标题。一般为事由+文种。如“关于进口数码摄像机的谈判方案”。

2. 主体。主体包括以下两项内容：

(1)前言。前言应写明谈判的总体构想、原则以及谈判内容和谈判对象的情况。

(2)具体条款。其中包括谈判主题、谈判目标、谈判程序和谈判组织等内容。

3. 落款。注明方案制订者(集体或个人)的名称及方案制订日期。

注意事项

1. 方案内容要符合国家的有关政策和法律规定。

2. 拟订前要做好调查研究工作，以实际情况和可靠的数据为写作依据。

【例文】

关于引进××公司矿用汽车的谈判方案

5年前我公司曾经经手××公司的矿用汽车，经试用性能良好，为适应我矿山技术改造的需要，打算通过谈判再次引进××公司矿用汽车及有关部件的生产技术。××公司代表于4月3日应邀来京洽谈。洽谈的具体内容如下：

1. 谈判主题

以适当价格谈成29台矿用汽车及有关部件生产的技术引进。

2. 目标设定

(1)技术要求。①矿用汽车车架承压15 000h不准开裂。②在气温为40摄氏度条件下,矿用汽车发动机停止运转,在接入220V的电源后,发动机能在30min内启动。③矿用汽车的出动率在85%以上。

(2)试用期考核指标。①1台矿用汽车试用10个月(包括一个严寒的冬天)。②出动率达85%以上。

(3)技术转让内容和技术转让深度。①利用订购29台车为筹码,××公司免偿(不作价)转让车架、厢斗、举升缸、转向缸、总装调试等技术。②技术文件包括图纸、工艺卡片、技术标准、零件目录手册、专用工具、专用工装和维修手册等。

(4)价格。①××××年购买××公司矿用汽车,每台FOB单价为23万美元;5年后的今天如果仍能以每台23万美元成交,那么定为价格下限。②5年时间按国际市场价格浮动10%计算,今年成交的可能性价格为25万美元,此价格为上限。

小组成员在心理上要做好充分准备,争取价格下限成交,不急于求成;与此同时,在非常困难的情况下,也要坚持不能超过上限达成协议。

3. 谈判程序

第一阶段:就车架、厢斗、举升缸和总装调试等技术附件展开洽谈。

第二阶段:商定合同条文。

第三阶段:价格洽谈。

4. 日程安排(进度)

第一阶段:4月5日上午9:00—12:00,下午3:00—6:00。

第二阶段:4月6日上午9:00—12:00。

第三阶段:4月6日晚7:00—9:00。

5. 谈判地点

第一、二阶段的谈判安排在公司13楼洽谈室,第三阶段的谈判安排在××饭店二楼咖啡厅。

6. 谈判小组分工

主谈:张××为我谈判小组总代表,为主谈判。

副主谈:李××为主谈判提供建议,或见机而谈。

翻译:叶××随时为主谈、副主谈担任翻译,还要留心对方的反应情况。

成员A:负责谈判技术方面的条款。

成员B:负责分析对方动向、意图,负责财务及法律方面的条款。

矿用汽车引进小组

××××年×月×日

(引自在线技术论坛 http://dev2dev.bea.com.cn,略有删改)

二　商务谈判备忘录

概念

商务谈判备忘录是指在谈判过程中,记载双方的谅解与承诺并作为下一步洽谈参考的文书。

格式写法

商务谈判备忘录主要包括标题、谈判双方情况、事项、落款四部分内容。

1. 标题。一般写成“备忘录”或“××谈判备忘录”。

2. 谈判双方情况。其中包括双方单位名称,谈判代表姓名,会谈时间、地点和会谈内容等。

3. 事项。它是指双方通过谈判后,各自作出的承诺。

4. 落款。双方谈判代表署名,并写明日期。

注意事项

商务谈判备忘录要全面体现商务谈判的内容,包括双方存在的分歧、尚未达成共识的事项等,要充分体现备忘功能;语言要朴实、准确。

【例文】

中国××实业有限公司与意大利
××股份有限公司谈判备忘录

中国××实业有限公司(简称A)与意大利××股份有限公司(简称B)的代表于20××年6月6日在A总部就W型传真机的转让制造一事进行了初步协商,在平等友好的气氛下双方交换了意见,并对以下事项达成了初步共识:

一、A要求B将现行生产W型传真机的生产技术以Knowhow的方式出售给A。

二、A要求向B购买为生产20 000台W型传真机所需的全部设备和材料,以便自行生产,并且其设备和材料只向A提供(详见B提供的材料清单)(略)。

三、A所属的划时代电子公司按照上述一、二事项在生产W型传真机时,聘请B的工程技术专家×××为A对该型传真机的生产进行技术指导。

四、A确认对于上述20 000台W型传真机的转让制造,双方同意其付款条件是委托中国银行开立经意大利开发银行通知的以B为受益人的不可撤销信用证,以美元支付。

五、将本备忘录中一、二、三、四事项认定为一个完整的整体(但转让生产技术

是可以进一步探讨的)。

六、关于向A转让生产技术,B与意大利有关部门需进行详尽讨论。在研究A所提出的协议书草案后,B将向A发出邀请,派代表团前往意大利参观和进一步讨论W型传真机转让生产技术的可能性。

七、双方都有义务对本备忘录保守秘密,A方保证不向别国转让备忘录和协议书规定的资料。

中国××实业有限公司
经理×××(签字)
20××年6月6日

(引自豆丁网 http://www.docin.com/)

三　谈判纪要

概念

谈判纪要是记载谈判的指导思想、谈判目的、谈判主要议程、谈判内容和结果的记录性文件。

谈判纪要是在谈判记录的基础上整理而成的,集中反映了谈判的基本精神和议题、结果,是下一步签订协议或合同的依据。有些谈判纪要经过会谈双方签字确认后,还可以作为意向书。

格式写法

谈判纪要一般包括标题、正文和落款三部分内容。

1. 标题。由谈判事由和文件名称构成。如"关于汽车散件进口价格的谈判纪要"。

2. 正文。正文分为开头和主体两部分。

(1)开头。开头是谈判情况的综述,包括谈判时间、地点,谈判双方国别、单位名称及谈判代表姓名,谈判目的,谈判取得的主要成果或就哪些问题达成了初步协议。

(2)主体。主体大致包括:双方取得一致意见的主要目标及其具体事项;双方的权利和义务;需要进一步磋商的问题。或为了留有余地,写明"对未尽事宜另行协商"字样,以便以后的谈判具体化或更趋完善。

3. 落款。在纪要最后,双方谈判代表签名,并注明日期。

注意事项

商务谈判纪要的写作对作者的业务素质、归纳概括能力和语言表达能力都有很高的要求,写作时应注意两个问题。

1. 突出纪实性。商务谈判纪要所涉及的内容是各方必须共同遵守执行的,执笔者必须忠实反映,不能因个人的愿望和喜好随意增减和修改。

2. 体现协商性。商务谈判纪要常常使用"双方一致认为""双方商定""甲方要求""乙方同意"等表述方式。

【例文】

谈判纪要

谈判时间:20××年1月1日

谈判地点:北京香山饭店

谈判双方:北京××公司(甲方)

南京××公司(乙方)

谈判人员:甲方代表:北京××公司经理李××

乙方代表:南京××公司经理王××

经过前期的招标、投标工作,双方已确定由乙方承担甲方火灾报警系统扩容改造项目,此次会谈双方只是就最后的改造方案、价格以及售后服务等问题进行磋商。双方的主要意见如下:

1. 乙方代表介绍,通过进一步考虑甲方公司的实际情况,对高架库的设计方案稍作调整,对所采用的红外光束型号作了更换,但价格未变。甲方认为现有改造方案与原方案相比变化不大,原则上接受了乙方的调整方案。

2. 乙方此次报价为818 000元,经过双方协商,乙方同意下浮3个百分点,双方最终议定项目价格为793 460元。

3. 双方议定售后保修服务期限为两年,雷击损坏也属保修范围。

甲方:北京××公司

经理李××

四　意向书

概念

意向书是当事人双方或多方在实质性谈判前,表达和记录某一项目合作意向的文书。

格式写法

意向书一般包括标题、正文和落款三部分内容。

1. 标题。写明“意向书”,或采用事由+文种的方式,如“投资意向书”。

2. 正文。写明双方出席代表的姓名、时间、地点,以及协商经过,协商的主要事项等。

3. 落款。双方代表署名并注明具体日期。

注意事项

1. 把握分寸。意向书不具备法律效力,仅表明合作的意愿和趋向,其作用是为日后签订合同做好准备。因此,有些内容不宜写入,如涉及自身利益的具体内容、须上级批准或与其他部门协调才能办理的事项等。

2. 用语谨慎。意向书是进一步洽谈成交的基础,具有协商性、灵活性和临时性等特征,行文时应周密思考,特别是关涉双方权益的表述要留有余地。

【例文】

合作意向书

甲方:中国××××协会

乙方:中国××服务网

20××年3月5日,甲、乙双方本着“互利共赢,共建人才特区”的原则,经过平等协商,达成如下合作意向:

一、合作内容

利用中国××服务网领先的信息技术、丰富的人力资源外包服务经验和先进的运营管理体系,乙方为甲方建立人力资源集约化管理和服务平台,为甲方区内企业和人才服务提供技术支撑,形成产业人才与人才产业互动发展的良好局面。

二、双方职责

(一)甲方职责

1. 甲方是区域人力资源集约化管理和服务平台的组织单位和管理部门,要为人力资源集约化管理和服务平台建设提供必要的政府层面的组织协调工作。

2. 组织开展各项人才政策规范、信息标准和服务标准等一系列标准规则的制定工作。

3. 建设各类人才信息库,及时做好各类人才信息的数据收集、整理、维护和更新工作。

4. 为人力资源集约化管理和服务平台建设、推广提供必要的宣传、导向工作。

(二)乙方职责

1. 负责人力资源集约化管理和服务平台建设的总体策划,按合作内容提供人力资源集约化管理和服务平台建设所需的各类设备、线路、软件,并进行集成和培训。

2. 根据甲方区内企业的需求,分别实施招聘、人力资源管理、教育培训、人力资源整体外包、人事代理和派遣等服务。

3. 在保证甲方和区内企业正常运营的前提下,为甲方相关部门提供人力资源综合信息。

4. 利用乙方的呼叫中心,通过特服号,建立和完善甲方人力资源管理与服务的一站式服务平台。

三、附则

1. 双方合作中应严格遵守国家及双方的相关法律和规定。

2. 本意向书一式两份,甲、乙方各执一份。

3. 未尽事宜,由双方进一步友好协商解决。

五 条 据

概念

条据是指作为某种凭据的便条,日常生活中常见的比较简便的应用文。凭证式条据主要有借条、欠条、收据、领条和发条等。

1. 借条。借到个人或单位的现金、财物时写给对方的条子就是借条。钱物归还后,把条子收回作废或撕毁。

2. 欠条。借了个人或公家的钱物,归还了一部分,还有部分拖欠,对所欠部分所打的条子即欠条。

3. 收条。在收到别人或单位的钱款、财物时写给对方的条子即收条或收据。

4. 领条。向单位领取钱物时,写给负责发放人的条子,称领条。

5. 发条。便条式发条往往限于零担小卖的小额货款,只作为一种付款的简便凭证。一般情况下,应使用税务部门印制的发票,以免违反税务制度。

格式写法

凭证式条据通常由标题、正文、落款三部分内容组成。

1. 标题。在条子的上方中间,一般要写上“收条”“借条”等字样作为标题,醒目地说明是什么性质的条据。这样既扼要地提示了内容,又便于归类保管。

2. 正文。紧靠标题的下方空两格书写正文。条据开头有较为固定的惯用语,

一般为“今借到”“今领到”“今收到”等。如果涉及钱物，要写明数量，数字一般用大写，末尾要加上个“整”字。数字如有写错的情况，改正后必须盖章，或重写一张。

3. 落款。条子的右下方为签署部分，应写上制条人姓名（如果是单位，除写明单位名称外，还应写明经办人姓名），然后再下移一行注明日期。

注意事项

1. 条据一般属于说明性文体范围，包括四项要素，即写给谁、什么事、谁写的、什么时间写的，要一一写清。

2. 是否要写致敬语，应视条据格式、内容和交往对象而定。

3. 条据应用蓝黑钢笔或签字笔书写，一般不能用红色笔写。重要内容有所改动，应加盖印章。

凭证式条据种类颇多，但格式上比较统一，只要根据不同内容变换字句即可。

【例文】

借　条

今借到星火公司椅子叁拾把，以供表彰大会使用，会后立即归还。此据

××公司办公室（印章）
经手人：李××（签章）
20××年×月×日

欠　条

原借刘××同志人民币壹仟元整，已还款叁佰元整，尚欠柒佰元，本月16日前还清。此据

李××（签章）
20××年3月6日

收　条

今收到××公司×××送来打印机两台。此据

×××公司办公室（印章）
经手人：王××（签章）
20××年×月×日

领 条

因工作需要，从公司办公室领取打印纸两包，墨盒两个。

××工作组
经手人：××
20××年×月×日

六 借款财产抵押合同

概念

借款财产抵押合同是借款人或第三人因借款人向银行借款而与银行签订的抵押合同。抵押合同必须根据《中华人民共和国民法典》签订。合同一经签订，担保方将承担担保责任，抵押的财物变成抵押物。

格式写法

借款财产抵押合同一般由约首、正文、约尾三部分内容组成。

1. 约首（也称首部），包括合同的标题和当事人名称。标题写明“借款财产抵押合同”；当事人名称即订立合同的双方单位或当事人姓名。双方名称可简称为甲方、乙方，贷方、借方，以便在叙述合同内容条款时行文方便。

比较重要的合同还要在双方当事人名称上方或右上方注明合同编号、签订时间、签订地点。签订时间、签订地点可以放在合同结尾处，也可以同时在两处注明。

2. 正文。这是借款财产抵押合同的主干和核心部分，一般有引言和主体条款两项内容。

（1）引言。简要概括说明签订合同的依据和目的，常用“根据……为了……经双方协商一致，签订本合同”。

（2）主体条款。主要内容包括如下各项：

①标的。标的是合同当事人双方的权利和义务关系所共同指向的对象。借款财产抵押合同的标的就是合同中规定的“借款、抵押财产”等。

②借款和抵押物的数额与质量、数量等具体情况。借贷双方应当在合同中明确说明借款数额和结算币种。合同应说明抵押物的品种和数量、质量状况和存放地点以及权利证书等事宜。如果抵押物为不动产，还应详细描述该不动产的使用状况和现有状态、坐落地点以及权利证书的归属。如果仅仅知道抵押物的实物，不能按照法律查证其权利证书的具体情况，则很容易引起争议甚至出现骗局。如果

抵押物为汽车或者房产,抵押权人可以到交管部门或房产部门查证真相再签订合同等。

③借款利率、履行期限、地点和方式。财产抵押合同中应说明履行期限,包括:借款方的抵押物交付或者财产证书交付期限、交付地点和交付方式,借款的利息率、计息时间和还款方式及地点等;贷款人的款项支付时间和支付方式,支付方式可有现金、支票、转账等;合同履行的时间方式,在时间方式上,要区分合同履行究竟是一次性全面履行完毕,还是分成若干部分分期履行,即合同借款是一次拨付还是分期分批拨付等;在还款方面,也有的合同注明提前还款或者延迟还款的具体条款和催还条款。如果订约双方担心一方中途发生主体变更,比如法人的分立或合并,则应订立合并或者分立后的权利义务承担条款。

④款项使用和抵押物保管责任。有的借款合同中还包括借款的使用方向和监管方式,贷款方可以对借款的使用进行监督和检查。抵押物或者权利证书在交付前后,一般还要有相关的保管责任,合同中应当就抵押物(权利证书)交付前后的保管责任作出明确说明。一般在交付前,由抵押方负责保管和看护,交付后,由抵押权人负责抵押物的保管,双方各自承担保管不利的责任。对抵押物抵押期间可否使用或经营及其盈利也应作出明确规定,以免产生纠纷。

⑤担保和保险。如果借款方(抵押方)提供第三方担保(保证),则还应订立担保条款,并明确保证方式和责任形式。究竟属于一般保证还是连带保证责任,如未声明,则依法视为连带保证。对抵押物如果规定应当投保,应明确投保责任和投保期限、投保时限和保权归属。如果无特别注明,合同中一般是抵押权人享有保全以避免抵押物可能灭失或者出现瑕疵造成己方损失。

⑥不可抗力条款。合同还应包括不可抗力条款。对于因不可抗力造成的违约或者履约不能,相关责任方不应承担违约责任。

⑦违约责任。合同应明确双方违约的责任。违约责任的追究要明确、具体,不能写成"如果违反合同就追究违约责任"等,因为这样的表达太空泛、内容不具体,一旦发生违约纠纷,如何追究责任,双方都可以作有利于自己的解释,那就等于没有明确约定违约责任。

⑧解决争议的方法。解决争议的方法是指为处理合同争执、纠纷而采取的方式和程序。双方可约定选择协商、调解、仲裁或诉讼的方式。

3. 约尾。约尾部分包括合同附则、抵押物清单和生效标识。

(1)合同附则。其中包括与合同相关的生效时间、有效期限、合同份数及保存方式等内容。有的合同将期限归入正文部分。

(2)生效标识。其中包括署名和日期两项。署名在正文的下方,包括:双方单位名称,法定代表人及委托代理人签名,双方当事人加盖印章,双方当事人的身份证号码或者护照号码、地址、电话、电挂、邮政编码、传真号码、邮箱、开户银行名称和账号等;若有鉴证或公证单位,还应写明鉴证、公证单位的名称、代表人姓名,要加盖公章或私章。在署名下方要写明签订合同的具体日期。有的合同将日期写在约首下方。

(3)附件。抵押物清单可以列在约尾处,并附单页,且加盖双方印章或者签名,以示认可。

‖注意事项‖

1. 签订借款财产抵押合同时要对非量化抵押资产评估作价,不可笼统含糊,以免发生价值争议。

2. 接受抵押的一方要对抵押财产认真保管,除非另有约定,不能使用也不能转让抵押财产。

3. 如果抵押物有权利或品质瑕疵,抵押权人可以要求抵押人更换或者补充抵押财产。

【例文】

财产抵押合同

编号:__________

贷款方:__________

借款方:__________

借款方为取得借款,贷款方为确保贷款安全,经借贷双方协商同意,特签订本财产抵押契约。双方在共同遵守国家法律和信贷政策的前提下,保证恪守下列条款。

第一条　借款方自愿以本单位所拥有的财产作为贷款抵押物抵押给贷款方,包括:固定资产__________元,可封存的流动资产__________元,有价证券__________元,其他__________元(详见抵押物清单),评估现值共计__________万元。抵押期限最长不超过一年,即从__________年______月______日起,至__________年______月______日止。贷款方根据抵押率不得超过现值的70%的规定,同意以借款方抵押物为条件,核定借款方最高贷款额度__________万元。在这个额度内,按照中国工商银行贷款办法和信贷政策,可以一次申请贷款,也可分次申请贷款。在抵押期限内,贷款归还后可以再申请贷款,但借款期不得超过抵押期。

第二条　经贷款方同意,抵押清单所列由借款方保管(使用)的抵押财产,在抵押期间借款方可继续使用、保管,并负责保养、维修,其费用开支由借款方负担。

借款方保管(使用或封存)的抵押物,未经贷款方同意,借款方不得变卖、转移、租借或另行抵押。在抵押期间,属借款方保管使用的抵押物如有损坏、损失或变质,由借款方负责,并在10日内通知贷款方由借款方另行提供其他等值的财产作为抵押物,或由贷款方核减相应的贷款额。抵押清单所列的由贷款方保管的抵押物,自本契约签订之时,移交贷款方保管。

第三条　借款方不能按期还清借款本息时,贷款方有权处理抵押物,收回贷款本息。如果处理抵押物不足以收回贷款本息时,借款方应以其他资金归还。

第四条　在抵押期间,如果充当抵押物的有价证券到期兑现,由借贷双方共同负责办理并偿还贷款。

第五条　在抵押期间,如果发生抵押物价格下降时,贷款方相应调低放款额度。

第六条　抵押物必须参加财产保险(有价证券等除外)。如果遇保险公司不同意保险或续保,借款方应另找意外财产损失担保人。在抵押期间抵押物保险到期,借款方应负责续保,并将续保的保险单交贷款方保管。如果发生灾害损失,借款方必须以保险理赔款归还贷款本息。

第七条　抵押物的保险、鉴定、登记、运输、保管以及合同公证等费用开支由借款方负担。

第八条　贷款方有权随时对借方保管和使用的抵押物进行监督检查,借款方须在工作上保证协助。

第九条　抵押合同依法需变更或解除的,必须经借贷双方协商同意。协商未果之前,原抵押合同继续有效。

第十条　借款方发生合并、分立时,由变更后的当事人承担或分别承担履行合同的义务和享受应有的权利。

第十一条　借贷双方根据实际情况共同商定增加下列条款:(略)

第十二条　本契约自借贷双方签字并经公证后即具有法律效力,借款方按合同规定归还全部贷款本息(含提前还清贷款本息),抵押物返还借款方,本契约自动终止。

第十三条　本契约一式三份,签约方和公证机关各执一份,均具有同等法律效力,并与借款合同一起保存。

附件:

1. 抵押物列表__________张。

2. 房屋产权证__________张。

3. 存款单、折__________份。

4. 提货仓单__________份。

借款方公章：

法人代表章：

20××年×月×日

附：抵押物清单

<table>
<tr><td colspan="3">企业名称</td><td colspan="5"></td><td colspan="2">经济性质</td><td colspan="2"></td></tr>
<tr><td colspan="3">地　址</td><td colspan="5"></td><td colspan="2">电　话</td><td colspan="2"></td></tr>
<tr><td rowspan="2">抵押物名称</td><td rowspan="2">规格</td><td rowspan="2">单位</td><td rowspan="2">数量</td><td colspan="2">账面价值</td><td rowspan="2">抵押现值</td><td rowspan="2">折扣率</td><td rowspan="2">抵押价值</td><td rowspan="2">存放地点</td><td colspan="2">保险单</td></tr>
<tr><td>原值</td><td>净值</td><td>保险号码</td><td>起止时间</td></tr>
<tr><td></td><td></td><td></td><td></td><td></td><td></td><td></td><td></td><td></td><td></td><td></td><td></td></tr>
<tr><td></td><td></td><td></td><td></td><td></td><td></td><td></td><td></td><td></td><td></td><td></td><td></td></tr>
<tr><td></td><td></td><td></td><td></td><td></td><td></td><td></td><td></td><td></td><td></td><td></td><td></td></tr>
<tr><td></td><td></td><td></td><td></td><td></td><td></td><td></td><td></td><td></td><td></td><td></td><td></td></tr>
</table>

以上所列财产已在保险公司投保，到期后由借方负责续保。保险单据由贷方保管。经双方协商，本单所列抵押财产在__________方保管（使用）或封存，按合同要求负责管理。

七　融资租赁合同

概念

《中华人民共和国民法典》第七百三十五条规定，融资租赁合同是出租人根据承租人对出卖人、租赁物的选择，向出卖人购买租赁物，提供给承租人使用，承租人支付租金的合同。

一般来说，融资租赁要有三方当事人（出租人、承租人和出卖人）参与，本合同通常由一个整合融资、租赁和买卖三方内容的合同或者两个（融资租赁合同、买卖合同）以上合同构成，其内容是融资，表现形式是融物。融资租赁通常的做法是出租人出资购买承租人选定的技术设备或其他物资，作为租赁物出租给承租人，承租人按合同约定取得租赁物的长期使用权，在承租期间，按合同约定的期限支付租金，租赁期满按合同约定的方式处置租赁物。

格式写法

融资租赁合同一般由约首、正文、约尾三部分内容组成。

1. 约首(也称首部)。约首部分包括合同的标题和当事人名称。当事人名称可简称为甲方、乙方,出租方、承租方。标题写明“融资租赁合同”即可。比较重要的合同还要在双方当事人名称上方或右上方注明合同编号、签订时间、签订地点。

2. 正文。这是融资租赁合同的主干和核心部分。合同一般有总则和主体条款两项内容。

(1)总则。本部分与“借款财产抵押合同”引言的内容相差无几,不再重复。

(2)主体条款。主要内容包括如下各项:

①租赁物件条款。租赁物件是承租人自行选定并要求出租人即租赁人购买的设备。当事人应在租赁合同中对租赁物件的名称、数量、规格及技术性能等作出明确规定。

②检验方法条款。承租人在受领租赁物件后,应根据买卖合同的规定对租赁物件进行检验。

当事人应在合同中明确约定对租赁物件的检验方法。

③租赁期限条款。为了明确出租人和承租人在合同期内各自的权利和义务,应在租赁合同中给出合同期限的明确定义。

④租金条款。租金条款是租赁合同中的重要条款之一。收费标准、租金的计算方法不同,条款的内容也大不相同,至少应包括以下三项内容:

A. 租金构成。融资租赁合同的租金,应当根据购买租赁物的大部分或者全部成本以及出租人的合理利润确定。一般而言,融资租赁合同的租金应由以下几部分构成:构成租赁物件价值的价款,包括购置租赁资产的货价、运输费及途中保险费;租赁期间的利息费,这项费用与租赁公司的筹资成本有关,大体上包括筹资的基本利率、税收、筹资费用和利差风险费等;租赁手续费;租赁公司的利润;安装调试费;其他费用。

B. 租金的支付期限和支付方式。租金的支付期限是指在还租期限内,每次支付租金的时间间隔期。间隔期可分为每月、每季、每半年、每年后付或先付。先付指的是在还租起算日支付第一期租金,其后各期租金按规定的间隔期支付。

支付方式可分为每期等额支付或每期不等额支付。每期不等额支付方式主要指的是逐期递增支付或逐期递减支付等。

C. 租金的币种。在国内租赁中,一般采用人民币作为租金货币,但在国际租赁中有时需将外币(如美元等)作为租金货币。这就涉及我国有关外汇管制的规定和国际金融市场中的汇率风险等。双方应在合同中对此作出相应的规定。

⑤租赁期届满租赁物的归属条款。一般来说,在融资租赁关系期届满时,承租人享有以下选择权:将租赁物返还给出租人,或是以预定的租金继续租赁租赁物,

或是以支付租赁物残余的价值购买租赁物而取得其所有权。双方应选择一种方式作出约定。

⑥违约责任。合同应明确双方违约的责任,如承租方不能按时交付租金,出租方不能如约购买、交付租赁物等违约责任。违约责任的追究要明确、具体,不能写成"如果违反合同就追究违约责任"等,因为这样的表达太空泛、内容不具体,解释不清,等于没有明确约定违约责任。

⑦不可抗力条款。合同还应包括不可抗力条款。对于不可抗力造成的违约或者履约不能,相关责任方不应承担违约责任。

⑧解决争议的方法。双方可约定选择协商、调解、仲裁或诉讼的方式。国际融资租赁纠纷解决方式一般为仲裁,地处北京的中国国际经济贸易仲裁委员会/中国国际商会仲裁院是在世界上享有较高声誉的国际仲裁机构,可供仲裁双方选择。当然,巴黎仲裁院等国外仲裁机构也可以选择。

3. 约尾。约尾部分包括合同附则和生效标识。本部分内容与"借款财产抵押合同"约尾的内容大同小异,不再详述。

注意事项

融资租赁合同签订过程中,务必注意以下事项:

1. 对方的诚信资质和还款能力,担保方的担保义务和担保能力。

2. 对租赁物的选择、租金、租期、维修、租赁物瑕疵和租后处理应作出明确规定。

3. 对租金本息的支付时间、地点、币种和条件等应详细列明。

4. 如果另订附则,双方同样应当周密考虑并就内容沟通协商。附则也应有担保方的同意和签署。

【例文】

融资租赁合同

合同编号:

出租方(以下简称"甲方"):＿＿＿＿＿＿＿＿

承租方(以下简称"乙方"):＿＿＿＿＿＿＿＿

甲方和乙方一致同意按照下列条款签订本融资租赁合同,并共同遵照执行。

第一条　合同的标的

根据＿＿＿＿＿＿文件批准,乙方拟租赁＿＿＿＿＿＿(以下称"租赁物件")。甲方经审查同意支付设备价款及有关费用共计人民币＿＿＿＿元(大写),购进租赁物件后租给乙方使用,租赁物件明细表作为合同不可分割的一部分。

第二条 对租赁物件的权利和义务

1. 在租期内合同附表所列租赁物件的所有权属于甲方，乙方对租赁物件只有使用权。乙方不得在租期内对租赁物件进行销售、转让、转租、分租、抵押、投资或采取其他任何侵犯租赁物件所有权的行为。

2. 租期内租赁物件由乙方使用，乙方有义务合理和适宜地保护租赁物件，并对由乙方自己的过失或疏忽或由乙方可防止的任何第三人的行为造成的对租赁物件的灭失或损害负有赔偿义务。

3. 为了保证租赁物件的正常使用和运转，乙方负责对租赁物件按技术要求进行正常的、适时的维修和保养。维修和保养所发生的费用均由乙方自付。租期内，租赁物件无论发生任何属于制造或使用的事故均由乙方负责解决，乙方不能因此而免除向甲方支付租金的义务。

4. 甲方有权对租赁物件的使用情况进行检查，乙方应为甲方的工作提供方便。租期内，乙方每半年应向甲方提供乙方的财务报表，并向甲方报告经营情况。

5. 租期内，乙方不得以任何形式明示或暗示其对租赁物件具有所有权和处分权，如乙方在此期间由于债务纠纷或依法破产，乙方应向法院、债权人或清算委员会申请对租赁物件不具有所有权，亦不得以租赁物件充作诉讼保金或抵偿债务，同时必须及时报告甲方。

6. 租赁期满后，本合同租赁物件的处理。

(1) 留购。甲方同意按合同附表第 12 项所列的留购货价将租赁物件出售给乙方。留购货价同最后一期租金一并支付。全部实际租金和留购货价以及出现合同第三条的情况(如有时)增加的税款、利息或延付利息和罚款利息付清后，甲方将租赁物件的所有权转移给乙方。

(2) 续租。甲方同意乙方对合同的租赁物件进行续租，其续租租期、租金金额、租金缴纳日期等租赁条件由甲乙双方在合同期满前三个月内协商确定，并另订续租合同。

(注：留购或续租任择一种，双方确定一种后，另一种在合同中无任何法律效力)

第三条 租期和租金

1. 甲方出租、乙方承租租赁物件的租期共计______个日历月，进口设备的租赁期从设备到港日起算，国内设备租赁期从发货日起算，即自______年____月____日起，至______年____月____日止(包括起止日)。

2. 在本条第一款所列的租期内，乙方不得中止和终止对租赁物件的租赁，并不得以任何理由提出变更本租赁合同的要求。

3. 本条第一款所列租期的全部租金总额包括设备价款、保险、银行费用、利息共计________元(大写)，由乙方按租金偿付表(合同附件)向甲方分________次交付。

4. 乙方向甲方支付本合同项下的租赁手续费为租赁总成本的百分之________，计人民币________元，乙方应将该项手续费在本合同双方签字之日后10天内全额付给甲方（手续费滞交影响合同执行所造成的一切损失由乙方负责）。

5. 为按本条规定支付租金，乙方应在规定的每期租金交付日期（不包括交付日当日）前________日将租金划入甲方的账户。

6. 在租期内，由于国家增减有关税项、税率及银行利率等因素必须变更租金时，甲方书面通知乙方这种变更并提出新的实际租金，乙方承认这种变更并承付。

7. 乙方延迟支付租金时，甲方除按照延付时间继续计收利息外，每日加收延付金额的万分之________的滞付金。

第四条　租赁物件的购货、交货和验收

1. 购货方式有以下三种，甲乙双方商定采用第（　　）种方式。

（1）根据贸易有关规定，甲方同意乙方自行签订或委托代理人签订购置租赁物件的合同，乙方或其委托的代理方对该合同承担一切义务。对该合同的履行及租赁物件质量等问题引起的后果，甲方均不承担任何责任，购货原始发票及合同副本、委托书副本由甲方保存。

（2）租赁物件甲乙双方确定后，购货合同由甲方签订。乙方作为甲方代表，负责处理购货合同履行过程中的一切问题，并承担本合同履行过程中乙方的过失所造成的经济责任。

（3）乙方与供货方签订购货合同，应由甲方确认盖章后生效，采用托收承付方式付款，供货方办理托收承付时，必须交付铁路运单或乙方自提证明单据。甲方见单后付款并对货物享有所有权。如在运输中发生问题或货物有其他质量、短缺等问题由乙方负责与供货方联系解决，甲方不参与也不承担任何经济责任。

2. 租赁物件运达使用地点后，乙方应在30天内负责验收（包括进行试车），同时将签收盖章后的租赁物件的验收收据一式二份、书面验收结果交给甲方。

3. 如果乙方未按前项规定的时间办理验收，甲方则视为租赁物件已在完整状态下由乙方验收完毕，并视同乙方已经将租赁物件的验收收据交付给甲方。

4. 如果乙方在验收时发现由卖方责任造成租赁物件的型号、规格、数量和技术性能等有不符、不良或瑕疵等情况时，由乙方直接向卖方交涉处理并立即将上述情况书面通知甲方。如卖方延期交货，由乙方直接催交。

第五条　租赁物件的保险

1. 甲方负责在租赁期开始前对租赁物件投保本合同第三条第一款所列租期

内的财产险和运输险，保险费计入租赁物件总价款。

2. 如租赁物件发生保险范围内的灭失或损害，乙方应负责及时书面通知甲方。保险公司赔付的款项应直接划归甲方，作为乙方尚未支付的租金。若该项赔付的款项多于乙方应付租金的部分，甲方应转付给乙方。如果该项赔付的款项少于乙方应付租金，不足部分应由乙方如数补交给甲方。如果租赁物件发生部分损害或灭失，保险公司赔付的款项可由乙方使用，但仅限用于更换或修复被损害或被灭失的部件，使租赁物件恢复可正常使用的原状；发生部分损害或灭失至恢复租赁物件原状的过程中，乙方仍应按合同规定向甲方支付租金。

第六条　经济担保

甲方同意__________为本合同乙方的经济担保人。乙方应向甲方提供经济担保人的法人证明书、营业执照复印件及上年度末资金平衡表，并由该经济担保人出具不可撤销的经济担保书作为本合同的附件。

第七条　租赁保证金

1. 本合同一经签订，乙方应在合同双方签字之日后10天内向甲方支付规定的租赁保证金人民币__________元，作为履行本合同的保证。如因乙方未及时交付保证金致使不能执行合同，所造成的一切损失由乙方负责。

2. 租赁保证金不计利息，在租赁期满归还乙方，或抵最后一期租金的全部或一部分。

3. 乙方违反合同中的任何条款时，甲方应从租赁保证金中抵扣乙方应支付给甲方一部分或全部的款项。

第八条　违约和争议的处理

1. 乙方应根据本合同的规定按时缴纳租金，并遵守合同中关于租赁物件使用的规定。如乙方在应付租金到期后一个月内未能交付租金，或违反租赁物件使用的有关规定，甲方有权终止租赁，并查封、收回所出租的租赁物件。收回、处理租赁物件所发生的任何开支与费用及由此给甲方造成的经济损失应由乙方承担。

2. 在本合同项下发生的一切争议，甲方和乙方及乙方的经济担保人应首先通过协商解决。如协商不能解决时，甲方和乙方及乙方的经济担保人均有权依法通过诉讼解决。

第九条　本合同的附件

本合同附件为合同的不可分割的组成部分。

附件一：租赁物件明细表（略）；

附件二：租金偿付表（略）；

附件三：经济担保书（略）。

第十条　合同文本及生效

1. 本合同正本一式三份,甲方、乙方和乙方经济担保人各执一份。

2. 本合同自甲方和乙方各自的法人或法人授权代表人签字之日起生效。

甲方:(盖章)　　　　　　　　　　　　乙方:(盖章)

法人或法人授权代表人:(签字)　　　　法人或法人授权代表人:(签字)

20××年×月×日　　　　　　　　　　　20××年×月×日

(引自天涯法律网 http://www.hicourt.gov.cn,略有改动)

八　专利转让合同

概念

专利权是国家依法授予的一种排他性权利(也是在专利权有效期内的技术垄断权),未经专利权人许可,任何单位和个人均无权使用其专利。但是,专利权可以转让,在专利权人收取专利权受让人一定的价款后,可将专利权转让他人。专利权转让,让与人与受让人应签订书面的转让合同。《中华人民共和国民法典》第八百四十五条第二款规定:"技术合同涉及专利的,应注明发明创造的名称、专利申请人、专利权人、申请日期、申请号、专利号及专利的有效期限。"

依据《中华人民共和国民法典》第八百四十五条第二款的内容,还可以将与专利有关的技术背景资料、可行性论证、技术评价、技术标准、技术规范及其他相关文档列入合同附件,作为合同的一个组成部分。

格式写法

专利权转让合同一般由约首、正文、约尾三部分组成。

1. 约首(也称首部)。约首部分包括合同的标题和当事人名称。双方名称可简称为甲方、乙方或转让方、接受方,并在双方当事人名称上方或右上方注明合同编号、签订时间、签订地点。标题写明"××专利权转让合同"即可。专利权转让还应具备国家专利局的转让批准文号。

2. 正文。正文是专利权转让合同的主干和核心部分,一般有引言和主体条款两项内容。

(1)引言。本部分的内容与"借款财产抵押合同"的引言相同,在此不赘述。

(2)主体条款。其中包括如下各项内容:

①项目名称与转让方向接受方交付的资料。专利权转让应当在合同中写明专利名称即项目名称。专利权转让合同中,必须明确转让方应向接受方转让下列资料:全部专利申请文件、专利管理部门批准文件、专利对外许可合同及附件、专利权

有效证明材料及专利费用缴纳单据和专利管理部门的专利转让批准文件。如果专利权转让不完全,则应在合同中约定双方各自的专利权使用情况。

②专利实施和实施许可的情况。双方应在合同中明确所转让专利的实施许可情况,例如,是否允许转让方继续使用,转让方授权受让方如何使用,衍生专利的权利划分和归属,转让方已经作出的专利实施许可的权属转移情况等。合同中应明确双方的保密责任。

③转让价款和支付价款的地点、方式、时间和税费承担。合同应明确专利权转让费用即转让价款和相应税款及价款的支付时间、支付方式、支付地点和具体结算币种等结算事宜。

④专利权瑕疵处理。专利权转让合同应包含专利权利瑕疵条款,例如,专利被撤销,或者专利被宣告无效,或者专利被诉侵权条件下的责任承担及由此发生的费用担负,已经交付和未交付的专利转让费用返还和损失赔偿,为实现专利转让所做的工作和费用承担及赔偿等。

⑤过渡期条款。专利权转让并不能立刻转移,故专利权转让合同必须明确:专利权转让合同签订后到专利权转让管理部门批准前的所有专利相关费用和责任承担,专利权转让批准文告公布后的权利归属和责任承担等。

⑥违约责任。合同应明确双方违约的责任。专利权转让中很重要的是专利权利无瑕疵。违约责任追究方式要明确,即是适用违约金并赔偿损失还是解除合同等。违约责任的追究要明确、具体,否则就等于没有明确约定违约责任。

⑦不可抗力条款。合同还应包括不可抗力条款。对于因不可抗力造成的违约或者履约不能,相关责任方不应承担违约责任。

⑧解决争议的方法。解决争议的方法是指为处理合同争执、纠纷而采取的方式、程序。双方应在合同中约定选择协商、调解、仲裁或诉讼的方式。

3. 约尾。约尾部分包括合同附则、与专利有关的技术资料的详细清单和生效标识。本部分的基本内容与“借款财产抵押合同”的约尾部分相似,不再详述。

注意事项

1. 如果合同订有附则,则双方应当共同协商达成一致,并且没有争议条款。

2. 受让方务必注意查询对方转让的专利是否完全是其自身成果。如果该专利技术属于演绎技术,则应当查询转让方是否有权使用基础技术或配套技术,以免出现知识产权瑕疵。

3. 建议受让方向转让方索要与专利有关的技术资料的详细清单等并载入合同。

【例文】

专利权转让合同(基本格式)

前言:

鉴于转让方__________拥有__________专利,其专利号为__________,公开号为__________,申请日__________,授权日__________,公开日__________,专利权的有效期为__________。

鉴于受让方__________对上述专利的了解,希望获得该专利权,鉴于转让方同意将其拥有的专利权转让给受让方,双方一致同意签订本合同。

第一条　转让方向受让方交付资料

1. 向中国专利局递交的全部专利申请文件,包括说明书、权利要求书、附图、摘要及摘要附图、请求书、意见陈述书以及著录事项变更、权利丧失后恢复权利的审批决定、代理委托书等(若申请的是PCT,还要包括所有PCT申请文件)。

2. 中国专利局发给转让方的所有文件,包括受理通知书、中间文件、授权决定、专利证书及副本等。

3. 转让方已许可他人实施的专利实施许可合同书,包括合同书附件(即与实施该专利有关的技术、工艺等文件)。

4. 中国专利局出具的专利权有效的证明文件,是指最近一次专利年费缴费凭证(或专利局的专利法律状登记簿),在专利权撤销或无效请求中,中国专利局或专利复审委员会或人民法院作出的维持专利权有效的决定等。

5. 上级主管部门或国务院有关主管部门的批准转让文件。

第二条　交付资料的时间、地点和方式

1. 交付资料的时间。合同生效后,转让方收到受让方支付给转让方的转让费后××日内,转让方向受让方交付合同第一条所述的全部资料,或者合同生效后××日内转让方向受让方交付合同第一条所述的全部(或部分)资料,如果是部分资料,待受让方将转让费交付给转让方后××日内,转让方向受让方交付其余的资料。

2. 交付资料的方式和地点。转让方将上述全部资料以面交、挂号邮寄或空运等方式递交给受让方,并将资料清单以面交、邮寄或传真的方式递交给受让方,将空运单以面交、邮寄方式递交给受让方。

全部资料的交付地点为受让方所在地或双方约定的地点。

第三条　专利实施和实施许可的情况及处置办法

在本合同签订前,转让方已经实施该专利,本合同可以约定,在本合同签订生效后,转让方可继续实施或停止实施该专利。如果合同没有约定,则转让方应停止实施该专利。

在本合同签订前，转让方已经许可他人实施的许可合同，其权利义务关系在本合同签订生效之日起，转移给受让方。

第四条　转让费及支付方式

1. 本合同涉及的专利权的转让费为（￥，$）__________元，采用一次付清方式，在合同生效之日起××日内，或在专利局公告后××日内，受让方将转让费全部汇至转让方的账号，或以现金方式汇至（或面交）转让方。

2. 本合同涉及的专利权的转让费为（￥，$）__________元，采用分期付款方式支付，在合同生效之日起××日内，或在专利局公告后××日内，受让方即将转让费的__________%[（￥，$）__________元]汇至转让方的账号；待转让方交付全部资料后××日内，受让方将其余转让费汇至（或面交）转让方；或采用合同生效后，××日内支付（￥，$）__________元，××个月内支付（￥，$）__________元，××个月内支付（￥，$）__________元，最后在××个月内付清其余转让费的方式。

支付方式采用银行转账（或托收、现金兑付等），现金兑付地点一般为合同签约地。

第五条　专利权被撤销和被宣告无效的处理

根据《专利法》第五十条，在本合同成立后，转让方的专利权被撤销或被宣告无效时，如无明显违反公平原则，且转让方无恶意给受让方造成损失，则转让方不向受让方返还转让费，受让方也不返还全部资料。

如果本合同的签订明显违反公平原则，或转让方有意给受让方造成损失的，转让方应返还转让费。

他人向专利局提出请求撤销专利权，或请求专利复审委员会对该专利权宣告无效或对复审委员会的决定（对发明专利）不服向人民法院起诉时，在本合同成立后，由受让方负责答辩，并承担由此发生的请求或诉讼费用。

第六条　过渡期条款

1. 在本合同签字生效后，至专利局登记公告之日，转让方应维持专利的有效性。在这一期间，所要缴纳的年费、续展费（对1992年12月31日前申请的实用新型、外观设计）由转让方支付。

2. 本合同在专利局登记公告后，受让方负责维持专利的有效性，如办理专利的年费、续展费、行政撤销和无效请求的答辩及无效诉讼的应诉等事宜。

（也可以约定，在本合同签字生效后，维持该专利权有效的一切费用由受让方支付。）

3. 在过渡期内，因不可抗力，致使转让方或受让方不能履行合同的，本合同即告解除。

第七条　税费

1. 对转让方和受让方均为中国公民或法人的，本合同所涉及的转让费需缴纳的税费，依《中华人民共和国税法》，由转让方缴纳税。

2. 对转让方是境外居民或单位的，按中华人民共和国税法及《中华人民共和国外商投资企业和外国企业所得税法》由转让方向中国税务机关纳税。

第八条　违约与索赔

对转让方：

1. 转让方拒不交付合同规定的全部资料、办理专利权转让手续的，受让方有权解除合同，要求转让方返还转让费，并支付违约金＿＿＿＿＿元。

2. 转让方无正当理由，逾期向受让方交付资料办理专利权转让手续（包括向专利局做著录事项变更），每逾期一周，支付违约金＿＿＿＿＿元，逾期两个月，受让方有权终止合同，并要求返还转让费。

3. 根据第六条，违约的，转让方应支付违约金＿＿＿＿＿元。

对受让方：

1. 受让方拒付转让费，转让方有权解除合同并要求返回全部资料，并要求赔偿其损失或支付违约金＿＿＿＿＿元。

2. 受让方逾期支付转让费，每逾期××（时间）支付违约金＿＿＿＿＿元，逾期两个月，转让方有权终止合同，并要求支付违约金＿＿＿＿＿元。

3. 根据第六条，违约的受让方应支付违约金＿＿＿＿＿元。

第九条　争议的解决办法

1. 双方在履行合同中发生争议的，应按本合同条款，友好协商，自行解决。

2. 双方不能协商解决争议的，提请受让方所在地或合同签约地专利管理机关调处，对调处结果不服的，可向人民法院起诉。

3. 双方发生争议，不能和解的，可向人民法院起诉。

4. 双方发生争议，不能和解的，请求某仲裁委员会仲裁。

（2,3,4只能选其一）

第十条　其他

前九条未包括但需要特殊约定的内容，包括出现不可预见的技术问题的约定，出现不可预见的法律问题的约定等。

第十一条　合同的生效

本合同双方签字后即对双方具有约束力，自专利局对双方所做的《著录事项变更》进行登记并予以公告之日起，合同具有法律效力。

（引自中同律师事务所网站，http://www.zhtlaw.com，有改动）

九　科技协作合同

概念

科技协作合同本质上属于技术合同。根据我国技术合同相关法律的规定，技术合同是指法人之间、法人与公民之间、公民之间就技术开发、技术转让、技术咨询和技术服务所订立的确立民事权利义务关系的协议。随着我国技术市场的开放和发展，越来越多的技术成果进入了交换领域，促进了科技成果的进一步商品化和社会化，从而推动了我国技术合同（科技协作合同）的广泛应用。

格式写法

科技协作合同一般由约首、正文、约尾三部分组成。

1. 约首（也称首部）。约首部分包括合同的标题和当事人名称。标题写明“科技协作合同”即可。双方名称可简称为甲方、乙方或委托方、受托方，如果有保证人（方），也应在合同中写明保证方，以便在叙述合同内容条款时行文方便。在双方当事人名称上方或右上方注明合同编号、签订时间、签订地点。

2. 正文。正文是科技协作合同的主干和核心部分，一般有引言和主体条款两项内容。

（1）引言。本部分的内容与“借款财产抵押合同”相似，故不赘述。

（2）主体条款。其中包括如下各项内容：

①协作项目名称及其主要技术、经济要求。技术协作合同应当在合同中写明技术协作名称，即项目名称，而且不能仅有名称的描述，必须说明技术协作的技术标准和经济要求。比如，技术要达到的层次和标准，经济方面能够实现的程度等。

②计划进度。双方应在合同中明确技术协作的日程计划，如何时启动，何时中检，何时完工并进行检查等。

③协作方式、报酬。合同应明确双方的协作方式，是包干式还是一方提供资料和数据，对方利用所提供资料进行开发；对所开发的技术成果是委托方独享还是双方共享；明确双方在技术协作问题上的委托开发费用数额、支付时间和支付方式等。

④保证责任。合同应明确双方任何一方提供的技术和资料不得有瑕疵。如有技术瑕疵，应明确此种情况下责任如何分担。如果任何一方提供侵犯他人知识产权的资料或涉嫌抄袭、冒用别人的技术成果均会造成法律责任，这些都应当在合同中明确责任。

如果合同中涉及委托保证方，就应明确在被保证方不提供约定数据资料和经费情况下的保证责任和保证方式；反之，则应规定受托方的技术开发进程、开发结果和技术权利不侵权保证等。

⑤评审与监督。技术开发完成后应当进行评审。合同中应明确双方认可的技术评审和监督单位,确保开发的成果符合约定要求。开发完成后,双方还涉及技术保密问题,故必须在本部分明确受托方的保密责任以及委托方的主动泄密责任。

⑥违约责任。合同应明确双方违约的责任。违约责任的追究要明确、具体,不能写成"如果违反合同就追究违约责任"等。否则,就等于没有明确约定违约责任。

⑦不可抗力条款。合同还应包括不可抗力条款。对于因不可抗力造成的违约或者履约不能,相关责任方不应承担违约责任。

⑧解决争议的方法。解决争议的方法是指为处理合同争执、纠纷而采取的方式、程序。双方应在合同中约定选择协商、调解、仲裁或诉讼的方式。

3. 约尾。约尾部分包括合同附则、与开发技术有关的技术资料的详细清单。本部分的内容与"借款财产抵押合同"约尾相似,故不赘述。

注意事项

1. 合同中务必清楚说明双方的知识产权权利和义务,比如,双方合作技术的使用范围和使用方法等。

2. 如果合同有附件,附件中应包含与开发技术有关的技术资料的详细清单。

3. 双方务必在合同中写明合作研究成果的收益归属和合作期限等事项。

【例文】

科技协作合同

根据《中华人民共和国民法典》,________________厂(委托方)委托________________研究所(受托方),由________________公司作保证人,完成科技协作项目。经三方协商一致签订本合同,共同执行。

1. 协作项目名称及其主要内容。

____

2. 技术经济要求。

(1)技术要求:

①________________________________

②________________________________

③________________________________

(2)经济要求:

①________________________________

②________________________________

③________________________________

3. 计划进度。

(1)________年________月完成________________

(2)________年________月完成________________

(3)________年________月全部完全协作项目。

受托方按计划进度须向委托方和保证人报告完成情况。

4. 协作方式。

(1)________________________________

(2)________________________________

5. 经费和物资概算。

(1)经费:________________________________

(2)物资:________________________________

6. 违约责任。委托方在合同生效之日起________天内支付受托方人民币________元,作为委托费。委托方不履行合同时,不得追回该项费用;受托方不履行合同时,应全部退回该项费用。

7. 保证人负责监督合同的执行,并帮助解决委托方和受托方执行合同过程中出现的问题。

8. 受托方完成协作项目后应作出报告,并提交完整的技术资料,经委托方、受托方和保证人三方共同协商确定的专家进行评审,符合合同要求则为完成。

9. 协作项目完成后,委托方付给受托方下列报酬:

(1)________________________________

(2)________________________________

10. 当事人应当对下列技术资料在______________期限内承担保密义务。

11. 争议及解决方法如下:________________。

12. 协作项目完成后的技术成果归________所有。

(注:当事人可以对技术成果的归属作出约定,未作约定的属受托方所有,委托方有免费使用该成果的权利以及在受托方转让时的优先受让权。)

13. 本合同自签订之日起生效。一式三份,委托方、受托方、保证人各执一份。

签订合同各方:

委托方:________________ 受托方:________________

法定代表人或负责人:________ 法定代表人或负责人:________ 保证人:________

法定代表人或负责人:________________

主要研究人员:________________

20××年×月×日

十　图书出版合同

概念

图书出版合同是著作权人与图书出版者就出版图书所订立的一种协议。图书出版合同可以分为两类：一是约稿合同，即著作权人与出版者约定将来出版作品的合同；二是出版合同，即著作权人向出版者交付作品，出版者向著作权人支付稿酬的协议。

格式写法

图书出版合同一般由约首、正文、约尾三部分组成。

1. 约首（也称首部）。约首部分包括合同的标题和当事人名称。标题写明“图书出版合同”即可。双方名称可简称为甲方、乙方或委托方（著作权方）、出版方。重要的合同可以在双方当事人名称上方或右上方注明合同编号、签订时间、签订地点。

2. 正文。正文是图书出版合同的主干和核心部分，一般有引言和主体条款两项内容。

（1）引言。本部分的内容与“借款财产抵押合同”的引言类似，故不赘述。

（2）主体条款。其中包括如下各项内容：

①双方合意订立出版合同。合同应明确双方合意订立出版合同。

②双方的责任条款。合同中应明确委托方（作者）写作书稿的基本要求，包括内容上和形式上的要求；出版方在一定权限内对书稿修改加工的权力和自行装帧设计出版发行的权利等。

③计划进度与协作方式。合同应明确双方的合作时间：委托方何时交付书稿，出版方接到书稿后何时完成审阅、编辑、排版、校对、封面设计、印刷等，何时正式出版。如果任何一方认为需要修改文稿，则合同中应注明修改时限和任何一方超过时限的责任担负。

④报酬。这里所说的报酬即稿酬，其中包括稿酬的支付标准和方式，支付的时间等。

⑤保证责任。合同必须明确规定委托方的版权责任和内容的合法责任；出版方的装帧设计确保不侵权责任，不利用本书进行任何非合同约定的营利活动。委托方应保证出版方在约定时间内的专有出版权。

⑥违约责任。合同应明确双方违约的责任。违约责任的追究要明确、具体，不能写成“如果违反合同就追究违约责任”等，违约内容表达太空泛、内容不具体，就

等于没有明确约定违约责任。

⑦不可抗力条款。合同还应包括不可抗力条款。对于因不可抗力造成的违约或者履约不能，相关责任方不应承担违约责任。

⑧解决争议的方法。解决争议的方法是指为处理合同争执、纠纷而采取的方式、程序。双方应在合同中约定选择协商、调解、仲裁或诉讼的方式。

3. 约尾。约尾部分包括合同附则、关于书稿资料的详细清单。本部分的内容与“借款财产抵押合同”约尾类似，故不赘述。

注意事项

1. 签订出版合同时，出版方要注意审查委托方的书稿有无知识产权瑕疵；委托方应要求出版方不得侵犯自己的知识产权，不得违约出版或者授权他人转卖、转载。

2. 合同中应订明书稿内容的其他法律审查责任，如无反动、淫秽内容等。

【例文】

图书出版合同

甲方(著作权人)：__________

乙方(出版者)：__________

作品名称：______________________________________

作者署名：______________________________________

依照《中华人民共和国著作权法》及其实施条例、《出版管理条例》中的有关规定，甲乙双方就上述作品的出版达成如下协议：

第一条　甲方授予乙方在合同有效期内，在__________地区以图书形式出版上述作品__________文本的专有使用权。

第二条　甲方保证拥有第一条授予乙方的权利。如因上述权利的行使侵犯他人权益，甲方承担全部责任并赔偿因此给乙方造成的损失，乙方可以终止合同。

第三条　上述作品的内容、篇幅、体例、图表及附录等应符合下列要求：____。

第四条　甲方应于××××年×月×日前将上述作品的誊清稿交付乙方。甲方因故不能按时交稿，应在交稿期限届满×日前通知乙方，双方另行约定交稿日期。甲方到期仍不能交稿，乙方有权终止合同。

第五条　甲方交付的稿件未达到本合同第三条约定的要求，而且甲方拒绝按照合同的约定修改，乙方有权终止合同。

第六条　乙方应于××××年×月×日前出版上述作品。因故不能按时出版,应在出版期限届满××日前通知甲方,双方另行约定出版日期。乙方到期仍不能出版,甲方有权终止合同。乙方除将书稿及时退还甲方外,还应按本合同约定稿酬标准对甲方进行经济补偿。

第七条　在合同有效期内,未经双方同意,任何一方不得将第一条约定的权利许可第三方使用。如有违反,另一方有权要求经济赔偿并终止合同。一方经对方同意许可第三方使用上述权利,应将所得报酬的＿＿＿＿＿%交付对方。

第八条　乙方尊重甲方确定的署名方式。乙方可以在编辑加工过程中更改上述作品的名称,并对作品进行修改、删节,增加标题、图表等,但改动结果应得到甲方认可。

第九条　上述作品的校样由甲方审校。甲方应在××日内审校完毕,签字后退还乙方。甲方未按期审校,乙方可自行审校,并按计划付印。因甲方未按期退还或修改过多造成版面改动超过＿＿＿＿＿%或未能按期出版,甲方应支付改版费用或承担延期出版的责任。

第十条　乙方向甲方支付报酬的方式和标准:

(一)基本稿酬加印数稿酬:＿＿＿＿＿元/千字×千字+印数×基本稿酬＿＿＿＿＿%;或者一次性付酬:＿＿＿＿＿元。

(二)版税:图书定价×＿＿＿＿＿%(版税率)×销售册数(或印数)。

(三)其他方式:(略)

第十一条　上述作品首次出版×年内,乙方可以自行决定重印,重印前应事先通知甲方。如果甲方需要对作品进行修改,应于收到重印通知后××日内答复乙方,否则乙方可按原版重印。

第十二条　乙方重印、再版时,应将印数通知甲方,并在重印、再版后的××日内按本合同的约定向甲方支付报酬。

第十三条　甲方有权核查图书的印数。如果甲方指定第三方进行核查,需要提供书面授权书。如果乙方隐瞒印数和销售册数,除向甲方补齐应付报酬外,还应支付所欠报酬的＿＿＿＿＿%作为赔偿金并承担核查费用。如核查结果与乙方提供的印数相符,核查费用由甲方承担。

第十四条　在合同有效期内,如果图书脱销,甲方有权要求乙方重印、再版。如果甲方收到乙方拒绝重印、再版的书面答复,或乙方收到甲方重印、再版的书面要求后×月内未重印、再版,甲方可以终止合同。

第十五条　上述作品首次出版后×月内,乙方向甲方赠样书＿＿＿＿＿册,并以＿＿＿＿＿折售予甲方图书＿＿＿＿＿册。每次再版后×月内,乙方向甲方赠样书＿＿＿＿＿册。

第十六条 上述作品正式出版后，乙方应于×年内将作品原稿退还甲方。如有遗失，应赔偿甲方__________元。甲方若表示不要原稿，则由乙方自行处理。

第十七条 甲方授权乙方许可报社、杂志社刊载上述作品的一部分或全部。乙方应及时将刊载使用作品的情况通知甲方，并将所得报酬的__________%交付甲方。

第十八条 双方因合同的解释或履行发生争议，由双方协商解决。如果协商不成，由____________________著作权合同仲裁机构仲裁，或向人民法院提起诉讼。

第十九条 合同的变更、续签及其他未尽事宜，由双方另行商定。

第二十条 本合同自签字之日起生效，有效期为×年。

第二十一条 本合同一式两份，双方各执一份。

十一 房地产开发合同

概念

房地产开发合同，是指当事人订立的以提供土地使用权、资金等作为共同出资、共享利润、共担风险合作开发房地产为基本内容的协议。

格式写法

房地产开发合同一般由约首、正文、约尾三部分组成。

1. 约首(也称首部)。约首部分包括合同的标题和当事人名称。标题写明“房地产开发合同”。双方名称可简称为甲方、乙方或投资方、施工方，如有保证方也应在约首列明。比较重要的合同还要在双方当事人名称上方或右上方注明合同编号、签订时间、签订地点。

2. 正文。正文是房地产开发合同的主干和核心部分，一般有引言和主体条款两项内容。

(1)引言。本部分的内容与“借款财产抵押合同”相似，故不赘述。

(2)主体条款。合同应明确合同标的及合作项目的具体内容，如房地产开发合同——“春水桃园住宅小区”开发项目。合同还应明确合作项目的具体规模，如“春水桃园住宅小区20万平方米住宅楼”施工建设项目。

①资金筹措和支付。双方应在合同中明确投资方负责建设资金的筹措和支付，具体费用应包括征地费用、拆迁费用、建设费用和后期装饰安装费用等，还应明确费用的支付时间和支付方式等。

②工程计划进度与合作方式。合同应明确双方合作时间：总工程用时，时间始

终期;工程分项始终时间:征地时间、拆迁时间、建设时间和安装时间等。还应在本部分明确双方在每一承担部分的始终期及延期责任承担办法,说明双方的合作方式,即究竟双方应分别承担的具体约定任务等,务必交代明确。

③财务管理和利润分配。房地产开发耗资巨大,资金使用和管理涉及双方权力与利益。合同应明确所用资金的存放银行、资金的使用划拨方向、资金使用的检查监督、资金管理人员的检查监督、成本核算、工程预算和决算及财产清偿等问题。如果施工方也是本项目的股东,则牵涉工程最终盈利的利润分配问题,因此对利润分配比例和分配方法等也应在合同中明确说明。

④双方负责内容和工程监理及验收。其中包括的内容为:工程勘察和图纸承担、工程建材材质的检查检验、工程监理单位的选择和费用承担、工程竣工后的检查验收等。

⑤违约责任。违约责任追究方式要明确,如适用违约金并赔偿损失还是解除合同等,不能写成"如果违反合同就追究违约责任"等,因为这样的表达太空泛、内容不具体,一旦发生违约纠纷,双方都可以作有利于自己的解释,纠缠不清,那就等于没有明确约定违约责任。

⑥不可抗力条款。对于因不可抗力造成的违约或者履约不能,相关责任方不应承担违约责任。

⑦解决争议的方法。解决争议的方法是指为处理合同争执、纠纷而采取的方式、程序。双方应在合同中约定选择协商、调解、仲裁或诉讼的方式。

3. 约尾。约尾部分包括合同附则、工程所涉规划以及图纸等资料的详细清单等。本部分的写法与"借款财产抵押合同"类似,故不赘述。

注意事项

1. 合同中务必明确可能发生的工伤事故责任。
2. 合同应对工人的劳动保障义务承担方和具体责任作出明确规定。
3. 为防止拖欠工程款等行为的发生,合同可以规定承建方的工程留置权利。
4. 合同中应明确对承建方的建筑资质要求以及竣工验收的验收单位。

【例文】

房地产开发合同

订立合同单位:

__________________(以下简称"甲方")

__________________(以下简称"乙方")

为明确责任,恪守信用,特签订本合同,以供双方共同遵守。

项目内容及规模：

____

总投资及资金筹措：

总投资________万元（其中：征地费________万元，开发费________万元，建筑安装费________万元）。投入资金规模________万元，甲方出资________万元，分________次出资，每次出资________万元；乙方出资________万元，分________次出资，每次出资________万元。

合作方式：

____

各方负责：

甲方：______________________________

乙方：______________________________

经营方式：______________________________

资金占用费按月利率________‰计付，并于每季末的前________天内付给出资方。资金的偿还按如下时间及金额执行________，最后一次还款时，资金占用费随本金一起还清。

财务管理：

1. 成本核算范围：______________________________

2. 决算编制：______________________________

3. 财产清偿：______________________________

利润分配：

____

违约责任：

____

其他：

1. 该项目资金在______________银行开户管理。

2. ________方经济责任由________担保。保证方有权检查督促________方履行合同，保证方同意当________方不履行合同时，由保证方连带承担经济责任。

3. ________方愿以________作抵押品，抵押品另附明细清单作为本合同的附件。________方不履行合同时，________方对抵押品享有处分权和优先受偿权。

本合同正本一式________份。甲方执________份，乙方执________份，保证方执________份。合同副本________份，报送________、________、

________等有关单位各存一份。双方代表签字后生效。

本合同附件有________份,与本合同有同等效力。

本合同的修改、补充须经由甲乙双方签订变更合同协议书,并须保证方同意,作为合同的补充部分。

甲方:(公章)________　　乙方:(公章)

地址:________　　地址:________

法人代表:(签章)　　法人代表:(签章)

开户银行及账号:________　　开户银行及账号:________

保证方:(公章)________

地址:________

法人代表:(签章)

开户银行及账号:________

签约日期:20××年×月×日

签约地点:________

(引自国道数据网 http://library. jgsu. edu. cn,有改动)

十二　建设工程征用土地合同

概念

建设工程征用土地合同是指工程建设单位作为征用土地单位同被征土地单位签订的确定双方因征用土地所产生的权利、义务关系的合同。依据该合同,被征用土地单位向工程建设单位提供土地的使用权,工程建设单位向其支付补偿费、安置补助费并负责安置剩余劳动力。

格式写法

建设工程征用土地合同一般由约首、正文、约尾三部分组成。

1. 约首(也称首部)。包括合同的标题和当事人名称。标题写明“建设工程征用土地合同”即可。双方名称可简称为甲方、乙方或征地方、被征地方,以便在叙述合同内容条款时行文方便,如有保证方也应在约首列明。比较重要的合同还要在双方当事人名称上方或右上方注明合同编号、签订时间、签订地点。

2. 正文。正文是建设工程征用土地合同的主干和核心部分,一般有引言和主

体条款两项主要内容。

(1)引言。本部分内容与“借款财产抵押合同”引言类似,故不赘述。

(2)主体条款。包括以下各项内容:

①征用土地的批文、征地数量及方位。征地应依法进行且必须得到县级以上政府及土地和建设管理等部门的批准,故合同必须载明征地批准文告。此外,还应明确征用土地的数量及征用土地的地理位置。

②征用土地的各类补偿费用和安置补助。双方应明确征用土地的各类补偿费用标准和计算方法,人员安置办法、安置数量和安置标准。补偿费用包括耕地补偿费、青苗费、安置补助费、搬迁费、新菜地建设开发费用(被征地为菜地)和地上附着物补偿费用等。

③双方责任担负。合同应明确双方各自承担的责任。例如,明确规定征地方负责被征地方的搬迁和安置,按期支付各类补偿费用等;被征地方按期拆除被征用土地上的建筑物、收割农作物,按期离开被征用的住宅等。征地方的费用支付条款应包括支付时间、方式和批次、转账银行等。

④建设工程临时用地条款。如果所征用土地用于建设,则应明确建设工程临时用地条款。临时用地条款应包括土地临时征用用途、用地补偿、用地规模和时间、损坏赔偿、完工后的地上附着物清除和土地恢复责任。对于被征地方,则应在合同中规定容忍和配合义务。

⑤减免税赋。由于征地依法应由政府征用后再转让或划拨给使用者,故合同中也常规定除补偿费用、安置人员费用外的其他待遇。如果政府同意赋税减免,则在合同中应明确规定减免内容、减免年份和减免幅度。如果征地发生在农村,则该减免还应包括公粮减免。

⑥违约责任。违约责任追究方式要明确、具体,内容太笼统就等于没有明确约定违约责任。

⑦不可抗力条款。合同还应包括不可抗力条款。对于因不可抗力造成的违约或者履约不能,相关责任方不应承担违约责任。

⑧解决争议的方法。解决争议的方法是指为处理合同争执、纠纷而采取的方式、程序。双方应约定选择协商、调解、仲裁或诉讼的争议解决方式。征地纠纷多用诉讼或调解方式处理,具体选择可由双方合意决定并载于合同之中。

3. 约尾。本部分的内容与“借款财产抵押合同”约尾相似,故不赘述。

注意事项

1. 合同中应注明土地征用方和使用方,二者并不相同。

2. 合同中务必说明征用依据和政府发布的征用政令,被征用人的征用补偿费用、费用发放办法，被征用人的安置办法和被征用人的安置责任承担单位等。

3. 合同内容应包含明确的禁止任何一方使用暴力征用或阻拦征用的行为。

【例文】

建设工程征用土地合同

征用土地单位（甲方）：____________

地址：________邮编：________电话：________

法定代表人：________职务：________

被征土地单位（乙方）：____________

地址：________邮编：________电话：________

法定代表人：________职务：________

根据________（审批权力机关）批准的________建设项目的计划任务书和工程选点报告等文件，按照《国家建设征用土地条例》规定，经甲方向征地所在地的土地管理机关申请和________人民政府审查批准，经甲乙双方实地查看、协商一致，特签订本合同，以供双方共同遵守。

第一条　征用土地数量及方位

甲方征用乙方土地共______亩，其中稻田______亩，水塘______亩，菜地______亩，坡地______亩，宅基地______亩，林木______亩，共有树木______株。所征土地东起______，南起______，西起______，北起______。

第二条　征用土地的各类补偿费和安置补助费

1. 根据________省（或自治区、直辖市）政府关于征用土地的补偿规定，各类耕地（包括菜地）按该地年产值的×倍（一般为该耕地年产值的3~6倍）补偿。征用无收益的土地，不予补偿。（征用园地、鱼塘、藕塘、苇塘、宅基地、林地、牧场草原等的补偿标准，按省、自治区、直辖市政府制定的办法执行；征用城市郊区的菜地，还应按当地政府的有关规定，向国家缴纳新菜地开发基金。）

2. 根据________省（或自治区、直辖市）政府的规定，所征土地上的青苗按该地年产值的______%补偿，所征土地上的水井、林木、水塘等附着物按________办法补偿。房屋的补偿办法另订拆迁合同。乙方人员在开始协商征地方案以后抢种的作物、树木和抢建的设施，甲方一律不予补偿。

3. 各类耕地的年产值按耕地被征用前3年的平均年产量和国家规定的价格核定，稻田按平均亩产稻谷______千克计算，每千克计价______元，年产值每亩核定为______元；旱地按平均亩产玉米（或小麦）______千克计算，每千克计价______元，年产值每亩核定为______元；菜地按平均亩产大白菜______

千克计算,每千克计价________元,年产值每亩核定为________元。

4. 根据《国家建设征用土地条例》的规定,乙方需要安置的农业人口数,按征地前农业人口和耕地面积的比例及征地的数量计算,共计________人;甲方对乙方农业人口的安置补助费标准,按所征耕地每亩产值的2~3倍计算(年产值按被征用前3年的平均年产量和国家规定的价格计算,但每亩耕地的安置补助费最高不得超过其年产值的10倍);征用宅基地不付安置补助费(征用园地、鱼塘、藕塘、林地、牧场、草原等土地的安置补助费,按省、自治区、直辖市政府制定的标准计算)。

甲乙双方在本合同上签字,并实地勘验征用地界、定立永久性界桩后________日内,甲方向乙方一次(或商定于某段时期内几次)支付全部各类补偿费、安置补助费共________元(其中,土地补偿费和安置补助费的总和不得超过被征土地年产值的20倍),付款均通过建设银行转账托付。

第三条　减免公、余粮交售任务

甲乙双方按照________人民政府的规定,根据被征土地的亩数,向________人民政府呈递减免公、余粮交售任务的申请报告。实际减免量以________人民政府的批文为准。

第四条　安置办法

乙方因被征用土地造成农业剩余劳动力,甲方应与有关单位联系,采取以下第(________)项办法解决:

1. 发展农业生产。甲方协助乙方改良土壤,兴修水利,改善耕作条件;在可能和合理的条件下,经县、市土地管理机关批准,适当开荒,扩大耕种面积;也可由甲方结合工程施工帮助造地,但要从安置补助费中扣除甲方的资助费用。

2. 发展工副业生产。在符合国家有关规定的条件下,甲方帮助乙方因地制宜,兴办对国计民生有利的工副业和服务性事业,但要从安置补助费中扣除甲方的资助费用。

3. 迁组或并组。土地已被征完或基本征完的村民小组,在有条件的地方,可以组织迁组;也可按照自愿互利的原则,与附近村民小组合并。甲方要积极为乙方迁组或并组创造条件。

按照上述途径确实安置不完的剩余劳动力,经____________省(或自治区、直辖市)人民政府批准,在劳动计划范围内,符合条件的可以安排到集体所有制单位就业,并将相应的安置补助费转拨给吸收劳动力的单位;甲方如有招工指标,经____________省(或自治区、直辖市)人民政府同意,也可以选招其中符合条件的当工人,并相应核减被征地单位的安置补助费。乙方的土地被征完,又不具备迁组、并组条件的,乙方原有的农业户口,经省(或自治区、直辖市)人民政府审查批准,可转为非农业户口或城镇户口,乙方原有集体所有的财产和所得的补偿费、安

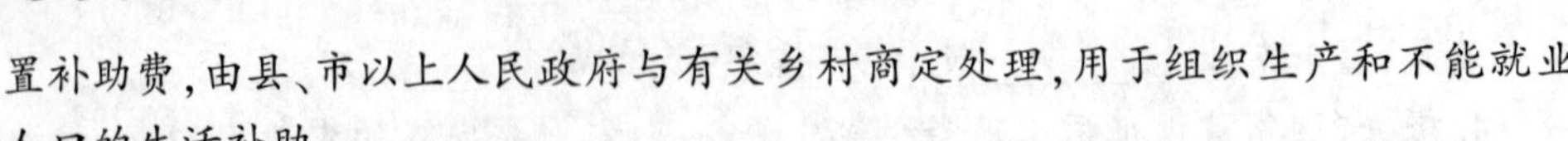

置补助费，由县、市以上人民政府与有关乡村商定处理，用于组织生产和不能就业人口的生活补助。

乙方用补偿费和安置补助费兴建生产生活设施所需建设物资，乡村能够解决的，由乡村自行解决；乡村不能解决的，由当地政府协助解决；地方无法解决少数统配部管物资，经县（或市）土地管理机关审查核实后，由甲方随同建设项目向国家有关部门申请分配，物资价款由乙方支付。

第五条　甲方的责任

1. 甲方征用土地上有青苗的，在不影响工程正常进行的情况下，应当等待乙方收获，不得铲毁；凡在当地一个耕种收获期内尚不需要使用的土地，甲方应当与乙方签订协议，允许乙方耕种。

2. 甲方已征用 2 年还未使用的土地（铁路沿线以及因安全防护等特殊需要，符合国家规定的留用土地，不得视为征用未用的土地），除经原批准征地的机关同意延期使用的土地外，当地县（或市）人民政府有权收回处理，甲乙方均不得擅自侵占或处理。

3. 甲方如逾期不向乙方支付征地的各种补偿费和安置补助费，乙方可凭本合同正本申请建设银行从甲方银行账户内拨付，并可请求甲方按银行关于延期付款的规定偿付违约金。

第六条　乙方的责任

1. 自本合同订立之日起，乙方有责任告知所属村民不得在征用土地内种植作物，不得砍伐林木和损坏其他附着物，有违反者，乙方必须赔偿甲方的损失。经甲方同意在征用地上种植作物的，乙方应统一安排，不得逾期。

2. 乙方在本合同订立后需在征用土地上架设电线、兴修沟渠等，应经甲方同意，乙方应在不影响建设工程的前提下动工，否则按侵犯公有财产报请有关机关处理。

第七条　工程临时用地

甲方在工程施工过程中，需要建设材料堆场、运输通路和其他临时设施的，应当尽量在征地范围内安排。确实需要另行增加临时用地的，由甲方向原批准工程项目用地的主管机关提出临时用地数量和期限的申请，经批准后，同乙方签订临时用地协议，并按乙方前 3 年土地平均年产值逐年给予补偿。甲方在临时用地上不得修建永久性建筑物。甲方使用期满，应当恢复乙方土地的耕种条件，及时归还乙方，或按恢复土地耕种条件的工作量向乙方支付费用。

第八条　其他约定

____。

本合同自甲乙双方签字之日起生效，合同生效后，甲乙双方均不得擅自修改或解除合同。合同中如有未尽事宜，须经双方共同协商，作出补充规定。补充规定与

本合同具有同等效力。

合同执行中如发生纠纷，双方协商不能解决的，可报请建设工程管理部门和________县(或市)政府调解，调解不成的，可报请合同管理机关仲裁，也可提请有管辖权的人民法院裁决。

本合同正本一式两份，甲乙双方各执一份；合同副本一式________份，送________人民政府、计委、建委、建设银行、农委……各留存一份。

(引自下沙网 http://oa. xiashanet. com，有改动)

十三　房地产转让合同

概念

房地产转让合同(或称商品房买卖合同)是指买卖双方以房屋为交易标的物依法签订的协议书。

格式写法

房地产转让合同(商品房买卖合同)一般由约首、正文、约尾三部分组成。

1. 约首(也称首部)。约首部分包括合同的标题和当事人名称。标题写明“房地产转让合同”(或“商品房买卖合同”)即可。双方名称可简称为甲方、乙方或转让方、购买方。

2. 正文。正文是房地产转让(商品房买卖)合同的主干和核心部分，一般有引言和主体条款两项内容。

(1)引言。本部分的内容与“借款财产抵押合同”的引言类似，故不赘述。

(2)主体条款。包括如下各项：

①商品房具体情况和购买情况。合同应明确所涉商品房的具体坐落位置和户型结构、建设年份、使用状况、房屋建筑面积、实际使用面积、房屋基础硬件配置(水、暖、电、通信等)、房屋建设批准文号和楼层等。

②销售标准和房屋价格、税费承担。应在合同中明确所销售房屋为现房或预售房，写明现房的销售批准机构和批准文号，或预售房的销售批准机构和批准文号，并列明房屋价格、计算标准和实际计价以及税费的承担问题等。

③各方的责任。合同中应列明：销售方应如约交房、保证房屋符合约定要求、承担房屋产权办理或过户、保证房屋不一房多售等；购买方则应如约验房、收房并缴纳房款；并列明交房时限和付款时限，如有房价优惠条款，也应在本部分列明。

④房屋的误差处理和责任担负。应在本部分明确房屋的面积计算标准和短缺增益问题，如房屋实有面积超出约定的计价和处理，房屋面积短缺情况的计价和处

理。还应列明房内所涉及的各种基础设备(水、电、暖、通信)等出现问题时的责任担负和处理,以及房屋质量问题的责任担负以及修缮等。同时,还应列明负责勘验、评估的独立第三方和费用承担。

⑤特殊变更和物业问题。为防止房屋建设过程中国家法律法规出现修改所带来的建设变更,合同应列明不可抗力所带来的特殊变更,如户型、面积、房顶设计等变更。合同应列明物业管理费用标准和收取办法以及详细的服务项目。

⑥违约责任。违约责任追究方式要写得明确、具体,不能太宽泛、太笼统。

⑦不可抗力条款。对于因不可抗力造成的违约或者履约不能,相关责任方不应承担违约责任。

⑧解决争议的方法。解决争议的方法是指为处理合同争执、纠纷而采取的方式、程序。双方应在合同中约定选择协商、调解、仲裁或诉讼的方式。

3. 约尾。约尾部分包括合同附则、房屋平面图、售房批准文号等资料的详细清单。本部分的写法与“借款财产抵押合同”约尾相似,故不赘述。

注意事项

1. 签订商品房买卖合同应特别注意房屋面积的计算办法和双方同意的勘察单位。

2. 合同中应写明与房屋使用必须配套的公用设施的归属、使用和收费办法,以及物业管理单位的选择权及物业费用等。

3. 合同中应明确双方在订约后的违约责任承担和追究方式。

【例文】

商品房买卖合同

本合同双方当事人:

卖方(以下简称“甲方”):____________________

注册地址:____________________

营业执照号码:__________邮政编码:__________

法定代表人:__________职务:__________联系电话:__________

委托代理人:__________职务:__________

地址:____________________

邮政编码:__________联系电话:__________

委托代理机构:____________________

注册地址:____________________

营业执照号码:__________邮政编码:__________

法定代表人：__________职务：__________联系电话：__________

买方（以下简称“乙方”）：______________________________

（本人）（法定代表人）姓名：__________国籍：__________

（身份证）（护照）（营业执照号码）：____________________

地址：____

邮政编码：__________联系电话：__________

委托代理人：__________国籍：__________电话：__________

地址：__________邮政编码：__________

根据《中华人民共和国民法典》《中华人民共和国城市房地产管理法》及其他有关法律法规的规定，在平等、自愿、协商一致的基础上，就乙方向甲方购买商品房，甲、乙双方达成如下协议：

第一条　甲方用地依据及商品房坐落位置：

甲方以____________方式取得位于____________、编号为____________的地块的土地使用权。

（土地使用权出让合同号）（土地使用权划拨批准文件号）为____________。划拨土地使用权转让批准文件号为____________。土地使用权证号为____________，土地面积为____________。地块规划用途为____________，土地使用权年限自______年____月____日至______年____月____日止。

甲方经批准，在上述地块上建设商品房，（现定名）（暂定名）____________，主体建筑物的性质为____________，属____________结构，建筑层数为____________层。工程建设规划许可证号为____________。

第二条　乙方所购商品房的面积：

乙方向甲方购买商品房（以下简称“该商品房”）建筑面积共________平方米（其中实得建筑面积________平方米，公共部位与公用房屋分摊建筑面积________平方米），共________（套）（间）。（该商品房屋平面图见本合同附件一，房屋以附件一中的标示为准）

该商品房分别为本合同第一条规定的项目中的：

第________（幢）（座）________层________号房；

第________（幢）（座）________层________号房；

第________（幢）（座）________层________号房；

第________（幢）（座）________层________号房。

上述面积为（甲方暂测）（房地产产权登记机关实际测定）面积。如暂测面积与房地产产权登记机关实际测定的面积有差异的，以房地产产权登记机关实际测定面积（以下简称“实际面积”）为准。

根据法律规定的房屋所有权与该房屋占用土地范围内的土地使用权一致的原则，该商品房相应占有的土地使用权，在办理土地使用权登记时由政府主管部门核定。

第三条　该商品房销售特征：

该商品房为（现房）（预售商品房）。

预售商品房批准机关为__________，商品房预售许可证号为__________。该商品房为（内销）（外销）商品房。

外销商品房批准机关为__________，外销商品房许可证号为__________。

第四条　价格与费用：

该商品房（属于）（不属于）政府定价的商品房。按实得建筑面积计算，该商品房单位（售价）（暂定价）为每平方米_______元，总金额为_______亿_______千_______百_______拾_______万_______千_______百_______拾_______元整。除上述房价款，甲方依据有关规定代政府收取下列税费：

1. 代收_______，计_______亿_______千_______百_______拾_______万_______千_______百_______拾_______元整。

2.—5.（略）

6. 代收_______，计_______亿_______千_______百_______拾_______万_______千_______百_______拾_______元整。

第五条　该商品房实际面积与暂测面积差别的处理：

该商品房交付时，房屋实际面积与暂测面积的差别不超过暂测面积的±_______%（不包括±_______%）时，上述房价款保持不变。

实际面积与暂测面积差别超过暂测面积的±_______%（包括±_______%）时，甲乙双方同意按下述第_______种方式处理：

1. 乙方有权提出退房，甲方须在乙方提出退房要求之日起_______天内将乙方已付款退还给乙方，并按_______利率付给利息。

2. 每平方米价格保持不变，房价款总金额按实际面积调整。

3. ______________________________________。

第六条　价格与费用调整的特殊约定：

该商品房出现下列情况之一时，房价款和代政府收取的税费可作相应调整：

1. 由于该商品房属于政府定价的预售商品房，有权批准单位最后核定的价格与本合同第四条规定的价格不一致，按政府有关部门最后核定的每平方米价格调整。

2. 预售商品房在开发建设过程中，甲方代政府收取的税费标准调整时，按实

际发生额调整。

3. ____。

第七条 付款优惠：

乙方在______年____月____日前付清全部房价款________%的，甲方给予乙方占付款金额________%的优惠，即实际付款额为（________币）________亿________千________百________拾________万________千________百________拾________元整。

第八条 付款时间约定：

乙方应当按以下时间如期将房价款当面交付甲方或汇入甲方指定的____________银行（账户名称：____________，账号：____________）：

1. ______年____月____日前支付全部房价款的________%，计________亿________千________百________拾________万________千________百________拾________元。

2. —4.（略）

5. ______年____月____日前支付全部房价款的________%，计________亿________千________百________拾________万________千________百________拾________元。

第九条 交接商品房时的付款额约定：

在双方交接该商品房时，乙方累计支付的款额应当占全部房价款的________%，计________亿________千________百________拾________万________千________百________拾________元。其余房价款在房地产产权登记机关办完权属登记手续之日起________天内付清。

第十条 乙方逾期付款的违约责任：

乙方如未按本合同第八条规定的时间付款，甲方对乙方的逾期应付款有权追究违约利息。自本合同规定的应付款限期的第二天起至实际付款之日止，月利息按________利率计算。逾期超过________天后，即视为乙方不履行本合同。届时，甲方有权按下述第________种约定，追究乙方的违约责任：

1. 终止合同，乙方按累计应付款的________%向甲方支付违约金。甲方实际经济损失超过乙方支付的违约金时，实际经济损失与违约金的差额部分由乙方据实赔偿。

2. 乙方按累计应付款的________%向甲方支付违约金，合同继续履行。

3. ____。

第十一条 交付期限：

甲方须于______年____月____日前，将经竣工验收（包括建筑工程质量验收和按规定必需的综合验收)合格,并符合本合同附件二所规定的装饰和设备标准的该商品房交付乙方使用。但如遇下列特殊原因,除甲、乙双方协商同意解除合同或变更合同外,甲方可据实予以延期:

1. 人力不可抗拒的火灾、水灾、地震等自然灾害。

2. ____。

3. ____。

第十二条　甲方逾期交付的违约责任:

除本合同第十一条规定的特殊情况外,甲方如未按本合同规定的期限将该商品房交付乙方使用,乙方有权按已交付的房价款向甲方追究违约利息。按本合同第十一条规定的最后交付期限的第二天起至实际交付之日止,月利息在________个月内按利率计算;自第________个月起,月利息则按________利率计算。逾期超过________个月,则视为甲方不履行本合同,乙方有权按下列第________种约定,追究甲方的违约责任:

1. 终止合同,甲方按乙方累计已付款的________%向乙方支付违约金。乙方实际经济损失超过甲方支付的违约金时,实际经济损失与违约金的差额部分由甲方据实赔偿。

2. 甲方按乙方累计已付款的________%向乙方支付违约金,合同继续履行。

3. ____。

第十三条　设计变更的约定:

预售商品房在开发建设过程中,甲方对原设计方案做重大调整时,必须在设计方案批准后________日内书面通知乙方。乙方应当在收到该通知之日起________天内提出退房要求或与甲方协商一致签订补充协议。乙方要求退房的,甲方须在乙方提出退房要求之日起________天内将乙方已付款退还给乙方,并按________利率付给利息。

第十四条　交接通知与乙方责任:

预售商品房竣工验收合格后,甲方应书面通知乙方办理交付该商品房手续。乙方应在收到该通知之日起________天内,到甲方指定地点付清本合同第九条规定的应付款项。若在规定期限内,乙方仍未付清全部应付款项,甲方有权按本合同第十条规定向乙方追究违约责任。

第十五条　交接与甲方责任:

在乙方付清本合同第九条规定的应付款之日起________天内,双方对该商品房进行验收交接、交接钥匙、签署房屋交接单。若因甲方责任在乙方付清全部应付款之日起________天后仍未进行验收交接,乙方有权按本合同第十二条的约定追究甲方的违约责任。

第十六条 甲方关于装饰、设备标准承诺的违约责任：

甲方交付使用的商品房的装饰、设备标准达不到本合同附件二规定的标准的，乙方有权要求甲方补偿双倍的装饰、设备差价。

第十七条 质量争议的处理：

乙方对该商品房提出有重大质量问题，甲、乙双方产生争议时，以________出具的书面工程质量评定意见为处理争议的依据。

第十八条 甲方关于基础设施、公共配套建筑正常运行的承诺：

甲方承诺与该商品房正常使用直接关联的下列基础设施、公用配套建筑按以下日期投入正常运行：(略)

第十九条 关于产权登记的约定：

在乙方实际接收该商品房之日起，甲方协助乙方在房地产产权登记机关规定的期限内向房地产产权登记机关办理权属登记手续。如因甲方的过失造成乙方不能在双方实际交接之日起________天内取得房地产权属证书，乙方有权提出退房，甲方须在乙方提出退房要求之日起________天内将乙方已付款退还给乙方，并按已付款的________%赔偿乙方损失。

第二十条 关于物业管理的约定：

该商品房移交后，乙方承诺遵守小区(楼宇)管理委员会选聘的物业管理公司制定的物业管理规定；在小区(楼宇)管理委员会未选定物业管理机构之前，甲方指定________公司负责物业管理，乙方遵守负责物业管理的公司制定的物业管理规定。

第二十一条 保修责任：

自乙方实际接收该商品房之日起，甲方对该商品房的下列部位和设施承担建筑施工质量保修责任，保修期内的保修费用由甲方承担：

I. 墙面：保修________月。

C. 地面：保修________月。

s. 顶棚：保修________月。

v. 门窗：保修________月。

S. 上水：保修________月。

9. 下水：保修________月。

L. 暖气：保修________月。

8. 煤气：保修________月。

6. 电路：保修________月。

(略)

保修期内，因不可抗力因素或其他非甲方原因造成的损坏，甲方无须承担责任，但可协助维修，维修费用由乙方承担。

第二十二条　乙方购买的房屋仅作__________使用,乙方使用期间不得擅自改变该商品房的房屋结构和用途。除本合同及其附件另有规定者外,乙方在使用期间有权与其他权利人共同享用与该商品房有关联的公共部位和设施,并按占地和公共部位与公用房屋分摊面积承担义务。

甲方不得擅自改变与该商品房有关联的公共设施、公共用地的使用性质。

第二十三条　甲方保证在交接时该商品房没有产权纠纷和财务纠纷,保证在交接时已消除该商品房原由甲方设定的抵押权。如交接后发生该商品房交接前即存在财务纠纷,由甲方承担全部责任。

第二十四条　自该商品房交付之日起,__________号划拨土地使用权批准文件、甲方与__________签订的__________号土地使用权出让合同中规定的甲方权利、义务和责任依法随之转移给乙方。

第二十五条　本合同未尽事项,由甲乙双方另行议定,并签订补充协议。

第二十六条　本合同之附件均为本合同不可分割的部分。本合同及其附件内,空格部分填写的文字与印刷文字具有同等效力。

本合同及其附件和补充协议中未规定的事项,均遵照中华人民共和国有关法律、法规和政策执行。

第二十七条　甲乙一方或双方为境外组织或个人的,本合同应经该商品房所在地公证机关公证。

第二十八条　本合同在履行中发生争议,由甲乙双方协商解决。协商不成的,甲乙双方同意由__________仲裁委员会仲裁(甲乙双方不在本合同中约定仲裁机构,事后又没有达成书面仲裁协议的,可向人民法院起诉)。

第二十九条　本合同经甲乙双方签字、经__________公证(指外销商品房)之日起生效。

第三十条　本合同生效后,甲乙双方任何一方无正当理由要求终止合同的,除双方签订补充协议外,责任方须按本合同及其补充协议的有关条款的规定承担违约责任,并按实际已付款(已收款)的________%赔偿对方损失。

第三十一条　本合同自生效之日起________天,由甲方向________申请登记备案。

第三十二条　本合同连同附表共________页,一式________份,甲乙双方各执________份,均具有同等效力。

附件一:房屋平面图(略)

附件二:装饰、设备标准(略)

(引自法律图书馆网 ttp://www.law-lib.com,有改动)

十四　房屋拆迁合同

概念

房屋拆迁合同是拆迁人与被拆迁人依照房屋拆迁安置补偿的相关法律、法规的有关规定，就房屋拆迁安置补偿达成的协议。

格式写法

房屋拆迁合同一般由约首、正文、约尾三部分组成。

1. 约首（也称首部）。约首部分包括合同的标题和当事人名称。标题写明“房屋拆迁合同（协议）”即可。双方当事人名称可简称为甲方、乙方或拆迁方、被拆迁方。

2. 正文。正文是房屋拆迁合同的主干和核心部分，一般有引言和主体条款两项内容。

（1）引言。本部分的内容与“借款财产抵押合同”引言类似，故不赘述。

（2）主体条款。包括如下各项：

①拆迁依据。合同应写明拆迁依据，列明拆迁批文。这是从文字合同上保证依法拆迁、拒绝非法拆迁的基本要求。

②拆迁房屋的情况。合同中应明确所涉被拆迁房屋的具体坐落位置和户型结构，该房屋的建设年份、使用状况、房屋建筑面积、实际使用面积、房屋基础硬件配置（水、暖、电、通信等）和楼层、市场价格和居住人口。如果有非居住建筑，也应一并在本部分列明。

③补偿办法和补偿费用。应在本部分明确对于被拆迁户的补偿办法、补偿标准和补偿费用。如果补偿包括人员工作安置、社会保障解决或者户口调整以及临时住房安置，则应当在合同中列明解决人口、解决标准和落户接受情况及临时住房面积、位置和维护费用等。如果仅仅给予货币补偿，则应当列明补偿标准、补偿数额、支付方式和支付期限。涉及货币补偿的，则应当列明独立第三方评估机构及费用承担。

④搬迁条款。应在本部分明确被拆迁户的搬迁时限和搬迁工具、搬迁费用承担。如有特殊搬迁补助应一并列明。

⑤注销登记。合同中应列明房屋注销登记条款，注明拆迁完成后谁负责房屋注销、注销时限和具体注销内容。

⑥违约责任。拆迁方拒绝支付货币补偿或支付短缺，提前拆迁、强行拆迁、暴力拆迁和过度拆迁均构成违约，合同应予列明。如果被拆迁方在签约后拒绝按期

搬迁也构成违约。违约责任追究方式要明确,即是提供违约金并赔偿损失还是解除合同等,不能写成"如果违反合同就追究违约责任"等,因为这样的表达太空泛、内容不具体,一旦发生违约纠纷很难分清责任。为防止暴力拆迁,应在本部分列明一旦发生暴力拆迁则合同作废,所有损失均由拆迁方负责赔偿并承担一切责任。

⑦不可抗力条款。对于因不可抗力造成的违约或者履约不能,相关责任方不应承担违约责任。

⑧解决争议的方法。解决争议的方法是指为处理合同争执、纠纷而采取的方式、程序。双方应在合同中约定选择协商、调解、仲裁或诉讼的方式。

3. 约尾。约尾部分包括合同附则、房屋平面图、拆迁批准文号等资料的详细清单。本部分的写法与"借款财产抵押合同"约尾相似,故不赘述。

注意事项

1. 合同中务必说明拆迁依据和政府发布的拆迁政令,被拆迁人的拆迁面积、补偿标准和给付期限,被拆迁人的拆迁补偿费用总额和费用发放办法,被拆迁人的其他安置办法和被拆迁人的安置责任承担单位等。

2. 合同内容应包含明确的禁止任何一方使用暴力拆迁或阻拦拆迁的行为。

3. 合同内容应详细说明拆迁争议的解决办法,无论是采取诉讼、仲裁还是调解方式,都应当考虑到该办法的可操作性和可信任度。

【例文】

某市住宅房屋拆迁货币补偿协议

拆迁人(甲方):

被拆迁人(乙方):

为保护甲、乙双方权益,保障城市建设顺利进行,根据《城市房屋拆迁管理条例》和有关文件规定,甲、乙双方经协商,同意实行货币补偿,并达成如下协议:

一、拆迁依据:

根据《房屋拆迁许可证》__________房__________拆许字(　　)第__________号,甲方因______________项目建设,需要拆迁乙方在拆迁范围内__________居住的房屋。

二、被拆除房屋:

乙方在拆迁范围内居住非成套/成套正式住宅房屋_______间,建筑面积_______ m^2;非正式房屋_______间,建筑面积_______ m^2。

乙方现有在册人口________人,实际居住人口________人,分别

是________________。

三、补偿金额：

甲方应支付乙方补偿款________元，其中包括：

1. 所有权补偿。经评估机构评估，被拆除房屋重置价格为________元/m^2，被拆除房屋建筑面积为________ m^2，甲方应当给予所有权补偿款________元。乙方附属物作价________元。合计________元。

2. 使用权补偿。经有关部门批准，被拆除房屋所在地拆迁补偿价格为________元/m^2，应补偿建筑面积为________ m^2，甲方应支付乙方房屋拆迁补偿款________元。

四、补助费：

甲方支付乙方拆迁补助费共计________元，其中包括：

1. 搬家补助费：________元。

2. 提前搬家奖励费：________元。

3. 其他补助费：________元。

五、付款方式、期限：

1. 甲方应当在本协议签订之日起________日内，将被拆除房屋所有权补偿款、搬家补助费，共计________元，一次性付给乙方。

2. 甲方应在乙方完成搬迁后________日内，将被拆除房屋使用权补偿款、提前搬家奖励费以及其他补助费，共计________元，一次性付给乙方。

甲方延期支付上述补偿款、补助费的，应对滞交的部分按同期银行利率支付本金和利息。

六、乙方搬迁期限：

乙方应在______年____月____日前完成搬迁，并将原住房交甲方拆除。

乙方未按上款规定期限完成搬迁的，应按延期天数支付违约金每天________元。

七、注销登记：

乙方应将原住房产权证明或使用证明交甲方，统一办理注销登记手续。办理注销登记手续的有关费用由____________承担。

八、本协议一式三份，双方各持一份，报区县房屋拆迁主管部门一份备案。

九、本协议自签订之日起生效。

甲方(盖章)：

法定代表人：________________　委托代理人：________________　______年____月____日

十五　房屋租赁合同

概念

房屋租赁合同是房屋所有人与租住房屋人就房屋租赁签订的合同。

格式写法

房屋租赁合同一般由约首、正文、约尾三部分组成。

1. 约首(也称首部)。约首部分包括合同的标题和当事人名称。标题写明"房屋租赁合同"即可。双方名称可简称为甲方、乙方,或者出租方、租赁方。

2. 正文。正文是房屋租赁合同的主干和核心部分,一般有引言和主体条款两项内容。

(1)引言。本部分的写法与"借款财产抵押合同"引言类似,故不赘述。

(2)主体条款。包括如下各项:

①房屋情况。合同应明确房屋的具体位置、产权号码、房号、楼层、具体面积和户型结构。房屋租赁合同具有这些条款是确定双方诚信交易的基础,也是据以定价的基础。如果日后发生纠纷,可据此由法院判定合理的房租价。列明产权号码是防止有人虚假出租,冒名出租。

②租金和租期。双方应在合同中明确房屋的租赁始终时限、房屋的租金价格和具体支付办法及支付时间。

③使用办法。合同中应明确对于所涉房屋的使用办法和使用用途,使用办法包括能否装修、能否转租、能否出借以及不得从事非法活动等;使用用途包括究竟属于居住还是商用等。

④管理和修缮。合同中应明确房屋在租赁期间的管理责任归属,包括房屋在出租期间的房屋组成部分或屋内设施和家具损坏的修缮责任和费用负担。

⑤税费承担。合同中应列明房屋租赁期间物业费用的担负责任和其他相关税赋的承担责任。当然,像水电费之类的费用照惯例是由承租人承担的。

⑥违约责任。违约责任的追究方式要明确、具体,不可笼统宽泛。

⑦不可抗力条款。合同还应包括不可抗力条款。对于因不可抗力造成的违约或者履约不能,相关责任方不应承担违约责任。

⑧解决争议的方法。解决争议的方法是指为处理合同争执、纠纷而采取的方式、程序。双方应在合同中约定选择协商、调解、仲裁或诉讼的方式。

3. 约尾。约尾部分包括合同附则、房产证和设备登记表等详细清单。本部分

的写法与“借款财产抵押合同”相似，故不赘述。

注意事项

1. 签订房屋租赁合同时，应明确禁止在出租房内从事非法活动。

2. 承租人务必查验对方的房产证明；出租人则应查验对方的身份证明，并提供详细的家具、设施清单及出租前的状况。

3. 如果所订合同规定租金缴纳时限为季度缴纳或年份缴纳，则承租人可以考虑由中立第三人代管租金，如银行等单位。

4. 合同中也应明确电话使用等无形消费的使用责任和费用缴纳办法。

【例文】

房屋租赁合同

出租方（以下简称“甲方”）：

承租方（以下简称“乙方”）：

甲、乙双方在平等、自愿的基础上，就甲方将房屋出租给乙方使用事宜，经协商一致，订立本合同。

一、乙方承租甲方自有住房一套。

二、房屋的坐落、面积和设施情况如下：

1. 房屋位于××市××区××街×号楼×××号。房型：×室×厅。建筑面积________平方米。

2. 该房屋现有设施、设备情况详见合同附件。该附件作为甲方按照本合同约定交付乙方使用和乙方在本合同租赁期满时交还该房屋的验收明细单。

三、租赁期限、用途。

1. 该房屋租赁期限为____月。自______年____月____日起，至______年____月______日止。

2. 乙方承诺，租赁该房屋仅作为居住使用。

3. 租赁期满，甲方有权收回出租房屋，乙方应如期归还。

4. 乙方如要求续租，应在租赁期满前________个月通知甲方。双方协商一致后，可重新签订租赁合同。

四、租金及支付方式。

1. 该房屋每月租金为________元人民币，年度租金共计________元人民币。

2. 租金支付方式及时间：____。

租金以现金分______________支付。具体支付时间为______________、______________、______________、______________。

五、租赁期间相关费用。

1. 乙方应按时缴纳在合同有效期间自行负担的费用,包括水费、电费、燃气费、有线电视收视费、卫生费、电话费和上网费。若迟付,滞纳金由乙方负担。

2. 本合同未列明的费用由甲方承担。

六、房屋修缮及使用。

1. 该房屋及所属设施的维修由甲方负责。乙方提出维修申请后,甲方应及时维修,保证乙方的正常使用及安全。

2. 乙方应合理使用并爱护该房屋及附属设施。因不当使用造成房屋及附属设施损坏的,乙方应立即修复或赔偿。

3. 乙方保证安全使用燃器、电器等,若因不当使用造成事故,后果自负。

4. 甲方在通知乙方后,可随时检查房屋使用情况。

5. 乙方不得改变房屋的内部结构或进行对房屋结构有影响的装修或添置。否则,甲方有权要求乙方恢复原状或要求添置于房屋的装修归甲方所有。家具位置的变换除外。

七、合同的变更、解除、终止及责任。

1. 双方协商一致可变更或终止合同。

2. 未经甲方同意,乙方有下列行为之一,甲方可解除本合同,并由乙方承担违约金________元人民币。

(1)将房屋转租给他人使用的。

(2)变动或损坏房屋结构的。

(3)改变房屋约定用途,或利用该房屋进行违法活动的。

(4)租赁期间擅自解除、中止本合同的。

3. 未经乙方同意,甲方有下列行为之一的,乙方有权要求甲方退还已交付的未履行合同部分的租金,并由甲方承担违约金________元人民币。

(1)租赁期间擅自解除、中止本合同的。

(2)未按约定退还保证金的。

八、免责条款。

1. 因不可抗力致使本合同不能履行或造成双方损失的,甲、乙双方互不承担责任。不可抗力是指不能预见、不能克服且不能避免的客观情况,如地震、水灾等。

2. 因政府有关政策拆除或改造该租赁房屋,致使双方损失的,互不承担责任。

3. 因上述两个原因中止本合同的,租金按照实际使用天数计算。

九、保证金。

乙方应向甲方交付________元人民币,作为合同有效期内应由乙方负担但乙

方未支付的实际发生的各项费用(见第五条第1款)的保证金。未有担保事项发生或担保后的剩余部分,在合同解除或终止时,由甲方归还乙方。

十、合同的成立和生效。

本合同自双方签字之日起成立,并于______年____月____日生效。

本合同一式两份,甲乙双方各执一份。

十六　补偿贸易合同

概念

补偿贸易合同是指中国的经济实体与外国的经济实体之间就补偿贸易关系而签订的书面协议。

格式写法

补偿贸易合同一般由约首、正文、约尾三部分组成。

1. 约首(也称首部)。约首部分包括合同的标题和当事人名称。标题写明“补偿贸易合同”即可。双方名称可简称为甲方、乙方或买方、卖方,以便在叙述合同内容条款时行文方便,如有保证方也应在约首列明。比较重要的合同还要在双方当事人名称上方或右上方注明合同编号、签订时间、签订地点。

2. 正文。正文是补偿贸易合同的主干和核心部分,一般有引言和主体条款两项内容。

(1)引言。引言部分写法与“借款财产抵押合同”引言类似,故不赘述。

(2)主体条款。包括如下各项:

①贸易内容。合同应明确贸易的具体内容,列明买卖商品或服务的名称和数量,交易的全部价款和交易时限(从××××年×月×日至××××年×月×日)。

②价款和时限。合同中应明确具体交易商品或服务的单价及结算方式和结算时限。有FOB、FCA、FAS、DDU、DDP等数十种交易方式可用于确定价格和运输方式,合同应列明具体结算种类,并明确结算方式,是信用证(可撤销、不可撤销等,即期、远期或担保信用证等)还是托收或其他方式。此外,还应列明交易渠道,是电子汇兑还是传统货款交割。同时,应列明付款时限和付款批次、交货时限和交货批次。

③品质与包装。合同应明确商品或服务的技术要求、规格和质量等级(大路货、上等货等),符合交易惯例的包装类型、包装材料和包装等次等。

④装运、检验和通知。合同应明确商品的检验机构和检验标准,检验时间和检验地点;货物的装运地点和运输方式,是否转运、联运等,并应列明双方间的通知方式,是电话、传真、电子邮件还是其他方式等,以便对方接收信息。

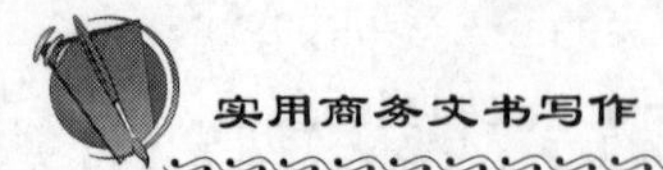

⑤保险、保证和单证。合同中应列明保险责任和费用担负,交易保证方和保证方式,交易单证的交付时间和交付条件等。

⑥违约责任和索赔。合同应明确双方违约的责任。买方开列虚假信用证、付款不及时或拒绝付款或拒绝接货、验收等都构成违约;卖方不按期如约发货、货品或服务质量不合格、单证不完整、不清洁等也构成违约。索赔条款应明确索赔标准和索赔率,赔偿支付和拒绝赔偿下的自救等问题。此外,违约责任追究方式要明确,即是以违约金并赔偿损失还是罚金抑或解除合同等,不能写成"如果违反合同就追究违约责任"等,因为这样的表达太空泛、内容不具体,一旦发生违约纠纷难以追究责任。国际贸易合同务必字斟句酌,交代清楚,责任明确,周到细致。否则,一旦发生意外,则可能损失巨大且无法挽回。

⑦不可抗力条款。合同应列明不可抗力条款,以解决在发生天灾、罢工、政变或战争、法律变更等人力不可抗拒的事件发生时的责任免除,以及合同是否推迟履行或解除履行等问题。

⑧解决争议的方法。解决争议的方法是指为处理合同争执、纠纷而采取的方式、程序。双方应在合同中约定选择协商、调解、仲裁或诉讼的方式。国际贸易纠纷一般采用仲裁方式。地处北京的中国国际经济贸易仲裁委员会/中国国际商会仲裁院是在世界上享有较高声誉的国际仲裁机构,可供仲裁双方选择。当然,巴黎仲裁院等国外仲裁机构也可选择。

3. 约尾。约尾部分包括合同附则、保证函、双方资信证明等资料的详细清单。本部分的写法与"借款财产抵押合同"约尾相似,故不赘述。

‖注意事项‖

1. 补偿贸易合同中应写明供料方(买方)的样品要求和知识产权、卫生等法律责任。

2. 卖方应明确己方的质量和包装责任,以及双方间的验货标准、时间和方法,并设立专门条款明确对方所提供样品的保管责任和方法。

3. 为防止货款意外,卖方应接受即期不可撤销信用证,并要求对方提供付款保证人。

4. 双方都应考虑己方和对方国家的法令要求,以免违法导致贸易合同无效。

【例文】

××补偿贸易返销合同

合同号:__________

本合同是在__________号补偿贸易协议基础上签订的,由__________国

__________公司(以下简称“买方”)向中国__________公司(以下简称“卖方”)购进返销产品__________,其交易条件如下:

一、金额:买方购买金额与买方在__________合同项下售给卖方设备金额的相等的返销产品,计__________元。

二、期限:买方的购买必须在______年____月____日以前完成。每年返销金额__________元,占整个返销额的1/5,每年的____月至____月交货。

三、商品名称:__________________________________。

四、数量:__________,具体内容详见合同附件1。

五、品质规格:卖方提供返销产品的品质、规格详见合同附件2。

六、价格:FOB __________(港口),__________元(买方对返销货物支付的价格以世界市场价值为基础,结合考虑该货物的其他成交条件)。

七、包装:根据商品的特点及运输方式,由卖方确定适当的包装,唛头也由卖方自行设计,发货以后即另以函电通知买方。凡由于卖方对货物包装不妥,货物在装运前保管不良,致使货物遭到损坏的,卖方均应负责更换或赔偿。

八、保险:买方负责。

九、装运日期:______年____月至______年____月。

十、装运港:__________________________________。

十一、目的港:__________________________________。

十二、支付条件:本合同项下的支付,在每一次的返销商品装运前15天,买方通过__________国__________银行开立以中国__________公司为受益人的不可撤销的__________元即期信用证。

十三、单据:货物装船离岸后,卖方应向议付银行提供下列议付单据:

1. 发货票5份。

2. 品质、产地证明书两份。

3. ……

装运船只离港后5天内卖方应航寄买方及卸货港__________公司以上各项单据副本一份。卖方还应随船带交买方在目的地的指定收货人以上各项单据副本两份。

十四、装运:

1. 在开始装运月份前20天,买方应以电报通知卖方当月装运数量和装货船名,卖方应在接到买方上项电报通知5天内电复买方。

2. 装货船到达装运港5天前,买方应将装货船名与国籍,预计到达装港日期、装运数量以电报通知卖方。装货船到达装货港48小时前,对方应对上述内容发出上述通知。

3. 装船结束后24小时内,卖方应以电报将合同号、商品名称、装货船名、收货人、装货数量、目的港、发票金额和装货船只离港日期通知买方。

十五、检验:

1. 品质、数量按照装运港中国商品检验局签发的证明书。提单上的数量应作为买卖双方交货数量的根据。

2. 买方在装货船到达目的港后,有权对货物的数量和品质进行复检,由买方委托的________机构负责复检。复检费由买方负责。如果发现品质和/或数量与合同不符,买方有权向卖方索赔,索赔证书由买方委托的检验机构出具,但对运输途中品质与数量的自然损失或变化不得提出索赔。索赔期限为货物到达目的港______天。

十六、不可抗力:买方由于不可抗力原因或其他任何超出买方控制能力范围的原因而不能接货或不能付款,买方不予负责;卖方由于不可抗力原因或其他任何超出卖方所能控制的范围的原因而不能按时交货,卖方不予负责。

十七、保证、赔偿与处罚:

1. 如果发现货物有缺陷,买方应在到货后半年内书面通知卖方,并有权依照本合同第十八条取消合同。

2. 卖方保证货物品质、规格符合卖方的规格说明。

3. 如果买方不能按合同规定的日期购买本合同规定的货物,致使本合同部分或整批不能按时执行,对卖方造成了损失,买方应按本合同总值的______%向卖方交付罚金。如果卖方不能按本合同规定部分或整批交货对买方造成了损失,则卖方应按本合同总值的______%交付罚金。

______号协议赔偿与处罚规定也适用于本合同。

十八、解除合同:如果卖方没有按时、按议定的品质条件交货,或在卖方不能履约时,买方有下述权利:

1. 有关货物已运抵买方,不论财产权是否转移,买方的货物均可退回卖方,费用由卖方负担;买方可撤销全部或部分订单,不论撤销时货物是否运出或财产权是否转移。在上述情况下,卖方应立即退还已付款项,买方对此概不负责。

2. 买方将取消回头产品的购买义务,不再购买尚未购买的回头货物。

十九、银行担保:本合同自生效之日起______个月,至迟不超过卖方与买方所签订第______号合同付款前,买方应向卖方提供银行保函,一旦买方不能购买或不能付款时,由银行负责支付货款或支付罚款。银行保函见合同附件3。

二十、仲裁:有关本合同和本合同执行中所发生的争议,应通过签约双方友好协商加以解决,双方通过协商未达成协议,则此项争议案件应提交仲裁。仲裁地在

被告的国家。仲裁裁决即为终局裁决，对于双方均有约束力，仲裁费由败诉方承担。

二十一、效力条款：

本合同由双方代表在____________签字，有关合同生效，终止及其他规定与____________号协议的规定相同。

（引自中国普法网 http://www.legalinfo.gov.cn，有改动）

十七　国际劳务合同

概念

国际劳务合同是指合同当事人一方向另一方派遣劳务人员，提供劳务或技术服务，另一方支付一定报酬，为明确双方权利、义务而签订的书面协议。提供劳务服务的一方称受雇方或受聘方，接受劳务服务的一方称为雇主或聘请方。

格式写法

国际劳务合同一般由约首、正文、约尾三部分组成。

1. 约首（也称首部）。约首部分包括合同的标题和当事人名称。标题写明"国际劳务合同"即可。双方名称可简称为甲方、乙方或派遣方、接受方。比较重要的合同还要在双方当事人名称上方或右上方注明合同编号、签订时间、签订地点。

2. 正文。正文是国际劳务合同的主干和核心部分，一般有引言和主体条款两项内容。

（1）引言。引言的写法与"借款财产抵押合同"引言相似，故不赘述。

（2）主体条款。包括如下各项：

①人员派遣、接受和更换。合同应明确双方议定的派遣人员数目、性别、工种、技术等级、身体状况、派遣时间和对方接纳时间，俟有人员因病因伤或因其他原因不能工作时的人员替换问题。

②工资、工时、食宿、加班、休假及旅费。双方应明确工人的工资标准、支付币种和支付时间、支付方法，劳动时间、住宿条件、伙食标准、加班时的工资支付标准和劳动时限、节假日休息及安排、来往的旅费承担、探亲假安排及旅费承担等问题。

③安全、卫生、法律保障及劳动保护。双方应在合同中明确工人到达聘用方后的人身和财产安全保障及费用负担、医疗卫生保障标准和费用负担、所在国的法律环境保障及工作的劳动保护条款及费用负担。近年来，恐怖活动日益增多，传染病出现情况增多，人身安全内容绝对不能有任何马虎，详细周到的安全和卫生等保障条款是必不可少的。

④保险、税金、签证和通关事宜。合同应明确人员保险责任归属和所带设备、财产保险问题，出国和通过接受国海关时的签证、护照办理、资料办理及必要的费用负担情况。工人工资和双方费用结算所应缴纳的税费的承担情况等也应在合同中一并列明。

⑤费用支付和检查监督。合同中应列明双方在费用方面各自承担的内容，工人工资的支付方法，接受方(聘用方)给予派遣方劳务费用的支付办法和支付时间，以及派遣方为探望工人和检查接受方履约情况的来往及食宿、旅行等各种费用的负担。

⑥违约责任和索赔。合同应明确双方违约的责任。派遣方不能如约派遣合格人员或派遣不合格人员等情况应属违约；接受方付款不及时、不付款、不支付工资、虐待工人及强迫劳动、食宿无保障、违约要求加班等均属违约，这些都应在合同中列明责任承担。此外，违约责任追究方式要明确，即是以违约金并赔偿损失还是罚金抑或解除合同等，不能写成“如果违反合同就追究违约责任”等，因为这样的表达太空泛、内容不具体，不利于追究责任。国际商务交往文书务必字斟句酌，交代清楚，责任明确，周到细致；否则，一旦发生意外，则可能损失巨大且无法挽回。

⑦不可抗力条款。合同应写明在天灾、罢工、政变或战争、法律变更等人力不可抗拒的事件发生时的责任免除，以及合同是否推迟履行或改变履行方式等问题。

⑧解决争议的方法。双方应约定选择协商、调解、仲裁或诉讼的争议解决方式。

国际商务纠纷一般采用仲裁方式。地处北京的中国国际经济贸易仲裁委员会/中国国际商会仲裁院是在世界上享有较高声誉的国际仲裁机构，可供仲裁双方选择。当然，巴黎仲裁院等国外仲裁机构也可选择。此外，仲裁费用的负担也应明确约定。

3. 约尾。约尾部分包括合同附则、保证函、双方资信证明等资料的详细清单。本部分的写法与“借款财产抵押合同”约尾相似，故不赘述。

注意事项

1. 国际劳务合同中最重要的是安全责任承担和意外事故的责任担负以及保险办理责任。

2. 提供劳务方务必查清对方的资质和信用情况。

3. 合同中可附注我国驻雇用劳务方国家的使领馆联系方式及外交救援权利和责任。

4. 提供劳务方可要求对方在合同中列明保证金或者保证单位，以确保能够拿到劳务收入。

5. 提供劳务方务必要求合同列明可接受的卫生和正常休息的保障责任与办法。

【例文】

国际劳务合同

PMH 公司(其总部设在____________,以下称“甲方”)与 CHC 工程公司(其总部设在____________,以下称“乙方”),经过友好协商,乙方同意为甲方在 EMS 国的 ZZZ 项目的施工提供劳务,为此与甲方签订本劳务合同。

(一)合同目的

乙方根据本合同条款向甲方提供技术工人、工程技术人员和其他人员(以下称为“派遣人员”),甲方向乙方支付报酬。

为保证甲方工程的顺利完成,双方应互相协作,认真执行合同。

(二)人员派遣

1. 应按双方商定的计划派遣人员(详见附件 2)。甲方对所需派遣的人员应提前两个月书面正式通知乙方。乙方同意在派出前一个月向甲方提交派遣人员一览表,包括姓名、出生年月日、工种、护照号码及 EMS 国申请入境所需要的资料。

2. 乙方负责办理乙方人员(从其居住国)的出境手续,并承担与此有关的各项费用。在 EMS 国的入境和居住手续由甲方办理,并负担与此有关的各项费用。

3. 根据工程计划的需要,派遣人员可随时增加或减少。

4. 如需增加派遣人员,甲方同意提前两个月向乙方总部提出派遣人员计划。

增加人员的工资,按本合同附件 1 所列工资标准支付。增加如系新工程,其工资标准应由双方驻工地的代表商定。

5. 根据工程进度,如现场需要减少人员,则应由双方现场代表商定后实施。

(三)准备费

甲方同意付乙方派遣人员的准备费每人____________美元。准备费应在向乙方提交派遣计划的同时电汇乙方____________银行____________账号。

(四)工资

1. 派遣人员原工资应按附件中所商定的工资支付。工资的计算应从派遣人员离开乙方所在国 STU 机场之日起到离开 EMS 国____________机场之日止。乙方同意在安排航线时尽可能取最短路线,以缩短在途时间。

2. 派遣人员的基本工资详见附件 1。

3. 基本工资以月计算,凡不满一个月的按日计算,日工资为月工资的________%。

4. 根据 EMS 国目前的经济情况,派遣人员基本工资每年应增长________%。

（五）工作时间及加班

1. 乙方人员的工作时间为每月25天，每周6天，每天8小时。

2. 每周休假一天，具体休假日期可由双方在现场安排。

3. 由于材料短缺、气候条件等影响不能正常施工，经双方协商可以临时调整工作内容，如因上述及其他甲方原因造成停工，甲方同意支付乙方人员的工资。

4. 如工作需要并经双方同意，乙方人员可以加班。甲方按下列标准支付加班工资：

（1）平时加班工资为基本工资的125%；

（2）平时夜间加班（22点至次日晨5点）以及休假日加班，工资为基本工资的150%；

（3）节日加班工资为基本工资的200%；

（4）加班工资计算方法为：（月基本工资÷200小时）×加班小时数×加班工资的百分率；

（5）上述加班工资和基本工资同时支付。

（六）伙食

1. 甲方同意向乙方提供厨房全套炊餐具及冷藏设备，由乙方自行办理伙食。

2. 甲方同意付给乙方每人每天________美元的伙食费，包干使用。

3. 食堂用水、用电和燃料以及生活物资采购用车由甲方提供并支付费用。

（七）节日和休假

1. 所有乙方人员有权享有EMS国政府的法定节日。

2. 所有乙方人员在工作满11个月零10天后，应享受20天的回国探亲假，其ESM国________机场至STU机场的往返机票由甲方支付。应尽可能安排最短的航线。

3. 如果现场施工需要乙方人员推迟回国休假，乙方同意说服其人员延期休假。甲方同意为了补偿乙方人员的损失，给予适当的报酬。

4. 关于补偿上述损失的报酬，可根据当时的情况由双方现场代表商定。但这项补偿不应少于EMS国________机场至STU机场之间的单程机票价金额。

5. 乙方人员由于家属不幸等原因，工作满半年以上，经双方现场代表协商同意，可以提前享用探亲假。如有关人员已享受回国休假，其往返旅费应由乙方负担，对这一事假甲方不支付工资。

（八）旅费及交通

1. 甲方负担乙方人员从STU机场至工程现场之间的往返旅费和航空公司招待之外的必需的食宿费，但乙方应努力减少这项额外费用的开支，甲方同意支付乙

方人员进入EMS国的入境费用(如机场税等)。

2. 甲方负责提供乙方人员上下班交通工具,同时也提供现场代表、工程师及其他管理人员的工作用车。

3. 乙方应凭机票或收据(按购票当日银行公布的外汇牌价)向甲方结算。

(九)税金

乙方人员应在____________(其原居住国)缴纳的一切税金由乙方缴纳;乙方人员在EMS国缴纳的一切税金由甲方负担。

(十)社会保险

1. 乙方人员在合同有效期内的人身保险由乙方自行办理。甲方同意支付乙方派遣人员每月____________美元的人身保险费。

2. 乙方人员在工地发生工伤,甲方只承担其医疗费用,如发生死亡事故,乙方应负担所有费用,包括善后安葬和抚恤。

3. 如果乙方人员因工作事故或疾病死亡,遗体运回其原居住国或就地埋葬,遗物运回其原居住国,一切有关费用由甲方负担。

4. 派遣人员经医生证明因疾病或工伤而缺勤30天以内者,发给基本工资;在30天和90天之间者发给基本工资的60%;超过90天者则不发工资。

(十一)医疗

1. 乙方所有人员在EMS国发生工伤或疾病时,其医疗及住院费由甲方支付。

2. 现场医务室需用的常用药品和器具,由乙方向甲方提出购置计划,经甲方同意后,由乙方在其本国或其他地方采购,费用由甲方支付。

3. 乙方人员在200人之内,配备医生一名,男护士一名。超过200人时,是否增加医务人员,由双方现场代表研究确定。

(十二)劳保用品

甲方同意支付乙方派遣人员所有的劳动保护用品费用,包括每人每年两套工作服、工作鞋、手套、眼镜、安全帽和安全带等。

(十三)支付办法

1. 除机票费和准备费全部支付美元外,甲方应支付乙方的其他各项费用均按80%美元与20%EMS国货币×××的比例支付,如需改变这一比例,须经双方代表同意。

2. 休假工资和应付乙方的机票费应于休假当月之初支付。

3. 乙方现场会计每月末编制派遣人员工资及其他各项费用表,包括基本工资、加班费、伙食费等项,经甲方审查和批准后于次月10日前支付。其中80%美元部分由甲方电汇____________________银行____________________账号,银行汇费由甲方承担。20%的EMS国×××在现场支付。

4. 美元与EMS国×××的兑换率，按支付日当天EMS国政府银行公布的买卖中间价折算。

5. 乙方派遣人员到达现场后，甲方同意预支每人一个月的伙食费，如需预支其他费用，由双方现场代表协商解决。

(十四)住房和公共用房

1. 甲方将按下列标准免费提供乙方人员的住房：

(1)代表、工程师、总监工每人一间；

(2)助理工程师、技术员、医生、会计师、翻译及其他管理人员两人一间；

(3)其他工人每人约4平方米，但每间不超过12人。

2. 住房内包括空调和卫生设备、家具和卧具等备品。

3. 甲方同意提供乙方行政人员所使用的办公设备(如打字机、计算器、复印机等)、洗涤设备和用品。

(十五)人员替换

1. 乙方负责派遣身体健康、技术熟练的合格人员到EMS国现场工作，如甲方认为派遣的人员不能胜任工作，经双方现场代表同意后，由乙方负责替换，由此而发生的费用由乙方负责。

2. 乙方人员必须遵守EMS国政府的法令和尊重当地的风俗习惯。如违反当地法令和风俗习惯而必须送回国的，经双方协商后，由乙方负责送回，机票费由乙方负担。如需另派人员替代，则乙方应负责STU机场至现场的旅费。

3. 乙方人员因疾病或工伤，经甲乙双方指定的医生证明确实不能继续工作的，应回其原居住国的，其旅费由甲方负担。如身体状况不合格者，经双方医生检查证实，是因乙方体检疏忽，必须送回其本国内，其旅费应由乙方负担。

(十六)不可抗拒

1. 由于天灾、战争、政治事件等人力不可抗拒的事故而工作不能继续进行，甲方应负责将乙方人员送回(其原居住)国。

2. 如遇上述情况时，甲方人员不撤退，乙方人员亦不撤退，但甲方应支付乙方派遣人员的工资。

(十七)争议及仲裁

1. 在合同执行中，如双方发生争议时，双方同意通过友好协商解决。如协商无效，可提交被告方的仲裁机构裁决：乙方是：____________________；甲方是：____________________。

2. 争议一经裁决，双方必须忠实履行，所发生的费用由败诉方负担。

(十八)合同有效期及其他

1. 本合同于______年_____月_____日在____________________签订。本合同

自双方签字之日起生效至本工程结束，所派遣人员返回（其原居住）国，以及双方应付账目结清后失效。

2. 本合同与附件及工程内容，不经另一方允许，任何一方不得向第三方泄露。

3. 本合同用＿＿＿＿＿＿文、＿＿＿＿＿＿文书就；两种文本具有同等效力，双方各持两份。

4. 本合同未尽事宜，双方可友好协商补充，经双方同意的补充条款应为本合同的组成部分。

甲方代表：　　　　　　　　乙方代表：
见证人：　　　　　　　　　见证人：

附件：（略）

20××年×月×日

（引自如何网 http://www.ruhezuo.com，略有改动）

十八　加盟连锁合同

概念

加盟连锁合同是指主导企业或加盟授权方把自己开发的产品或服务的营业系统（包括商标、商号等企业形象、经营技术、营业场合和区域）以营业合同的形式，授予加盟店规定区域内的经销权或营业权的协议书。

格式写法

加盟连锁合同一般由约首、正文、约尾三部分组成。

1. 约首（也称首部）。约首部分包括合同的标题和当事人名称。标题写明“连锁加盟合同”即可。双方名称可简称为甲方、乙方或授权方、加盟方。

2. 正文。正文是加盟连锁合同的主干和核心部分，一般有引言和主体条款两项内容。

（1）引言。本部分的写法与“借款财产抵押合同”引言相似，故不赘述。

（2）主体条款。主要包括如下各项：

①合同始终时限。本部分应明确双方议定的合同开始和结束的时间。

②加盟条件与权利。加盟条件包括：加盟金数额、支付时间、支付办法，能否退换，店铺装修及费用负担，授权方不得同地多方授权加盟等。加盟方获得的权利包括：使用特殊标志和相关信息，免费获取相关培训和指导，分享商业情报，本地排他性独享加盟权利，商业改进和发展权利等。

③商务联系（知识产权、进货、销售与报账等）。其中包括：加盟方可以免费使

用授权方的特殊标志和特殊经营手段，授权方给予加盟方的知识产权使用地域和使用标准及使用程度；加盟方可以进行商务宣传；加盟方从授权方进货的价格和渠道、销售价格的确定和货款回笼与支付；加盟方向授权方提供的商务总结报告和建议等内容。

④保密与保险。加盟方负有特殊保密责任和相关商业秘密保守义务。授权方在加盟方所在地不得授予第三方加盟权，保守商业秘密，尽到商业技术的保险责任等。

⑤退出机制与办法。其中包括：合约结束或者合同解除的条件，双方各自应承担的费用支付和设备返还，双方关于对方的资料和商业信息保密及不使用义务，双方关于对方商业信誉的保护和容忍义务等各项内容。

⑥违约责任和索赔。授权方不能如约提供加盟授权、提供虚假授权、多方提供授权、授权不充分、授权条件不平等等情况均属违约，应在合同中列明；加盟方付款不及时、不付款、滥用或乱用对方的知识产权或商业信息，不能正常维持加盟授权的良好形象等均属违约，应在合同中列明责任承担。此外，违约责任追究方式要明确，即是以违约金并赔偿损失还是罚金抑或解除合同等，不能写成“如果违反合同就追究违约责任”等，因为这样的表达太空泛、内容不具体，一旦发生违约纠纷就很难追究责任。

⑦不可抗力条款。其中包括在天灾、罢工、政变或战争、法律变更等人力不可抗拒的事件发生时的责任免除，以及合同是否推迟履行或改变履行方式等问题。

⑧解决争议的方法。双方应约定选择协商、调解、仲裁或诉讼的方式。如选择诉讼，可以依法明确诉讼地点和诉讼法院；选择仲裁也可以同样处理并约定仲裁费用承担。

3. 约尾。约尾包括合同附则、担保资料、双方资信证明等资料的详细清单。本部分的写法与“借款财产抵押合同”约尾相似，故不赘述。

注意事项

1. 加盟方在签订合同前，一般应了解所加盟事项的发展状况和加盟成本。

2. 签订连锁加盟合同时，加盟方可与对方协商并要求在合同中列明己方的加盟费用缴纳及使用、退还办法。

3. 为保障双方的知识产权及邻接权，合同应详尽列明诸如商标、专用技术和外观设计等权利的使用范围、办法和期限等。

4. 加盟方最好在签订合同前尽力查明对方资信并作适当的市场调查。

【例文】

自由连锁加盟合同

加盟者(或加盟店)赞成C公司主导的连锁理念,协约遵守其运营规章中的各项条款,并申请加盟,C公司亦承认其加盟。两者就有关加盟事项缔结如下合同。

第一条　组织

1. C公司(以下称"总部")主导本事业,并拥有"C公司"登记商标。

2. 总部适应需要,可在每个加盟者的地区集团设"地区总部"或直辖的"分部"(与前款一样,统称"总部")。

3. 总部在没有设地区总部或直辖分部的地区,可将总部事业的一部分委托给第三者,并称作委托业务的"支部"(以下称"支部")。

第二条　加盟

1. 加盟金。每个店铺为________元,在缔结加盟合同时向总部支付,并自双方在相互确认书上签字时起,此加盟金即充作委托保管的加盟申请保证金。此加盟金不返还。

2. 加盟者是位于__________(商店住所)的商店"C公司__________店"的经营者,本商店作为C公司连锁的加盟店具备以下条件,并决心遵守本合同,诚实地从事经营:

(1)依照总部的标准化计划,保持商店的结构;

(2)维持不接受第三者制约的经营体制;

(3)加盟者是由自身或适合法律规定资格的代理者专门从事经营,或者要使从业者具有统一的连锁意识;

(4)在积极地协助连锁活动的同时,努力提高管理水平,改善经营;

(5)要认识作为C公司连锁商店的社会使命,忠实地为顾客服务,做一个永远提供便宜商品的商店。

第三条　加盟特权

加盟者要具备以下基本的特权:

1. 依靠使用"C公司"徽记进行营业,能享受"C公司"的知名度和信用。

2. 进货"C公司"商标的商品,才能使用"C公司"的商标进行经营活动。

3. 在商店的新设或装修方面,按照总部(支部)规定的标准化计划执行,争取商店的现代化。

4. 加盟店的商品计划,按照总部(支部)制订的标准化计划,可以接受适合商店店址条件的商品供应计划的综合性援助。

5. 被选定的商品能以较稳定的价格进货,因此可以使进货合理化、精简化;另外，还可得到适时的特价商品。

6. 可以参加总部(支部)策划并进行的特卖促销、广告宣传、集会活动以及其他共同活动。

7. 有关加盟店的全面经营，可利用总部(支部)的各专门职能，接受正确的指导援助。

8. 经理业务，依靠对总部(支部)的委托，可以得到正确的经营诊断建议。

9. 加盟者及从业人员可以接受教育培训。

10. 可以适时地得到商店经营所必需的信息。

第四条　登记商标的使用

1. 总部承认加盟者使用“C公司”的徽记，以及为销售商品和作为促销、广告手段使用“C公司”徽记及商标。

2. 有关“C公司”徽记及商标的使用有如下规定：

(1)在加盟店的店头及其他地方使用徽记，仅限于由总部提供或指定的徽记。其使用，要按照总部(支部)的指定进行。

(2)带有商标商品及徽记的物品类，均由总部进货。若在加盟店制作、使用或出示时，事先必须征得总部的承认。

(3)欲做有关“C公司”的对外广告，要使用由总部提供或承认的资料，并按总部的指定进行。

3. 登记的商标，仅限本合同以内使用，不得在合同以外使用。

第五条　进货商品

1. 加盟店按照总部(支部)规定的标准化计划确定商品结构。加盟店经营的商品，原则上由总部(支部)进货。

2. 加盟店在经营前款以外的商品时，要征得总部(支部)的认可。

3. 依据本条款进货的商品所有权在总部(支部)，当加盟店结算完货款(即有关票据、支票结算完成)时转为加盟店所有。但是，在加盟店货款结算完成之前也可以卖给其他人。在这种情况下，必须在规定的日期将每天卖出的商品内容(依据C公司连锁运营规章第27条第一款的营业日报)向总部(支部)报告。

第六条　销售数据的处理、管理手续费、经理业务手续费

有关C公司连锁运营的规章第27条营业日报提出的义务及该规章中的第28条经理业务的委托，由加盟者负担手续费。其规定如下：

1. 销售数据的处理、管理手续费：月额为15 000元；延迟呈报营业日报的违约金：每天为1 000元。

2. 经理业务手续费(包括销售数据的处理、管理手续费)：个人经营的情况，月额为20 000元，结算处理费每件为30 000元；法人经营的情况，月额为20 000元，

结算处理费每件为40 000元。

第七条 情报管理

加盟店为了连锁的利益,在将总部(支部)分析加工的单品及不同部门销售数据灵活用于其他方面时,必须事先得到承诺。

第八条 技术指导费

作为对总部(支部)的技术指导费,加盟者依照以下计算方式,向总部(支部)交付每一商店每月总销售额的一定比率。销售额比率如下:

2 000元以下部分交1.50%;

2 000元以上3 000元以内部分交1.00%;

3 000元以上4 000元以内部分交0.75%;

4 000元以上5 000元以内部分交0.50%;

5 000元以上部分交0%。

第九条 商品手续费

有关从总部(支部)进货的特定商品,加盟者必须支付《合同缔约书》中规定费用比率的手续费。

第十条 共同宣传费

对总部(支部)开展的共同宣传费用,加盟者必须负担每月总销售额的0.2%。

第十一条 联机系统机器的设置及其费用负担

作为加盟店与总部(支部)之间的订发货及其他信息传递手段,在设置由总部指定的连接计算机终转机的同时,加盟者必须负担《连续性交易合同书》中规定的使用费。

第十二条 特别配送费

总部(支部)在原则上是将其所在地区作为单位,对所有加盟店以同等的条件进货商品。但是,当因距离远、金额少(或数量少)等进货增大了总部(支部)的负担时,加盟店必须以额外用途为由,负担特别配送费。

第十三条 负担特别费用

总部(支部)为了加盟店而开展共同活动,或进行指导援助时,加盟店要负担以下费用或手续费。其负担金额按以下基准由总部决定:

1. 特卖促销、广告宣传、集会活动、教育培训以及其他共同活动的实际费用,或分担金额。

2. 在土地建筑物的买卖或租赁时,对有关物件的调查选定、交涉、合同等的手续费为交易额的2%,或租赁费的1个月份额。

3. 有关商店的新设或装修的手续费:

(1)商店选址的市场调查费,每调查一个选址费用为20元;

(2)商店的设计以及制订商店计划书的手续费,每计划一项费用为20元;

(3)有关建筑物的设计工程以及内外装修施工的交涉指导手续费为施工额的2%;

(4)设备器材交涉指导手续费为搬运、设置安装、施工额的3%;

(5)开业准备以及在开店实施期间的商店作业费用为销售场地面积每坪(作者注:折合3.3平方米)10 000元,但最低总金额应足30元;

(6)交涉委托业者时的交涉费为保证金的3%或租赁费的1个月金额,要收取两者中的最高者;

(7)金融交涉或有关筹措资金的援助费用为实际费用或定额;

(8)其他进行特别指导援助的费用为实际费用或定额。

第十四条　债务保证

加盟者对于与总部(支部)交易中所发生的债务,必须保证公司连锁运营规章第25条规定的债务。

第十五条　合同结束后的债务处理

当本合同结束时,加盟者对一切债务已失去期限权益,必须立即清算之。

当加盟者对债务失去了期限权益时,总部(支部)可将其预约委托金等用来充偿,或可立即实行担保权。

实行担保权,除拍卖手续外,总部(支部)在任意处理的基础上,可将扣除诸费用后的剩余额充偿债权。

第十六条　保密义务

加盟者不得随意将有关C公司连锁的计划及运营活动等内容向第三者泄漏。尤其要将以下事项作为重要的机密加以保守,若有违反,并给总部(支部)以及有关者造成损害的,必须根据其要求予以赔偿:

1. 有关交易商品及物品类的品种、价格、条件以及进货对象的事项。

2. 有关加盟店经营的计划以及实际业绩和进货、销售、盈亏、资金等的具体计算及内容。

3. 其他由总部(支部)指定的事项。

第十七条　禁止事项

加盟者不得有以下行为,若认为有必要时,必须以书面形式征得总部(支部)的承认:

1. 向其他业者转让或提供经营的商品及物品类。

2. 向他人转让或转用配发的物品、文件以及情报等,或复制复印。

3. 不管以本人名义还是以他人名义,加入实质性的同业种的其他连锁,或有连锁关系。

4. 向他人转让或担保抵押只有缔结本合同才享有的权利及加盟店的营业权、

租借权和与营业有关系的动产、不动产或债权等。

5. 其他由总部(支部)等禁止的事项。

第十八条　更改劝告

当加盟者没有充分实行本合同的条文及总部(支部)的指示,或缺少诚意,或者因加盟者自身经营管理不妥,或被认为不热心,总部(支部)要以书面形式劝告更改。加盟者对此劝告必须予以确实的答复并加以实行。

第十九条　不可抵抗的免责

由于天灾、灾害及没有任何争议的原因给商品进货及其他总部(支部)活动造成障碍的,加盟者应承认是不可抵抗的,不得提出异议。

第二十条　加盟者的解除权

加盟者根据自己的意愿,可以随时解除本合同。在此情况下,应在6个月前以书面形式向总部(支部)提出预告。但在接近规定的事业年度中旬已向总部(支部)交付了6个月的技术指导费的,可将预告期缩短为30日前。

第二十一条　总部的解除权

1. 当加盟者适合以下各项条款之一的,总部(支部)有权解除本合同:

(1)缺少本合同第2条规定的加盟条件,或者对本合同、运营规章因故意或过失而出现重大违反;

(2)不坚持向总部(支部)集中进货的原则,在规定外进货,或者不遵照总部(支部)的指导与其他业者进行连续性的交易;

(3)不遵照总部(支部)的更改劝告,或不予以确实的答复;

(4)滞付商品货款、技术指导费、手续费、负担金以及其他债务返还,或不遵守支付期限及规定的支付方法;

(5)当总部(支部)判断商店的全部或部分不能使用,或财务状况明显恶化,或营业陷入不景气等不能继续进行正常的经营;

(6)接受破产禁治产的通告、准禁治产的申述或抵押、临时抵押,或者与犯罪有关系等,总部(支部)判断其作为连锁店不合格;

(7)加盟店停止营业;

(8)有损害作为连锁信用的言行,或者妨碍了连锁活动及欲妨碍;

(9)因法人的组织、代表者、干部、股东、社员等的变更或合并,使法人实体发生变更,总部(支部)认为其内容不合适,或者因继承给财产状况带来变化,总部(支部)认为不合适,或者继承人不是亲自经营,在没有得到总部(支部)的承诺将经营委托给第三者的情况;

(10)延迟呈报营业日报或总部(支部)指定的财务资料等,使总部(支部)不能掌握经营状况。

2. 当加盟者适合前款第(4)项或第(9)项时,总部不需任何预告就可以解除本合同。

第二十二条　终结合同的处理

1. 解除本合同,加盟者必须履行以下事项:

(1)立即停止使用“C公司”的徽记以及因合同所行使的权利。

(2)立即撤掉或取消总部指定的商店的内外装修、招牌标志、广告牌等,还要将总部提供或许可的徽记、标志、广告牌等上交总部(支部),所需费用由加盟者负担;另外,不得索要其购买设备时所付的费用等。

(3)立即返还订货簿、商品目录、价格表,以及其他由总部(支部)配备的文件及一切物品等。

(4)返还接受总部(支部)指定的商标商品等,其交换价格由总部(支部)审定。

(5)立即清算对总部(支部)及其他关系者的债务。

2. 当加盟者未撤掉取消“C公司”的徽记及标志等,总部可自行执行,在此情况下,撤掉、取消这些标志所需要的费用由加盟者负担。另外,对建筑物等损伤的补修等由加盟者进行并负担费用。

3. 加盟者即使在解除合同以后,也要严守本合同第16条规定的保密义务的条款。另外,要保证不得有对C公司不利的言行。

第二十三条　合同时间

本合同的期限为缔结之日起的2年。以后在期满时两者都没有表示任何反对意见,本合同就视为再连续一年而自动延长,以后也是同样。

第二十四条　管辖法院

有关本合同发生纠纷时的诉讼,要将管辖总部(支部)所在地的法院作为第一审法院。

总部:______________(印章)　　　　加盟者:____________(印章)

法定代表人:________(印章)　　　　法定代表人:________(印章)

____年____月____日　　　　____年____月____日

(引自北京合同律师网 http://www.bjhetong.com,有改动)

【思考与练习】

1. 请结合实际谈谈契约文书的作用。

2. 举例说明合同基本条款的写作应注意的问题。

3. ××电商平台与××化妆品厂之间建立了长期合作关系,电商平台销售该化妆品厂的12种产品,请代××电商平台与××化妆品厂写作一份合同。

第七章

公司财务文书

一　银行开户申请书

概念

银行开户申请书是单位向银行申请开设银行结算账户的文书。

银行账户是各单位为办理结算和申请贷款在银行开立的户头,也是单位委托银行办理信贷和转账结算以及现金收支业务的工具。银行账户分为基本存款账户、一般存款账户、临时存款账户和专用存款账户。各类账户均有不同的设置和开户条件。

基本存款账户是指企业可以办理现金、支票和汇票结算业务的账户,单位可自主选择银行开立基本存款账户。各单位只能选择一家银行开立基本存款账户,但可根据本单位的结算需要开立辅助的一般结算账户。一般存款账户可以办理转账结算和交存现金,但不能支取现金。一般存款账户除不能支取现金外,其他功能与基本存款账户一致。在开立基本存款账户的银行不得开立其他一般账户,但在非基本账户的银行可以开立多个一般账户。临时存款账户是指存款人因临时经营活动需要开立的账户。专用存款账户是指银行为单位开立的具有特殊用途的银行账户。

单位开立银行账户要向银行信贷部门提供有关材料,包括营业执照正本复印件(开立基本账户需提供营业执照正本)、组织机构代码证正本复印件、银行开户许可证复印件、单位公章、财务章、人名章、经办人身份证原件、法人身份证的复印件、授权经办人办理开户事宜的授权书和“银行开户申请书”。

格式写法

1. 标题。标题应写明申请单位的名称及主题。
2. 正文。开立银行账户所需要的名称、地址及相关证照的号码等。

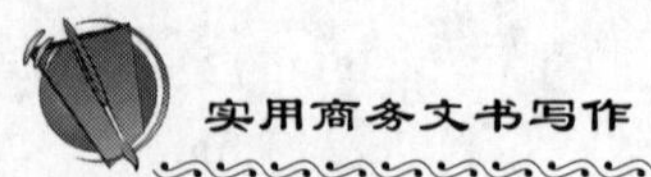

注意事项

1. 申请书中要详细填列申请开户单位的账户名称及电话、邮政编码、单位类别、组织机构代码、工商注册批准文号、税务登记证号码和账户信息等项目。

2. 若有上级主管单位,应将其相关信息进行披露。

3. 填写完毕加盖公章后与相关文件复印件一并交银行经办人员审核。

【例文】

××银行开立单位银行账户申请书

存款人名称		电　话	
地　　址		邮　编	
存款人类别		组织机构代码	
法定代表人 (　　　) 单位负责人 (　　　)	姓　名		
	证件种类		
	证件号码		
行业分类	A(　)B(　)C(　)D(　)E(　)F(　)G(　)H(　)I(　)J(　) K(　)L(　)M(　)N(　)O(　)P(　)Q(　)R(　)S(　)T(　)		
注册资金		地区代码	
经营范围			
证明文件种类		证明文件编号	
税务登记证(国税或地税)编号			
关联企业	关联企业信息填列在“关联企业登记表”上		
账户性质	基本(　　　)一般(　　　)专用(　　　)临时(　　　)		
资金性质		有效日期至	年　月　日

以下为存款人上级法人或主管单位信息：

<table>
<tr><td colspan="2">上级法人或主管单位名称</td><td colspan="3"></td></tr>
<tr><td colspan="2">基本存款账户开户许可证核准号</td><td></td><td>组织机构代码</td><td></td></tr>
<tr><td rowspan="3">法定代表人
（　　）
单位负责人
（　　）</td><td>姓　名</td><td colspan="3"></td></tr>
<tr><td>证件种类</td><td colspan="3"></td></tr>
<tr><td>证件号码</td><td colspan="3"></td></tr>
</table>

以下栏目由开户银行审核后填写：

<table>
<tr><td>开户银行
名　　称</td><td colspan="2"></td><td>开户银行
代　　码</td><td colspan="2"></td></tr>
<tr><td>账户名称</td><td colspan="2"></td><td>账　　号</td><td colspan="2"></td></tr>
<tr><td colspan="2">基本存款账户开户
许可证核准号</td><td colspan="2"></td><td>开户日期</td><td></td></tr>
<tr><td colspan="2">本存款人申请开立单位银行结算账户，并承诺所提供的开户资料真实、有效。
存款人（公章）
年　月　日</td><td colspan="2">开户银行审核意见：
经办人（签章）
银行（签章）
年　月　日</td><td colspan="2">人民银行审核意见：
（非核准类账户除外）
经办人（签章）
人民银行（签章）
年　月　日</td></tr>
</table>

二　财务分析报告

概念

财务分析报告又称为财务情况说明书，它是在分析各项财务计划完成情况的基础上概括、提炼、编写的具有说明性和结论性的书面材料，是改进财务管理、挖掘内部潜力、提高经济效益的重要材料。财务分析报告按其涉及内容的范围不同，可以分为全面分析报告、简要分析报告、典型分析报告、专题分析报告和分列对比分析报告等。

格式写法

财务分析报告由标题、正文和落款三部分组成。

1. 标题。包括企业名称、时间界限和分析内容等。

2. 正文。正文由开头、主体、结尾三部分组成。

(1)开头。开头应以简洁的文字概述分析对象的基本情况和财务活动情况,取得的主要成绩和存在的问题,以及对财务状况的基本评价。

(2)主体。主体是财务分析报告的核心部分,是对各项指标的完成情况及有关其他情况的说明,并对影响指标增减变化的原因进行分析。

(3)结尾。结尾通常指出存在的问题,提出建议和措施。

3. 落款。包括报告单位名称和写作日期。

注意事项

1. 数据精确。财务分析报告是财务独立的企业定期或不定期地对财务收支情况进行分析总结后撰写的书面报告。数据不准确,就不能得出可靠的结论。写作时需要对来自计划、报表凭证、账表及调查所得的各种数据反复核实,为分析打下坚实的基础。

2. 分析深入。企业财务状况的好坏,直接反映企业经营的成败。财务分析报告的价值在于通过现象和数据,得出正确、深刻、中肯的结论。因此,数据材料不能单摆浮搁,应联系经济活动实际,对影响财务指标的因素进行细致分析,总结取得的成绩和经验,找出存在的问题和原因。分析用语要贴切简明、直截了当,力避含混不清、模棱两可。

【例文】

×××有限公司2024年度财务分析报告

×××有限公司是于1984年成立的有限责任公司,隶属于×××集团公司,是以机械设备及电子产品批发为主业的中型企业,企业所在地为×××省。现将×××有限公司的财务状况分析报告如下。

一、企业基本情况

根据2024年度财务决算报告,×××有限公司2024年末资产总额为20 978.5万元,负债总额为14 631.1万元,净资产为6 347.5万元(其中,少数股东权益0万元,所有者权益6 347.5万元),资产负债率为69.74%。2023年全年实现主营业务收入32 935.5万元,实现利润总额1 444.1万元(其中,非经常性损益76.9万元),净利润1 219.3万元。

(一)企业集团结构。2024年底,×××有限公司所属全部子企业共3户,纳入2023年度财务决算合并范围的有3户,占100%。

(二)企业集团盈亏情况。2024年,×××有限公司纳入财务决算合并范围的总户数为3户。其中,盈利企业3户,盈利面为100%。

(三)人员及工资。2024 年末,×××有限公司从业人员总数为 161 人,全年平均从业人数为 155 人,人工成本总额为 1 357.7 万元,比上年增长 13.15%,人均人工成本为 9.1 万元,人工成本占销售收入的比重为 4.29%。其中,职工工资总额为 1 258.5 万元,人均工资为 8.1 万元,比上年降低 8.86%。

二、企业财务状况

(一)资产负债结构。2024 年末,×××有限公司资产总额为 20 978.5 万元,比上年降低 17.47%;负债总额为 14 631.1 万元,比上年降低 18.21%。其中,流动负债为 14 628.3 万元,占负债总额比例达 99.98%;资产负债率为 69.74%,比上年下降 0.67 个百分点;流动比率为 1.08,比上年降低 0.03;速动比率为 0.86,比上年降低 0.06。公司资产变化情况如图 1 所示(略)。

(二)经济效益状况。2024 年,×××有限公司主营业务收入为 32 935.5 万元,比上年降低 9.73%;利润总额为 1 444.1 万元,比上年增长 182.9 万元,增长 14.5%;上缴税金 851.5 万元,比上年增长 44.26%;净资产收益率为 17.57%,比上年上升 3.07 个百分点;总资产报酬率为 8.66%,比上年下降 1.07 个百分点。公司利润总额变化情况如图 2 所示(略)。

(三)成本费用状况。2024 年,×××有限公司成本费用总额为 31 574.8 万元,比上年降低 3 816.5 万元,降低 10.78%,低于主营业务收入增幅 1.06 个百分点;成本费用总额占主营业务收入的比重为 95.87%,比上年下降 1.13 个百分点。其中,主营业务成本为 28 213.2 万元,比上年降低 11.07%;三项期间费用为 3 256.1 万元,比上年降低 3.35%。2024 年公司成本费用构成如图 3 所示(略)。

(四)现金流量情况。2011 年,×××有限公司经营活动产生现金流量 2 973.2 万元,投资活动产生现金流-44.8 万元,筹资活动产生现金流量-2 175.1 万元。截至 2024 年末,×××有限公司货币资金余额为 1 620.1 万元,盈余现金保障倍数为 2.44,现金流动负债比率为 20.33%。

三、重点财务指标分析

(一)应收款项情况。2024 年末,×××有限公司应收账款余额 8 907.6 万元,已计提坏账准备 694.1 万元。其中,3 年以上应收账款余额 688 万元,已计提坏账准备 666.5 万元;按个别认定法计提的坏账准备 0 万元。其他应收款 203.5 万元,已计提坏账准备 0.6 万元。此外,2023 年末,逾期应收账款 123.4 万元,逾期其他应收款 0.8 万元。如图 4 所示(略)。

(二)存货情况。2024 年末,×××有限公司存货账面余额 3 168.9 万元,已计提跌价准备 66.3 万元。其中,库存商品(产成品)3 168.9 万元,已计提跌价准备 66.3 万元。存货中非正常存货账面余额 84.8 万元,已计提跌价准备 33.4 万元。

(三)长期投资情况。2024 年末,×××有限公司长期股权投资账面余额 381.3

万元,已计提减值准备 15.3 万元。

(四)盈余公积情况。2024 年末,×××有限公司法定盈余公积 134.9 万元。其中,从法定公益金转入 105 万元;任意盈余公积 105 万元。

(五)未分配利润情况。×××有限公司 2023 年末余额 3 660.5 万元,2024 年期初共调整 0 万元。其中,重大会计差错调整 0 万元;其他调整因素调整 0 万元;调整后年初未分配利润为 3 660.5 万元。2024 年末未分配利润为 2 473.5 万元。

四、其他相关财务指标情况

(一)利润分配情况。2024 年,×××有限公司可供分配利润 4 879.8 万元;提取公积金及基金 0 万元;向投资者分配利润 2 406.3 万元。其中,应付利润 2 406.3 万元,应付普通股现金股利 0 万元,年末未分配利润 2 473.5 万元。

(二)资产减值准备财务核销管理。2024 年,×××有限公司共核销资产减值准备 8.1 万元,相应核销资产损失 9.2 万元。此外,2024 年×××有限公司预计资产损失金额为 776.4 万元,直接在当期损益中处理资产损失 1 万元。

(三)高风险业务。2024 年委托理财本金年末余额 0 万元,当年实际盈亏 0 万元。基金投资年末余额为 0 万元,当年实际盈亏 0 万元;股票投资年末余额为 0 万元,当年实际盈亏 0 万元。

(四)担保情况。2024 年末,×××有限公司担保总额为 0 万元(其中,对内担保 0 万元,对外担保 0 万元),比上年减少 0 万元(其中,对内担保减少 0 万元,对外担保减少 0 万元),降低 0 万元。担保金额占净资产比率为 0,比上年下降 0 个百分点。

2023—2024 年×××有限公司综合绩效评价基本指标见表 1(略)。

综上情况显示,×××有限公司经营状况良好,可持续发展能力较强,股东投资回报率较为优良,具有较大的发展潜力。存在问题主要是存货、应收账款余额偏大,存在一定的债权风险;资产负债率达 70%,接近风险值。下一年度要提高销售增长率,加速资金周转,降低库存和应收款项,强化风险控制措施,确保国有资产的持续保值增值。

×××有限公司财务部

2025 年 1 月 30 日

三　年度会计决算说明书

概念

年度会计决算说明书是对年度内生产经营、资金周转、利润实现及分配等会计年度决算情况的综合性分析报告,是年度会计决算报告的重要组成部分。

年度会计决算说明书是对年度会计决算报表的补充,它以财务指标和相关统计

指标为主要依据，运用趋势分析、比率分析和因素分析等方法对相关财务指标的完成情况进行横向、纵向的比较，评价和剖析单位一年内经营过程的利弊得失，以客观反映单位财务状况和发展趋势，促进单位的经营管理和业务发展；同时便于财务会计报告的使用者方便、快速地了解有关单位一年来的财务情况，考核评价其经营业绩。

格式写法

年度会计决算说明书主要由标题和正文两部分组成。

1. 标题。标题由编制单位名称、时间、文种组成。

2. 正文。正文的主要内容有如下各项：

(1)简单介绍单位的基本情况。包括单位性质、经营范围、人员情况、会计报表合并范围和主要业务内容等。

(2)详细描述当期收入、利润实现、分配及年内盈亏情况。通常包括：当期实际完成的指标、年度计划中应完成的指标、完成或未完成指标的主要原因；成本费用发生变动的主要因素、其他业务收支的增减变化、同比影响收益变化的因素、利润分配情况；利润表中同比变化较大项目的原因；税负、会计政策的变更对当期的影响；等等。

(3)资金、资产增减变化和周转情况。主要包括现金流情况、各项资产所占比重和同比增减情况、流动负债和长期负债比率及偿债能力情况、其他需要具体说明的问题等。

(4)预算执行情况及对财务状况、经营成果和现金流量有重大影响的其他事项。

(5)针对本年度经营管理中存在的问题，下年度拟采取的改进措施及发展计划。

注意事项

1. 数据要精确。差之毫厘，谬以千里，使用数据材料不可疏忽大意。

2. 重视对比分析。应对主要财务指标的完成情况进行数据对比分析，数据材料的使用要有明确的目的性。若涉及面广、数据多，可使用图表。

【例文】

×××有限公司
2024年度财务情况说明书

2024年，公司在董事会领导下，通过不断调整、优化自身经营结构，引进专业人才，加强对客户的服务能力，强化执行力等措施，全面落实年初经营计划及3年发展规划纲要的战略精神，面对转型中的种种困难，依然取得了较好的业绩，各项经营指标比上年有所提高。现将2024年度公司的经营和财务状况说明如下。

一、生产经营基本情况

(一)公司基本情况及经营范围

×××有限公司成立于1985年,于2003年改制为多元化股份制结构的有限责任公司,注册资本3 630万元,其中由×××总公司持有的国有股占90%,×××实业发展有限公司占10%。公司采用董事会领导下的总经理负责制。

本公司属于商品流通企业,注册经营范围:家用电器、电子元件、电子器材、照明电器、电子计算机及配件、电工器材、雷达和无线电导航设备、仪器仪表、自有物业管理。

公司现有员工130人,其中,管理人员54人,技术开发人员25人,销售人员51人。随着公司经营规模的不断扩大,设立了华南、华中、华东、华北4大区域的11个办事处,代理了15条国外电子产品线。

公司确立了以电子产品经营为主业,以物业经营为基础,以开发新项目为增长点,发展模式逐步实现由资源型增长向集约型增长方式转变。2024年采用了德国先进的SAP管理系统,使公司的经营管理提高到新的水平。

(二)本年度报表合并范围的变化

本年度公司增持下属投资公司"×××物业管理有限公司"33%股权,从而拥有其100%股权,年末将其纳入本公司合并会计报表范围。

1. 年初会计报表数据。×××物业管理有限公司年初资产负债表金额为:资产2 006 988.31元(占本公司年初金额的0.79%),负债793 201.34元(占本公司年初金额的0.44%),所有者权益1 213 786.97元(占本公司年初金额的1.61%)。

2. 年末会计报表数据。(略)

3. ×××物业管理有限公司2010年实现经营收入1 770 613.01元,占本公司主营收入的0.54%;利润总额460 414.43元,占本公司利润总额的3.19%;净利润440 428.46元,占本公司净利润的3.61%。

(三)公司本年度经营情况

2024年公司本部实现主营收入32 760万元,完成董事会计划的90.12%。其中,电子产品经营收入31 174万元,物业经营收入1 586万元;实现利润总额1 442万元,完成董事会计划的103.37%。详见表1。

表1　×××有限公司2024年经营情况

指标	预算数(万元)	实际数(万元)	预算完成率(%)	上年同期(万元)	比上年增长(%)
1. 主营业务收入	36 350	32 760	90.1	32 377	1.2
其中:电子产品收入	34 800	31 174	89.6	30 941	0.8
物业收入	1 550	1 586	102.3	1 436	10.4

续表

指标	预算数（万元）	实际数（万元）	预算完成率(%)	上年同期（万元）	比上年增长(%)
2. 毛利	4 845	4 608	95. 1	3 954	16. 5
3. 利润总额	1 395	1 442	103. 4	1 181	22. 1

(四)经营中出现的问题与困难

1. 2024 年未能按照既定的计划完成全部的销售业务指标,经营规模发展速度相对缓慢,公司的客户面依然偏散,后备的重点支撑客户较少,内部各业务部门的配合还有待加强,对公司的业绩产生了较大的影响。

2. 随着公司经营规模的不断扩大,资金紧张,财务矛盾也日渐突出。同时,由于电子行业特有的结算和运作惯例,应收款数额和库存仍显偏大,资金流转速度相对较慢,不同程度上也加大了资金的风险。

3. 物业经营收入尽管超额完成了计划指标,但信息大厦的出租仍未完成公司设定的预期,3 层尚有部分面积没有出租。同时,综合服务和协调谈判能力尚需进一步提高。

4. 人员流动率较高,管理人员能力较弱,后备人才的选拔和培养能力欠缺,留住人才仍需付出时间和资金代价。

二、利润实现、分配情况

(一)主营收入分析

1. 元器件销售收入(见图 1)。

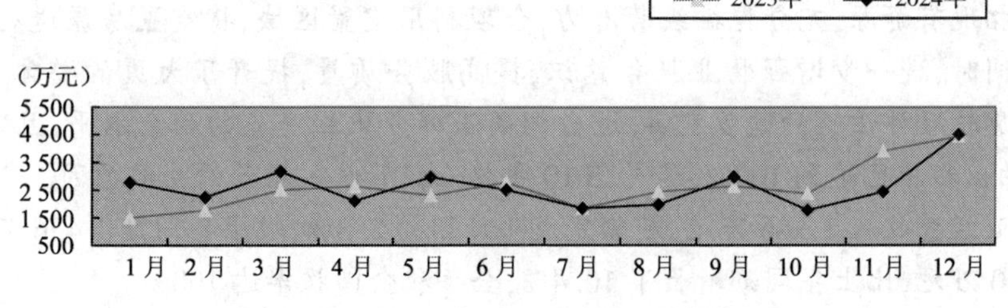

图 1　2023—2024 年元器件销售收入

从各月销售走势来看,2024 年销售波动趋势与上年相当。2024 年实现电子产品经营收入 31 174 万元,完成全年计划 34 800 万元的 89. 6%,较上年同期 30 941 万元略有增加。销售毛利 3 023 万元,完成商品销售年计划 3 295 万元的 91. 7%,较上年同期增加了 505 万元;毛利率为 9. 7%,较上年同期上升了 1. 6 个百分点,收益质量明显提高。2021—2024 年公司销售收入和销售毛利见表 2、表 3。

(1)各类型销售收入。

表 2　2021—2024 年公司销售收入情况

单位:%

年份	2021	2022	2023	2024
代理线产品所占比例	38	66	67	86
非代理线产品所占比例	62	34	33	14

(2)各类型销售毛利。

表 3　2021—2024 年公司销售毛利情况

单位:%

年份	2021	2022	2023	2024
代理线产品所占比例	64	82	88	96
非代理线产品所占比例	36	18	12	4

从表 2、表 3 可以看出,2024 年,公司按照资金规模、人员结构、管理模式等内在要求,在代理线资源分布上加大了力度,电子产品经营已基本转为代理线经营,86%的销售收入实现了公司 96%的销售毛利,经营质量得到了较大的提升。

(3)各办事处销售分析。(略)

(4)各产品线销售分析。(略)

(5)非代理线产品分析。(略)

(6)主要客户销售分析。(略)

2. 物业收入分析。2024 年,公司在房产无增量、租赁市场竞争激烈的情况下,积极开拓现有资源,充分挖掘经营潜力,合理利用空置区域,将空置房屋进行合理分割。同时,进一步增强物业服务意识,提高服务质量,提升了大厦的整体形象。随着大厦软硬件设施的逐步完善,适当调高了部分出租房屋的租金水平,且“信息大厦”的出租率已达到 100%,这是 2010 年物业经营收入增长的主要原因。全年共实现物业经营收入 1 586 万元,超额完成年计划的 2.3%,较上年同期 1 436 万元增加了 150 万元,比上年同期增长了 10.4%,全年租金回收率达 100%。

扣除与公司内部交易 15 990 元后,物业管理有限公司实现物业收入 175 万元,比上年同期 235 万元减少了 60 万元,实现主营业务利润 104 万元,比上年减少了 5 万元。

(二)期间费用分析

公司本部 2024 年费用总计 3 197 万元,比上年减少了 341 万元,且控制在预算范围内,与主营业务收入预算完成率相当。但是,经营费用和管理费用略有超支。

2024年公司重点加强了对各项费用的审核力度，在控制开支的同时，力争增强费用支出的有效性，提高预算的计划性、适用性，使主要费用项目如招待费、差旅费及工资等均控制在预算内，但办公费用有所超支。

2024年公司财务费用实际支出317万元，比上年减少了77万元，完成预算的49%。其中，贷款利息支出516万元，比上年增加了40万元，主要是由贷款利率提高所致。

（略）

（三）其他业务收支分析

公司本部2024年其他业务收入实现84 000元，其中收取的停车管理费54 000元，技术服务费30 000元。

物业管理有限公司本年实现其他业务收入1 207.57元。

合并报表其他业务收入共计85 207.57元，实现其他业务利润80 776.78元。

（四）同比影响其他收益的主要事项

1. 投资收益情况。2024年度从×××电子技术有限公司取得的投资收益为747 376.64元，比上年减少578 137.82元。本年实际收到的上年实现的现金股利为350 000元，全部由×××电子技术有限公司取得。

2. 营业外收支情况。2024年营业外收支净额为-1 337.46元。营业外收入为71 812.73元。其中，处置固定资产净收益1 084.65元，罚款收入728.08元，处置抵账的汽车收入70 000元。

营业外支出为73 150.19元，全部为公司本部发生。其中，处置固定资产净损失为52 913.18元，捐赠支出为10 119.00元，其他支出为10 118.01元。

（五）利润分配情况

年初未分配利润余额为36 605 398.93元，本年实现净利润12 192 922.81元，年末可供分配的利润为48 798 321.74元，应上缴利润为24 063 169.77元。本年未分配利润余额为24 735 151.97元。

（六）利润表中变化较大的项目说明

利润表中上年同期数中包含出售大厦部分楼层销售收入为41 072 999.00元，成本和税金及附加为35 144 333.63元，在管理费用中列支的税金等为5 129 769.28元，利润总额为798 896.09元，所得税为856 646.73元。

（七）税负调整对净利润的影响

本年度公司未发生税负调整事项。

（八）会计政策变更原因及对利润总额影响

本年度，公司新上SAP软件系统，由于系统未能提供以前采用的个别计价法，故从2024年8月1日起，改按移动加权平均法结转销售成本。成本结转方法改变对利润的影响无法估算。

三、资金增减及周转情况

(一)现金流量情况

1. 经营活动现金流量。(略)

2. 投资活动现金流量。(略)

3. 筹资活动现金流量。(略)

4. 现金流量净额。(略)

(二)资产构成情况

年末资产总额为 209 785 370.78 元,比年初减少了 45 595 760.56 元。其中,流动资产占 75.4%,长期投资占 1.7%,固定资产占 22.9%。

应收票据比年初减少了 4 847 674.74 元,主要是收回部分到期票据款项;应收账款比年初增加了 4 211 760.31 元,均为当年发生的正常交易,未到期且处于公司可控范围内;存货比年初减少了 2 671 913.08 元,主要是严格控制无订单备货,提高了存货周转速度,降低了库存占用额。

(三)负债构成情况

年末负债总额比年初减少了 33 365 633.87 元,流动负债占负债总额的 99.98%。其中,短期借款占 42.4%,偿还了部分到期贷款,使得比年初减少了 18 290 449.54 元;应付账款占 16.7%,比年初减少了 5 383 303.89 元;由于本年销售收入和利润的增长使得年末应交增值税和所得税增加,应交税金年末余额比年初增加了 1 564 966.74 元。

(四)变动较大的项目说明

2024 年,公司抓住人民币继续升值的机会,有效地使用金融衍生工具,通过利率掉期、贷美元还人民币等方式为公司创造了 2 582 366.66 元的汇兑收益。

四、本年科技投入和支出情况

本年未发生科技投入和支出。

五、下年度业务发展计划

针对本年度经营管理中存在的问题,下年度拟采取的改进管理和提高经营业绩的具体措施,以及业务发展计划如下:

1. 明确 2025 年经营总方针:坚持做强做专,实现持续发展。其中,电子产品经营要从经营规划入手,坚持“专业的技术产品分销商”战略方向,突出技术支持能力,持续提高经营质量。

2. —6. (略)

7. 继续强化“执行力”意识,完善公司执行体系,提高管理队伍的执行能力,完善系统的工作方法,使执行力得到持续提升。

四　内部审计报告

概念

内部审计是指由单位内部专设的审计机构和审计人员,依据国家有关法规和本单位的规章制度,按照一定的程序和方法,相对独立地对本单位财务收支、经营活动和内部控制的适当性、合法性和有效性进行监督检查的行为。内部审计报告是在审计任务完成以后,就其结果所出具的书面工作总结报告。

内部审计报告不仅可以帮助单位规避风险,为本单位领导的经营决策提供依据,还可以促进单位内部制度的完善,维护本单位的合法权益,促进单位资产的保值增值。

格式写法

审计报告应当客观、完整、清晰、及时、具有建设性,并体现重要性原则。审计报告应当包括标题、前言、正文、结尾和附件。

1. 标题。采用公文式标题,包括被审计单位名称、审计的内容。

2. 前言。包括被审计单位的基本概况、审计的依据、审计的目的、范围、审计的起止时间和审计的内容等。

3. 正文。正文是审计报告的主体,包括审计依据、审计结论、审计决定和审计建议。

(1)审计依据:应声明内部审计是按照内部审计准则的规定实施的,若存在未遵循该准则的情形,应对其作出解释和说明。

(2)审计结论:根据已查明的事实,对被审计单位经营活动和内部控制所作的评价。

(3)审计决定:针对审计发现的主要问题提出的处理、处罚意见。

(4)审计建议:针对审计发现的主要问题提出的改善经营活动和内部控制的建议。

4. 结尾。包括审计机关或审计人员签字盖章,并写清年、月、日,以及抄报、抄送机关的名称。

5. 附件。审计报告的附件包括对审计过程与审计发现问题的具体说明、被审计单位的反馈意见、相关重要审计证据等。

注意事项

1. 实事求是。内部审计报告的编制应实事求是,客观公正。涉及的问题必须有充分可靠的材料作为证据;证据不足或未经查明的事项可暂时搁置,不能写入报告中。

2. 善抓重点。对于审计过程中收集的大量材料要精心筛选,抓住重点,通过典型事例说明问题,切忌不分主次,面面俱到。

3. 准确定性。写作内部审计报告,不仅要反映问题,而且要针对单位经营活动和内部管理的缺陷,根据有关的规定确定问题的性质,提出切实可行的建议,以利于单位改进工作。

【例文】

××××供水有限公司内部审计报告

各位股东代表:

按《公司法》与公司章程的要求,我们××××供水有限公司(以下简称"公司")第一届监事会,组织4位监事并外邀一位专业技术人员一起,于2025年×月×日至×日,重点对公司2024年度财务收支情况、内部控制制度的建立和执行情况以及公司经营班子对有关公司董事会决定及要求的落实情况进行检查,履行出资人监督职责。监事会有关人员依照国家现行有关财经法律法规的精神和参照现代企业管理惯例和需要,在公司管理层确保提供资料真实性、完整性的基础上,根据实际需要采用了一定的程序,运用分析性复核、抽查、询问、现场盘查考察等方法,在有关人员的积极配合下,圆满地完成了工作程序,现将内审结果报告如下:

一、基本情况

公司是在×××××供水公司的基础上,在××市政府的指导下,采用增加股东、重组股权的办法,由××市××流域水利电力综合开发总公司、×××经济开发总公司、××区国有资产投资经营有限公司、××县国有资产投资经营有限公司4家单位按合同约定的出资额组建的,总股本为×××××万元,公司于××××年×月×日核准登记。主要供水工程位于××县及××区境内,构成该区域必不可少的基础设施,供给工业和居民生活用水,兼营相应配套服务产业及资产经营。供水工程于××××年动工兴建,××××年×月竣工验收。工程总投资×××××万元,经评估为×××××万元。

公司本部设有办公室、计财科、生技科、保卫科、营业部,工程沿线设有4个基层作业管理站点,在册员工共计×××人。

至2024年底,公司提供未经审计的会计报表反映:资产总额×××××万元,负债×××××万元,所有者权益×××××万元。其中,固定资产×××××万元……年度亏损××××万元。

目前,公司主要业务客户有×××××工业公司和国电××电厂,日供水量约×万吨;另有××炼油一体化项目和××××工程等也确定了购水意向。主要水源为××水

流、××水库和××江水。

对外投资×××万元，系对××区××供水有限公司的股权投资。

二、发现的主要问题和整改意见

（一）会计核算与管理方面

1. 收入和支出明细分类不够详细，附着原始资料不足。例如，收入缺少经业务部门审核的收入明细表。管理费用内容杂而繁多，费用类别有待进一步划分调整。

2. 目前固定资产适用的折旧年限是按设计年限确定的，与现实折旧有较大差异，如供水管道××年，房屋××年。由于折旧问题涉及企业固定资产的更新能力、企业盈亏和纳税问题，因而应综合实际使用情况慎重确定。

3. "其他应付款"账户列示"调节池建设×××万元"……建议按实调整，避免虚列资产和虚挂无名负债。

4. 有些代借款项的利息误列为本会计主体费用，要分别按各主体应承担的份额分摊挂账并予以催收。

（二）内部控制与管理

1. 部分费用报销不够规范。抽查过程中发现，一些电话费用没有由使用主体确认而由代理人签字报销，如××××年×月份和×月份报销的高管人员的移动电话费用均无使用人签字……经座谈询问了解，一些汽车维修费用的发生是由使用者事后确认补签的，对企业高管人员通信费用的控制缺少审核依据和过程。以上问题应予以规范、调整和完善。

2. 费用控制不严格。临时工工资和企业奖金未列入工资总额，形成人事费用的增支口子，同时，工资发放的人数亦忽多忽少，不稳定；企业还承担有关部门和单位的会议费用。因此，建议在目前企业效益低下、冗员浮事的状态下，控制和紧缩工资费用，并抵制外来的有关摊派费用，减轻企业的负担。

3. 会计出纳人员之间票据移交缺少记录依据，不利于责任划分；不相容职务分工中，银行账户的预留印鉴同为一个人保管，而且游离于会计监督。我们认为这是一个严重失控地带，企业应认真加以整改，加强内控制度建设，体现会计控制的意义和堵塞制度漏洞。

4. 修建工程项目的管理存在问题。施工主体单一，修建预算时间、签订协议时间与施工时间不协调，协议条款缺少有关返修金预留支付、验收办法等有关保全措施约定，现场监督和验收制度、验收手续不明确、不齐备。我们认为，公司应立即制定出一套修建工程项目管理的具体制度，实行项目分级管理，设立等级界限，按项目标的大小分别施行招标或邀标确定承建者，严格现场管理责任和严把验收质量关，纠正不规范化的行为，减少漏损，维护企业自身利益。

三、评估意见和建议

公司基本能建立起核算和反映企业收支的账套，并按国家的有关制度规定进行核算和管理，收入和支出的重大方面较为真实，会计处理的重大办法和程序遵循了一致性和相关性原则，会计报告基本合乎规范。财务管理上沿袭历史惯例，能建立重大事项集体研究制度，坚持“一支笔”的审批制度，收入和支出的手续基本是完整和合乎发生过程控制的，但内部控制制度的不少方面需要花工夫加以整改、修订和落实。为此，我们提出如下工作建议：

1. 各股东均有不同程度的出资短款现象，现在临近支付期，面对巨额的负债，公司应加强协商，想方设法力促资金及时到位，避免被代支的借款利息卷入财务危机。

2. 公司应建立总经理办公会议制度，对重大事项研究、决策，要完善记录备忘制度，由出席者签署并妥善保管以备查。

3. 财务管理方面，预算的基础较为薄弱，公司应着手制定预算管理办法，本着“事财结合”的原则，在各部门年度工作计划的基础上，确定各部门的预算收入和支出，由财务部门统筹和平衡年度预算，按公司管理程序报批施行。同时，要强调预算的约束力，不能朝令夕改、人为调整，避免预算制度失去严肃性。

4. 面对目前生产能力未能充分发挥的现实，经营层应努力多渠道拓展市场，提升市场份额、提高盈利水平，同时开源节流，对冗员浮事也要提出相应的措施加以整改，以在册员工取代临时工，压缩费用。今后增员增资应由公司董事会统一把关。

5. —6.（略）

7. 其他应收款挂有工程款×万元和代职工垫付有关保险费用×万元，应抓紧清理收回，减少公司资产的无益占用。

以上报告请予以审议。

公司监事会

2025 年×月×日

（引自动力审计论坛，有删改）

五　企业评估报告

概念

企业评估报告是对企业的经营业绩、资金周转、经济效益、资产状况、经济管理能力和企业发展前景、持续经营能力等方面的情况进行综合分析和公平地评估后

所写的专项书面材料。通过阅读企业评估报告，可以对企业的经营现状、财务状况有初步的了解。

格式写法

企业评估报告由标题、企业概况、对企业的评估、评估报告的各类附表说明及相关备查文件和落款组成。

1. 标题。应在“评估报告”的前面加上企业名称。

2. 企业概况。简略、概括地反映企业的全貌。

3. 对企业的评估。包括对企业的资金信用评估、经济效益评估、经营管理能力评估和企业创新能力评估。还要介绍评估采用的方法、评估范围及对象、评估原则、评估依据、评估过程、评估价值定义、评估假设和限制条件。

4. 附表说明及相关备查文件。这是评估报告的补充部分。

5. 落款。包括评估者署名及评估报告时间(年、月、日)。

注意事项

1. 客观公正。应依据国家有关资产评估的法律与规定，本着客观、独立、公正和科学的原则写作企业评估报告。

2. 逻辑严密。评估报告附表是构成评估结论的基础底稿，原则上要对评估对象的内容逐一列示并作出评估。附表与文字说明部分应相互补充，前后一致，不可相互矛盾。

3. 语言准确。企业评估报告的语言要贴切严谨，结论性的意见和评价措辞要讲究分寸，不能模棱两可，含混不清。

【例文】

×××有限公司资产评估报告书(摘要)

受×××总公司的委托，根据《国有资产评估管理办法》(国务院第91号令)，参照财政部财评字〔1999〕91号文《资产评估报告基本内容与格式的暂行规定》和国资办发〔1996〕23号文《资产评估操作规范意见(试行)》，结合实际情况，对×××有限公司的全部资产和负债在评估基准日的价值进行了评定和估算，并出具了资产评估报告书，作为本次评估的价值参考。报告主要内容摘要如下：

一、委托单位名称：×××总公司。

二、被评估资产的产权所有者：×××有限公司。

三、评估目的：股权转让。

四、纳入评估范围的资产：×××有限公司的全部资产和负债。

五、评估基准日:2024年10月31日。

六、评估依据、原则和过程:本公司依据国家有关资产评估的法律与规定,本着客观、独立、公正和科学的原则,经必要的工作程序进行评估。

七、评估价值类型:公开市场价值。

八、评估方法:主要采用成本法。

九、评估程序:明确评估业务基本事项;签订业务约定书;编制评估计划;资产勘察;收集评估资料;评定估算;编制和提交评估报告;工作底稿归档。

十、评估结论:经实施清查核实、实地勘察、市场调查和询证及评定估算等评估程序,在评估基准日×××有限公司的整体资产评估结论如下:

资产账面价值为29 402 230.35元,调整后账面价值为29 399 090.64元,评估价值为30 413 191.56元,评估增值1 014 100.92元,增值率为3.45%。

负债账面价值为20 668 202.84元,调整后账面价值为19 258 229.62元。评估价值为19 258 229.62元,评估增值0万元,增值率为0。

净资产账面价值为8 734 027.51元,调整后账面价值为10 140 861.02元,评估价值为11 154 961.94元,评估增值1 014 100.92元,增值率为10%。

评估结论详细情况见"资产评估结果汇总表"。

资产评估结果汇总表

评估基准日:2024年10月31日　　　　单位:人民币万元

项　目	账面价值	调整后账面值	评估价值	增减值	增值率(%)
流动资产	2 824.35	2 824.94	2 918.13	93.19	3.30
长期投资	—	—	—	—	
固定资产	115.87	114.97	123.19	8.22	7.15
其中:在建工程	—	—	—	—	
建设物	—	—	—	—	
设备	115.87	114.97	123.19	8.22	7.15
无形资产	—	—	—	—	
其中:土地使用权	—	—	—	—	
其他无形资产	—	—	—	—	
其他资产	—	—	—	—	
资产总计	2 940.22	2 939.91	3 041.32	101.41	3.45
流动负债	2 006.82	1 925.82	1 925.82	—	—

续表

项　目	账面价值	调整后账面值	评估价值	增减值	增值率(%)
长期负债	—	—	—	—	
负债合计	2 066.82	1 925.82	1 925.82	—	—

本报告使用的有效期为一年，即自2024年10月31日至2025年10月30日有效。

×××资产评估有限公司注册资产评估
师：×××注册资产评估师：×××
2024年××月××日

【思考与练习】

1. 举例说明公司财务文书的特点与作用。
2. 写作公司财务文书时，如何处理好文字材料和数字、图表的关系？

第八章

常用法律文书

一　公证申请书

概念

公证申请书是自然人、法人或其他组织，请求公证机构依照法定程序对其一定的民事法律行为、有法律意义的事实或文书的真实性、合法性予以认证并出具证明文件的文书。

格式写法

我国现行的公证申请书的格式有文字叙述形式和表格形式两种。表格形式只需申请者按要求依表填写，比较简单，所以我们在这里只介绍文字叙述形式的写法。

文字叙述形式的公证申请书由首部、正文、尾部三部分组成。

1. 首部。首部包括标题和申请人基本情况。

(1)居中写标题“公证申请书”；或加上请求公证事项，如“××公证申请书”。

(2)写明申请人的基本情况。申请人是自然人，应依次写明姓名、性别、年龄、民族、文化程度、工作单位和地址；申请人是法人或其他组织，则应写明单位名称、所在地、法定代表人或负责人的姓名、职务、电话和住址等。

2. 正文。正文包括申请公证的缘由、请求公证的事项以及有关证据的说明等。

(1)申请公证的缘由。可以根据情况，简要说明请求公证的动因、必要性和紧迫性等。

(2)请求公证的事项。请求公证的事项通常是某种有法律意义的文书、证件，或法律事实、法律行为，如合同、学历证书、遗嘱、财产分割或招标投标等。

(3)有关证据的说明。可以根据需要，说明请求公证事项产生的背景或相关证据的来源。

3. 尾部。包括公证机构名称、申请人签名或盖章、申请日期及附注事项。

注意事项

为便于公证机关审核受理,公证申请人撰写公证申请书应注意三个问题:一是要准确无误地写明申请人的基本情况;二是要提供与申请事项有关的真实、合法、充分的证明材料;三是在表达上要具体、准确、明了。

【例文】

公证申请书

申请人:××××公司(单位全称),法定代表人:×××,性别:男,年龄:××,职务:总经理,电话:××××××××,住所地:××××××××(详细住址)与××××厂(单位全称);代表人:×××,性别:男,年龄:××,职务:该厂厂长,电话:××××××××,住所地:××××××××(详细住址),经协商拟于××××年×月×日在××××××××(签约地点)签订《××××合同》(合同全称)。为确定该合同合法有效,避免日后纷争,特申请贵处对上述当事人资格及合同内容进行审查,给予公证,并派员现场监督拟于上述时间、地点举行的签字仪式。现将有关资格证明材料及合同待签文本呈上,请予以审查。如对拟定的签约日期、地点有异议,亦请从速通知申请人。

此致

××××公证处

申请人:××××公司

20××年×月×日

附:1. 证明材料××份(略)

2. 合同××份(略)

二　合同公证书

概念

合同亦称契约,是当事人双方或数方对设立、变更、终止一定的民事权利、义务关系意思表示一致的书面文书。合同公证书是公证机构根据合同当事人的申请,依照法定程序证明当事人之间签订合同的行为及所签合同真实、合法的文书。

格式写法

合同公证书由首部、正文、尾部三部分组成。

1. 首部。首部由标题和编号组成。

(1)标题。居中写明“公证书”或“合同公证书”。

(2)编号。编号标在标题的右下方,由年度编码、公证处简称及公证类别编码、公证书序号编码组成,如(2011)××公证处×字第×号。

2. 正文。正文即公证词,要写明当事人签订合同的事实。依次填写合同当事人的单位名称和法定代表人(或法定代表人的代理人)的姓名(当事人为自然人的,应写明其姓名、性别、出生年月、身份证号码和住址等);写明签订合同的时间、地点以及合同的名称等基本情况;然后写明公证结果,即认定签订合同的行为和合同内容符合相关的法律、法规或规章的规定。

3. 尾部。尾部包括制作和出具文书的公证处的名称(加盖公证处公章),承办公证员的签名(签名章)和出证日期等内容。

注意事项

在撰写公证词时,法人的名称在第一次出现时要写全称,文中涉及的期限、金额和数量等数字都要用大写。合同有担保人的,应在证词中列明担保人。

【例文】

合同公证书

(20××)××公证处×字第×号

兹证明××××(单位全称)的法定代表人(或法定代表人的代理人)×××与××××(单位全称)的法定代表人(或法定代表人的代理人)×××于××××年×月×日,在××××(签约地点或本公证处),在我的面前,自愿签订了《××××合同》(合同全称)。

经查,上述双方当事人签订合同的行为,符合《中华人民共和国民法典》第五百六十八条的规定;合同上双方当事人的签字、印章属实;合同内容符合《××法》(可根据情况援引相关的法律、法规、规章)的规定。

中华人民共和国××省××市(县)公证处(盖章)

公证员××(签章)

20××年×月×日

说明:

1. 此格式适宜对《中华人民共和国民法典》规定的各类国内和涉外经济合同、技术合同进行公证后制作公证书所用。

2. 如果合同并非是在公证员面前签订的,证词中“在我的面前”一句不写。

三　招标投标公证书

概念

招标投标公证书是公证机构根据当事人的申请，参与招标人和投标人在招投标过程中的招标、投标、开标、评标4个环节的活动，依法证明其招投标行为的真实性和合法性出具的文书。

格式写法

招标投标公证书由首部、正文、尾部三部分组成。

1. 首部。首部由标题和编号组成。

（1）标题。居中写明“公证书”或“招标投标公证书”。

（2）编号。编号标在标题的右下方，由年度编码、公证处简称及公证类别编码、公证书序号编码组成，如（2020）××公证处×字第×号。

2. 正文。正文可以分为两部分内容。

（1）招标投标事实。应依次写明招标的单位名称、招标时间、招标地点、招标项目名称、各投标单位名称及招标结果（中标或未中标单位）。

（2）审查与现场监督情况与结论。应写明招标投标单位是否具有合法资格，其招标投标文书和招标投标行为以及招标投标结果是否合法有效。

3. 尾部。包括制作文书的公证处的名称（加盖公证处公章），承办公证员的签名（签名章），出证日期等内容。

注意事项

正文部分的写作应力求具体、简明扼要，一般须写明：公证员对某项目招标投标活动进行审查的情况；投标单位标书是否密封完好；标书开启后，投标单位的代表宣读的投标书副本上的总标价和总工期与正本所记是否相符等。对决标后的公证书的制作，在正文部分应写明某项目开标后的结果、某单位中标等。

【例文】

招投标公证书

（2020）××公证处×字第×号

兹证明××××（招标单位全称）于××××年×月×日××××（地点）对××××（招标项目名称）举行了公开招标。××××、××××、××××（投标单位全称）参加了投标，××××（中标单位全称）中标（或全部投标单位均未中标）。

经审查和现场监督,招标项目与招标活动已获主管部门批准,招标方××××与投标方××××、××××、××××(投标单位全称)(均)具有合法的招标、投标资格[或根据情况需要增加:××××(投标单位全称)因××××(原因),不具有投标资格]。招标文件合法,投标方××××、××××、××××(投标单位全称)所投标书(均)符合招标文件的规定,为有效标书[或根据情况需要增加:××××(投标单位全称)所投标书,因××××(原因)无效]。投标、开标、评标、定标活动均符合《××××法》(相应的法律、法规、规章)和招标文件的规定,招标结果合法、有效。

中华人民共和国××省××市(县)公证处(盖章)

公证员××(签章)

2020年×月×日

四　商标注册公证书

概念

商标注册公证书是公证机构根据法律的规定,应当事人的申请,依法证明其申请公证的商标已经由商标主管机关审核注册,并享有专有权的文书。

格式写法

商标注册公证书由首部、正文、尾部三部分组成。

1. 首部。首部由标题和编号组成。

(1)标题居中写明“公证书”或“商标注册公证书”。

(2)编号标在标题的右下方,由年度编码、公证处简称及公证类别编码、公证书序号编码组成,如(2020)××公证处×字第×号。

2. 正文。正文内容根据办理方式的不同可以有两种写法:一种是写明哪一家公司(或工厂)生产的哪一种产品上的哪一商标已经注册,其商标注册证书系国家工商行政管理局出具;另一种是写明某产品商标注册影印本与国家工商行政管理局出具的原本相符。

3. 结尾。一般不专作结尾。

注意事项

如果某商标注册公证书在境外使用,使用国要求提供译文的,应在该商标注册公证书中注明外文译本与中文原本的内容相符合。

【例文】

商标注册公证书

(20××)××公证处×字第×号

兹证明我国××公司(或工厂)生产的××××(产品名称)上的××商标业经注册，其商标注册证××××(编号或登记号)系国家工商行政管理局出具，该商标的专有权属于我国××公司(或工厂)。

商标图案附后(略)。

中华人民共和国××省××市公证处(盖章)

公证员×××(签名)

20××年×月×日

五　授权委托书

概念

法定代表人授权委托书是企业法人委托他人代行某种法律行为的法律文书。法定代表人因故不能亲自处理某项事务时，可以通过授权委托方式，指派他人代为办理。在这种情况下，需要制作法定代表人授权委托书，指定被委托人在授权的范围内代行使委托人的权力。

格式写法

授权委托书包括标题、正文和落款三部分。

1. 标题。居中写“委托书”即可。

2. 正文。正文要清楚地写明法定代表人(委托人)委派何人为其代表(被委托人)，被委托人代表委托人在哪些范围内行使何种权力。例如，代表委托人就某一项目谈判并签订合同或协议书，处理合同或协议书中规定的事宜等。

3. 落款。包括委托单位(公章)、法定代表人签字和委托日期。

注意事项

在授权委托书中，委托人必须写明被委托人的姓名、性别、年龄、工作单位和职务等基本情况；必须明确授权的范围，应逐项写明所授权限的内容，而不能简单地写成“全权委托”。结语一定要写明委托书的有效时限。

【例文】

委托书

我作为××××(单位名称)的法定代表人,委派×××(姓名、性别、年龄、工作单位及职务、住址)代表本企业为××××(项目名称)的代理人,其权限如下:……(具体说明代理的事项和内容,包括谈判权、签订合同权、代为承认或者放弃一定权利等)。

本委托书有效期自××××年×月×日至××××年×月×日。

委托单位:　　　　(盖章)
法人代表:　　　　(签章)
××××年×月×日

六　起诉状

概念

起诉状是公民、法人和其他组织在其合法权益受到侵害或者与当事人的另一方对有关权利和义务发生争议时,为维护自身权益,根据事实和证据,依照相关法律规定提起诉讼,请求人民法院依法审理、判决的诉讼文书。

虽然起诉状按照内容性质的不同,可以分为民事起诉状、行政起诉状和刑事自诉状(或者刑事附带民事诉状)三类,但其结构形式和写作要求是基本相同的。在这里,我们主要介绍与商务活动相关的民事起诉状和行政起诉状的写作。

格式写法

起诉状由首部、正文、尾部三部分组成,每一部分都有相对固定的内容和写法。

1. 首部。首部包括标题和当事人基本情况。

(1)标题。根据诉状的性质,居中写“民事起诉状”“行政起诉状”,或写“起诉书”即可。

(2)当事人基本情况。应依次分别写明原告和被告的姓名、性别、年龄、民族、籍贯、职业(含工作单位)、住址、邮政编码及联系方式;如果有数名原告或者被告人,应依主次分别写明每个人的基本情况。当事人是法人或者其他组织的,则应依次写明单位的全称、所在地址及邮政编码,法人代表姓名、职务和电话号码,企业的性质、工商登记核准号、经营范围和方式,开户银行和账号等。

凡当事人有委托代理人的,应写明委托代理人的姓名、性别、年龄、职业、住址

及与原告的关系；若代理人是律师，则只需写明律师的姓名和其所在的律师事务所即可。

2. 正文。正文由“诉讼请求”、“事实与理由”和“证据和证据来源、证人姓名和住址”三部分组成。

（1）诉讼请求。诉讼请求反映原告的基本主张和诉讼目的，应当写得明确具体、简明扼要、于法有据、切实可行。

民事起诉状的诉讼请求一项，要写明请求法院解决的有关民事权益争议的具体问题和与之相关的具体要求。如要求侵权损害赔偿、债务清偿、履行合同、遗产继承或离婚等，不要写“请求法院依法判决，保护我的合法权益”之类的非常笼统的话。以工程承包合同纠纷为例，诉讼请求可写为：“请求依法判令被告履行合同，按合同规定返工并偿付延期罚款××万元。”

行政起诉状的诉讼请求一项，要表明对哪一个行政机关和行政机关工作人员的哪一项具体行政行为不服，请求法院依法撤销被告作出的哪项行政决定，或者判令被告履行何种义务或职责；也可根据实际情况同时提出具体的赔偿要求。例如，“请求撤销××市土地管理局（20××）×行处字第×号行政处罚决定”。

此外，在诉讼请求中还可根据案情写明诉讼费用由谁承担。

（2）事实与理由。民事起诉状与行政起诉状尽管因性质不同，事实与理由部分在内容上会有一些差异，但写法上却是基本相同的。为了条理清楚，在书写起诉状时，事实和理由一般都是分开来写的。

在民事起诉状中，事实部分应写明当事人有关权益争执的具体内容和主要分歧，明确指出被告人侵权的具体事实及给原告造成的损害和损害程度。在陈述事实时，一要根据案情交代清楚当事人之间的法律关系，如合同关系、婚姻关系等；二要把被告的侵权行为或者当事人双方争执发生的时间、地点、原因、经过以及后果写清楚，把双方争执的焦点和实质性分歧写明白（如原告在纠纷中亦负有一定责任，也应如实承认），以便于法院全面了解事实真相，分清责任。理由部分，先要对所述事实进行概括归纳；然后依据相关法律、法规，认定被告人侵权或者违法的性质、造成的后果以及应承担的民事责任；再援引有关法律条款，请求法院依法判决。

在行政起诉状中，事实部分须清楚地陈述行政争议发生的起因、时间、地点、过程、结果及给原告造成的伤害，具体写明是哪一个行政机关因何事项作出了何种行政行为及其行为的依据和详细内容；如果原告曾申请行政复议，要将复议情况加以说明。理由部分应准确地援引有关法律、法规的规定，对案情的客观事实进行分析，指明被告的行政行为违法或者有失公正，请求法院依法判令撤销或予以纠正。

（3）证据和证据来源、证人姓名和住址。这一部分要提供能证明所诉事实的具体证据，包括证物、证言和证人。通常应按照证据证明力的大小排列，列举出证据材料、证据来源、证人姓名和住址。证据是法院认定事实作出审判的主要根据，是起诉状的关键部分，因此，列举的证据必须来源合法、真实具体、充分有效。

3. 尾部。尾部的主要内容有以下两项：

(1)起诉状呈送的人民法院名称、起诉人具名(法人单位要写明全称并加盖公章，还应有法人代表的签章)和具状日期等。

(2)附项。应依次列举本状副本×份，物证×份，书证×份。副本份数应与被告人数相等。

‖注意事项‖

事实与理由是起诉状的核心部分，起诉能否被受理，原告能否胜诉，都与这项内容写得如何密切相关。在写作时要注意以下三个问题：

1. 事实和理由都要以诉讼请求为中心，紧密地围绕着诉讼请求来写。

2. 要选择明确、可靠，而且是有证据可以证明的事实。事实叙述要条理清楚，层次分明，突出主要情节，不必详及与案情无关或者关系不大的枝节问题。

3. 要注意事实与理由之间的逻辑关系。所陈述的事实在逻辑上可以归纳或者推导出所阐释的理由。理由部分要依照相关法律法规对所陈述的事实进行深入分析，阐明诉讼请求的合理性和合法性，说理要透彻，援引法律要具体恰当，准确无误。

【例文】

民事起诉状

原告：××××铜冶炼加工厂

法定代表人：张××，男，45 岁，厂长

诉讼代理人：李××，男，41 岁，科长

住所地：××省××市××路××号　邮编：(略)　电话：(略)

被告：××××铜矿

法定代表人：赵××，男，40 岁，矿长

住所地：××省××市××路××号

诉讼请求

请求人民法院判令被告：

一、返还欠原告货款××万元。

二、以日×%计，给付原告自××××年×月×日至××××年×月×日止，逾期付货违约金×万元。

三、承担全部诉讼费。

事实与理由

××××年×月×日和×月×日，原告××××铜冶炼加工厂（甲方）先后两次与被告××××铜矿（乙方）签订购销合同（见证据1）。第一个合同约定原告向被告购买铜矿石××吨，每吨××××元；第二个合同约定购买××吨，价格同前。两次共订购铜矿石×××吨，总价共计××万元。两份合同均约定乙方在收到货款后10日内向甲方交货。合同签订后，原告严守信用，按照合同规定，分别在两份合同签订后的一周内，将应付货款如数汇到被告提供的银行账户中（见证据2）。

然而，被告却不守信用，除了在收到货款后的第25天才交付铜矿石××吨（不到应供货总量的1/3），其余部分则至今仍未供应原告。为此，原告曾多次去函（见证据3）和派人催促其如约交货，被告均未予以理睬。在交涉无果的情况下，原告被迫按合同规定要求被告退还未交货的余款，但被告却采取种种拖延、欺骗手段拒不退款。时至今日，距合同规定的交货期限已经过了90天，被告仍然是既不供货又不退款。此外，双方签订的两份合同都有条款约定：如甲方货款到账后10日内，乙方未按合同规定及时供货即为逾期，甲方将按所付货款以每日×%计收违约金。

原告认为，被告之所以未全部履行合同，并非由于没有履行能力，而是因为合同签订后不久，市场上铜矿石价格上涨，被告见利忘义，为多赚取利润，将本应供给原告的铜矿石转卖给他人，所以，其行为已明显构成故意违约。

综上所述，被告在收到原告货款后未按合同约定及时向原告足额供货，又拒不退还余款，已严重影响了原告的正常生产，给原告造成了不应有的损失。根据《中华人民共和国民法典》合同编第×条第×款之规定，原告有权要求被告按双方所签合同的约定，退还原告货款并承担违约金。为此，特向贵院提起诉讼，请求人民法院依法判决，支持原告的诉讼请求，维护原告的合法权益。

证据和证据来源

1. 双方所签《购销合同》2份；

2. 银行开具的付款凭证2份；

3. 催货函特快专递凭据2份。

此致

××市××区人民法院

起诉人：××××铜冶炼厂（盖章）

××××年×月×日

附：1. 本状副本2份（略）

2. 书证5份（略）

3. 物证1份（略）

七　答辩状

概念

答辩状是各类诉讼案件中的一审被告人针对原告起诉状的诉讼请求或者二审被上诉人针对上诉人上诉状的上诉请求,根据事实和法律给予回答或者辩驳的文书。根据诉讼性质不同,答辩状可以分为民事答辩状、行政答辩状和刑事答辩状;根据审判程序的不同,又可分为一审程序答辩状(被告人针对原告人的起诉状而提出的答辩)和二审程序答辩状(被上诉人针对上诉人的上诉状而提出的答辩)。

被告人或者被上诉人使用答辩状应诉,行使法律赋予的答辩权,有利于维护自身的合法权益。答辩人可以通过答辩状,揭示事实真相,阐明法律依据,针对起诉状或者上诉状中的不实之词和无理要求予以反驳,进而全部或者部分否定对方的诉讼请求。人民法院则可以通过答辩状了解被告人或者被上诉人的意见和要求,有利于法院全面查明案情、分清是非,作出公正的裁决。

格式写法

答辩状由首部、正文、尾部三部分组成。

1. 首部。首部包括标题和答辩人的具体情况。

(1)标题。可按照诉讼的性质,居中写“民事答辩状”、“行政答辩状”或者“刑事答辩状”,或写“答辩状”即可。

(2)答辩人的具体情况。包括答辩人的姓名、性别、年龄、职业、住址及联系方式等。如是法人或者其他组织,则写明单位全称、法定代表人姓名、职务;有委托代理人的,写明代理人的姓名、年龄、职业、住址和与被代理人的关系;代理人是律师的,只写姓名和律师事务所名称。

2. 正文。正文包括案由、答辩理由和答辩意见三部分内容。

(1)案由。案由要写明因何案而答辩。一般写为:“因×××一案,提出答辩如下:”;或者写为:“因×××与×××(当事人姓名)××××一案(案件性质和类别,如民事赔偿等),根据原告(或自诉人、上诉人、申诉人)提出的起诉状(或自诉状、上诉状、申诉状)答辩如下:”;也可写为:“答辩人于××××年×月×日收到你院转来的原告人(或上诉人)因××××一案的起诉状(或上诉状)副本,现提出答辩如下:”。

(2)答辩理由。这一部分是答辩状的核心部分,也是关系到答辩人能否胜诉的关键所在,一定要抓住对方诉状的主要问题进行辩驳。可以从以下四个方面入手写作:

①针对事实错误进行辩驳。事实是法院审理案件,作出裁决的根据。错误的事实必然导致判断的失误,因此,答辩状首先要澄清事实,明辨是非,使法院了解真

相,以作出公正的裁决。

②针对理由不当进行辩驳。诉状中的理由是具状人对案情事实的分析和判断,与诉讼的胜败关系密切。所以,答辩状可以针对对方理由论证方面的错误予以反驳。如可以就其观点是否缺乏根据、援引法律是否不当、结论是否不合逻辑或者论证是否不合情理等,予以指明和反驳。

③针对举证不当进行辩驳。证据是认定案情事实,阐述理由的基础。答辩人如果能发现并能证明对方诉状中有举证失当甚至存在伪证的情况,就可以从根本上否定对方的诉讼请求。

④针对语言逻辑错误进行批驳。诉状中如果有违背事实、事理的情况,在语言表述上一定会出现逻辑混乱、前后矛盾等破绽因而难以自圆其说。答辩状应当针对这些错误予以辩驳,以引起法官的重视。

(3)答辩意见。在充分阐述答辩理由的基础上,通过综合归纳,客观而明确地提出自己对处理纠纷的意见和主张。一般也可以分三个层次来写:首先,根据事实与法律,说明自己部分行为或全部行为的合理、合法性;其次,指出对方指控的不实之处和失实程度或其诉讼请求的不合理之处;最后,提出自己的主张,请求人民法院依法公正裁决。

3. 尾部。包括所呈送人民法院的名称、答辩人具名、具状日期及附项。答辩状副本按原告人数提交。

注意事项

《中华人民共和国民事诉讼法》、《中华人民共和国行政诉讼法》和《中华人民共和国刑事诉讼法》中都有明确规定:法院在收到原告的起诉状和上诉人的上诉状以后,应当在规定的期限内将诉状副本送达被告人或者被上诉人;被告人或者被上诉人应当在规定期限内提交答辩状,逾期不提交答辩状,不影响人民法院对案件的审理。因此,对于被告来说,在开庭之前向法院提交答辩状并不是必需的。

【例文】

答辩状

答辩人:××省××市××集团总公司

住所地:××省××市××路××号　邮编:(略)　电话:(略)

法定代表人:刘××　职务:董事长

答辩人因上诉人××省××市××家畜改良研究基地就联合投资合同纠纷一案提出上诉,现对其上诉内容答辩如下:

答辩人认为:××市人民法院(20××)×法经初字第××号一审民事判决书对本案的判决,认定事实清楚,适用证据恰当,责任确定合理,法律关系定性准确,审判程序合法,因此,请求二审法院依法予以维持。

一、本案已经证实的事实

1. 答辩人与上诉人基于共同投资决定成立法人型联营体(××省××市××联合发展有限责任公司),并于××××年×月×日签订了《关于成立××省××市××联合发展有限责任公司合同》和《关于成立××省××市××联合发展有限责任公司备忘录》。该合同和备忘录是双方当事人经协商达成共识的结果,是合法有效的,因此应依法予以保护。

2. 答辩人依合同和备忘录的约定,按期按量地将××××万元投资款汇付上诉人代收,以备成立法人型联营体。答辩人切实履行了合同规定的前期义务。

3. 上诉人严重违反了其应尽的合同和备忘录中规定的义务,未按合同和备忘录的约定履行成立"××省××市××联合发展有限责任公司"所需的注册登记、税务登记、土地划转及房产过户等法律手续,致使该公司迟迟未能正式成立,其行为已构成严重违约,所以,过错责任完全在上诉人一方。

4. 更为严重而令人不能原谅的是:上诉人在取得答辩人依合同和备忘录约定汇付的××××万元投资款后,既没有依约设立联营公司,又不及时将该款项退还给答辩人,而是肆意将该笔款项挪作他用,非法投入上诉人现属的法人企业。上诉人的上述做法,侵害了答辩人的合法财产权,是严重的违法行为,对此,上诉人理应承担由此而产生的法律后果。

5. 鉴于上诉人的严重违约行为,答辩人原本期望从"联营公司"每年固定地得到约定数量的符合外贸出口标准的鸡产品购买权的构想全面落空,双方的合作基础已荡然无存,解除联营合同关系已成必然,答辩人要求上诉人退还代收的投资款××××万元及其利息的主张合理合法。

二、对上诉状中所持观点的反驳

1. 上诉人称:将答辩人汇付由其代收的××××万元款项"投入冷藏厂建设",这恰恰证实了上诉人的严重违约行为。因为该"冷藏厂"实际全称为"××部××省××良种肉鸡示范场冷藏厂",是"××部××省××良种鸡示范场",这一独立法人的分支机构,与答辩人和上诉人双方约定共同出资的联合公司(××省××联合发展有限责任公司)毫无关系(工商行政管理机关的登记注册备案完全可以证实这一事实),这足以证明上诉人确有将答辩人的投资款挪作他用的行为(证据见一审卷宗)。

2. 上诉人无视答辩人真诚合作的诚意,采取鱼目混珠、暗度陈仓的手段,将答辩人的投资款非法挪用,并且长期隐瞒事实真相,掩盖其严重违约的行为,于情相悖,于理不合,更为法律所不容,而这正是判断本案的关键所在。

综上所述，造成联营公司未能成立的责任完全在上诉人一方，上诉人的行为已构成严重违约，并且严重地侵害了答辩人的合法权益，依法依约均应承担全部法律责任。因此，我们认为，一审法院判决明确公正，上诉人的上诉请求既不合理也不合法，请××省人民法院依法予以驳回。

此致

××省高级人民法院

答辩人：××省××市××集团总公司

20××年×月×日

八　上诉状

概念

上诉状是各类案件的诉讼当事人或者其法定代理人，对地方各级法院第一审案件判决不服，依照法定程序，在法定上诉期限内，提请上一级人民法院撤销、变更原审法院的判决或者发回重新审理的文书。根据诉讼性质的不同，上诉状可以分为民事上诉状、行政上诉状和刑事上诉状三种。

上诉状是诉讼当事人行使法律赋予的上诉权的必要手段，也是二审人民法院受理案件的重要依据。通过上诉状，二审法院可以了解上诉人对一审判决在认定事实、适用法律或者定罪量刑等方面存在的异议、不服的理由及二审诉讼请求。这有助于二审法院辨明是非，及时发现并纠正一审判决出现的错误，从而维护法律的公正与威严，保护当事人的合法权益。

《中华人民共和国民事诉讼法》《中华人民共和国行政诉讼法》《中华人民共和国刑事诉讼法》都明确规定：诉讼当事人使用上诉状行使上诉权受法律保护；同时还规定，上诉状必须在法定的期限内提交。因此，在一审判决后，当事人如果不服判决并决定上诉，应依照法律规定撰写并呈送上诉状。

格式写法

上诉状由首部、正文、尾部三部分组成。

1. 首部。首部包括标题和当事人基本情况。

(1)标题。根据诉讼性质，居中写“民事上诉状”、“行政上诉状”或者“刑事上诉状”即可。

(2)当事人基本情况。当事人称“上诉人”和“被上诉人”(用括号注明其在原审中的诉讼地位)，其基本情况的具体项目及写法与起诉状相同，不再赘述。

2. 正文。正文由上诉案由、上诉请求和上诉理由三项内容组成。

(1)上诉案由。上诉案由主要写明上诉的缘由,表明上诉人对原审法院的判决或者裁定不服的态度。通常写为:上诉人因××××一案,不服××人民法院××××年×月×日×字第×号民事判决(裁定),现提出上诉。

(2)上诉请求。上诉请求要针对原审法院的裁定或判决的错误,请求二审法院撤销、变更(或部分变更)原判或者发回重新审理。上诉请求要针对原审判决的不当,不要针对对方当事人;引述原审裁判内容要简明扼要、集中概括,严禁断章取义或者歪曲原意;行文要确切、肯定、简明,不需要详述案情。

(3)上诉理由。这部分要根据事实和法律,紧密围绕上诉请求对原审裁定或判决的错误展开辩驳。根据案情和一审裁判的不同情况,可从三个方面考虑,有的放矢地提出上诉理由:针对原审裁判认定事实不清、证据不足的错误,说明事实真相并提供相应证据;针对原审裁判认定案件性质、定罪量刑或者处罚失当等适用法律错误的问题,以法律为依据提出纠正或者否定的理由;针对原审裁判违反程序的错误,提出要求纠正的事实和法律依据。

3. 尾部。上诉状尾部的项目、写法与起诉状尾部的项目、写法相同,不再赘述。

‖注意事项‖

上诉的目的是要求纠正一审法院不公正的裁定或判决。因此,上诉状虽然将对方当事人列为被上诉人,但其内容并不是针对对方当事人的,而是针对原审判决或裁定提出异议并予以全部或部分否定。这就要求上诉状的写作,态度一定要鲜明,内容要明确具体、针锋相对,切忌含糊其词、模棱两可。

【例文】

民事上诉状

上诉人(一审原告):××××通信技术有限公司

地址:北京市××区××北路××号××大厦××室　电话:(略)

法定代表人:王××　职务:董事长

被上诉人(一审被告):北京××科技有限公司

地址:北京市××区××路××号××楼××层××号　电话:(略)

法定代表人:林××　职务:董事长

上诉请求

1. 撤销××市××区人民法院作出的(20××)×民初字第××号民事判决。

2. 全面查明本案事实,依法改判。

3. 判令被上诉人承担诉讼费用。

事实与理由

上诉人因与被上诉人合作合同纠纷一案,不服××市××区人民法院于20××年×月×日作出的(20××)×民初字第××号民事判决(该判决书于20××年×月×日送达上诉人),现特向贵院提出上诉。事实与理由分述如下:

一、本案审理中,一审法院在未能全面查明基本事实的情况下,错误认定了本案事实和证据,最终形成了错误判决。

1. 一审法院认定,合同履行中,上诉人应向被上诉人提供资金,以合同约定的"甲方出资十万元"为据,认定上诉人"仅提供六万元资金,剩余四万元至今未付",属错误认定。

在上诉人与被上诉人签订的《××家居产品合作协议》中明确约定,第六条:"甲乙双方确定样板系统的风格模式、功能搭配及设备选型,并由甲方出资十万元,双方购买所需设备。"第九条:"产品的成本价由第三方软硬件和乙方专用软硬件组成,第三方软硬件的价格按照市场最低批发价格计算,并由甲方购买;乙方专用软硬件的价格由乙方确定并经甲方认可。"由此可看出:

第一,因已约定产品设备系上诉人与被上诉人共同购买或由上诉人单独购买,故"甲方出资十万元"是指上诉人在其账户中留存十万元专款用于该项目合作,而并非向被上诉人出资,更非向被上诉人购买,而实际上,合同履行中被上诉人也是擅自向第三方购买的。因此,一审法院认定上诉人未向被上诉人"提供"所需资金,确属事实认定错误。

第二,双方在合同中已经明确分工,由被上诉人负责技术。签订协议后,由于被上诉人未能如约先向上诉人提交相关设备选型计划、购置设备规格清单及市场价格,导致双方无法按照协议约定,共同确定样板系统的风格模式、功能搭配及设备选型,最终导致上诉人无法购买,被上诉人未能按照协议约定完成样板间的设计安装。因此,本案中,被上诉人违约在先,而一审法院对此事实却不予认定,片面认定上诉人违约。

2. 一审法院对上诉人提供的证据未予全面认定。对于上诉人员工王××、张××提供的关于上诉人曾出资购买笔记本电脑、手机等,一审法院认定该物品"系为配合××电视台录制节目所需,而非为样板间所需。"第一,一审法院未能全面引用该证人证言,而只是选用了后半句,该证言前半句已明确表明该物品因上诉人、被上诉人之间的合作而购买,且全部送到被上诉人处;第二,配合××电视台录制节目所需,也是为了更好地促进双方的合作;第三,根据被上诉人在协议签订前曾经提供

的上述物品智能住宅检测与控制系统图显示，上述物品均可用于样板间展示，也正是出于这一考虑，上诉人才决定出资购买的。因此，一审法院的上述认定显然是片面而牵强的。

3. 本案中，一审法院对被上诉人提供的证据无一认定，但最终却判定上诉人主张证据不足，这纯属前后自相矛盾，不能自圆其说。

根据最高人民法院《关于民事诉讼证据的若干规定》第七十二条，一方当事人提出的证据，另一方当事人认可或者提出的相反证据不足以反驳的，人民法院可以确认其证明力。一审庭审中，被上诉人曾提出：①20××年×月×日传真给上诉人，要求尽快采购或出资购买样板间相关设备；②被上诉人曾向上诉人提出样板间材料设备选型清单；③样板间现状图片；④被上诉人为样板间租赁房屋的租赁合同。上述证据经法庭质证，因其真实性遭到上诉人的质疑，一审法院均未予以确认，即被上诉人没有任何证据证明其履行了其在合同中应先于上诉人的合同义务，确属违约在先，但一审法院最终却仍然无视这一事实，执意判定上诉人主张不能成立，驳回起诉。

二、一审法院适用法律错误，直接导致了其后的错误判决。一审法院最终依据《中华人民共和国民法典》第一百一十九条："依法成立的合同，对当事人具有法律约束力。"判决驳回上诉人的诉讼请求，实属适用法律错误。本案中，被上诉人有以下严重违约事实：

1. 被上诉人"设备选型计划、设备选型清单、市场报价"等的报告义务理应先于上诉人"出资购买"义务，被上诉人未能先于履行，导致上诉人无法购买，最终合同目的不能实现。

2. 被上诉人从上诉人处领取支票后，未经上诉人认可同意，擅自向第三方购买相关设备产品，且采用"低买高卖"的方式，随后向上诉人虚假报价，用其自己公司开出的发票代替产品售出方发票。

鉴于被上诉人的严重违约事实，根据《中华人民共和国民法典》第五百六十三条第（二）款、第（三）款、第（四）款，第五百七十七条的规定，上诉人完全有权要求解除合同，并有权要求被上诉人承担相应的违约责任，赔偿因此给上诉人造成的经济损失。

三、一审法院在本案一审中，对参加庭审的有关诉讼参与人未尽到充分的审查核对义务，造成与本案无关的人参与诉讼，严重影响了本案最终的判决。

直至20××年×月×日上诉人领到一审判决书时才得知：上诉人在一审中委托的诉讼代理人丁×并未出庭参加诉讼，而是由其助手方××代表上诉人参加庭审，且方××竟擅自以上诉人单位法律顾问的身份出庭，而上诉人真正的授权代表却不能坐到原告席参加庭审，只能坐到旁听席上旁听庭审。在此，上诉人声明：方××从来没

有担任过上诉人的法律顾问,上诉人更没有委托其作为诉讼代理人参加诉讼,方××在庭审中代表上诉人发表的任何不利于上诉人的言论,上诉人均不予认可！根据《中华人民共和国民事诉讼法》的规定,开庭审理前书记员应当查明当事人和其他诉讼参与人是否到庭,审判长核对当事人。一审中上述情况的出现,与一审法院未履行严谨、审慎之职责,没有认真核对有关诉讼参与人身份具有直接关系。一审法院最终驳回上诉人诉讼请求,与此具有密切的关联关系。

鉴于上述事实和理由,根据有关法律规定,上诉人现特向贵院提出上诉。恳请贵院依法全面查清本案事实,准确适用法律,最终作出一个合法、合理、公平的判决:判令上诉人依法与被上诉人解除合同,并由被上诉人承担相应的违约、赔偿责任!

此致

××市第一中级人民法院

上诉人:××××通信技术有限公司法定代表人:王××

20××年×月×日

九　财产保全申请书

概念

财产保全申请书是民事案件当事人中享有债权的一方请求人民法院对负有债务的另一方的财产采取强制保全措施(查封、扣押、冻结等)所提交的文书。申请的目的是避免出现负有给付义务的当事人将财产转移、出卖、损毁、隐匿或挥霍,致使判决难以执行或无法执行的情况。财产保全申请书既可以在起诉前出现紧急情况时提出,也可以根据情况在民事诉讼过程中提出。

格式写法

财产保全申请书由首部、正文、尾部三部分组成。

1. 首部。首部包括标题和当事人基本情况。

(1)标题。标题写作“财产保全申请书”或“诉讼财产保全申请书”均可。

(2)当事人基本情况。包括申请人基本情况和被申请人基本情况,应当写作的项目与写法和起诉状相同,不再赘述。

2. 正文。正文包括案由、请求事项、事实和理由。

(1)案由。应写明申请人申请财产保全的缘由。其中包括:申请人与被申请人因何事发生了何种性质的纠纷;申请人已向法院起诉(或即将提起诉讼);

申请人认为被申请人一方的行为或者其他原因,有可能使诉讼标的物受损等内容。

(2)请求事项。应简要写明请求人民法院采取的具体保全措施。如查封被申请人的全部或部分财产,冻结被申请人账户(存款)等。

(3)事实和理由。先要陈述事实,应简明扼要地写明纠纷发生的原因,需要保全的财产名称、数量、价值及需要保全的原因;再论述理由,要根据事实作出判断,说明请求财产保全的必要性和迫切性,并写明法律依据;最后要依法写明申请人请求财产保全的担保人、担保物及担保方式。

3. 尾部。尾部包括呈送单位、落款及附项。附项可根据情况,或列举相关证据,或提供要求查封(扣押)的财产的地点、要求冻结资金的开户银行和银行账号等。

注意事项

当事人向人民法院提出财产保全申请,应根据有关法规提供担保,同时要注意法律规定的时效。《中华人民共和国民事诉讼法》规定:人民法院对于可能因当事人一方的行为或者其他原因,使判决不能执行或者难以执行的案件,可以根据对方当事人的申请,作出财产保全的裁定;申请人不提供担保的,驳回申请;人民法院接受申请后,对情况紧急的,必须在 48 小时内作出裁定。裁定采取财产保全措施的,应当立即开始执行。必须特别注意的是:如果是诉前提出财产保全申请,而申请人在人民法院采取保全措施后 15 日内不起诉的,该法院将解除财产保全。财产保全的范围限于请求的范围,或者与本案有关的财物。

【例文】

财产保全申请书

申请人:××商贸有限公司

法定代表人:张××

地址:××市××区××大街××号　电话:(略)

联系人:王××(139××××××××)

被申请人:××贸易有限公司

法定代表人:李××

地址:××市××区××大街××号　电话:(略)

联系人:赵××(136××××××××)

申请人已就申请人与被申请人之间因购销合同纠纷,于 20××年×月×日向你院

提起诉讼。由于被申请人有转移财产的可能,特申请采取财产保全强制措施。

请求事项:

立即冻结被告银行存款人民币××万元或查封、扣押其相当于××万元人民币的财产。

事实和理由:

20××年×月×日,申请人与被申请人之间订立了购销合同,约定申请人以每件××元的价格向被申请人供应××牌衬衫××万件,货值共计人民币××万元;同时,约定被申请人在收到货物后30日内将货款给付申请人。合同订立后,申请人依约按期按质供货,但是被申请人却以该货销售不佳、资金困难为由,至今尚欠申请人货款××万元没有付清。为此,申请人已向××区人民法院提起诉讼,请求依法判决被申请人立即给付拖欠的货款及违约金。以上事实,有申请人向人民法院提供的购销合同、双方货款往来的票据等证据材料为证。

如因申请人申请采取保全措施不当,给被申请人造成财产损失,申请人愿承担相应责任。为此,申请人愿以申请人名下的部分资产(详见附件3)作为抵押担保。

此致

××市××区人民法院

申请人:××商贸有限公司(盖章)

法定代表人:张××(签章)

20××年×月×日

附:1. 申请人营业执照复印件一份(略)

2. ××市××区人民法院立案通知书一份(略)

3. 担保抵押财产清单一份(略)

4. 被申请人开户银行及账号:××银行,账号:××……××

十　仲裁协议书

概念

仲裁协议书是当事人双方在争议发生前或争议发生后,专门订立的将某项争议提交仲裁委员会仲裁的书面协议。根据《中华人民共和国仲裁法》(以下简称《仲裁法》)的规定,只有合同纠纷或者财产纠纷才能通过仲裁解决。

仲裁协议书是仲裁机构办理案件的法律依据。任何仲裁机构都不受理无仲裁协议的案件。仲裁协议独立存在,如果合同发生变更、解除、终止或者无效等情况,均不影响仲裁协议的效力。

格式写法

仲裁协议书由首部、正文和结尾三部分组成。

1. 首部。包括标题和当事人基本情况。对于标题,居中写"仲裁协议书"即可。当事人基本情况,应写明当事人的姓名、性别、年龄、职业、工作单位和住所等。如果当事人是法人或者其他组织,应当写明单位的全称和所在地地址及邮政编码、联系电话,法定代表人或者主要负责人的姓名、职务和联系电话等。

2. 正文。正文是仲裁机关审理案件的依据,应根据《中华人民共和国仲裁法》对仲裁协议应当具备的内容的规定,依次写明以下三方面的内容:

(1)请求仲裁的意思表示。可表示为"当事人双方愿意提请××仲裁委员会按照《中华人民共和国仲裁法》的规定,仲裁如下争议:"。

(2)仲裁事项。要明确具体地写明双方发生争议需要仲裁的事项。可表述为"提请仲裁的事项包括:……"

(3)选定的仲裁委员会。由于仲裁没有管辖制度,当事人可以约定全国任何一个依法设立的仲裁机构对其纠纷进行仲裁。可以表述为:"双方当事人一致同意选择××仲裁委员会依据《中华人民共和国仲裁法》及该会的规则,对双方的纠纷作出裁决。"

以上三项内容必须齐备,缺少其中的任何一项都将导致仲裁协议的无效。

3. 结尾。包括订立协议人双方签名盖章及协议签订的日期。

注意事项

通过仲裁只能解决合同纠纷或者财产纠纷。有些纠纷是不能通过仲裁解决的,如婚姻、扶养或继承纠纷等。另外,劳动争议由各级劳动行政部门的劳动争议仲裁委员会进行仲裁,而不是由根据《中华人民共和国仲裁法》成立的仲裁委员会仲裁。因此,当事人约定的仲裁事项不能超出仲裁机构有权仲裁的范围,否则,该仲裁协议无效。

【例文】

仲裁协议

甲方:××省××市××贸易有限公司

住所地:××市××路××号　电话:(略)

法定代表人:李××　职务:董事长

乙方:××市××商贸有限公司

住所地：××市×××路××号　电话：（略）

法定代表人：赵××　职务：董事长

当事人双方愿意提请××贸易仲裁委员会依照《中华人民共和国仲裁法》规定，仲裁如下争议：

××省××市××贸易有限公司（以下称"甲方"）与××市××商贸有限公司（以下称"乙方"）于20××年×月×日签订了正式的经销合同。甲方委托乙方在××地区代销甲方的××商品。该合同的第二条第二款规定："经销时间：从20××年3月20日至20××年3月19日，为期一年。"在第三条中规定："经销数额：在合同有效期内，乙方为甲方代销甲、乙、丙三种规格的××商品，总金额不少于××万元人民币。"乙方在代销甲方所提供的甲、乙、丙××商品3个月后，发现乙、丙两种规格的××商品不受用户欢迎，市场销售状况较差。因此，乙方致电甲方，要求修改合同，提出将合同规定的代销××商品中的乙、丙两种规格的产品改换为销路较好的甲种规格；否则，要求将经销时间延长半年，即推延到20××年9月19日。后经双方协商，甲方表示同意乙方改换所代销商品规格的要求，但提出要由乙方负责补偿乙、丙两种规格的××商品往返运输的全部费用；乙方对甲方的要求表示拒绝。双方为此相持不下。在多次协商未果的情况下，甲乙双方一致同意，选择××贸易仲裁委员会依据《中华人民共和国仲裁法》和相关法律规定以及该会的仲裁规则对上述纠纷进行仲裁，并愿意接受该会所作出的一次性终局裁决结果。

本案仲裁手续费用，由双方共同承担。

本协议一式三份，甲乙双方各执一份，呈送××贸易仲裁委员会一份。

此致

××贸易仲裁委员会

甲方：××贸易有限公司（盖章）　　乙方：××商贸有限公司（盖章）

法定代表人：李××（签字）　　法定代表人：赵××（签字）

20××年×月×日　　20××年×月×日

十一　仲裁申请书

概念

仲裁申请书是平等主体的公民、法人和其他组织之间发生合同纠纷和其他财产权益纠纷，一方当事人根据双方达成的仲裁协议（包括合同中订立的仲裁条款和以其他书面方式在纠纷发生前或者纠纷发生后达成的请求仲裁的协议）提请仲裁委员会仲裁，以保护自己合法权益的法律文书。

《中华人民共和国仲裁法》第二十一条规定，当事人申请仲裁应当符合下列条件：①有仲裁协议；②有具体的仲裁请求和事实、理由；③属于仲裁委员会的受理范围。

格式写法

《中华人民共和国仲裁法》第二十二条规定，仲裁申请书应当载明下列事项：①当事人的姓名、性别、年龄、职业、工作单位和住所，法人或者其他组织的名称、住所和法定代表人或者主要负责人的姓名、职务；②仲裁请求和所根据的事实、理由；③证据和证据来源、证人姓名和住所。

在法律实践中，仲裁申请书已逐渐形成了比较固定的结构方式和写法，通常由首部、正文和尾部三部分构成，每一部分又有比较固定的相应的内容。

1. 首部。包括标题和当事人基本情况两个部分。

(1)标题，居中写"仲裁申请书"即可。

(2)当事人(即申请人和被申请人)基本情况。应依先后次序写清楚申请人和被申请人的姓名、性别、年龄、民族、职业、工作单位和住所等。如果当事人是法人或者其他组织，应当写明单位的全称和所在地地址及邮政编码、联系电话，法定代表人或者主要负责人的姓名、职务、联系电话等。当事人有委托代理人的，应写明代理人的姓名、年龄、职业、住址和与被代理人的关系；若代理人是律师，只写姓名和律师事务所的名称。

2. 正文。包括案由、仲裁请求、事实和理由、证据和证据来源及证人姓名和住所四部分。

(1)案由。可用一句话概括案件的事由，如"买卖合同纠纷"。

(2)仲裁请求。仲裁请求是申请人对有关合同纠纷或者其他财产纠纷的基本主张，体现申请人申请仲裁的目的。如果属于合同纠纷，要明确是要求仲裁合同的有效性、继续履约或解除合同，还是要求对合同的具体内容予以确认或者变更；如果属于财产纠纷，要写明申请何种财产权益以及具体数额。另外，可以根据情况要求仲裁费用由对方负担。有多项请求的，应依主次分项写出。

(3)事实和理由。为条理清楚，这一部分可以分开来写。

①事实。应从四个方面写明纠纷的事实：当事人之间的关系；纠纷发生的起因、时间、地点、经过及后果；当事人之间争执的焦点、对民事权益争执的具体内容；被申请人应承担的责任。这一部分的写作要力争做到条理清楚、简明具体、重点突出。

②理由。应根据当事人有关纠纷的事实，阐明纠纷的性质、后果、责任和所依据的法律法规规定，以证明被申请人应负的民事责任以及申请人仲裁请求的合法

性和合理性。理由的阐述一定要建立在对事实分析的基础之上,二者之间应有紧密的逻辑关系,做到推理有据,恰如其分,准确恰当,具有说服力。在事实和理由陈述写毕之后,可援引相关法律条文,请求仲裁机构依法仲裁。

严格地说,仲裁属于非诉程序。因此,仲裁申请书在语言表述上,措辞要把握分寸,做到“义正”而不“辞严”,以期与对方仍能继续保持合作关系。

(4)证据和证据来源及证人姓名和住所。要列举证据材料的种类、名称、件数、来源;证人的姓名(名称)、单位和住所。

3. 尾部。包括致送机关名称、申请人具名(签章)、制作文书日期及附项(包括与申请仲裁有关的重要材料的正本或复本)。

注意事项

写作仲裁申请书时应当注意,只有通过合法方式取得的证据才有证明力。同时,要尽量提供证据原件或者原物,提供原件或者原物确有困难的,应注明所提交的是非原件、非原物,如复印件、影印件等,并且要说明理由。证据可以写在事实和理由之后,也可列在尾部附项附注事项里。

【例文】

仲裁申请书

申请人:中国××粮油进出口有限公司

住所地:中国××市××路××号　电话:(略)

法定代表人:李××　职务:董事长

被申请人:×国 W 公司

地址:×国××市×××路××号　电话:(略)

案由:商品贸易合同纠纷

仲裁请求:

1. 被申请人赔偿申请人××万美元(索赔清单见附件 1)。

2. 被申请人承担仲裁全部费用。

事实和理由:

申请人于20××年×月×日与被申请人×国 W 公司签订购销合同(见附件 2)。合同约定,申请人向被申请人订购食用橄榄油×××吨,货值共计××万美元;同时,合同对油的规格和质量标准均有明确的约定。该批油由××轮装载,于 20××年×月×日运抵中国××港。货到后,经×××商品检验局抽样检验,发现该批次食用橄榄油在外观、纯度、气味等多项指标上均存在严重问题(沉淀多,有异味,色泽深,有 2%的

杂质)，认定其为质量不合格产品，即使是再加工后也不能达到食用标准。这一事实，有×××商品检验局出具的检验证明为证(见附件3)。因此，该批次××吨食用橄榄油根本无法销售，至今仍滞存在××港仓库中。为此，申请人于20××年×月×日向W公司致函交涉，提出保留索赔权(见附件4)；又于20××年×月×日去函将有关商检证明寄给该公司，并提出具体索赔事宜(见附件4)。

20××年×月×日，W公司×先生来我公司洽商索赔事宜。双方共同查看了该批次橄榄油的外观情况，并请×先生一起对该油质量又一次做了检验。×先生当场承认我们所提出的该油的质量问题，但对我们的检验手段提出异议，要求将该油样品带回国检验。然而，时至今日，已经过了3个多月，W公司并未将其检验结果告诉我方。在此期间，我方曾于20××年×月×日、20××年×月×日、20××年×月×日连续去电去函催促(见附件4)，对方均未作答复。据此，我方又于20××年×月×日去函，再次提出索赔要求(见附件4)，但W公司竟来函矢口否认油质有问题，无视合同约定，拒绝给予赔偿(见附件5)。

综上所述，被申请人违反合同约定，所供商品存在严重质量问题，给申请人造成了不应有的经济损失，侵害了申请人的合法权益。为使申请人与被申请人之间的争议得到公正的解决，确保申请人的合法权益，现依据双方订立的购销合同中有关仲裁条款的约定及仲裁协议，向你会申请仲裁，望能及时依法作出公正裁决。

此致

中国××贸易仲裁委员会

中国××粮油进出口有限公司

20××年×月×日

附件：1. 索赔清单1份(略)

2. 购销合同影印件1份(略)

3. 商检证明1份(略)

4. 索赔电函6份(略)

5. 对方拒赔信函1份(略)

十二 仲裁答辩书

概念

仲裁答辩书是仲裁被申请人针对仲裁申请人提出的仲裁申请书的内容进行答复和辩驳的法律文书。

格式写法

仲裁答辩书通常由首部、正文、尾部三部分组成。

1. 首部。包括标题和答辩人的基本情况两部分内容。

(1)标题,居中写“仲裁答辩书”即可。

(2)答辩人的基本情况,写明答辩人的姓名、性别、年龄、职业、工作单位及住址等。答辩人是法人或者其他组织的,则应写明单位全称、所在地址,法定代表人姓名、职务和联系电话等,也可写明申请人的基本情况。

2. 正文。包括案由、答辩意见。

(1)案由。可以写为:“就×××(仲裁申请人)因与我方发生的×××争议向你会提出的仲裁请求,现提出答辩如下:”;或者写为:“答辩人于××××年×月×日收到你会转来的申请人×××因与我方之间的×××纠纷而提交的仲裁申请书,现提出答辩如下:”。

(2)答辩意见。应针对申请人的仲裁请求,逐项给予明确的答复或者辩驳,清楚地表明自己对案件的态度、主张和理由。具体内容因案而异,可以根据案件从三个方面写:①就事实部分进行论证,指出申请人在申请书中所述的事实错误,提出证据证明事实真相。②就适用法律进行答辩,对申请人在申请书中对相关法律规定援引或者理解的错误据理反驳。③提出答辩主张。在上述答辩的基础上提出答辩人对本案的明确主张,请求仲裁机构公正裁决。

3. 尾部。包括致送仲裁委员会名称、答辩人具名(签章)、制作文书的日期及附项等。

注意事项

仲裁被申请人并不一定要在仲裁前提交答辩书。根据《中华人民共和国仲裁法》第二十五条的规定:被申请人收到仲裁申请书副本后,应当在仲裁规则规定的期限内向仲裁委员会提交答辩书。仲裁委员会收到答辩书后,应当在仲裁规则规定的期限内将答辩书副本送达申请人。被申请人未提交答辩书的,不影响仲裁程序的进行。

【例文】

仲裁答辩书

答辩人(第二被申请人):郑××,男,汉族,19××年××月××日出生,××省××县××镇××东路××号。

答辩人(第二被申请人):林××,男,汉族,19××年×月××日出生,××省××县××镇××村××南路××号。

仲裁申请人:陈××,男,汉族,19××年×月××日出生,××省××市××区××镇××新城×座×××室。

仲裁申请人:王××,男,汉族,19××年×月×日出生,××省××市××镇××巷×××号。

被申请人:本答辩书所称的第一被申请人××市××房产代理有限公司,××市××路××号××××大厦××层×座。

法定代表人:王××。

答辩人就申请人因与答辩人的争议向你会提出的仲裁请求,提出答辩如下:

一、本案主合同无效,导致保证合同无效。保证人没有过错,依法不承担保证责任和赔偿责任。

20××年11月17日,两申请人与本案第一被申请人签订合同书,双方就“开盘销售‘××国际商城’费用投入及回报事宜”达成协议,并就该项目的资金投入、回报及运作进行了约定。根据约定,申请人的回报率高达167%以上,且不承担任何风险责任,明显与法律规定的公平、等价等基本原则相冲突,且直接违反了法律的强制性规定,应当认定为无效。依据《中华人民共和国民法典》的规定,主合同无效,保证合同也无效,保证人不承担保证责任。并且,主合同是申请人与第一被申请人双方订立的,双方就款项专用、甲方(申请人)控管、高回报额进行了约定,因其违反法律的强制性规定而无效,与答辩人无关,答辩人对此不存在过错,也就不存在承担赔偿责任的问题。

因此,仲裁机关应依法驳回申请人对答辩人的仲裁请求。

二、主合同未经仲裁,并对债务人财产依法强制执行,亦应驳回申请人对答辩人的仲裁请求。

合同第六条约定:“以上合同乙方如果不能及时归还甲方本金及回报款×××万元的人民币时,担保人应在10天内须负责补足付还甲方×××万元人民币。”根据此约定,在第一被申请人“不能”给付本金及回报后,答辩人才有承担保证责任的义务。依据《中华人民共和国民法典》的规定,此种保证方式是一般保证。

依据《中华人民共和国民法典》的规定,一般保证的保证人享有先诉抗辩权。保证人在主合同纠纷未经仲裁,并就债务人的财产依法强制执行仍不能履行债务前,有权拒绝承担保证责任。申请人提出的第一被申请人住所变更,致使其要求第一被申请人履行债务发生重大困难,没有事实和法律根据。因此,在本案中,仲裁机关应依法驳回申请人对答辩人的仲裁请求。

此致

××市仲裁委员会

答辩人:郑×× 林××

20××年×月×日

十三　劳动争议仲裁申诉书

概念

劳动争议仲裁申诉书，是劳动者与用人单位因双方的权利义务发生矛盾纠纷，又调解不成，当事人向劳动争议仲裁委员会申请仲裁时使用的文书。

格式写法

劳动争议仲裁申诉书一般由首部、请求事项、事实和理由、结尾及附项四部分组成。

1. 首部。包括标题和当事人的身份概况。标题要写明“劳动争议仲裁申诉书”字样。当事人的身份概况包括申诉方和被诉方的姓名、性别、年龄、民族、籍贯、职业、住址或单位名称、单位性质、法定代表人姓名、代理人姓名、职务、地址及联系电话等。

2. 请求事项。请求事项是指申诉要达到的目的和要求，应写明申诉人向劳动仲裁机关提出哪些具体请求，也就是自己权利义务指向的对象，即要求解决的问题。

3. 事实和理由。事实部分主要写明被诉人侵害申诉人合法权益的具体事实，包括时间、地点、动机、目的、方式、手段、行为过程和后果等。尤其要把被诉人违法侵害申诉人合法权益的原因或产生争议的原因及争议的关键性问题写清楚，以便仲裁机关调查取证。理由部分要列举证据、证人证言，援引有关法律、法规来支持和说明维护自己权利的事实根据。

4. 结尾及附项。结尾处分行写明“此致”“××市(县)劳动争议仲裁委员会”字样。落款要签署申诉人姓名、申诉时间。附项部分主要写明“申诉书副本×份、证件×份”等。

注意事项

1. 事实和理由部分是劳动争议仲裁申请书的核心部分。在写作时要实事求是，既不夸大，也不要缩小；不要滥用套语和形容词，应力求语言准确朴实，如实地反映情况，突出主要情节，写明因果关系，说理要中肯，举证要有力，援引法律法规要恰当。

2. 提出仲裁要求的一方，应当自劳动争议发生之日起60日内向劳动争议仲裁委员会提出书面申请。仲裁裁决一般应在收到仲裁申请的60日内作出。对仲裁裁决无异议的，当事人必须履行。

【例文】

劳动争议仲裁申诉书

<table>
<tr><td colspan="4">申　诉　人</td><td colspan="2">被　诉　人</td></tr>
<tr><td>姓名</td><td>王××</td><td>性别</td><td>男</td><td>名称</td><td>（营业执照上注册全称）</td></tr>
<tr><td>国籍或民族</td><td colspan="3">汉族</td><td>法定代表人
（负责人）</td><td>×××（以执照为准）</td></tr>
<tr><td>身份证号码</td><td colspan="3">×××……×××</td><td>实际经营人</td><td>×××</td></tr>
<tr><td>原工作单位</td><td colspan="3">××××××</td><td>职务</td><td>总经理</td></tr>
<tr><td>联系电话</td><td colspan="3">××××××××</td><td>联系电话</td><td>××××××××</td></tr>
<tr><td>住址</td><td colspan="3">×××××××××</td><td>住址</td><td>××××××××</td></tr>
<tr><td>邮编</td><td colspan="3">××××××</td><td>邮编</td><td>××××××</td></tr>
</table>

仲裁请求：

1. 支付拖欠2023年12月份至2024年3月份工资4 000元；
2. 支付辞退经济补偿金2 000元；
3. 退还押金1 000元；
4. 支付加班工资368元。

以上4项共计7 368元。

事实和理由：

本人于2022年5月21日入职被诉人处工作,2024年3月31日被解除劳动合同。岗位是车工,月工资1 000元。被诉人于2022年5月21日与本人签订劳动合同,有效期至2024年5月20日止。被诉人未支付本人2023年12月份至2024年3月份工资计4 000元;计算公式:1 000元×4个月=4 000元;被诉人未支付本人辞退经济补偿金2 000元,计算公式:1 000元×2个月=2 000元;被诉人未退还本人入职押金1 000元,有被诉人盖章的押金收据为证;被诉人未支付本人2024年1月3日至2月3日间共4天的周日加班工资368元,计算公式:1 000元÷21.75天/月×4天×200%=368元。4项合计7 368元。

此致

××市××区劳动争议仲裁委员会

申诉人:王××

(签名或盖章)

2024年×月×日

十四　劳动争议仲裁答辩书

概念

劳动争议仲裁答辩书是被诉人在收到申诉书后，对申诉人在申诉书中提及的有关仲裁要求提出不同意见并进行反驳，以维护自己的权益时所使用的文书。

格式写法

劳动争议仲裁答辩书一般由首部、前言、主体和结尾及附项四部分组成。

1. 首部。应写明答辩人的姓名、性别、年龄、职业、住址及联系方式等。如是法人或者其他组织，则应写明单位全称、法定代表人姓名、职务；有委托代理人的，应写明姓名、年龄、职业、住址和与被代理人的关系；代理人是律师的，只写姓名和律师事务所名称。

2. 前言。写明“根据某劳动仲裁委员会××号应诉通知和提供的申诉书副本予以答辩”的说明性文字。

3. 主体。答辩书的主体，主要是针对申诉人提出的问题，逐一作出回答。在陈述事实、说明问题时，一是要针对性强，切忌离开申诉人提出的问题长篇大论，应当就申诉人提出的问题议论，与案情只有一般关系的问题略写，无关的问题不写；二是可以从有利于保护自己的权利出发，提出必要的反问；三是恰当地运用逻辑推理，增强答辩的说服力；四是根据答辩的内容，附上有关证据，为劳动仲裁机关调查核实提供方便。

4. 结尾及附项。结尾处分行写明“此致”“××市(县)劳动争议仲裁委员会”字样。落款要签署答辩人姓名及时间。附项可列明有关证据。

注意事项

根据《中华人民共和国劳动法》的有关规定，被诉人应当自收到申诉书副本之日起15日内提交答辩书和有关证据。被诉人没有按时提交或者不提交答辩书的，不影响案件的审理。因此，对于被诉人来说，在开庭之前向劳动争议仲裁委员会提交答辩书并不是必需的。但一般说来，提交答辩书便于仲裁机关了解案情，作出公正的裁决。

【例文】

劳动争议仲裁答辩书

答辩人：×××影视文化有限责任公司

法定代表人：××　职务：总经理

地址:×××××× 电话:(略)

申请人:×××

工作单位:×××影视文化有限责任公司

住址:×××××× 电话:(略)

现根据××市劳动仲裁委员会第×号应诉通知和提供的申诉书副本,提出以下答辩意见:

申诉人×××在我公司工作期间,多次被举报利用虚假发票报销过路过桥费。我公司于20××年3月成立调查委员会对此进行调查。经查,申诉人×××自20××年3月2日至20××年12月15日报销票据中存在大量重号连号现象,数额高达人民币2万余元。申诉人在其个人申辩材料中并不能对此问题作出合理解释。有鉴于此,我公司于20××年4月11日对其发出离岗检查通知。但其态度恶劣,拒绝承认错误并拒收离岗检查通知。20××年4月22日,我公司依据《企业职工奖惩条例》(国发〔1982〕59号)第十一条第六款和双方劳动合同第二十九条第二款,书面通知申诉人与其解除劳动合同,申诉人拒绝接收《解除劳动合同通知书》。20××年4月26日,我公司再一次书面通知申诉人并作录音,其仍然拒绝接收,并于次日停止上班。此后我公司为其邮寄《解除劳动合同通知书》,但邮局以经查无此人为由退回,邮寄地址与申诉人向贵委提供的仲裁申请书中的地址完全一致。

我公司与申诉人解除劳动合同,履行了告知义务,申诉人在20××年4月26日就应当知道自己已被解除劳动合同,但在7月28日才向贵委提出申诉,依据《中华人民共和国劳动法》第八十二条,其申诉已经超过60日的仲裁期限,恳请贵委予以驳回。

对于申诉人要求我公司支付其20××年5月至20××年6月被扣除的工资报酬人民币1 854元及工资报酬25%的经济补偿金一事,由于我公司已于20××年4月22日与申诉人解除劳动合同并作出书面通知,20××年4月26日,第二次书面通知申诉人,此后申诉人即停止上班,公司已履行了告知义务,因此我公司认为自20××年4月26日起不应再支付申诉人任何报酬。

对于申诉人要求依法裁决我单位支付其20××年7月至20××年12月我单位擅自解除劳动合同违约金5 562元及经济补偿金人民币2 781元,总计人民币8 343元一事,因我公司根据《企业职工奖惩条例》(国发〔1982〕59号)第十一条第六款和双方劳动合同第二十九条第二款与其解除了劳动合同并履行了告知义务,根据双方劳动合同的约定,我公司无需支付任何违约金及经济补偿金。

请求仲裁委员会依法驳回其申诉请求。

此致

××市劳动争议仲裁委员会

答辩人:×××影视文化有限责任公司(盖章)

20××年×月×日

附:证据清单

1. 举报材料原件(略)
2. 报销票据汇总表(20××. 3. 2—20××. 12. 15)(略)
3. 报销票据重号连号汇总表(2008. 3. 2—2009. 12. 15)(略)
4. 离岗检查通知(原件一份及复印件两份,共 3 份)(略)
5. 解除劳动合同通知书(原件一份及复印件两份,共 3 份)(略)
6. 合同制职工解除劳动合同报告书(原件一份及复印件两份,共 3 份)(略)
7. 相关录音材料(20××. 4. 26)(略)
8. 邮寄送达解除劳动合同通知书证明材料(20××. 6. 25)(略)
9. 4 月份考勤表(原件一份及复印件两份,共 3 份)(略)

【思考与练习】

1. 常用法律文书的语言有何特点?

2. ××大学于 2024 年 2 月 9 日在××大楼对 1 000 套办公桌椅举行了公开招标,××××、××××、××××3 家单位参加了投标,最终,华凯商贸有限公司中标。请代中华人民共和国××省××市公证处为此次招标写一份《招投标公证书》,要求格式完整,条理清晰,语言简洁得体。

第九章

公关礼仪文书

一 公司简介

概念

公司简介是向社会介绍公司或企业的历史、现有规模、组织机构、经营范围和管理经营特色等信息的应用文。作为全方位、多角度地介绍公司或企业基本情况的工具,公司简介对于树立企业形象,提升企业知名度,扩大企业影响具有重要的作用。

格式写法

公司简介由标题和正文两部分组成。

1. 标题。标题通常是企业名称加“简介”,也可省略“简介”二字。

2. 正文。正文部分介绍的内容主要有公司的地理位置、公司性质和经营范围、固定资产及建筑面积、生产设施及规模、管理方式与水平、产品特色及获奖情况、员工数量及素质、人才培训情况、在同行业中的位置和企业前景展望等。

以上内容并非一定面面俱到,可根据公司的具体情况不拘一格、有所侧重地介绍。要突出特点,展示个性,实事求是,充满自信。

注意事项

1. 突出专长。公司简介是推销公司形象的工具,一定要突出公司的业务专长,要充分展示公司情况,忌过于简单。

2. 条理清晰。公司简介如果布局不合理,结构混乱,会造成阅读和理解上的困难,引起阅读者的反感,因此,要重点突出,层次分明,交代清楚。

3. 实事求是,忌虚假夸张。

【例文】

中国铁建股份有限公司简介

中国铁建股份有限公司(中文简称“中国铁建”,英文简称 CRCC),由中国铁道建筑总公司于 2007 年 11 月 5 日在北京独家发起成立,为国务院国有资产监督管理委员会管理的特大型建筑企业。2008 年 3 月 10 日、13 日,中国铁建股份有限公司分别在上海和香港上市(A 股代码 601186、H 股代码 1186),公司注册资本为 80 亿元。

中国铁建是中国乃至全球最具实力、最具规模的特大型综合建设集团之一,在 2011 年《财富》“世界 500 强企业”中排名第 105 位,在“全球 225 家最大承包商”中排名第 1 位,在“中国企业 500 强”中排名第 7 位,是中国最大的工程承包商,也是中国最大的海外工程承包商。2010 年底,公司总资产为 3 502 亿元,净资产为 582 亿元,新签合同总额为 7 472 亿元,营业收入为 4 702 亿元,实现利税总额为 228 亿元。

公司业务涵盖工程建筑、房地产、特许经营、工业制造、物资物流、矿产资源及金融保险,形成了科研、规划、勘察、设计、施工、监理、维护、运营以及投融资的行业产业链,具备了为业主提供一站式综合服务的能力。公司在高原铁路、高速铁路、高速公路、桥梁、隧道和城市轨道交通工程设计建设领域确立了行业领导地位。自 20 世纪 80 年代以来,公司在工程承包、勘察设计咨询等领域获得了 400 多项国家级奖项,其中,国家科技进步奖 59 项,国家勘察设计“四优”奖 80 项,詹天佑土木工程大奖 46 项,国家优质工程奖 140 项,中国建筑工程鲁班奖 74 项。

公司经营范围遍及除台湾地区以外的全国 33 个省(市)、自治区以及香港、澳门特别行政区和世界 40 多个国家。公司专业团队强大,拥有 1 名工程院院士、5 名国家勘察设计大师和 191 名享受国务院政府特殊津贴的专家。

多年来,公司秉承铁道部令行禁止、勇于创新、一往无前的优良传统和工作作风,形成了以“诚信、创新永恒,精品、人品同在”为价值观的卓越企业文化,企业具有强大的凝聚力、执行力和战斗力。在董事长、党委书记孟凤朝和总裁赵广发的带领下,中国铁建正向“中国建筑业的领军者,全球最具竞争力的大型建设集团”的目标迈进。

(引自中国铁建股份有限公司官方网站,略有改动)

二　董事长介绍

概念

董事长介绍是介绍企业董事长个人情况的实用文书。

格式写法

董事长介绍由标题和正文两部分组成。

1. 标题。标题的形式主要有两种:一种是单标题形式,通常由董事长姓名或修饰语和董事长姓名组成;另一种是双标题形式,或由主标题和副标题组成,或由引题和主标题组成。无论何种形式,都力求简洁、贴切、醒目。

2. 主体。主体部分涵盖的内容有:董事长的履历、经营理念、经验成就及所获荣誉称号等。写作中要结合企业发展和企业形象,突出表现人物的精神品质和经营管理理念,力求让个人"名片"成为扩大企业知名度的有力工具。

注意事项

1. 条理清晰。在陈述董事长个人业绩时,往往涉及大量的事实,要注意条理性。在介绍其工作经历和教育背景时,可以用倒叙的方式。

2. 注意分寸。在突出董事长业绩的同时,切勿一味标榜个人,独占成绩,以免引起读者的反感。

【例文】

张瑞敏:中国家电企业第一位 CEO

张瑞敏,海尔集团公司董事局主席、海尔集团公司党委书记,中共"十四大"、"十五大"代表,海尔集团首席执行官,出生于1949年1月5日,山东莱州人,中国科技大学工商管理硕士,高级经济师。张瑞敏于1984年出任青岛电冰箱总厂厂长,以"名牌战略"为指导,将一个亏空147万元的集体小厂发展成为现在的海尔集团。

张瑞敏先后创造性地提出了诸如"OEC管理理念""斜坡球体理论""企业文化激活休克鱼""市场链"等多种先进的管理理念,并成功运用到实践中。1995年,张瑞敏荣获"中国经营大师"称号;1997年荣获《亚洲周刊》社颁发的"1997年度企业家成就奖",张瑞敏是中国内地唯一得主;1998年3月25日,张瑞敏将"企业文化激活休克鱼"理论成功搬上哈佛课堂,成为登上哈佛课堂的第一位中国企业家。1999年,张瑞敏被英国《金融时报》评选为全球最受尊重的企业家,名列第26位。

2000年6月,海尔集团对组织体系作出重大调整,张瑞敏由集团总裁改任首席执行官,成为中国家电企业的第一位CEO。

张瑞敏才思敏捷，博学多才，人称“儒商”。他对待成就的哲学是：“永远战战兢兢，永远如履薄冰。”张瑞敏非常注重以技术创新为核心发展企业，并且身体力行从事科技创新工作。他曾荣获多项国家级、省部级科技进步奖，并担任多家科技管理协会的理事长。在他的带领下，海尔集团的技术创新工作取得了显著成绩。目前，海尔集团已经形成58个系列、9 200多个规格型号的庞大产品群，1999年共开发新产品287项，申报专利582项，平均每天开发1项新产品，每天申报2项专利。

作为一个热爱企业的企业家，张瑞敏心系海尔。他把题为“新经济时代的网络化海尔”的演讲搬上“高交会论坛”，称一个涉及家电、信息、通信等领域，网络遍及全世界，与全球用户共享新经济时代的海尔世界已经形成。张瑞敏已经实现了他的目标，将海尔带入了世界500强的殿堂。

（引自 http://zhangruimin. bokee. com/459657. html，略有改动）

三　请　柬

概念

请柬又称请帖，是邀请领导或客人时使用的礼仪文书。在庆祝会、纪念会、联欢会、招待会、宴会、订货会等各种会议及其他商务活动中，都可以通过请柬邀请有关人员，以示主办方的热情和诚意。

格式写法

请柬一般由标题、称谓、正文、敬语和落款五部分组成。

1. 标题。标题可写“请柬”、“邀请函”或“邀请书”。如果请柬是折页纸，封面上写“请柬”二字，封面还要做些艺术加工，如图案装饰，文字用美术体，并可套红或烫金；如果请柬是单页纸，第一行正中写“请柬”二字。

2. 称谓。写被邀请者（单位或个人）的名称。如“××公司”“××先生”“××教授”等。称谓一般写在正文之上抬头顶格处；若有信封，称谓可写在信封上，请柬上就不再重复。

3. 正文。正文部分要写清邀请的目的、活动的时间和地点以及需要注意的事项等。为了清楚明白，可分条列项。

4. 敬语。敬语常写“敬请光临指导”、“敬请届时出席”或“此致敬礼”等，以示尊敬。

5. 落款。落款处应注明发请柬的单位或个人，并写明发请柬的日期，单位所发的请柬一般需加盖公章。

注意事项

1. 写作态度要认真严肃。请柬虽短，但要讲究层次分明，谦恭热情。写作时要反复核对时间、地点和人名等，避免差错。

2. 行文用语要“达”“雅”兼备。“达”就是通顺、明白，避免堆砌辞藻或套用公式化语言；“雅”就是根据具体场合、内容、对象，采用得体、客气、文雅、热情的措辞。若能恰当夹杂文言词语，更能体现主办方的郑重与品位。

3. 如果有需要被邀请人注意的事项，可在请柬背面注明。

4. 请柬制作后需要掌握好发送的时间。发送太早容易被对方遗忘，太晚又会贻误时间，应根据轻重缓急程度和客人居住地的远近考虑发送时间，尽量使对方有充足的时间赴约。

【例文】

请　柬

××先生：

兹定于20××年5月5日至5月8日，在上海光大会展中心西馆1号楼举办上海国际家具展览会，并于5月5日晚6时在上海金茂君悦大酒店举行欢迎酒会。

恭候光临。

上海××家具公司敬约

20××年5月1日

四　欢迎词

概念

欢迎词是行政机关、企事业单位领导人在欢迎仪式或宴会上向来宾的致辞，是表示热烈欢迎和美好祝愿的演讲稿。

格式写法

欢迎词一般由标题、称谓及问候语、正文、结语等四部分构成。

1. 标题。欢迎词的标题有三种：一是只写“欢迎词”3字；二是在“欢迎词”前加欢迎仪式或庆典的名称；三是在欢迎仪式或庆典名称前再加致辞者的职务和姓名。当然，标题只限于书面刊登，致辞时就不必宣读了。

2. 称谓及问候语。称谓前要用敬辞，并要写全称，如“尊敬的××董事长阁下”“敬爱的××先生”等。如果来宾来自不同的领域或单位，要一一顾及，应使所有来

宾都能感受到欢迎仪式的亲切、庄重和热烈。称谓之后通常加问候语“你们好”。

3. 正文。正文的写法灵活多样，一般包括如下三项内容：

(1)欢迎。首先要表明自己的身份和代表谁(个人或团体或二者兼有)致辞，接着对来宾的到来表示欢迎。

(2)致谢。回顾交往历史，畅叙合作经历，表达真挚谢忱。

(3)祝愿。展望合作前景，表达美好祝愿。

4. 结语。再次向客人致谢。

欢迎词的写作要求是：突出尊敬之意，感情真挚，用语通俗流畅。

注意事项

1. 体现热情诚恳。撰写欢迎词的正文，语言要朴实、热情、简洁，语气要亲切、诚恳，感情要真挚，宜多用短句，言辞应力求格调高雅。

2. 注重短小精悍。回顾以往的叙述要简洁，议论不要过多，力求精当；对主要宾客的赞颂和评价要热情、中肯。可以有适当的联想与发挥，但是整个篇幅不宜过长。

3. 营造友好气氛。如果来宾的意见、观点与主人不一致，可恰当采用委婉语或者模糊语句，坚持求同存异的原则，多谈一致性，不谈或少谈分歧，尽力营造友好和谐的气氛。

【例文】

欢迎词

尊敬的各位来宾、各位同仁：

“冬去犹留诗意在，春来身入画图中”，在满怀豪情迎接新的一年到来之际，我们在此隆重举行“××××××酒会”，与各位同仁、朋友们同聚一堂，共述友谊，心里感到非常高兴。首先，请允许我代表××××全体员工，对各位的到来表示热烈的欢迎！

近几年来，在××集团的正确领导下，通过设计院领导班子以及全体员工的共同努力，设计院的内部管理水平不断提高，产品质量不断提升，品牌优势不断凸现，各项事业均呈现出生机勃勃的崭新局面。这些成绩的取得与在座各位的大力支持与鼎力相助是分不开的，军功章里有你们的一半，设计院的发展历史也必将为你们记下浓墨重彩的一笔，在此向你们表示衷心的感谢！

回顾过去的几年，我们本着诚信、共赢的原则，在设计、勘察、测量、交通工程和水土保持等各个领域开展了广泛的合作，取得了非常好的成绩。通过合作，我们不仅增进了彼此的了解和友谊，加强了技术交流和合作；更为重要的是通过合作，我院综合实力得到了增强，各合作单位的人才队伍得到了迅速成长，同时，经济效益也得到了相应提高，完全达到了互利共赢的合作目的。

展望即将到来的××××年，我院将继续遵循“提升战略、夯实文化、创新技术、增强执行力”的战略步骤，齐心协力，不懈努力，争取为我们的合作提供更为广阔的舞台，我坚信，我们在今后的合作道路上必将取得新的更大的成绩！

最后，再次欢迎各位的到来，在新春佳节到来之际，祝大家：身体健康、合家欢乐；工作顺利、事业有成！

×××

20××年×月×日

五　欢送词

概念

欢送词是行政机关、企事业单位、社会团体或个人在公共场合欢送友好团体回归或亲友出行时致辞的讲话稿。其与欢迎词除应用的时间、场合不同，并无实质性的区别。除内容外，欢送词写法与欢迎词大致相同。

格式写法

同欢迎词一样，欢送词也由标题、称谓、正文和落款组成。

1. 标题。标题的写法一般有两种：第一种，单独以文种命名，如“欢送词”；第二种，由活动内容和文种名共同构成，如“在××研讨会闭幕式上的欢送词”。

2. 称谓。称谓要写在开头顶格处。要写出宾客的姓名称谓。如“尊敬的各位先生们、女士们：”，“亲爱的×××大学各位同仁：”。

3. 正文。欢送词的正文一般由开头、主体和结尾三部分构成。

(1)开头。开头通常应说明此时在举行何种欢送仪式，发言人是以什么身份代表哪些人向宾客表示欢送的。

(2)主体。这一部分要回顾和阐述双方在合作或访问期间在哪些问题和项目上达成了一致，取得了哪些突破性的进展，陈述本次合作交流给双方带来的益处，阐述其深远的历史意义。私人欢送词还应注意表达双方在共事合作期间彼此友谊的加深和增进，以及分别之后的想念之情。若为朋友送行，还要加上一些勉励的话。

(3)结尾。通常在结尾处再次向来宾表示真挚的欢送之情，并表达期待再次合作的心愿。亲朋远行尤其要表达希望早日团聚的惜别之情。

4. 落款。欢送词在落款处要署上致辞的单位名称，致辞者的身份、姓名，以及成文日期。

注意事项

1. 体现惜别性。欢送词要表达亲朋远行时的感受,所以依依惜别之情要溢于言表。当然,格调也不可过于低沉,尤其是公共事务的交往更应把握好言辞的分寸。

2. 突出口语性。同欢迎词一样,口语性也是欢送词的显著特点之一。遣词造句应注意使用生活化的语言,使送别既富有情趣又自然得体。

3. 体现谦诚性。要根据宾客身份选用恰当的尊称,语言要热情、友好、温和、礼貌,感情要真挚、诚恳,措辞要慎重,尊重对方的风俗习惯。

4. 注意简洁性。欢送词要言简意赅,篇幅不宜过长。

【例文】

欢送词

尊敬的各位来宾,女士们,先生们:

世界六桂联谊会第七届国际大会暨泉州市商贸洽谈会,依照大会日程安排,经过3天的紧张活动,今天已告圆满成功!

世界六桂宗亲心怀祖国,情系先祖发祥地,各位在百忙之中挤出宝贵的时间,不辞万水千山、长途跋涉之劳累,热情出席此次会议,保证了大会的成功举行,在此,我对与会的所有代表表示真诚的感谢!

通过此次盛会,旅居世界各地的六桂宗亲情谊得到进一步的融通、交流和凝聚,祖德宗功得到弘扬,与会的女士们、先生们也通过泉州市改革开放以来在经济、文教、科技、城市发展、交通旅游以及精神文明建设诸方面的成就,了解了祖国日新月异的巨大变化,并为自己留下一份美好的记忆,增强了投资的信心。

祖国在腾飞,家乡在繁荣,海峡两岸人民期盼祖国和平统一,我们六桂后裔作为中华民族的子孙,应当义不容辞地为促进早日实现这个神圣夙愿竭尽全力、作出贡献。

会议承办单位缺少组织经验,招待如有不周之处,敬请海涵。

最后,让我再一次代表大会组委会全体同仁,祝福在座的女士们、先生们健康长寿、家庭幸福,在各自的第二故乡创造更加辉煌的业绩!

谢谢!

×××

××××年×月×日

(引自 http://sj6gt.com,有改动)

六 开幕词

概念

开幕词是在重要的论坛、展会或商务会议开始时,由主要领导人或德高望重的权威人士所作的致辞。开幕词是会议的序曲,它为会议定下了总的基调,也体现了会议的中心内容。

格式写法

一则得体精妙的开幕词,可以给会议带来一个良好的开端。开幕词一般由标题、称谓、正文三部分组成。

1. 标题。标题有两种写法:一种是会议全称加文种"开幕词",标题下面注明开会时间,外加括号,在下面写上宣读人的姓名;另一种是把宣读人姓名写进标题中。

2. 称谓。标题下第一行顶格写称谓,通常加敬语。

3. 正文。正文包括开头、主体、结尾三部分。

(1)开头。以"你们好"之类的问候语开头,然后宣布会议正式开幕。有时还要交代会议筹备工作和说明参会人员的情况,或者介绍出席会议的领导和来宾姓名,并对他们表示欢迎。

(2)主体。主体部分是开幕词的中心,一般围绕三项内容展开:①概括说明召开会议的历史背景,简要回顾过去;或者概括当前形势,讲明召开会议的意义所在。②说明会议的中心议题,宣布大会的议程。③阐明会议的指导思想,以便于与会者交流讨论。上述三项可以根据会议的需要取舍,突出其中的一部分或两部分。

(3)结尾。向与会者发出倡议,并就会议作出预示性的评价,最后以"预祝大会圆满成功"作结。用语要简短有力、热情洋溢。

注意事项

1. 内容详略得当。撰写开幕词一定要把握会议的性质,着重阐述会议的特点、意义、要求和希望,对于会议本身的情况如议程介绍等,则只需概括说明,点到为止。

2. 行文热情明快。整篇开幕词的行文要明快、流畅,语言要坚定有力,充满热情,富于鼓动性。最后部分的结语一般都要使用"祝大会圆满成功"等祝颂语。

【例文】

开幕词

女士们、先生们：

早上好！

由新加坡××有限公司主办，中国××协会与我分会所属的上海市国际贸易信息和展览公司承办的“中国国际××展览会”今天在这里开幕了。我谨代表中国国际贸易促进委员会上海市分会、中国国际商会上海分会表示热烈祝贺！向前来上海参展的西班牙、比利时，以及我国各省的中外厂商表示热烈的欢迎！

本届展览会将集中展示具有国际水准的各类××产品及生产设备，为来自全国各地的科技人员提供一次不出国的技术考察的机会；同时也为海内外同行共同切磋技艺创造条件。

朋友们，同志们：上海是中国最重要的工业基地之一，也是经济、金融、贸易、科技和信息中心。上海作为长江流域乃至全国对外开放的重要窗口，将实行全方位的开放。我国政府已将浦东的开发开放列为中国今后十年发展的重点，上海南浦大桥的正式通车，将标志着浦东新区的开发已经进入实质性的启动阶段，上海将进一步改善投资环境，扩大与各国、各地区的合作领域。我真诚地欢迎各位展商到上海的开发区和浦东新区参观，寻求贸易和投资机会，寻找合作伙伴。作为上海市的对外商会——中国国际贸易促进委员会上海市分会将为各位朋友提供卓有成效的服务。

最后，预祝“中国国际××展览会”圆满成功！

感谢大家！

七 祝酒词

概念

祝酒词是在酒席宴会的开始，主人对来宾表示热烈的欢迎、亲切的问候、诚挚的感谢、衷心的祝愿等内容的应酬之辞。祝酒词的结构形式有简约型和书面型两种：简约型多用一两句精粹的词语，把自己最美好的祝愿表示出来，有时也可以引用诗句名言来表达自己的心意；书面型可以直接写为“祝词”“祝酒词”等，也可以由讲话者姓名、会议名称和文种构成，如“×××在××会上的祝酒词”“×××在××宴会上的讲话”等。

格式写法

1. 标题。标题直接写“祝酒词”即可。

2. 称谓。标题下一行顶格写称谓,通常加敬语,如“尊敬的×××”。

3. 正文包括三部分:①致辞人(或代表谁)在什么情况下,向出席者表示欢迎、感谢和问候;②谈成绩、作用、意义;③展望未来,对面临的任务、使命充满信心。

4. 结尾。结尾常用“请允许我,为×××(谁)或×××××××(什么事)而干杯”等惯用语。

注意事项

1. 突出祝愿性。主要表达祝愿合作成功或祝愿未来更美好、幸福等内容。

2. 语言口语化。语言要简洁、风趣,用令人轻松愉悦的口语,要与宴会的热烈气氛相吻合。

【例文】

20××年××支行行长、网点负责人新年宴会祝酒词

同志们:

大家晚上好!

今晚,我们在盘锦××酒店欢聚一堂,共叙往事今情,我谨代表市行领导班子欢迎各位的到来,并向大家拜个早年,祝大家身体健康,万事如意,阖家幸福!

即将过去的20××年,是我行各项业务全面发展的一年,全行各级领导干部直面现实、迎难而上,用大视野谋划发展、用新思路引吭高歌,全行经营管理工作取得丰硕成果:经营效益大幅增长,盈利能力进一步提升,全行创利水平踏上新台阶;贷款有序推进,资产业务规模和创效能力同步提高;存款稳步增加,负债基础和增存能力进一步强化;中间业务收入突破亿元关口,产品营销均衡突破,多元化创收局面初步形成;各项改革稳步推进,精细化管理不断加强,实现了全年无案件。这些成绩的取得,离不开各位支行行长、网点负责人的鼎力支持。各位同志工作作风明显改善,工作积极性和主动性进一步增强,潜能得到进一步激发,大家都以干事业的心态,敢于和好的比,同强的争,与快的赛,向高处攀。正是大家的齐心努力,才赢得我们今天的成绩。在这里,我借这个场合、这个机会向在座的各位给予真诚的感谢!

创新克时艰,汇智迎未来。20××年,正是我们扬帆远航、谱写华章的关键一年!描绘更新更美的蓝图,需要我们继续保持那么一股披荆斩棘、一往无前的拼劲,保持那么一股居安思危、续写荣光的心劲。各级领导干部要进一步增添励精图治创事业的勇气、开拓创新闯新路的锐气、敢于超越争一流的志气,心无旁骛,奋发进取，为我行早日实现精品分行的目标而努力奋斗！

最后，祝大家在新的一年里身体健康、工作顺利、事业有成、万事如意！

八　答谢词

概念

答谢词是指在特定的公共礼仪场合，主人致欢迎词或欢送词后，客人所发表的对主人的热情接待和给予的关照表示谢意的讲话。答谢词也是指客人在举行必要的答谢活动中所发表的感谢主人的盛情款待的讲话。

格式写法

答谢词一般包括标题、称谓和正文三部分。

1. 标题。标题分为完全性标题与省略性标题。完全性标题由致辞人、事由、文种构成，如“×××在×××会上的答谢词”；省略性标题由事由、文种构成，如“在××研讨会上的答谢词”，有的只写文种，以“答谢词”为标题。

2. 称谓。称谓是对答谢对象的称呼，一般用“同志们”、“朋友们”或“女士们、先生们”，有时前面还要加“尊敬的”“亲爱的”等。

3. 正文。正文要叙述双方之间的交往和友谊，强调对方所给予的支持和帮助，并表明对巩固和发展友谊与合作的打算和愿望等。结尾则再次表示感谢，并表示良好的祝愿。

注意事项

答谢词的写作要真挚热情、礼貌周到，写作的重点是表达对主人的真挚感谢之情。正文部分一般先用具体的事例，对主人所做的一切安排给予高度评价，对主人的盛情款待表示衷心感谢，对访问取得的收获给予充分肯定；然后谈自己的感想和心情，例如，颂扬主人的成绩和贡献，阐发访问成功的意义，讲述对接待单位的美好印象等。答谢词的结尾，主要是再次表示感谢，并对今后双方关系的进一步发展表示诚挚的祝愿。

【例文】

答谢词

尊敬的×××书记、×××市长，
尊敬的各位领导、同志们：

今天，我和曹总经理带领××集团有关部门和各市公司负责同志来吕梁学习考察,感到非常高兴。这次吕梁之行是一次学习、借鉴、提高之旅,更是一次感情交流升华之旅。吕梁大地展现出的勃勃生机,吕梁市四大班子推动转型、跨越发展的战略之举,347万吕梁人民的热情好客,给我们留下了极为深刻的印象。特别是×××书记、×××市长和市四大班子领导百忙之中全力支持配合这次考察活动,并出席今晚的宴会,我们感到尤为高兴和激动。在此,我代表××集团,代表来吕梁考察的全体同志,对吕梁市委、市政府的热情接待和周密细致的安排表示衷心的感谢!

近年来,在省委、省政府和省国资委的正确领导下,在地方党委、政府的大力支持下,××集团公司以科学发展观为统领,按照"12345"发展思路和"三步走"战略步骤,以全面提升大集团管控能力为主线,以加快发展"三大支柱"产业为重心,着力强化四个保障,生产经营等各项工作都取得了优异成绩。20××年,集团公司实现营业收入1 158亿元,利税100亿元,主要经济指标再创历史新高,这些成绩得到了省委、省政府等各级领导的充分肯定。

在推动企业做大做强的进程中,我们始终把融入地方经济、服务地方经济作为××集团实现可持续发展的支点和立足点。多年来,××集团一直与吕梁有着长久而又良好的合作,双方在合作中结下了深厚的友谊,实现了双赢。吕梁煤销公司在吕梁市委、市政府的大力支持下呈现出良好的发展态势,并为地方经济发展作出了贡献。与此同时,吕梁人民在长期的革命战争年代和改革开放时期,用鲜血和汗水创造的"不屈不挠、勤劳纯朴,艰苦奋斗、甘于奉献,自强不息、勇于创新"的吕梁精神,已成为煤销集团不断发展壮大的精神支撑和文化底蕴。特别是在集团公司"双千亿"和"三化"战略发展目标规划中,吕梁占有极其重要的位置,集团公司整合的×个地方煤矿在吕梁就有×个,规划的物流园区达×个,这些都为我们今后的合作奠定了坚实的基础。

转型跨越时不我待,企业与地方的合作机遇无限。山西转型综改试验区的纵深推进,吕梁"五三发展战略"的深入实施,为企业与地方的双赢发展创造了广泛的合作空间,描绘了美好的合作前景。尤其是今年以来,吕梁市委、市政府团结带领老区人民创造的"吕梁模式"和"吕梁速度"令人钦佩,值得借鉴。为此,我们将一如既往地继续服务和支持吕梁煤炭产业和房地产、现代物流等产业的发展,为推动地方经济社会发展作出煤销系统应有的贡献。吕梁公司要紧紧依托地方资源优势,服务地方经济,坚持以煤为基,多元发展,努力培育良好的产业结构,实现吕梁公司的转型和跨越式发展。同时,恳请吕梁市委、市政府继续加大对××集团工作的支持力度,为投资创造更加优越的条件,通过双方努力,实现共赢。

最后,我代表××集团再次向吕梁市委、市政府多年来对我们工作的支持表示衷心的感谢,并祝吕梁在转型跨越发展的新征程中再创佳绩,再铸辉煌,祝各位领导身体健康、工作顺利、万事如意！

××集团公司董事长、党委书记×××

20××年11月1日

九 贺信

概念

贺信是在喜庆仪式、隆重典礼或其他重大商务活动取得成功时表示庆贺之意的礼仪文书。在商务活动中，贺信对于联络情感、加强合作具有十分重要的作用。

格式写法

贺信包括标题、称谓、正文、落款四部分内容。

1. 标题。一般只写“贺信”二字，也可以“致××公司的贺信”的形式为题。

2. 称谓。顶格写被祝贺单位或个人的称谓。

3. 正文。正文包括开头、主体、结尾三部分内容。

(1)开头。常用“值此……之际”，或“欣闻……特代表……向……致以热烈的祝贺”开宗明义。

(2)主体。先简述商务形势，再重点评述对方的业绩及其重大意义和影响。

(3)结尾。常以“谨祝取得新的、更好的成绩”一类祝福语结尾。

4. 落款。包括署名及日期。

注意事项

1. 体现时代性。结合当前形势，说明对方取得成绩的背景，或者某个重要会议召开的历史条件。

2. 讲究针对性。要写清楚祝贺的原因，概括说明对方在哪些方面取得了成绩，分析成功的主观原因和客观原因。贺寿的贺信，还需要概括说明对方的贡献及其高尚品质。

3. 突出祝愿性。要由衷地表达诚挚的慰问和祝福，并提出希望和号召。结尾部分常常用“祝取得更好的成绩”“祝愿前景更美好”“祝您健康长寿”等惯用语。

【例文】

贺 信

长和实业集团：

正值举国喜迎新中国成立××周年华诞之际，欣悉贵公司与全球最大的油田服务公司——斯伦贝谢合作成功,举行斯伦贝谢·长和油田工程(银川)有限公司成立庆典,谨向您及长和实业集团全体员工表示热烈的祝贺!

长和实业集团成立××年来,艰苦创业,笃行诚信,不断进取,持续发展,经营实力不断增强,取得了辉煌业绩,已发展成为集油气田风险勘探、油气田工程与技术服务、金融投资于一体的综合型、多元化的大型经济实体,充分彰显了长和实业集团决策层的博大魄力和远见卓识。长庆实业集团自19××年与长和实业集团的前身——银川长陇合资合作以来,建立了良好的战略合作关系和深厚的友谊,长和实业集团的发展壮大使我们深感欣慰,特别是长和实业集团与斯伦贝谢的合作,对于提升企业管理、加强技术交流、促进资源整合具有战略性的现实意义,必将开启长和实业集团油田工程板块发展的新纪元。

我们相信,长和实业集团在集团领导和全体员工的共同努力下,一定能够秉承优良传统,努力开拓创新,"立足国内、放眼世界",在未来的发展历程中取得更加辉煌的业绩,成为民营企业自我发展的典范。我们真诚希望,长和实业集团与长庆实业集团进一步加强合作,增进友谊,携手共进,共同发展,共创更加美好的明天。

衷心祝愿斯伦贝谢·长和油田工程(银川)有限公司成立庆典圆满成功!

长庆实业集团

20××年9月20日

十　倡议书

概念

倡议书是由重要会议(论坛)、公司、企业或个人公开提出某种建议,发动、鼓励有关人员共同完成某项任务或开展某项活动时所使用的文书。倡议书具有广泛发动群众,群策群力,共同奋斗的作用。

格式写法

倡议书一般由五部分内容组成。

1. 标题。在倡议书上端的中间,标明"倡议书"3个字,也可在"倡议书"3个字前概括倡议的内容。

2. 称谓。根据受倡议对象选用不同的称谓,也有的倡议书不再另起行专门写受倡议对象,而是在正文中指明。

3. 正文。先总述倡议的根据、原因、目的和意义;然后分条列出倡议的具体内容。可以分成两部分:第一部分要写明在什么情况下,为了什么目的,发出什么倡

议，倡议有哪些作用、意义。倡议书的发出旨在引起广泛响应，只有清楚地说明此次倡议的目的，人们才会理解、信服并自觉行动。第二部分写明倡议的具体内容和要求做到的具体事项，如应开展怎样的活动、做哪些事情、具体要求是什么、价值和意义是什么等都必须一一写明。此外，倡议的具体内容最好分条列项写出，这样清晰明确、一目了然。

4. 结尾。表明决心和提出希望。

5. 落款和日期。注明发出倡议的单位或个人的姓名及日期。

注意事项

1. 内容应符合时代精神，切实可行，与国家的方针政策相一致。

2. 要交代清楚背景和目的，有充分的理由来实现倡议的事项。

3. 措辞贴切，情感真挚，富有鼓动性和感召力。

4. 篇幅不宜过长，要条理清晰，易读易记。

【例文】

中国互联网协会抵制网络谣言倡议书

（20××年×月×日）

随着信息通信技术的快速发展，互联网已经成为民意表达的重要平台，对经济、政治、文化和人民生活产生着积极的影响。同时应当看到，网上不良、不实信息仍然存在，影响社会健康发展，特别是最近，网络谣言的传播成为一大社会公害，严重侵犯公民权益，损害公共利益，也危害国家安全和社会稳定。共同抵制网络谣言，营造健康文明的网络环境已经成为社会各界共同关注的问题。为抵制网络谣言，营造健康文明的网络环境，推动互联网行业健康、可持续发展，中国互联网协会向全国互联网业界发出如下倡议：

一、树立法律意识，严格遵守国家和行业主管部门制定的各项法律法规，以及中国互联网协会发布的行业自律公约，不为网络谣言提供传播渠道，配合政府有关部门依法打击利用网络传播谣言的行为。

二、积极响应“增强国家文化软实力，弘扬中华文化，努力建设社会主义文化强国”的战略部署，制作和传播合法、真实、健康的网络内容，把互联网建设成宣传科学理论、传播先进文化、塑造美好心灵、弘扬社会正气的平台。

三、增强社会责任感，履行媒体职责，承担企业社会责任，依法保护网民使用网络的权利，加强对论坛、微博等互动栏目的管理，积极引导网民文明上网、文明发言，坚决斩断网络谣言传播的链条。

四、坚持自我约束，加强行业自律。建立、健全网站内部管理制度，规范信息制作、发布和传播流程,强化内部监管机制;积极利用网站技术管理条件,加强对网站内容的甄别和处理,对明显的网络谣言应及时主动删除。

五、加强对网站从业人员的职业道德教育,要求网站从业人员认真履行法律责任,遵守社会公德,提高从业人员对网络谣言的辨别能力,督促从业人员养成良好的职业习惯。

六、提供互动信息服务的企业,应当遵守国家有关互联网真实身份认证的要求,同时要做好保护网民个人信息安全工作,提醒各类信息发布者发布信息必须客观真实、文责自负,使每个网民承担起应尽的社会责任。

七、自觉接受社会监督,设置听取网民意见的畅通渠道,对公众反映的问题认真整改,提高社会公信力。

八、希望广大网民积极支持互联网企业抵制网络谣言的行动,自觉做到不造谣、不传谣、不信谣,不助长谣言的流传、蔓延,做网络健康环境的维护者,发现网络谣言积极举报。

(引自新华网)

十一　聘请书

概念

聘请书也称聘书,是聘请有关人员担任某种职务或参与、从事某项活动或工作时发出的信件。

格式写法

聘请书一般由标题、称谓、正文、结语和落款五部分组成。

1. 标题。标题为“聘请书”或“聘书”字样。标题或者在有封面的折页纸的上面,用较大字体书写,或者在单页的聘请书的上方第一行居中用较大字体书写,或者封面和里面正文都写有标题。

2. 称谓。称谓是被聘请者的姓名加尊称,如“××先生”“××女士”等。有时将它写在正文之上一行的顶格处,有时则写在正文中,对此没有严格要求,可以灵活掌握。

3. 正文。正文应写明聘请的详细情况,比如,被聘请担任何种职务,从事什么工作,聘请期限多长,聘任期间报酬如何等,以使被聘请者心中有数,不致盲目应聘。

4. 结语。在正文之后的结尾,一般应写敬语,比如,“此致”“此聘”等,有的聘请书也可以省去此项。

5. 落款。落款处应写明聘请书发放单位的全称，以及聘请书的颁发日期，同时要在落款处加盖公章。

注意事项

1. 内容具体明了。为什么聘请、聘请谁、聘请原因等事项要表达清楚，特别是对岗位职责的说明一定要详细。

2. 讲究格式。聘书是以单位名义发出的，所以加盖公章后方能生效。

【例文】

聘请书

××有限公司为加快产品开发进度，按期完成生产任务，特聘任李××为高级技术顾问。现就有关事宜表述如下：

一、受聘人主要职责

1. 根据公司产品开发需求进行产品的设计开发。

2. 协助公司对产品重大技术难题进行攻关。

3. 指导公司员工的技术培训。

二、聘期及受聘人待遇

聘期暂定为两年(2024 年 10 月至 2026 年 10 月)，聘期内，××有限公司须向李××提供月薪 5 万元(伍万元)人民币的薪金待遇。

三、聘期内，任何一方不得擅自中断聘约，违约责任另行规定。

四、本聘书一式三份，受聘人、聘请单位、监证单位各执一份。

受聘人：李××(签章)　　　　监证单位：××市人民政府(盖章)

聘请单位：××有限公司(盖章)

2024 年 10 月 12 日

十二　介绍信

概念

介绍信是用来介绍联系接洽事宜的一种应用文体，是介绍本单位人员到外单位参观学习、联系工作、了解情况或出席某次会议等所写的一种书信。它具有介绍、证明的双重作用。介绍信主要有两种形式：普通介绍信和专用介绍信。使用介绍信，可以使对方了解来人的身份和目的，以便得到对方的信任和支持。

格式写法

普通介绍信一般不带存根,正中写“介绍信”。其内容包括称谓、正文、结尾、署名和日期,并注上有效日期。专用介绍信共有两联,一联是存根,另一联是介绍信的正文。两联正中有间缝,同时编有号码。从格式上来划分,介绍信一般有书信式和填表式两种。书信式介绍信一般用印有单位名称的信笺书写,格式与一般书信基本相同;填表式介绍信是一种印有固定格式的专用信纸,需根据要办的具体事项按格逐一填写。填表式介绍信有存根,便于查存。

注意事项

介绍信是介绍来人身份的公文,它是建立良好的合作或有效办理某项事情的有效凭证,所以,在书写或填写介绍信时,务必注意以下几点:

1. 要填写被介绍人的真实姓名、身份,不得虚假编造,冒名顶替。

2. 写清楚需要对方接洽办理的事项,与此无关的不要写。

3. 格式完整。介绍信务必加盖公章,以免造成不必要的麻烦;有存根的介绍信,存根联和正式联要内容完全一致,存根底稿要妥善保存;介绍信内容原则上不允许涂改,如果有涂改的地方,应加盖公章,否则视为无效。

【例文】

介绍信(普通)

××区建筑管理办公室:

兹介绍我单位×××同志等×人前往贵处办理综合保险卡补卡,请予接洽为荷。

此致

敬礼!

××××公司(盖章)

20××年×月×日

介绍信(专用)

№ 0016696

××区××××办公室:

兹介绍我公司＿＿＿＿＿＿同志等＿＿＿＿＿＿人前往你处××＿＿＿＿＿＿＿＿＿＿,请予接洽为荷。

此致

敬礼!

（有效期限×天）

重庆中工建设有限公司（盖章）
20××年 9 月 22 日

【思考与练习】

1. 举例说明公关礼仪文书的特点与作用。

2. ××体育有限公司注重环保，致力打造绿色赛事。请代其写一份倡议书，倡导参赛选手自备餐具，用实际行动向一次性塑料餐具说“不”，以打造一场“无痕山野”的环保山地越野赛。

第十章

投标、招标文书

一　招标申请书

概念

招标申请书是招标方在发布招标公告之前，向招投标管理部门报送的招标申请的文件。招投标活动涉及多方面的利益关系，招标申请书的递交便于管理部门对招标和投标活动进行备案和管理。

格式写法

招标申请书由标题、称谓、正文、附件、落款五部分组成。

1. 标题。标题主要由招标项目名称和文种两部分组成。例如，××工程招标申请书。

2. 称谓。称谓是指接受和批复招标申请的单位，需要顶格书写。

3. 正文。正文应简明扼要地说明此次招标的内容，以及招标方的要求和条件。这部分的内容要简练，不需要叙述细枝末节。

4. 附件。附件主要是对招标申请书中不能详细说明的内容进行附带说明，可以用表格的形式进行说明。

5. 落款。落款一般位于文件右下角，需注明项目申请单位、相关负责人和申请的具体时间。

注意事项

1. 照章办事。招标、投标活动既是一种法律行为，又是一种经济行为，所以需要招投标管理部门对招标、投标活动进行必要的管理、约束以及监督。而招标申请书的递交就是招标方遵守相关法律规定、服从招投标管理部门监管的一种体现。

2. 尊重为先。为了表达对招投标管理部门的尊重，招标方在书写招标申请书

时,称谓处一定要写招投标管理部门的全称,而不能写简称。此外,由于招标申请书是招标方呈交给招投标管理部门的,所以,在书写正文时用语要规范,文字表达要清晰,语气要诚恳。

【例文】

体育馆馆桩基础工程招标申请书

广州市××区建设工程招标管理办公室:

我单位负责建设的××体育中心体育馆馆桩基础工程已具备施工招标条件,根据《中华人民共和国招标投标法》《广东省实施〈中华人民共和国招标投标法〉办法》,特向贵单位申请通过公开招标选定承包人。请给予办理相关手续为盼。

广州市××区体育局(盖章)

20××年×月×日

二　招标公告

概念

招标公告又称招标书或招标启示,是指招标方根据招标项目的内容、要求和条件等,对外公开征召投标方参加竞标的文件。招标公告一般通过网络、报纸等媒体发布。招标公告的发布可以促进竞争,为招标方提供择优选择的机会。

格式写法

招标公告由标题、正文、结尾三部分组成。

1. 标题。标题应准确概括公告的中心内容。一个完整的标题包括招标单位名称、招标内容、招标形式和文种名称,也可略去招标内容或者招标单位。

2. 正文。正文由引言和主体两部分组成。

(1)引言。引言应写明公告的目的、依据和招标项目的名称,需简明扼要,开宗明义。

(2)主体。主体是招标公告的核心内容,需要对招标的内容、要求及相关事项进行详尽的说明。其中包括招标文件编号、招标项目名称、招标的方式、招标范围、招标程序、双方的权责利、招标地点和时间以及其他相关规定和注意事项。一般需要逐项分条说明,有时还需列出相关表格,以增强阅读的直观性。

3. 结尾。结尾要注明招标方的单位名称、地址、联系电话、传真号、电子邮箱等。

注意事项

1. 以法为纲。招标公告是招标方对外界公开发布的招标信息,其内容必须符合相关的法律规定,如《中华人民共和国招标投标法》等。

2. 真实可信。在招标公告中,招标方必须保证公告内容的真实性、可靠性和完整性,并且要对招标的相关事宜进行详细说明,要有条理性。这样不仅可以使潜在投标方全面、真实地了解此次招标项目的内容,而且可以减少招标方和投标方之间由于信息不对称产生的交易成本。

【例文】

中国铁塔股份有限公司无锡市分公司无锡梁溪区和泰苑等小区公安视频云平台采购项目招标公告

本招标项目为中国铁塔股份有限公司无锡市分公司无锡梁溪区和泰苑等小区公安视频云平台采购项目,招标编号:ZBTX-2020-TT0048,招标人为中国铁塔股份有限公司无锡市分公司,招标代理机构为江苏中博通信有限公司。项目资金由招标人自筹,资金已落实。项目已具备招标条件,现进行公开招标,有意向的潜在投标人(以下简称"投标人")可前来投标。

§1 项目概况与招标内容

1.1 项目名称:中国铁塔股份有限公司无锡市分公司无锡梁溪区和泰苑等小区公安视频云平台采购项目。

1.2 采购内容:无锡梁溪区和泰苑等小区公安视频云平台采购,包括搭建监控视频云平台所需的设备、软件及集成安装服务(含视频云存储软件、视频云存储管理服务器、视频云存储运维服务器、视频云存储存储节点主机等)。

1.3 项目性质:货物及服务。

1.4 项目预算:约270.35万元(含税)。

1.5 资金来源:招标人自筹,且已落实。

1.6 交货地点:江苏省无锡市,具体以招标人指定地点为准。

1.7 项目工期:自采购订单下达之日起90日内完成并经验收合格后交付使用。

1.8 质保期:自验收合格之日起原厂质保5年,免费维保5年,具体以技术规范书为准。

1.9 合同有效期:自合同签订之日起1年。

1.10 标包设置:不划分标包。

1.11 中标人数量、份额划分:中标人数量为1个,份额为100%。

1.12 本项目设置最高投标限价,最高投标限价为2 703 500元(含税),其中

设备采购部分最高限价为 2 486 500 元(含税),安装服务部分最高限价为 217 000 元(含税),投标人投标报价高于以上任一最高投标限价的,其投标将被否决。

§2 投标人资格要求

2.1 注册资本。

投标供应商必须在中华人民共和国境内依法注册、具有独立法人资格(或授权的分支机构),本次采购产品在营业范围内。具有工商管理部门颁发的营业执照,能够独立承担民事责任,提供有效的营业执照、组织机构代码证、税务登记证(若公司已经办理三证合一,则提供营业执照即可)。投标人注册资金不低于 500 万元人民币或等值外币(牌价以资格审查当天中国人民银行外汇中间价为准),以上金额不包括本公告发布之日起的增资行为。投标人为授权分支机构,营业执照不能显示注册资本,须提供法人单位的营业执照复印件。

2.2 投标产品。

本项目要求投标产品须是来自中华人民共和国或是与中华人民共和国有正常贸易与往来的国家或地区的产品。同时要求投标人中标后,承诺在本项目所在地市全面部署提供服务,提供承诺函并加盖公章。

2.3 一般纳税人。

本项目要求投标人须为增值税一般纳税人,须提供盖有“增值税一般纳税人”章的税务登记证副本(或营业执照)复印件或提供税务机关颁发的增值税一般纳税人资格认定文件或提供一份 2017 年 1 月 1 日以来开具的增值税专用发票复印件,同时须提供“承诺能够根据招标人的要求提供增值税专用发票”的承诺函。

2.4 代理商投标。

本项目监控视频云平台设备中视频云存储软件、视频云存储管理服务器、视频云存储运维服务器、视频云存储存储节点主机等接受代理商投标。对应制造商投标的应提供制造商声明函原件;代理商投标的,应满足下列要求:

本项目中同一设备仅允许代理唯一制造商投标,该制造商不得再委托其他投标人投标,代理商需提供制造商针对本项目的唯一授权函,提供授权函原件。

同一品牌同一设备代理商与制造商同时参加的,只接受制造商投标。

注:以上设备须对应提供声明函原件或授权函原件,声明函或授权函内容须包含原厂 5 年质保。

2.5 联合体。

本项目不接受联合体投标。

2.6 控股、管理关系。

单位负责人为同一人或者存在控股、管理关系的不同单位,不得参加同一标包或者未划分标包的同一招标项目的投标。

2.7 企业信誉。

2016年1月1日起至投标截止日无"失信被执行"记录。评标委员会在评审现场通过中华人民共和国最高人民法院全国法院失信被执行人名单信息公布与查询网站(http://zxgk.court.gov.cn/shixin/)进行核查。

2.8 不得存在情形。

投标人不得存在以下情形:

(1)被责令停业、破产;

(2)被取消或暂停投标资格;

(3)资产被重组、接管、查封、扣押、冻结;

(4)至投标截止日一年内发生生产安全事故的(前述事故等级按《生产安全事故报告和调查处理条例》认定);

(5)2016年1月1日至投标文件提交截止日期间有根本违约行为(以仲裁文书、生效判决等国家权力机关文书为依据)或被媒体曝光且在社会上造成恶劣影响的或法律法规限定的其他情形。须提供承诺函,虚假承诺一经查实,取消投标或者中标资格。

2.9 其他要求。

满足法律法规的其他要求。

注:不满足上述任意一条,将被直接否决投标资格。

§3 资格审查方法

本项目将进行资格后审,资格审查标准和内容见招标文件第三章"评标办法",凡未通过资格后审的投标人,其投标将被否决。

§4 招标文件的获取

4.1 招标文件获取时间:2020年3月13日至2020年3月17日,每日08时30分至11时30分,13时30分至17时30分(北京时间,下同)。

4.2 招标文件获取地点:江苏省南京市鼓楼区虎踞北路80号招标代理事业部。

4.3 招标文件获取方式:请投标人严格按照本招标公告规定时间,凡有意参与者,请于2020年3月13日至2020年3月17日在"博招天下电子采购交易平台"(https://zbdl.ccsjs.com/)提交报名申请,报名申请需提供以下材料的扫描件,包括:单位介绍信或营业执照副本复印件并加盖公章、经办人身份证复印件(未提供以上材料中的任意一项,将导致报名申请被拒绝),初审通过后方可购买招标文件。在购买招标文件前潜在投标人须在"博招天下电子采购交易平台"(https://zbdl.ccsjs.com/)注册企业信息,获取账号,以便顺利参加招标活动。

4.4　招标文件每套售价500元人民币，售后不退。

4.5　招标文件购买方式：投标申请人通过投标申请审批后，进入本项目的招标文件购买页面，填写相关信息，并选择“网上支付”的付款方式，通过微信电子支付成功后，可自行下载招标文件。具体操作方式请参考工作台界面“操作手册及客户端”中提供的《投标人操作指南》或相应的操作视频。

4.6　企业注册信息将于60分钟内完成审核，审核时间：每日08时30分至11时30分，13时30分至17时30分（北京时间，超过60分钟未经审核的可联系：雷荟沄、祁琳，025-83303501）。

4.7　完成注册的企业须登录平台，在“采购”—“在线报名”提交具体项目报名资料。项目报名审核联系人：张龙杰，联系方式：15371042016。

4.8　完成项目报名审核的投标人须登录平台，在“采购”—“购买文件”—“招标采购”完成具体项目招标文件网上支付。支付完成后在“采购”—“文件下载”下载招标文件，并获取投标保证金汇款账号，详见招标文件—投标人须知—投标人须知前附表“3.5.2　投标保证金形式”。

§5　投标文件的递交

5.1　投标文件递交条件：

递交纸质投标文件的截止时间（即投标截止时间）为：2020年4月3日上午09时30分，投标文件递交地点：江苏省无锡市滨湖区滴翠路82-3号太湖智谷科技园C4号楼6楼会议室。

5.2　本项目将于上述同一时间、地点进行开标，招标人/招标代理机构邀请投标人的法定代表人或者其委托的代理人准时参加。

5.3　出现以下情形之一时，招标人/招标代理机构不予接收投标文件：

5.3.1　逾期送达或者未送达指定地点的；

5.3.2　未按照招标文件要求密封的；

5.3.3　未按照本公告要求获得本项目招标文件的。

§6　发布公告的媒介

本招标公告在中国招标投标公共服务平台（www.cebpubservice.com）、工信部通信工程建设项目招标投标管理信息平台（txzb.miit.gov.cn）和中国铁塔在线商务平台（http://www.tower.com.cn/）上同时发布，其他媒介转载无效。

§7　联系方式

招　标　人：中国铁塔股份有限公司无锡市分公司

地　　　址：江苏省无锡市滨湖区滴翠路82-3号太湖智谷科技园C4号楼

邮　　　编：（略）

联　系　人：尹经理

电　　　话：13951583131

传　　　真：（略）

电子邮箱：yinhw@ chinatowercom. cn

网　　　址：（略）

开户银行：（略）

账　　　号：（略）

招标代理机构：江苏中博通信有限公司

地　　　址：江苏省南京市虎踞北路 80 号

邮　　　编：210003

联　系　人：张龙杰、孙成聪、施秋红

电　　　话：15371042016

传　　　真：（略）

电子邮件：15371042016@ 189. cn

网　　　址：http://www. jszbc. com. cn

招标人：中国铁塔股份有限公司无锡市分公司

招标代理机构：江苏中博通信有限公司

2020 年 3 月 12 日

三　招标邀请通知书

概念

招标一般有两种方式：一种是采用公开招标的方式；一种是采用邀请招标的方式。招标公告适用于公开招标方式，而招标邀请通知书适用于邀请招标方式。

招标邀请通知书是招标方直接邀请 3 个或 3 个以上潜在投标方参加投标时使用的文书。采用邀请招标的方式能更好地保证招标项目的完成，特别是对于一些重大的项目的招标。在实际工作中，招标方大多采用公开招标和邀请招标相结合的方式，使招投标更加灵活有效。

格式写法

招标邀请通知书不同于招标公告，它采用的是书信体格式，一般由标题、称谓、正文、落款四部分组成。

1. 标题。标题只写“招标邀请通知书”即可。

2. 称谓。称谓是指受邀参加投标的单位，需要顶格写。

3. 正文。正文应简要说明此次招标的目的、内容、依据以及其他具体事项。

4. 落款。要注明招标单位的名称、地址、联系方式及联系人、日期等相关事项。

注意事项

1. 遵循惯用体式。招标邀请通知书不是对社会公开发布的,而是直接对某些或者某几个投标方发出的邀请,所以它需要用书信体的格式来书写。

2. 内容相对概括。采用邀请招标方式有一个前提,就是招标方已经对受邀请的投标方有一定的了解,并且对受邀请的投标方有一定的倾向性,所以,招标邀请通知书正文涉及的内容不需要像招标公告中那样详细,例如,对投标方资质的要求可以省略。

【例文】

招标邀请通知书

中国××××总公司:

××跨海大桥工程是我省20××年公路重点计划建设项目。经省交通厅研究,决定采取招标方式进行发包。

贵单位多年从事桥梁工程建设,施工规范,质量可靠,报价合理,在业界享有良好声誉。我方特发函邀请贵单位前来投标。

随函邮寄"××跨海大桥工程招标公告"一份。如有意参与投标,请于20××年1月25日上午9时光临省交通厅生产综合处领取投标文件(包括施工设计图),并请按规定日期参加工程投标。

招标单位:××省交通厅

地址:××省交通厅二楼209号

联系人:×××

电话:××××××××

××省交通厅生产综合处

20××年1月15日

四　招标章程

概念

招标章程是由招标方起草的用以说明招投标活动的目的、要求、方法和程序等内容的纲领性文件。招标章程可以约束和规范招标方和投标方的行为,明确双方的权力和责任,从而保证招投标工作的顺利进行。

格式写法

招标章程一般由标题、正文、签署三部分组成。

1. 标题。标题由招标单位、招标事由、文种三部分组成。

2. 正文。正文包括招标宗旨、招标章程、招标规定、投标规定、开标规定、中标规定、合同规定和其他规定八部分,规定了招标和投标过程中的相关事项。

3. 签署。一般由负责招标的办事机构进行签署,并要注明成文时间。

注意事项

1. 条理清晰。招标章程在整个招投标文书中属于纲领性的文件,所以,为了明确地反映招标章程的内容,正文部分常采用条文式的写法。这样可以提纲挈领,疏而不漏。

2. 严密准确。为了保证日后合同内容的顺利执行,以及维护和规范双方的权利和义务,招标方在起草招标章程时要注意语言逻辑的严密性、文字表述的准确性。特别是不要出现具有歧义或者争议的句子和表达方式,否则,对合同的执行将带来很大的麻烦,并且很有可能使相关责任人逃避本应履行的义务。

【例文】

××××集团有限公司物流承运项目招标章程

一、招标宗旨

招标遵循公开、公正、公平的宗旨。

二、招标章程

1. 招标单位组成招标领导小组,指派专人负责此项工作。组长:××,副组长:××,小组成员:采购部、仓储部、纪检人员。

2. 严格执行招标规定程序和保密原则,尊重招标单位的合法权益,对招标文件内容严格保密。

三、招标规定

1. 采用书面形式或者对特定单位进行邀标。

2. 招标单位自行向投标单位提供资料。

四、投标规定

1. 投标条件:具有法人资格和具备招标书项目要求的物流运作能力的单位。

2. 投标单位按照要求,向招标单位购买招标文件及有关资料,准备招标文件

的内容(投标企业资格、价格体系、能力证明等),法人署名,加盖公章,密封,在限期前面交或邮寄至招标单位,超过规定期限的无效。

五、开标规定

1. 开标工作由招标工作领导小组负责。

2. 开标时间:在投标截止日期后的7~15天。

六、中标规定

1. 经议标评定预选中标单位,并通知该单位,约定时间、地点协商谈判。应邀单位代表携带单位委托书参加商谈。如果在通知期限内,无承诺反馈的视为弃权。

2. 与预选中标单位商谈后,经逐一验证、比较、评议、分析,确定最后中标单位,发给中标通知书。

3. 对未中标的单位不另发通知,投标资料不予退回,作为优先备选合作方资料留存。

七、合同规定

选定中标单位后,双方履行合作合同签署手续。

八、其他规定

本章程如有与国家政策法令相抵触之处,以国家政策法令为准;章程中未尽事宜,在执行中可补充修正。

××××集团有限公司

20××年×月×日

(引自中国大物流网 www. all56. com,略有删改)

五 投标方须知

概念

投标方须知是招标文件中的必备文件,它详细说明了投标程序中的事务性问题和相应的要求。此外,投标方须知只是作为招标书的附件,对某些具体要求进行补充说明,从属于招标书。

格式写法

投标方须知由标题、正文和落款三部分组成。

1. 标题。标题写“投标方须知”即可。

2. 正文。正文需使用条文式结构,详细说明投标程序中的事务性问题和相应的要求,对时间和数量等涉及数字的表述要清楚准确。

3. 落款。一般由负责招标的办事机构进行签署,并注明成文时间。

注意事项

1. 体现辅助性。由于投标方须知只是作为招标书的附件形式存在的,它所涉及的内容是招标书的正文中没有提及的,是一些更加具体的细节性事务,是对招标书正文内容的补充说明,而不涉及原则性的重大问题。无论从地位还是内容来说,它都是招标书的辅助性文件。

2. 注重完整性。由于投标方须知涉及的事务性内容非常琐碎繁杂,容易让人遗忘和发生纰漏,所以,在编制投标方须知时,要对投标者必须履行的事宜进行完备的说明,不能有所疏漏。

【例文】

投标方须知

一、投标方

1. 合格投标方的范围

1.1 在北京市设有生产地点或在北京市拥有固定的销售场所和售后服务常驻机构的国内供应商(如果投标货物实行生产许可制度,应有生产许可证)。

1.2 投标方应具有一定的资金垫付能力。

1.3 投标方近两年内具有良好的经营状况、生产能力和经营业绩。

1.4 投标方应遵守国家的有关法律、法令、条例和北京市有关政府采购的规章制度。

1.5 其他条件。

(1)具有工商行政管理部门颁发的营业执照,营业执照要按有关规定经工商行政管理部门年审有效,并具有独立承担民事责任的能力。

(2)具有中华人民共和国税务部门颁发的税务登记证,税务登记证按有关规定须经税务主管部门年审有效。

(3)具有技术监督管理部门颁发的法人代码证书。

(4)具有中介机构(会计师事务所)出具的年度审计报告或当年的验资报告。

(5)从事专卖销售和代理销售的供应商,必须持有由生产厂家或销售代理提供的书面授权书、委托书或证明文件。

(6)经销国家有特殊规定标准的货物,除须持有生产许可证外,还要有行业管理部门的批复证明和本市行政主管部门颁发的进京销售许可证明。

(7)从事接待服务行业的必须持有消防安全证明、特种行业证明、收费许可证和卫生防疫许可证等。

2. 投标委托

2.1 如投标方代表不是法人代表,须持有《法人代表授权书》。

2.2　如投标方提供的货物不是自己制造的，投标方应得到货物生产厂家的正式授权。

3. 投标费用

无论投标过程中的做法和结果如何，投标方自行承担所有与参加投标有关的全部费用。

二、招标文件

4. 招标文件内容

4.1　招标文件由招标文件总目录所列内容组成。

4.2　投标方应详细阅读招标文件的全部内容。不按招标文件的要求提供的投标文件和资料，可能导致投标被拒绝。

5. 招标文件的澄清

投标方对招标文件如有疑点要求澄清，可用书面、传真等形式通知招标方，但通知不得迟于开标日期前5天使招标方收到，招标方将视情况确定采用适当方式予以澄清或以书面形式予以答复，并在其认为必要时，将不标明问题来源的书面答复发给所有取得同一招标文件的投标方。

6. 招标文件的修改

6.1　在投标截止时间前，招标方无论出于自己的考虑，还是出于对投标方提问的澄清，均可对招标文件用补充文件的方式进行修改。

6.2　对招标文件的修改，将以书面、传真等形式通知所有取得同一招标文件的投标方。补充文件将作为招标文件的组成部分，对所有投标方有约束力。

6.3　为使投标方有足够的时间按招标文件的修改要求考虑修正投标文件，招标方可酌情推迟投标时间和开标时间，并将此变更通知所有取得同一招标文件的投标方。

三、投标文件

7. 投标范围及投标文件计量单位

7.1　投标方可对招标文件中“招标货物清单”所列的所有内容进行投标，也可只对其中一包或几包货物进行投标，但不得将一包中的内容拆开投标。

7.2　投标文件中所使用的计量单位，除招标文件中有特殊要求外，应采用国家法定计量单位。

8. 投标文件的组成

8.1　投标书(统一格式)内容。

(1)投标函。

(2)开标一览表(用于唱标)。

(3)投标货物基本性能表。

(4)投标方交通位置简图。

(5)投标书附件(投标方视需要自行编写)。

8.2　资格证明文件。

(1)企业法人营业执照(复印件,加盖公章)。

(2)税务登记证(复印件,加盖公章)。

(3)法人代码证书(复印件,加盖公章)。

(4)中介机构(会计师事务所)出具的年度审计报告或当年的验资报告(复印件,加盖公章)。

(5)从事专卖销售和代理销售的供应商,提供由生产厂家或销售代理提供的书面授权书、委托书或证明文件(复印件,加盖公章)。

(6)经销国家有特殊规定标准的货物,除须持有生产许可证外,还要有行业管理部门的批复证明和本市行政主管部门颁发的进京销售许可证明(复印件,加盖公章)。

(7)投标人身份证明(复印件)及法人授权书(原件)。

9. 投标内容填写说明

9.1　投标书按统一格式填写,并按本须知第8条规定的顺序排列,装订成册。

9.2　全部投标文件的规格为A4纸型(21厘米×29.7厘米)。

9.3　开标一览表为在开标仪式上唱标的内容,要求按格式填写,统一规范,不得自行增减内容。

10. 投标书附件的编制及编目

投标书附件由投标方视需要自行编制。规格幅面应与正文一致,附于正文之后,与正文页码统一编码装订。

11. 投标报价

11.1　所有投标均以人民币报价。

11.2　投标方要按开标一览表(统一格式)的内容填写价格及其他事项,并由法人代表或授权代表签署。

11.3　招标方不接受任何选择报价,对每一种货物只允许有一个报价。

11.4　最低报价不能作为中标的保证。

11.5　报价应是投标单位明示的零售价、相应的政府采购价及政府采购折扣率。

12. 投标保证金

12.1　中标方在领取中标通知书时,缴纳履约保证金10 000元。

12.2　履约保证金采用转账支票形式支付。

13. 投标文件的有效期

13.1　投标书自开标日起90天内有效。有效期短于90天的投标将被拒绝。

13.2　在特殊情况下,招标方可与投标方协商延长投标书的有效期。这种要求和答复都应以书面、传真等形式进行。按本须知第12条规定的投标保证金的有效期也相应延长。投标方可以拒绝接受延期要求而不致被没收保证金。同意延长有效期的投标方不能修改投标文件。

14. 投标文件的签署及规定

14.1　组成投标文件的各项资料(本须知第8条中所规定)均应遵守本条。

14.2　投标方应填写全称,同时加盖公章。

14.3　投标文件必须由法人代表或授权代表签署(印刷体、复印件无效)。

14.4　投标文件中投标书一式7份。其中,正本1份,副本6份。资格证明文件一式2份,其中,法人代表授权书、生产厂家授权书、生产厂家需要提供的其他文件、代理商需要提供的其他文件、售后服务体系及网点基本情况表正本1份,副本1份。其余文件可提供复印件。如果正本与副本不符,以正本为准。

14.5　投标文件的正本必须用不褪色的墨水笔填写或打印,注明“正本”字样。副本可以用复印件,注明“副本”字样。

14.6　投标文件不得涂改和增删,如有修改错漏处,必须由同一签署人签字或盖章。

14.7　投标文件因字迹潦草或表达不清所引起的后果由投标方负责。

四、投标文件的递交

15. 投标文件的密封及标记

15.1　投标文件应按以下方法分别装袋密封:

15.1.1　投标书密封袋内装投标书正副本共一式7份。封口处应有投标全权代表的签字及投标单位公章。封皮上写明招标编号、招标项目名称、投标方名称,并注明“开标时启封”字样。标书中含开标一览表。

15.1.2　资格证明文件袋内装资格证明文件2份。封皮上写明招标编号、招标项目名称及投标方名称,并注明“资格证明文件”字样。

15.1.3　为方便开标唱标,另外单独密封一份开标一览表,并标明“开标一览表”字样,投标时随投标文件单独递交招标方。

15.2　将全部投标文件(投标书密封袋、资格证明文件袋及投标方认为有必要提交的其他资料)包装完好,封皮上写明招标方名称、招标编号、投标方名称和地址。

15.3　如果投标方未按上述要求密封及加写标记,招标方对投标文件的误投和提前启封概不负责。

16. 投标截止时间

16.1　投标文件必须在规定的投标时间内派人送达指定的投标地点。

16.2 招标方推迟投标时间时,应以书面或传真的形式通知所有投标方。在这种情况下,招标方和投标方的权利和义务将受到新的投标时间的约束。

16.3 在规定的投标截止时间以后送达的投标文件,招标方拒绝接收。

17. 投标文件的修改及撤回

17.1 投标以后,如果投标方提出书面修改和撤标要求,在投标截止时间前送达招标方,招标方可以接受,但不退还投标文件。

17.2 投标方修改投标文件的书面材料(一式7份)须密封送达招标方,同时应在封套上标明“修改投标文件(并注明招标编号)”和“开标时启封”字样。

17.3 撤回投标应以书面、传真等形式通知招标方。如采取传真形式撤回投标,随后必须补充有法人代表或授权代表签署的要求撤回投标的正式文件。

五、开标及评标

18. 开标

18.1 招标方按招标文件规定的时间、地点主持公开开标。开标仪式由招标方主持,评标小组成员、委托方代表及有关工作人员参加。

18.2 投标方派代表参加开标仪式。

18.3 开标时查验投标文件密封情况,确认无误后拆封唱标。

18.4 招标方在开标仪式上,将公布投标方的名称、投标货物名称、投标价格及其投标的修改、投标的撤回、投标保证金是否提交等,招标方将做唱标记录。

19. 对投标文件的初审

19.1 初审内容为投标文件是否符合招标文件的要求、内容是否完整、文件签署是否齐全及验证投标保证金。

19.2 与招标文件有重大偏离的投标文件将被拒绝。重大偏离系指投标货物的质量、数量及交货期明显不能满足招标文件的要求。这些偏离不允许在开标后修正,但招标方将允许修改投标中不构成重大偏离的微小的、非正规、不一致或不规则的地方。

19.3 招标方对投标文件的判定,只依据投标内容本身及评标小组要求提供的有关补充材料。

20. 投标的澄清

20.1 招标方有权就投标文件中含混之处向投标方提出询问或澄清要求。投标方必须按照招标方通知的时间、地点派专人进行答疑和澄清。

20.2 必要时招标方可要求投标方就澄清的问题作书面回答,该书面回答应有投标全权代表的签章,并将其作为投标内容的一部分。

20.3 投标方对投标文件的澄清不得改变投标价格及实质内容。

21. 评标

21.1　招标方根据招标货物特点组建评标小组，对具备实质性响应的投标文件进行评估和比较。评标小组由招标方、需求方，技术、经济、法律专家和其他有关方面的代表组成。

21.2　评标严格按照招标文件的要求和条件进行。比较报价，同时考虑以下因素：

(1)设计方案先进、合理。

(2)产品的性能、互换性及标准。

(3)产品的寿命、经营成本。

(4)售后服务、备件供应。

(5)经营信誉。

(6)财务状况、资金垫付能力。

(7)地理环境和交通条件。

(8)提供的特殊服务和优惠条件。

21.3　中标条件：

(1)投标文件符合招标文件要求。

(2)投标报价、销售服务对招标方最有利。

(3)有良好的服务承诺和执行合同能力。

(4)资金垫付能力强。

(5)最低报价不是被授予协议的保证。

22. 评标过程保密

22.1　开标之后，直到授予中标方协议止，凡是属于审查、澄清、评价和比较投标的有关资料以及授标意向等，均不得向投标方或其他无关的人员透露。

22.2　在评标期间，投标方企图影响招标方的任何活动，将导致投标被拒绝，并承担相应的法律责任。

六、签订协议及合同

23. 最终审查

23.1　最终审查的对象是招标项目的预中标方。

23.2　最终审查的内容是对预中标方的产品进行产品性能、技术状况、生产条件、产品质量，投标人资格、售后服务、交通位置以及招标方认为有必要了解的其他问题作进一步的考查。

23.3　最终审查的方式：

(1)对预中标方进行询问。

(2)对预中标方进行实地考察。

23.4　接受最终审查的预中标方，必须如实回答和受理招标方的询问或考查，并提供所需的有关资料。

23.5　如审查结果排序第一的预中标方不符合中标条件，则应考察排序第二的预中标方，依次排列。

24. 招标方在授标时有变更数量的权利

在向投标方授予中标通知书时，招标方有权变更数量和服务的内容。

25. 招标方接受和拒绝任何或所有投标的权利

尽管有第 21.3 条的规定，为维护国家利益，招标方在签订协议之前仍有选择或拒绝任何投标方中标的权利，对受影响的投标人不承担责任，也无义务向受影响的投标方解释采取这一行动的理由。

26. 中标通知

26.1　在投标有效期内，招标方以书面形式通知所选定的中标方。

26.2　当中标方按第 27 条规定与招标方签订协议时，招标方将向其他投标方发出落标通知，10 日内无息退还投标保证金。招标方对落标的投标方不作落标原因的解释。

27. 签订协议

27.1　中标方应按中标通知书规定的时间、地点与招标方签订《政府采购委托协议》，否则按开标后撤回投标处理。

27.2　协议中明确委托期限、采购价格的确定、招标方与中标方的责任与义务、违约责任和其他条款。

27.3　招标方的政府采购为批量采购行为，所购货物均享受投标书中承诺的政府采购价格。

27.4　如遇生产厂家、代理商下调货物价格或举行优惠促销活动，中标方应按下调价格或促销优惠价格下浮政府采购价格，最迟在下调执行日前一天以书面形式通知招标方，并附生产厂家书面通知。

27.5　如遇生产厂家对中标机型的配置有变化，而影响市场价格变动时，中标方应及时以书面形式通知招标方，并附生产厂家书面通知，告知市场价格与政府采购价格。

27.6　中标方如法人代表或其他任何情况变化，不应影响协议及合同的执行。

27.7　招标方有权要求中标方对所供应的所有货物提供正品货物的有效证明。

28. 签订合同

28.1　中标方应按《政府采购委托协议》的要求与使用单位签订《供货合同》。

28.2　合同中必须明确设备的质量标准、交付与验收、买卖双方的责任、违约责任、争议的解决、合同的生效和效力。

××招标代理有限公司(盖章)

20××年×月×日

六　投标申请书

概念

投标申请书是投标方在招标截止日期前,向招标方递交的申请参加投标的书面文件。撰写投标申请书是投标方进行投标的第一步,只有递交了投标申请书并经招标方批准后才能参加投标。

格式写法

投标申请书由标题、称谓、正文、署名和附件五部分组成。

1. 标题。标题可直接写“投标申请书”。

2. 称谓。称谓即招标单位名称。

3. 正文。正文应写明投标方愿意按照招标方所规定的要求参加投标活动的意愿和其他的保证事项。语气和措辞要诚恳,应充分表达希望参加此次投标的意愿,以及保证履行招标方规定的承诺。

4. 署名。署名处需要有法人和法人代表的签字和印章,并注明时间,以体现投标申请书的权威性和有效性。

5. 附件。附件包括对投标方基本情况进行的详细说明,以及投标方拥有的相关资质或证明材料等。这些可以说明投标方单位的正规性、合法性,并且可以增加投标方在投标过程中的优势。

注意事项

1. 使用敬语。投标申请书是投标方向招标方发出的参加投标的书面文件。在书写投标申请书的时候,除了要在其中作出相关承诺和保证外,还要注意语气的诚恳和措辞的严密,涉及招标方的称谓时,要用敬称或者全称,如贵方、贵单位等,而不要用简称。

2. 真实有效。投标申请书的附件部分主要包括投标方的资质和证书等,这些是对投标方承标能力的一种体现,也是招标方对投标方的衡量标准之一。所以,投标方一定要保证附件中相关资质和证书的真实性和有效性。

【例文】

投标申请书

××市天然气高压管网有限公司：

根据贵公司××××××工程招标公告(招标编号 FS20××-035),我公司拟参与该招标工程的投标报名。特此申请。

本申请书附有下列内容的文件：

1.《投标报名表》(一式两份,加盖公章及法人章,单独提交)。

2. 投标申请人的《企业营业执照》副本和《税务登记证》副本复印件。

3. 投标申请人的企业法定代表人证明书原件。

4. 投标申请人的企业法人代表授权证明书原件及被授权人的身份证复印件(适用企业法人代表授权给被授权人的情况)。

5. 投标申请人拟投产品制造商授权书或代理证书(非制造商适用)。

6. 投标人推荐采用的各个产品的制造厂家的 ISO9001 质量体系认证证书复印件。

7. 投标申请人资信状况:包括资信证明、工商管理重合同守信用证书、近 3 年财务状况表及经会计师事务所审计的财务报表复印件。

8. 投标申请人近 3 年同类项目业绩及其证明资料(中标通知书、合同复印件、验收报告复印件)。

9. 投标申请人简介及投标申请人基本情况表。

10. 投标申请人认为对应采购需求的设备的技术资料。

11. 投标申请人认为需提供的其他资料和文件。

我方承诺对本次投标过程中所有材料的真实性负全部责任,如有不实,我方愿承担由此造成的一切后果。如有需要,我方可以按贵公司的要求,进一步提供必要的相关资料,以核实本申请书中提交的或与本申请人的资金来源、经验和能力等有关的声明和资料。

我方保证尊重并满足贵公司的进口设备需求,对于备注为进口的标的产品,承诺由产品原产地的国外制造商或国外的更高级的代理商与业主签订外贸合同(中国海关征收的进口关税和增值税由业主负担)。

投标方:××××公司(盖章)

法人代表:×××(签章)

20××年×月×日

七　投标书

概念

投标书又称标函，是投标方根据招标方提出的条件、要求以及自身实力编写的文书。投标书经密封后送至招标处，其内容在开标之前要保密。

格式写法

投标书由标题、正文、结尾三部分组成。

1. 标题。标题由投标项目名称和文种组成，例如，××项目投标书。

2. 正文。正文须写明投标项目的名称、价格、数量、单位、技术指标及完成日期等有关信息，可以使用列表的格式来编写。

3. 结尾。结尾注明投标方的单位名称、负责人姓名、联系地址和电话等相关信息。

注意事项

1. 知己知彼。投标本身是一种竞争行为，投标书的写作，首先要详细了解竞争对手的情况，在深入细致分析研究的基础上，尽可能展示自己的优势，拿出具有竞争力的方案。

2. 真实诚信。真实诚信是中标的前提，投标书必须真实反映投标人的资格资质、技术力量和资金设备等方面的情况。否则，不仅中标资格被取消，还要承担由此引发的法律责任。

3. 说明具体。投标书是对招标书的回应，因此，必须按照招标书中提出的要求作出相应的具体说明，包括投标项目的名称、价格、数量、单位、完成日期、负责人和联系方式等。

【例文】

投标书

中铁××局集团××置业有限公司：

根据贵公司提供的中国铁建·东来尚城一期铝合金门窗制作、安装工程的招标文件，我方愿以人民币伍佰伍拾万伍仟捌佰叁拾伍元柒角贰分（￥5 505 835.72）的投标报价按招标文件要求承包本次招标范围内的全部工程制作、安装及保修工作。现就投标事宜承诺如下：

1. 我方承诺响应招标文件的所有条款。

2. 我方完全理解贵公司无义务必须接受最低报价的投标并有权拒绝所有的投标。一旦中标,我方保证立即进行开工前的准备工作,在开工令下达后立即开工,并在招标文件要求的竣工时间内竣工。

3. 我方保证工程质量达到国家及行业规定的生产和验收标准。

4. 如果中标,我方将按照招标文件的要求向贵公司提交规定数额的履约保证金并履行其他应尽义务。

5. 我方同意在招标文件规定的投标有效期内,本标书始终对我方有约束力且随时可能按此标书中标。若中标单位违约,被贵公司清理出场,我方同意在接受贵公司通知后,立即组织出场,并按我方投标报价签订剩余工程量的合同。

6. 如果我方中标,贵公司的中标通知书和本标书将构成约束我们双方的合同的组成部分。

附件:1. 投标方概况(略)

2. 投标方资质证明(略)

3. 投标方业绩、信誉证明(略)

4. 施工方案概述(略)

5. 工程工期目标及保障措施(略)

6. 工程质量目标及保障措施(略)

我方对上述附件的真实性、科学性负责。

投标单位:××市××装饰工程有限公司

地址:××市××路××号　邮编:276×××

电话:186××××××××

联系人:×××

投标方:××市××装饰工程有限公司(盖章)

法人代表:×××(签章)

20××年×月×日

八　中标通知书

概念

中标通知书是招标方通知投标方已经中标的文书。经过招标、投标、开标、评标等环节,招标方按照招标项目的要求以及对各投标方的综合评定,决定中标方,并与之签订合同。

格式写法

中标通知书由标题、称谓、正文、落款四部分组成。

1. 标题。标题由招标项目的名称和文种组成，例如，××项目中标通知书。

2. 称谓。称谓写明中标的单位。

3. 正文。正文应写明招标项目名称、中标单位、标价、数量、标的计量单位和截止日期等相关事项。

4. 落款。落款处应写明签发单位名称、日期，并加盖单位公章。

注意事项

1. 简单清晰。在起草中标通知书时，不必事无巨细全部列出，只需把最重要的部分，如中标单位、标的、标价和截止日期等项目列出即可。行文一定要简单明了。

2. 内容正确。中标通知书是招投标文书中的最后一部分，对于文中涉及的招投标项目的内容、金额、数量、单位和日期等一定要核实确认，以免造成不必要的纠纷。

【例文】

中标通知书

××××钢绳有限公司：

新建铁路厦深线（福建段）部管物资钢绞线招标（招标编号：JW20××-023）工作已结束，经标审委员会评审推荐，并经我公司确认，贵公司被确定为中标人。

中标物资名称：钢绞线。

中标价格：人民币陆仟贰佰壹拾肆万捌仟柒佰叁拾陆元整（￥62 148 736.00）。

工期：××××年×月×日—××××年×月×日。

质量标准：国家施工验收规范优良标准。

请贵公司收到本通知后，按招标文件“投标人须知”第28款规定向我公司提交履约保证金，并于10天内与我公司办理签订合同等有关事宜。

特此通知。

东南沿海铁路××有限责任公司（盖章）

20××年×月×日

（引自帅龙集团网站 http://www.cnsljt.com，有改动）

【思考与练习】

1. 结合实际,谈谈招投标文书的作用。
2. 请找一份招标邀请通知书,试写一份对应的投标书。

第十一章

商务学术论文

概念

商务学术论文是研究探讨商务问题,表述科研成果的文章。它不仅真实、全面、系统地反映研究成果,传播学术信息,而且是进行科学研究的重要依据,同时又是经济决策的重要参考。

格式写法

学术论文属于论说文的范畴,但与一般的论说文有明显的不同。它不仅要对某些问题评判是非,陈述作者的观点,而且要对学术领域中的现象、问题进行研究和探讨,并对探讨的过程和结果进行记录和描述。商务学术论文的写作是一项复杂的劳动,包括论题的选择、资料的搜集与整理、论点的确立与材料的选择、谋篇布局、起草与修改以及技术处理等环节。

根据国家标准局 1987 年发布的《科学技术报告、学位论文和学术论文的编写格式》(GB 7713—87)的规定,学术论文应包括题名、责任者姓名(即署名)、摘要、关键词、绪论、本论、结论、致谢、参考文献、附录等 10 项内容。目前在报刊上公开发表的商务学术论文,通常由以下内容组成。

1. 题名。题名即标题或题目,是以恰当简明的词语反映学术论文重要内容的逻辑组合。“题好文一半”,题名是一篇学术论文给出的反映论文范围与水平的第一个重要信息,其基本要求是准确得体,简短精练,常带有可透视文种的特定词语,如“论……”,“谈……”,“……初探”或“……探微”,“……管窥”等。题名应避免使用不常见的缩略语、首字母缩写字、字符、代号和公式等,一般不宜超过 20 字。

2. 署名。应在标题下注明作者单位和姓名。

3. 摘要。摘要是论文内容的不加注释和评论的简短陈述。摘要的内容应包括与论文同等量的主要信息,供读者确定有无阅读全文的必要,也可供文摘等二次文献采用。摘要一般应说明研究的目的和重要性、研究方法、研究的主要内容、基本结论和研究成果、结论及其意义。要反映的内容虽多,但文字要简练,内容要概括。一般不列举例证,不讲研究过程,不用图表,不作自我评价。

4. 关键词。关键词是为了文献标引工作,从论文中选取出来,用以表示全文主要内容的单词或术语。选择关键词的一般方法是:在完成论文写作后,纵观全文,选出能表示论文主要内容的信息,以 3~8 个词为宜。如有可能,尽量选用《汉语主题词表》等词表提供的规范词。

为便于国际交流,还应同时注明对应的外文(多用英文)标题、摘要和关键词。

5. 绪论。绪论又称前言,是论文的引论部分。其内容包括研究的目的、范围、相关领域前人的研究情况和空白、理论基础和分析、研究设想、研究方法、预期结果和意义等。写作应言简意赅,避免与摘要雷同。

6. 本论。本论是论文的主体部分,它占据论文的最大篇幅。论文所体现的创造性成果或新的研究结果,都将在这一部分得到充分的反映。因此,要求这一部分主旨明确,内容充实,论据可靠,层次分明,合乎逻辑。不管是阐述自己独到的见解,还是反驳他人的观点,或者解决疑难问题,都要周密地进行论证。

本论部分常采用递进推论或并列分论的方法安排结构层次。递进推论是在提出基本论点或问题后,设立几个下位论点,一个接一个,层层深入地对基本论点或问题进行论证。各部分的论述呈现步步推进的逻辑关系,各单元间的位置不可随意调换。并列分论是指提出基本论点或问题后,设立几个下位论点,分别从不同的角度对基本论点或问题进行论证。各论证单元间的关系是并列平等的,排列次序可以调换。由于学术论文论述的问题通常比较复杂,仅用一种结构方式往往不能满足内容表达的需要,因此,写作中常将以上两种结构方式结合起来使用。在各个论证单元前,可以加序码或小标题,以求层次清楚。本论部分常用的论证方法有例证法、引证法、推理法(演绎推理法、归纳推理法、类比推理法)、对比法、反驳法(反驳论点、反驳论据、反驳论证)等。

7. 结论。结论是论文最终的总体的结论,是从全篇论文的全部材料出发,经过推理、判断和归纳等逻辑分析过程而得到的新的学术总观念、总见解,并非正文中各段小结的简单重复。如果不能导出应有的结论,也可以不写结论而进行必要的讨论。可以在结论或讨论中提出研究设想、改进意见或提出遗留问题等。结论部分应完整、精练,注意与开头连贯呼应。

8. 注释和参考文献。注释是对文中引文出处的交代说明,应按文中出现的先后次序,注明其出处。参考文献是作者在写作论文时主要参考的专著或论文,要注明参考文献的作者、篇名和版本等。

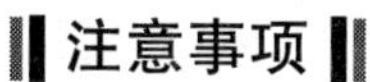

1. 讲究科学性。商务学术论文的科学性体现为以科学的态度,运用科学的理论和方法,论述商务领域中的问题。因此,在商务学术论文的写作中,立论要切实从商务实际出发,从中引出符合实际的结论来。论据要真实、充分,做到“人有户口,事有依据”。论证要符合认识规律,使观点和材料达到和谐统一。语言要符合科学语体的要求,做到准确、庄重、严密,特别是定性定量方面,更要准确无误。

2. 具备理论性。商务学术论文的理论性表现在论文的写作目的、表现形态和论证性等方面。商务学术论文的写作目的是与经济科学的发展和商务问题研究水平的提高密切相关的。从这个意义上讲,只要描述了经济科学和商务问题研究中新的发现、新的创造,就是对经济科学的发展具有理论价值的学术论文。商务学术论文的表现形态是由概念、判断组成的理论体系,因此,在使用事实材料时,必须舍弃其生动形象性,或压缩为简单的事实叙述,或转化成一系列的数据,或表现为图式与表格。商务学术论文的基本框架是以中心论点为核心,以相互之间为并列、递进等关系的小论点组成的严密逻辑体系,所以,不可罗列现象,不可以叙代议,不可就事论事,而是应在经过压缩与概括的事实的基础上,依据经济科学的原理和逻辑进行概括和评价,并升华到一定的理论高度。

3. 力求独创性。商务学术论文的独创性表现为在他人研究的基础上有所发现、有所发明、有所创作、有所前进,提出他人没有提出的新理论、新知识和新方法。学术论文的创造性主要由论文所表达的成果的独创性表现出来。独创性并非随心所欲地标新立异,而是对经济现象进行观察、调查和分析研究后得出的有理论价值或应用价值的正确结论。结论的独创性与论题的选择具有密不可分的关系。对亟待解决的论题、学科发展前沿的论题、跨学科的论题和填补空白的论题的研究都很有可能取得有价值的学术成果;对纠正通说的论题、补充空白的论题和争鸣性的论题的研究,若能在原有的基础上有所创新,也是一种创造。

【例文】

日本步行街发展经验及其对中国的启示

王　岩　董　超　路红艳

摘要:近年来,中国积极开展步行街改造提升工作,在步行街的整体规划、基础设施建设等发展方面取得巨大进步。但由于缺乏特色、购物环境不佳、服务水平不高等原因,我国步行街仍存在吸引力不足,不能满足消费者需求等现实问题。日本是步行街成功发展的典范,在观光立国战略的背景下,日本步行街发展强调为外来旅游者和本地居民的多样化消费需求服务,注重特色化发展,以人为本,重视硬件基础设施和消费环境的塑造,这是其吸引国内外游客消费,成为国际消费中心的重要原因。

因此,在深入研究和学习日本步行街发展特点和经验后,提出我国步行街发展应在加强统一规划管理的基础上,提升服务水平,完善步行街消费环境,凸显文化特色,差异化发展,推动步行街业态创新,逐步将步行街打造成为促进强大国内市场形成的有效载体、实现经济高质量发展的创新平台和推动全方位对外开放的重要窗口。

关键词:日本　步行街　观光立国

党的十九大指出,要完善促进消费的体制机制,增强消费对经济发展的基础性作用。现阶段,我国城市消费占到居民消费的70%以上。随着城镇化进程的加快,城市消费的作用将更加突出。步行街作为城市商业的发源地,也是各种商业资源的集聚区,集中了大大小小的店铺、多种多样的业态,既是本地居民消费的重要场所,也是国内外游客光顾的热点场所,在满足居民生活、丰富城市功能方面具有重要作用。日本步行街是促进国际旅游消费、建设国际消费中心的成功典范。2011年以来,外国游客在日消费额呈现逐年增加态势,2018年首次突破4万亿日元(约合人民币2 673亿元),外国游客特别是中国游客赴日本旅游购物,对于低迷的日本经济和日本政府推行"安倍经济学"起到了重要的提振作用。日本银座、新宿、涩谷等已成为世界知名的步行街区和购物天堂,每年吸引全世界各国游客前往消费。近年来,我国步行街发展逐步得到国家和各级政府重视,各地积极开展步行街改造提升工作并取得积极成效。但我国步行街还不同程度地存在环境不够好、档次不够高、功能不完善、特色不突出等问题,其应有的作用没有充分发挥出来。为了加快实现我国步行街提质升级,充分发挥其在满足国内消费需求、吸引境外游客消费、推动商贸流通创新发展等方面的作用,学习和借鉴日本步行街发展经验十分必要。

一、日本步行街发展经验

(一)日本步行街发展概况

长期以来,步行街作为日本城市形象的代表,并作为社区重要的基础服务设施,在营造适宜的居住环境、推动当地社会协调发展等方面发挥了积极作用。近年来,随着日本老龄化、少子化等人口结构变化趋势,居民消费需求及消费习惯发生了变化,更多消费者倾向于在大型购物中心或超市进行"一站式"消费,导致步行街客流、平均店铺数量呈现减少趋势。日本中小企业厅公布的日本《全国商业街现状调查报告》数据显示,截至2018年10月,日本共有商业街15 014条,较2012年调查时增加25条。每条商业街的平均店铺数量(包括空置店铺)为50.7家,较2012年调查时52.9家减少了2.2家,与1985年高峰时的85.7家相比减少35家。

从国际游客占步行街消费者的比重来看，国际游客占步行街消费者平均比重为12.7%，其中，超广域和广域步行街外国游客占比较高，分别为75.3%和35.4%（见表1，略）。从步行街接待的国际游客绝对数量来看，21.3%的店铺接待的国际消费者人数呈现增加态势，57.5%的店铺接待的国际消费者人数保持稳定，1.4%的店铺接待的国际游客消费者人数减少；从国际游客在步行街的消费额度来看，9.5%的店铺表示国际游客消费额呈现增加态势，66.5%的店铺表示国际游客消费额保持不变，2.4%的店铺表示境外游客消费额正在下降。国际游客的相对占比、绝对数量和消费额在不同类型步行街中稍有差别（见表2、表3，略）。

近年来，外国游客特别是中国游客访日消费，对日本经济的贡献率在相对数量方面并非很高（1%），但对于低迷的日本经济起到了重要的提振作用。2018年外国游客在日消费首次突破4万亿日元（约合人民币2 673亿元），连续6年刷新历史最高纪录，访日游客的人均消费支出为15.3万日元（约合人民币9 481元），中国游客人均支出为22.4万日元（约合人民币13 880元），其中购物消费约占总消费的50%。其中，步行街和主要商圈是境外游客消费的主要载体。看上去单一的"爆买"现象，其背后产生的"蝴蝶效应"对带动日本相关产业的发展和提升国家软实力等影响巨大。其带动了食宿费、交通费、购物费等日本消费的上涨，增加了就业机会，旅游业直接雇用150万人，间接雇用400万人，对经济的贡献度可见一斑。

（二）日本步行街发展的主要特征

日本泡沫经济破灭之后，通过观光立国战略，吸引国际游客、国际消费，缓解经济下行压力，因此与欧美国家不同，日本步行街发展强调在满足本地居民需求基础上，为外来旅游者提供便利的服务，并满足游客的多样化需求。日本步行街主张发挥各自特色而不雷同，显示其独特个性，以此增强吸引力，在改造和建设商业街时非常注重硬件和软件要素。

从整体上看，日本步行街大都交通便利，商品品类丰富，追求精细化发展，具备高水平的服务，免退税商业发达并具有便利的退税体系。

1. 具备良好交通条件，地下商业发达

（1）日本步行街大多与公共交通结合紧密，具备良好的可达性。日本很多著名步行街银座、新宿、涩谷、池袋等均采取TOD（Transit Oriented Development）开发模式，即以公共交通为导向的开发模式，以地铁站为核心，周边有效整合了多条轨道交通、常规公交、旅游公交、长途公交、出租车、自行车交通以及步行交通等，让各种出行模式在步行街范围内都能实现很好的转化及换乘。如新宿步行街的核心交通枢纽新宿站就是一个集地铁、电车、火车、高铁于一体的综合性车站，仅地铁线路就有17条，上层的火车和电车几乎覆盖了整个日本的交通线路，新宿站周边还有开往日本各地的大巴,交通十分便利。

(2)街区立体化开发,地下步行街发达。日本各大城市及一些中等城市都有地下步行街。在城市主要商业中心区、地铁和轨道交通主要枢纽站的站前广场和邻近地区、高层建筑的地下通道,都进行大型地下步行街的开发。东京地下步行街遍布全城,仅面积1万平方米以上的地下步行街就有17条,其中,东京都八重州地下步行街是全世界最大的地下步行街,上下共3层,有商店、餐厅,还有供游览的3个广场。日本通过对车站设施、道路基建、周边建筑等进行一体化规划及建设,形成明了、舒适、密集的步行网络,原本以移动为目的的地下步行网络,兼具购物、休闲、休憩和聚集等功能。

2. 本土商品品类丰富,注重精细化发展

(1)步行街遍布丰富多样的本土商品。基于强大的产业基础和行业发展策略,日本在电器、服饰、药妆、保健品等诸多品类都具有一系列极具口碑和吸引力的商品品牌,日本步行街店铺经营的本土品牌占比较大。尤其是遍布日本大街小巷的药妆店,全部都为日本本土品牌。在化妆品行业,2017年日本化妆品行业TOP10品牌中本土品牌占据9席,本土品牌已经是市场当之无愧的领导者。在电器销售方面,据日本苏宁乐购仕Laox店介绍,店内销售产品约70%为日本本土品牌商品,其余为消费者喜爱的热销商品。

(2)商品和店铺追求精细化发展。日本是一个将细节用到极致的国家,日本零售业发展一向具有美学化陈列、精致化包装的特征。无论在步行街上的7-11便利店还是在LOFT品牌集合店,日本的商品陈列整齐简洁,一排排长长的货架上,分门别类地摆满各种令人眼花缭乱的商品,每一个大种类之下都有不计其数的单品供消费者选择。同时,各类商品还具有不同规格,为消费者提供多样化的购物选择,特别适合作为礼品馈赠亲友。此外,日本还会把单品做到极致,如仅文具及相关产品就支撑起了一个7层的伊东屋,几乎所有与文具有关的东西都可以在店里找到。

(3)十分注重商品质量。日本对商品品质的要求可谓极致,在日本的百元店里,依然可以买到耐用实用的商品。日本百元店的兴起源自经济不景气时代,很多人在危机之下,希望用最便宜的价钱买到生活必需品,单一价商店应运而生。时至今日,日本的单一价商店已经不再是满足穷人需要的商店了,而是一种极简生活和实用主义的重要采购场所,也正迎合了当下日本盛行的消费观念。日本人具备将小东西做到极致的态度,因此在百元店中经常可以采购到一些精巧的小商品,为消费者提供物超所值的购物体验。

3. 注重以人为本,提供高水平的服务

(1)步行街具备人性化的基础设施。不仅在日本步行街,在全日本任何地方都能发现许多人性化的设计,比如设计了适合在地毯上推动的童车、轮椅,在商场走廊、中庭等公共空间,更有随处可见的休息区,并且休息座椅形态各异,有的甚至配有按摩椅,几乎所有日本的公共卫生间都极为干净整洁、配套完整,具有极为密集和精确的导视系统,整个国家的导视系统都精确到"米"和"分钟"。为方便游客在步行街购物,在银座等国际化程度较高的、外国游客数量较多的步行商业街区,都设有可以存储大型行李箱的储物柜。

(2)提供高水平的消费者服务。在步行街的很多商场中,有多种语言导购人员,为来自不同国家的游客创造便利的消费场景;在购物后则提供邮寄服务,任何服饰、鞋子、皮包、日用品等都可以直接送到客人家中、酒店房间或者返程机场;在下雨天,很多店铺会为顾客准备擦拭雨具与身体的毛巾、提供防雨商品包装、提供免费使用的雨伞等,提升消费者的体验感。在日本的任何一家店碰到任何一位店员,他们都会热情地问好或者点头微笑,既没有强买强卖,亦没有贵贱之分。

4. 免退税商业发达,促进境外游客消费

(1)步行街退税店数量众多。日本步行街上遍布免退税店,几乎所有店铺都是退税店。退税商店包括土特产品店、食品店、服装店、药妆店、便利店等,几乎覆盖所有商品及服务经营场所。日本观光厅统计数据显示,截至2017年10月,日本全国有4.28万家退税店,其中东京、名古屋和大阪这三大都市圈内的免税店有近2.63万家,约占全部的60%。

(2)具有完善便利的退税体系。近年来,为进一步提升购物退税便利性,同时也为了带动旅游消费和地方特产的销售,2018年日本观光厅又调整了退税政策。按照调整后的政策,只要总额超过5 000日元,只需将所有退税商品放入同一个密封袋内,就可以一次性办理退税手续,不再区分一般商品和消耗品,消费者退税十分便利。

(三)日本步行街发展经验总结

自20世纪70年代以来,面对不同时期步行街发展出现的问题,日本政府采取了诸多政策,积极推动步行街的改造升级。总体来看,日本步行街的成功发展,是政府、企业、社会组织等多方力量共同作用的结果,离不开其强大的制造业基础、精益求精的产品质量意识及全民极致的服务意识。

1. 政府的有效引导

在步行街建设和发展过程中,日本政府的作用主要体现在两个方面:一方面是对商业街的整体建设进行科学规划,积极推行步行街硬件设施的改造升级;另一方面是制定步行街振兴政策,从金融支持、法律援助等方面营造步行街发展的软环境。1962年,日本制定了《商业街振兴组合法》,通过商业街的法人化,对原有商店进行统一改革整顿和规划。进入20世纪90年代,日本政府又制定了《商业聚集整备法》，将传统商业街转变为“生活广场”，对商业街的规模、类型、形态、配置等进行了统一规定。20 世纪末，为应对日本步行街数量的减少和日益衰落的形势，日本政府专门制定了《中心街区繁荣法》，国家每年拨款万亿日元扶持资金，力图推进中心区步行街重振工作，并通过以上措施的实施，使日本步行街摆脱衰退局面，走上良性发展轨道。

2. 高效的自治组织

自治组织对于日本步行街发展作用重大，通过成立自治组织，日本步行街实现了统一的规划管理，并从衰落中实现重新振兴。20 世纪 70 年代，伴随中小零售业充分发展，步行街发展出现了商户各自为政、凝聚力不足等问题。在此背景下，日本各步行街陆续成立了自治委员会，针对各商家间缺乏协调性、不重视公共环境管理、商家削价竞争激烈、商家聚集效应不够大、各店铺间缺乏整体改善观念的情况，建立步行街“组织管理、辅导、事业支援”体系，制定步行街案例规范，从而使商家自行组织起来，共同规划、管理，整体性地改善经营环境、解决经营不善的困境，使商家的相乘效果得以发挥。

3. 差异化的发展定位

日本步行街发展极具特色化、本土化特征。在基于共同的日本文化的基础上，银座、涩谷、新宿、秋叶原等分别基于不同文化及特色主题，发展成为差异化的商业中心。银座是传统商圈，定位高端，包括四大传统百货商场，汇聚了世界知名品牌，也集聚着许多日本本土品牌，是具有世界影响力的综合商圈。涩谷是年轻人聚集地，拥有各种潮店、买手店、古着店，涩谷的每条街、每个地段都有自己的特点，包括面向年轻人的时尚服饰店、快餐食品店和游艺中心，是年轻人市场的发源地，无论是白天还是夜晚，这里都聚集着十几岁的年轻人。新宿是潮流聚集地，购物点众多，是最热闹也是最混乱的，拥有著名的伊势丹百货、堂吉诃德名品折扣店、三越百货、小田急百货等众多百货店。秋叶原不仅是知名的电器动漫一条街，更是东京高端科技的集中地。作为世界上屈指可数的电器街，如今的秋叶原除了电子产品店、模型玩具店、动漫产品店和主题咖啡馆在这里并肩共存，新的办公及零售卖场综合大楼也渐次拔地而起，因此秋叶原日益成为商务、饮食、休闲购物等功能集聚的综合性商业中心。

4. 注重消费者权益保护

日本步行街成功发展离不开公平竞争的市场环境和对消费者权益的保护。《关于禁止私人垄断和确保公平的法律》（简称《反垄断法》）是日本战后实现经济民主化的一项重要法律，其目的是保障市场主体自由进入市场和开展经济活动，最大限度发挥市场功能。《防止不正当竞争法》作为《反垄断法》的特别法，明文禁止生产、销售或出口混淆生产者主体的商品、虚假表示原产地及产品质量等行为，为

维护公平的竞争秩序、保护消费者权益提供制度保障。在完善的法律体系约束和引导下，日本步行街具备了品牌众多，并且绝无次品、假货的核心竞争力。日本商家对商品质量把关很严，如果消费者在大商场买到残次品，不但会得到大额补偿，经理还得亲自上门道歉。

5. 极致的服务意识

日本具有全民服务意识，为步行街的游客和消费者提供了高品质的服务体验。尤其在确立观光立国战略后，日本以吸引和服务国际游客为最终目标，更加注重从游客的角度出发，为游客提供最便利的服务和最优质的消费体验。游客在日本任何区域活动都不用担心，因为任何地方都有详细说明。日本的地图也十分周到体贴。走过一两条街，在街口就会有一张指示周围区域的地图，地图的设置不是上北下南之类的，而是空中俯拍式的，人冲着地图，就能立即找到自己所在位置和周边设施。这种服务意识还体现在诸多细节中，无论是在餐饮店、超市、商场，还是其他场所，服务人员都会面带笑容，提供耐心周到的服务。在整个服务行业里，日本对服务质量和服务的培训管理十分重视。久而久之，已形成了极致的服务礼仪。

二、中国步行街发展现状及存在问题

自 20 世纪 80 年代起，我国开始建设现代步行街。20 世纪末期，我国一线城市如上海、北京、深圳等，纷纷投资建设步行街，步行街在我国迅速发展起来。21 世纪初期，各地大中小城市也开始出现规划和建设步行街的高潮，步行街成为我国城市建设和形象提升的重要内容。经过近 40 年的发展，我国步行街发展呈现出数量规模逐步壮大、业态日益丰富、重视规划建设、基础设施快速提升、智慧化等发展特征，但仍存在缺乏特色、运营管理薄弱、服务水平不高等诸多问题，还有很大的发展和提升空间。

（一）总体数量规模不断壮大，空间分布不均衡

2018 年商务部步行街基本信息采集数据显示，截至 2018 年末，全国经营面积在 2 万平方米以上的步行街（含商业街）共 2 128 条，数量不断增加。其中，东部地区数量最多，达 824 条，中部地区居中，有 733 条，西部地区有 571 条。从省份来看，排名前三位的是河南省（298 条），山东省（228 条），广西壮族自治区（185 条）。可以看出，我国步行街数量在空间上呈现从东向西逐步递减态势，与经济发展水平、人口分布密度和商业活跃程度成正比。从规模来看，我国中小型步行街较多，大型步行街仅占比 17.7%，经营面积和建筑面积排名靠前的省（自治区、直辖市）与排名靠后的省（自治区、直辖市）差距显著，如山东省、四川省、辽宁省等步行街经营面积均在 650 万平方米以上，而黑龙江省、新疆维吾尔自治区、青海省等步行街经营面积不足 70 万平方米，相差近 10 倍。

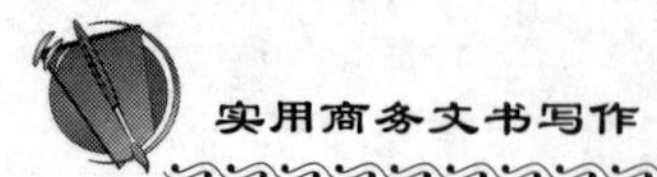

(二)业态和功能逐步丰富,但仍存在同质化发展

我国步行街类型多样,包括国际名品步行街、综合时尚步行街、旅游景观步行街、历史建筑步行街、文化艺术步行街和老字号步行街等多种类型。随着内贸流通体制改革,各地在流通业创新发展方面都积极开展工作,步行街作为商业基础扎实的商业集聚区,呈现出业态多元化发展趋势。但是,目前我国多数街区仍存在盲目追求大新全、缺乏明确的定位、对地方特色文化挖掘不足、与周边商业发展定位趋同等问题,导致步行街集聚能力不强、消费者体验差。这主要是因为在规划建设步行街时追求人气和热闹的氛围,并不断追求最“火”的业态和品牌,导致街区容易显现同质化问题,由休闲的场景变成嘈杂的混乱市场,丧失了原本的特色。以成都为例,周边有诸多古镇,但如今很多古镇的场景打造方式照搬、业态重复率很高,甚至同一个古镇设置很多同样的品牌。

(三)政府重视规划建设,后期运营管理不够

在我国步行街发展过程中,地方政府的重视与否对步行街发展至关重要。近年来,随着居民生活水平不断提高,以及步行街在促进消费和地方经济发展中作用日益增强,国家和地方层面对步行街发展规划愈发重视。多地商务主管部门从顶层设计入手,聘请专业规划团队,整体考虑街区功能布局和业态定位,通过规划来引领品质提升和功能配套。但是依然存在不足:一方面,国内步行街业态规划缺乏前瞻性,规划较多的是对当前或前一阶段消费热点的简单重复,步行街引导消费功能难以发挥;另一方面,目前我国步行街在运营方面缺少高水平的专业机构,现阶段我国步行街管理模式仍以企业运营管理为主,与世界知名步行街相比,我国步行街管理企业在管理经验和管理方法上还有很大差距。运营上还存在对于开发前景过于乐观,在发展中缺少规划调整和相关配套的实施办法的问题,步行街可持续发展能力不足。

(四)硬件设施完备,软性环境不足

随着经济发展水平提高,我国步行街商业基础设施和街区环境不断改善,步行街的慢行系统、非机动车停车设施、智慧交通引导、综合交通标识等方面逐步提升,各地广泛开展街区绿化、亮化、建筑翻新等工程,有效提升了景观品质,形成了高水准消费场景。但是,我国步行街在商品质量、消费者权益保护、为顾客提供多样化服务等方面还存在不足。如游客在步行街购买商品品质难以保证,且缺乏维权渠道或维权成本高,消费者权益保护机制不健全,导致消费者“不敢消费”“不愿消费”。同时步行街还存在缺少多语言场景和人性化服务、服务态度不佳、服务水平不高等问题,对步行街吸引和服务国内外游客均产生一定影响。

三、对我国步行街发展的重要启示

(一)完善步行街规划管理体制

结合2018年以来商务部开展的步行街改造提升试点工作,借鉴日本经验,一

方面应做好步行街改造提升规划。从顶层设计入手，在做好与城市总体规划衔接的基础上，整体考虑街区功能布局、业态定位和发展方向，通过规划来引领品质提升和功能配套，加强对休憩空间、无障碍设施、储物柜、母婴室、街区引导指示系统等步行街基础设施的关注。

另一方面探索成立步行街自治组织，对街区环境、市场秩序维护等集中统一管理，鼓励由专门商业团队统一运营，提高步行街整体运营水平和经营效率。

（二）提升步行街服务水平

步行街承载着形成强大国内市场、推动全方位对外开放的重要使命。要实现这一目标，我国步行街需要不断提高服务水平，满足日益升级的国内消费需求和不断增加的入境游客需求。日本的商业和步行街发展紧紧围绕人的基本需求，从商品制造业到终端销售形式，从商业经营场所的精心设计到商业服务的细致周全，全部围绕满足消费者的多维需求而发展变革。日本步行街在发展过程中始终坚持以人为本，一切顾客的需求都是商业服务的标准，这一点值得我国步行街发展借鉴学习。

（三）改善步行街消费环境

日本在步行街发展过程中，通过完善的法律体系有效实现了公平环境的塑造和消费者权益的保护。我国应充分借鉴日本经验，不断完善步行街相关法律制度，切实保护消费者和商户利益，为步行街可持续健康发展提供制度保障。通过完善消费者保护机制，建立统一高效的消费者投诉和联动处理机制，畅通消费者维权通道，降低消费者维权成本，为消费者营造愿意买、放心买的购物和消费环境，为国内外消费者提供优质的消费服务体验。

（四）凸显文化特色差异化定位

城市地域文化是步行街发展的核心竞争力，步行街发展与历史文化融合是步行街实现可持续发展的必由之路。应充分借鉴日本对特色文化的塑造和差异化发展的经验：一方面要深挖地方历史文化，与地方人文特色融合。基于自身发展基础，挖掘地方文化特色，将步行街与历史文化传播、旅游购物消费相结合，推进商旅文联动。另一方面要与周边区域错位发展，形成地方特色。坚持因地制宜，探索围绕自身特色，以自然景观、历史建筑等资源为基础，依托地方特色产业、特色产品、特色品牌，打造地域特色符号。

（五）推动步行街业态创新发展

随着居民收入水平的提高，我国消费者海外购物和对国际品牌商品需求旺盛，同时我国入境游市场潜力巨大。现阶段国内缺乏高端品牌集聚、吸引国际游客集中购物和消费的国际化高水平商业载体，间接造成大量中国游客在海外“扫货”的独特现象，也损失了很多国际游客应在我国境内产生的消费份额。我国应借鉴日本免税行业发展经验,依托国际知名步行街建设,积极发展市内免(退)税店,进一步提高退税便利性,丰富步行街消费载体,增强步行街消费吸引力,打造全球购物和消费中心。

参考文献(略)

作者单位:商务部国际贸易经济合作研究院

(引自《国际贸易》2019 年第 12 期,有删改)

【思考与练习】

1. 商务学术论文的特点是什么?
2. 选取商务活动中感兴趣的问题,结合社会热点,写一篇商务学术论文。